사마천의 마음으로 읽는 『사기』

사마천의 마음으로 읽는 『사기』

이승수 지음

2018년 7월 30일 초판 1쇄 발행
2023년 2월 13일 초판 2쇄 발행

펴낸이 한철희 | 펴낸곳 돌베개 | 등록 1979년 8월 25일 제406-2003-000018호
주소 (10881) 경기도 파주시 회동길 77-20 (문발동)
전화 (031) 955-5020 | 팩스 (031) 955-5050
홈페이지 www.dolbegae.co.kr | 전자우편 book@dolbegae.co.kr
블로그 blog.naver.com/imdol79 | 트위터 @Dolbegae79 | 페이스북 /dolbegae

주간 김수한
편집 이경아
표지디자인 민진기 | 본문디자인 이은정·이연경
마케팅 심찬식·고운성·조원형 | 제작·관리 윤국중·이수민
인쇄·제본 한영문화사

ISBN 978-89-7199-894-6 (03910)

사마천의 마음으로 읽는 『사기』

이승수 지음

하늘 끝 만 리 먼 곳, 그대와의 차담

1656년 김성탄金聖嘆(1608~1661)은 『서상기』西廂記에 비평을 더해 간행하면서 「통곡고인」慟哭古人과 「유증후인」留贈後人 두 편의 서문을 붙였다. 앞의 것은 『서상기』를 남기고 흔적 없이 사라진 옛사람을 슬퍼하는 글이고, 뒤의 것은 뒷날 자신의 글을 읽어 줄 독자에게 남기는 글이다. 과거의 작자는 이름도 알려지지 않은 채 사라졌고, 나의 삶은 의지와 주체성이라곤 없는 잠깐의 것(暫有)이며, 미래의 독자들은 누가 될지 알 수가 없다.

우리의 삶이란 본디 의지와 무관한, 자기가 누군 줄도 모르고 태어나 사라지는 잠깐의 것이다. 허무 그 자체인 인간의 삶에서, 시간의 권위를 초월하고 삶의 피동성을 부정하며, 과거와 현재와 미래를 이어 존속하는 것은 서책뿐이다. 서책 중에서도 『서상기』가 특히 그렇다는 것이다. 두 글은 매우 사변적이면서도 자극적이고, 냉철하면서도 선정적이다. 이 글은 대중의 독서 욕구를 불러일으키면서 동시에 문사들의 사유에도 신선한 충격을 주었다.

인생이란 마음 맞는 벗, 나를 알아주는 사람을 찾아다니는 여정이다. 누구는 그를 일찍 만나는 행운을 얻고, 누구는 평생 그를 찾지 못해 불행하다. 어떤 이는 옛사람에게서 일체감과 동질성을 맛보곤 한다. 그는 글을 읽으며 옛사람과 대화를 하고 그의 조언을 듣고 때로는 그와 함께 여행을 떠나기도 한다. 그건 서생들이 살아가는 방식, 즉 환각이면서 실존이고, 탐색이면서 도피이며, 분리감인 동시에 일체감이다. 『서상기』의 작자를 슬퍼하며 통곡하는 김성탄처럼 말이다.

나 또한 옛사람을 찾아 헤맬 때가 많은 현실 부적응자 중 하나다. 근래 몇 해 사마천은 가장 자주 만난 사람이다. 글의 행간에는 그의 모습이 비쳤고, 글자는 그의 목소리가 되었다. 이 만남은 그에 대한 나의 투영이었고, 나를 향한 그의 근접이었다. 그가 좋아하면 덩달아 좋아했고, 그가 싫은 기색을 보이면 지체 없이 외면했다. 그가 탄식하면 나도 곧 슬퍼졌고, 그가 망설이면 나도 멈추었다. 나는 오늘의 사마천이요, 사마천은 옛날의 나였다.

한 동이 향긋한 술 호숫가에 있으리니	遙知湖上一樽酒
하늘 끝 만 리 먼 곳 그대를 생각하네.	能憶天涯萬里人

구양수, 「봄날의 서호 풍경, 사법에게 부치는 노래」(春日西湖寄謝法曹歌)

1037년 봄날, 이릉夷陵(호북성湖北省 의창시宜昌市)에 좌천된 구양수歐陽修(1007~1072)가 허주許州(하남성河南省 허창시許昌市)의 벗 사백초謝伯初에게 보낸 시의 일부이다. 허주 서호西湖 가엔 주루가 있고, 주루엔 의당 술이 있으리니, 문득 그 풍경 속에서 그 술을 '그대'와 함께 마시고 싶다는 애잔한 마음을 보냈다. 이 구절은 뒷날 "지기와 만났으면 천 잔 술도 적지만, 마음 아니 맞으면 반 마디 말도 많다"(酒逢知己千鍾少, 話不投機半句多)와 합쳐져 한 수의 시처럼 세상에 널리 알려졌다.

말이 통하지 않아 외려 마음이 통할 때가 있고, 몸이 만날 수 없어 반대로 대화가 진진해지기도 한다. 이 글은 2천 년 전, 만 리 밖의 만날 수 없는 사람과의 교감이며 소소한 차담茶談이다.

나비를 찾아 떠나는 여행

두 가지를 감지해서 드러내고 싶었다. 하나는 사마천이라는 사람, 다른 하나는 문장의 맛이다. 둘을 한 단어에 담으면 문심文心이 된다. 문심은 문장가의 마음도 되고, 문장의 심장이라 해도 좋다. 문장이 숲이고 호수라면 문심은 새이고 물고기다. 꽃이라면 나비다.

폴 발레리(1871~1945)는 말했다. "모든 이론은 자서전의 한 조각"이라고. 동의한다. 지상의 삶에서 태어나지 않는 이론이 어디 있는가? 이론이 그럴진대, 서사는 두말할 나위가 없다. 작자는 사건과 인물로 구현된다. 아름다운 서사에서, 생동하는 개성 넘치는 인물들은 자율적 존재이면서 한편으로는 작자의 분신들이기도 하다. 이들은 서로 비춰 주지만 구속하지는 않는다. 작품은 작자의 지배를 받지 않지만, 작자와의 끈도 놓지 않는다.

인물의 생명은 성격이고, 성격은 사건을 통해 드러난다. 일정한 시간의 단위 안에서, 원인과 결과, 발단과 전개와 갈등과 결말 등의 질서를 지닌 일련의 사건을 서술敍述하는 것을 서사敍事라고 한다. 서사의 재미와 감동을 결정하는 것은 작가의 안목과 솜씨다. 잘 빚어진 인물은 바로 숨을 쉬고 말을 하며 스스럼없이 떠나간다. 그는 원래 잘 알고 지내던 사람처럼 친숙하고, 영화 속 인물처럼 선명하다. 역사에서든 소설에서든 그런 인물들은 작가의 어두운 심연을 거쳐야만 태어날 수 있다.

사마천은 서사의 방식으로 생동감 넘치는 인물을 빚어내는 연금술사였다. 『춘추좌씨전』이나 『전국책』에 등장하는, 장식장 속 도자기 같은 인물들도 그의 손을 거치면 지금 나의 현실로 성큼성큼 걸어 나왔다. 사마천의 글은 뒷시대 사람들에게 깊은 영감을 주었고, 그 인물들은 이야기 세계 속의 숱한 후손들을 낳았다. 따지고 보면 『수호전』의 노지심과 무송, 허균의 장생, 박지원의 허생은 모두 『사기열전』의 후손들이다. 『사기열전』은 역사와 소설이라는 두 개의 물줄기로 흘러내렸다.

사실의 토대 위에서 과감하게 허구의 건축 솜씨를 발휘하고, 자기 실존을 투영하고 곳곳에 상상의 묘수를 착점하면서도 역사의 무게를 잃지 않는 것이 『사기열전』의 생명, 문심이다. 여러 선배들은 이미 그 특유의 문심을 언급한 바 있다.

사람들은 소설이 당나라 때부터 비롯된 줄만 알고 장자莊子와 사마천에서 시작된 줄은 모른다. ……사마천이 부형腐刑을 당하고 책을 지었는데, 그중에는 참으로 바른 말이 많으나 안으로는 희비喜悲와 조소嘲笑와 신음呻吟을 사물에 부쳤으니, 「골계전」만 그러한 것이 아니다. 「봉선서」封禪書, 「평준서」平準書, 「혹리전」酷吏傳, 「유협전」遊俠傳 같은 것은 간혹 풍

서설

자하기도 하고 조롱하기도 하면서 사람들로 하여금 간장과 비장, 눈썹과 뺨 사이에 서로 끌어들이고 또 서로 변화시키는 일이 있어도 스스로 깨닫지 못하게 한다. 마음에 먼저 정사正史로 규정하고 읽기 때문에 거기에 소설이라는 이름을 더하지 못하지만 「위기무안후 열전」魏其武安侯列傳에서 두영竇嬰과 전분田蚡의 갈등은 무엇이 전기傳奇와 다른가? 「구천세가」句踐世家 뒤에 도주공陶朱公과 장생莊生이 아들 잃은 일을 덧붙였는데 이는 분명 소설이다. 그러므로 소설이 당나라 때 시작되지 않았다고 말하는 것이다.

유만주, 『흠영』欽英, 1784년 2월 10일 일기

유만주兪晚柱(1755~1788)의 결론은 간단하다. 『장자』와 더불어 『사기』도 소설이라는 것이다. 그 근거는 이러하다. 사마천은 자기 글의 이면에 희비와 조소와 신음을 부쳤는데, 이는 명백히 인물과 사건에 대한 주관적인 태도이자 감성적 작용이다. 이는 풍자와 조롱으로 드러나기도 한다. 갈등이 첨예하게 묘사되기도 하고, 사실로 인정하기 어려운 사건을 제시하기도 한다. 이러한 점들이 바로 사람들의 흥미를 불러일으키고 독자들을 감화시키는 소설의 요소라는 말이다. 이는 사마천의 글이 옛 사고史庫에 머물러 있지 않는 이유이기도 하다.

요즘 백가의 문장 중 심오한 것들을 뽑아 살펴 읽었습니다. 누운 채 읊조리고 밥을 먹으면서도 중얼거린 뒤에야 만물의 정情에는 각자 지극한 경지가 있음을 천천히 알게 되었고, 나아가 예전 사람들의 이른바 사마천이란 것이 눈썹이나 머리

카락에 지나지 않음을 깨달았습니다. ……요즘 사람들이 「유
협전」을 읽으면 목숨을 가벼이 여기려 하고, 「굴원·가의전」
屈原賈誼傳을 읽으면 그 자리에서 눈물이 흐르려 하고, 「장주·
노중련전」莊周魯仲連傳을 읽으면 당장 세상을 버리고 싶은 마
음이 일고, 「이광전」李廣傳을 읽으면 곧장 투지가 불끈 일어
나고, 「석건전」石建傳을 읽으면 바로 마음이 낮아져 몸을 굽
히려 하며, 「신릉군전」信陵君傳이나 「평원군전」平原君傳을 읽
으면 곧 인재를 길러야겠구나 하는 마음이 생깁니다. 왜 그러
할까요? 각각 그 인물의 정情을 얻어 마음으로 풀어냈기 때
문이니, 그저 글자나 잘 엮어 놓은 수사의 효과가 아닙니다.

모곤, 「문장을 논하여 백석 채여남 태수에게 보낸 편지」(與蔡白石太守論文書)

　'감동'의 뜻을 풀면 '감정의 동요'이고, 그 표지 중 하나는 '따라하
고 싶은 충동의 발생'이다. 영화 속 이소룡의 행동을, 메시의 드리블
을, 이선희의 노래를, 뭉크의 그림을, 김수영의 시를 따라하고 싶은
것은 모두 마음이 움직인 결과다. 무송처럼 술을 마시고 싶고, 조르
바처럼 떠돌고 싶고, 고마코 같은 여인을 만나 보고 싶다면, 그것은
『수호전』과 『그리스인 조르바』와 『설국』이 일으킨 감동이다. 저런 선
생님이 되고 싶다는 생각이 들었다면, 이는 그 선생님에게서 받은 감
동 때문이다.

　모곤茅坤(1512~1601)에 따르면, 『사기열전』의 최고의 미덕은 그 인
물을 따라하고 싶은 충동을 일게 한다는 것이다. 「관안 열전」을 읽으
면 주위에 숨은 인재가 있는지 돌아보게 되고, 「중니제자 열전」을 읽
으면 자공子貢 같은 제자가 되어야지 마음먹게 되고, 「오자서 열전」

을 읽으면 복수를 포기하고 비굴하게 살고 있는 건 아닌가 생각하게 되며, 「한비 열전」을 읽으면 그와 닮은 슬픈 내 운명을 탄식하게 된다. 그 인물의 개성(情)을 포착해 자기 마음(心)으로 생명을 담았기 때문이다. 문심이 아니면 사람들의 마음을 움직이지 못한다.

안목이 없으면 좋은 재료를 고르지 못하고, 솜씨가 없으면 재료를 효과적으로 구성하지 못하며, 문심이 없으면 생명을 넣을 수 없다. 재료는 소재와 사료이고, 솜씨가 문장력과 구성력이라면, 문심은 작품의 모든 것을 결정하는 작가의 내면 일체가 아닐까? 문심이 없거나 얄팍한 글은 모양만 있는 껍데기거나 쭉정이다. 사람들을 감동시키는 힘은 문심에 있고, 문심은 작가마다 같지가 않다. 위고와 도스토옙스키의 문심이 다르고, 김시습과 김만중의 문심도 다르다. 그렇다면 글 읽기의 핵심은 문심의 파악인 셈이다.

족하는 태사공을 읽었다 했지만 아직 그 마음을 읽지는 못했군요. 왜 그럴까요? 「항우 본기」를 읽을 때는 해하성 위에서 싸움을 구경하는 상상을 하고, 「자객 열전」을 읽으면서 고점리가 서글프게 축을 연주하는 장면을 떠올린다고 했는데, 이는 늙은이의 진부하기 짝이 없는 말이니, 부엌 바닥에서 숟가락을 주운 것과 무엇이 다르겠습니까? 아이가 나비를 잡는 광경을 보면 사마천의 마음을 알 수 있습니다. 앞무릎은 반쯤 구부리고 뒷다리는 비스듬히 발돋움하여 집게 모양으로 만든 손가락을 내밀지만 머뭇거리는 순간 나비는 날아가 버립니다. 사방을 둘러보면 아무도 없습니다. 피식 웃음이 나오기도 하고 창피하기도 하고 화가 나기도 하는데, 이것이 바로 사마천이 『사기』를 저술할 때의 마음입니다.

박지원, 「경지에게 답하다」(答京之)

박지원朴趾源(1737~1805)은 사마천의 글에서 문심의 중요성을 깊이 알았다. 해하성 싸움의 장관이나 고점리의 축 연주 풍경은 문자로 묘사된 것, 겉 이미지, 달을 가리키는 손가락이다. 사람들은 이미지에 종속되고 손가락에 현혹된다. 감각에 이끌려 보이는 대로 이해한다. 보이는 것을 넘어서는 사유 능력이 없으면 문심도 헤아릴 수 없고, 문심을 헤아리지 못하면 수박의 겉만 핥게 된다. 그건 사람을 보고, 그의 외모와 차림새와 말투만을 이해하는 것과 똑같다. 주방에서 숟가락을 주워 들고 대단한 걸 얻은 양 만세를 부르는 격이다.

박지원은 『사기』를 읽을 때 사마천의 마음을 얻는 것이 중요하다고 말한다. 그 마음, 즉 문심은 어디에 있나? 사마천은 정성을 다해 나비를 잡으려 했지만, 나비는 그만 날아가 버리고 말았다. 남은 것은 나비가 앉아 있던 꽃뿐이다. 마찬가지로 『사기』에는 역사를 표방한 글이 있을 뿐이다. 역사 이야기에 어떻게 자기 마음을 다 드러낼 것인가? 박지원의 말은, 남은 글을 통해 날아간 나비, 즉 사마천의 마음을 얻어야 『사기』를 제대로 읽는 것이라는 뜻을 담고 있다. 이 글은 그 나비를 찾아다닌 여행기이다.

사이렌의 두 가지 유혹

사이렌의 노래를 듣지 않으려 귀를 막았다. 그녀는 이런 노래 가사로 사람들을 유혹한다. "사실임을 의심하지 말아요, 성공을 노래하세요!" 사실을 확정하고 성공의 방법을 간파하는 문제는 내 삶의 아킬레스건이다. 나의 인식은 늘 회의懷疑의 안개 속에 싸여 있다.

『사기열전』은 역사서인가? 두말할 나위 없다. 역사는 사실의 기록 아닌가? 그렇다. 사실의 기록이라는 점에서 모든 역사서는 똑같은데, 다른 역사서보다 『사기열전』은 왜 특별히 더 많이 읽히는가? 재미가 있고 감동을 주기 때문이다. 재미와 감동의 근거가 무엇인가? 그의 문장이다. 문장이 어떻게 다른가? 그의 문장에는 '나의 실존'이 있고, '상처로부터의 통찰'이 있으며, '상상과 허구'가 작동한다. 앞의 두 가지는 납득할 수 있지만, '상상과 허구'는 역사의 금기 아닌가? 과연 그럴까!

'기록=사실'이라는 명제를 의심하지 않았던 전통 역사관은 현대에 이르러 심각한 도전에 직면했다. 새로운 사상가들은 역사가 지닌 허구의 속성을 간파하기 시작했다. 역사란 ① 어떤 개인이나 집단의 관점(이해관계)에 따라, ② 서사(이야기)의 방식으로 구성된, ③ 기호 체계이기 때문에 해석에 의해서만 의미가 드러날 수밖에 없다는 것이 그들의 생각이다. 역사는 언어 또는 기호의 형태로밖에는 존재할 수 없으며, 역사에는 기술자(또는 집단)의 선택과 배제, 확대와 축소, 감성과 상상, 그리고 서사 구성이 작동할 수밖에 없다.

많은 학자들이 여기에 대한 생각을 개진했는데, 그중 하나만 보자. 아래 글은 역사가 지닌 '허구의 속성'을 잘 설명하고 있다.

역사가 잘 이해되기 위해서는 허구라는 방식에 따라 읽혀야 한다. ……역사를 이해한다는 것은 이야기를 이해하는 것,

혹은 이야기를 이해하는 것과 비슷한 것처럼 보인다. ……
역사 연구가 오직 특별한 사실들이나 일시, 가지가지 잡다한
사건들만을 탐구한다면 불완전해질 수밖에 없다. '언제', '무
엇이'라는 질문을 멈출 수 없긴 하지만, 또한 반드시 '어떻
게' 그리고 '왜'라는 질문을 던져야 한다. 역사 과정을 이해
하기 위해서는 소설을 읽을 때 작동하는 이해 방식을 필요로
한다. ……역사 서사를 이해하는 것은 이야기를 읽는 것처
럼, 분리된 시간, 장소, 성질을 연속적인 순간들의 통일체로
만드는 것이다.

폴 리쾨르(1913~2005), 『시간과 서사』(Temps et récit)

이 말은 역사 자체가 모두 허구라거나 허구에서 출발한다거나 허
구를 지향한다는 뜻이 아니다. 역사 기록에 내재된 '허구', 즉 '서사의
속성'을 고려해야 한다는 뜻이다. 역사가는 사실에서 출발해 사실의
확립을 목표로 하지만, 해석의 과정에는 주관이 작동할 수밖에 없다.
특히 말하는 방식으로 서사를 선택하면 허구는 숙명이다. 이는 사실
새로운 명제가 아닌데도, 우리는 역사의 배후 권력에 위압당하거나
인식의 관성을 극복하지 못해, 아니면 사유의 힘이 부족하여 깨닫지
못할 뿐이다.

성공에 대한 욕망과 담론이 범람한다. 성공에 대한 욕망은 성공
담론을 낳고, 성공 담론은 성공에 대한 욕망을 들끓게 한다. 누구나
노력하면 성공할 수 있다는 가능성, 나 아니면 꼭 너라도 성공해야
한다는 당위, 언젠간 성공할 거라는 환상에 사람들은 중독되어 있다.
성공만 하면 모든 것이 정당화되고, 성공을 위해서는 누군가는 희생

되어도 좋고, 원칙 정도는 무시되어도 괜찮다. 성공한 사람들의 이야기는 그 '성공'만 부풀려져 이야기로 만들어지고 소비된다. 바야흐로 지금은 성공 신화의 시대이다.

사람들은 성공한 사람의 이야기 뒤에 흔히 '신화'를 붙이곤 한다. 신화神話의 표면 의미는 '신들에 관한 이야기'지만, 속성을 따지면 '성공담'이다. '신화'는 사람의 이성을 멈춰 세우곤 한다. 판단을 마비시키고, 집단적 열광을 이끌어 낸다. 성공한 사람은 신이 되고, 신의 이야기는 초월적이며, 초월적인 것에는 이성이 닿지 못한다. 사람들은 신화에 중독되면서 사유를 그치고 신의 숭배자가 된다. 하지만 대부분의 패자가 극소수의 성공을 위해 복무하는 신화가 소비되는 사회는 불행하다. 거기엔 좋은 사회에 대한 고민이 빠져 있기 때문이다.

『사기열전』은 흔히 성공의 지침, 또는 처세의 비결로 소개되곤 한다. 사람들의 환심을 사고 싶은 것이다. 책의 내용이 모두 사실이라는 명제는, 그러한 주장에 무게를 실어 준다. 하지만 세상일은 많은 부분 우연의 결과이며, 역사는 사후에 결과에 짜 맞춰진 것이다. 하여 역사서에서 성패의 원인을 찾아 현실에 적용시키는 것이 의미 없는 일이라는 사실을, 이익李瀷(1681~1763)은 이렇게 논파한 바 있다.

천하일의 10분의 8, 9쯤은 요행으로 이루어지는 것이다. ……역사서란 성패가 이미 정해진 뒤에 지어진다. 그러므로 성공과 실패에 따라 꾸며 내기에 그렇게 된 것이 마치 당연한 것처럼 보인다. 또 선하게 그리면서 허물을 감춤이 많고 악하게 묘사하면서 장점도 버리기 일쑤다. 그러므로 슬기로움과 어리석음의 구분과 선악에 따른 응보 또한 자세히 확인

해야 할 것이 있는 듯하다. 당시 훌륭한 계책은 이뤄지지 않고, 서툰 꾀가 우연히 들어맞았으며, 선한 가운데 악이 있고 악한 속에 선이 있는 줄을 알지 못했거늘, 천년 뒤에 무슨 수로 그 진짜 시비를 가릴 수 있으리오. 이런 까닭에 역사서에 근거하여 성패를 가늠하면 맞는 곳이 많지만, 오늘날의 일을 가지고 헤아리면 열에 여덟아홉은 맞지 않는다. 이는 내 지혜가 밝지 않아서가 아니라 워낙 요행이 차지하는 비중이 크기 때문이다. 오늘의 일만 그렇게 어긋나는 것이 아니라, 역사서의 내용 또한 참과 거짓을 가리기 어렵다. 나는 그러므로 말한다. "천하의 일은 만난 형세가 가장 중요하고, 행운과 불행이 그다음이며, 옳고 그름은 가장 중요하지 않다."

이익, 「역사서를 읽으며 성패를 가늠하다」(讀史料成敗), 『성호사설』

세상은 성공한 사람을 주목하고, 성공 원인을 분석하여 성공의 방향을 제시하기를 좋아한다. 하지만 성공은 결과니, 분석된 원인이란 결과에 맞춰 재조정되고 의미 부여된 것에 지나지 않는다. 원인은 결과보다 늦게 도착한다. 프로이트는 심리에서 이런 현상을 '사후성'事後性(Nachträglichkeit)이라 했는데, 이는 물론 역사에도 적용된다. 결과를 놓고 원인을 찾아 과정을 짜 맞추는 것쯤은 얼마나 쉬운 일인가! 그 가운데 우린 또 얼마나 합리화와 영웅화의 유혹에 사로잡히기 쉬운가! 모든 과정은 분식되며 필연이 된다. 그리고 또 얼마나 이 분석으로 자신을 과시하고 싶어 하는가! 사유를 멈춘 사람들은 머뭇거림 없이 그 아래 부복한다.

물론 한 권의 책은 한 사람 나아가 한 사회의 성공에 결정적 계기가 될 수 있다. 『사기열전』은 충분히 그만한 가치를 지닌 책이다. 또 현명한 사람은 실패에서 성공을 배우고, 지혜로운 이는 허구의 우물에서 진지한 사실을 길어 올리니, 관건은 내용이 아니라 독서의 태도와 인식의 수준이다. 중요한 것은 '읽기의 방법'이다. 독서는 선택이고 참여이며 다시 쓰기다. 독서를 통해 그의 글은 나의 글이 된다. 독자의 인식이 '사실'과 '성공'의 울안에 갇혀 있다면, 그는 기계적으로 주입된 것만을 베껴 써 낼 수밖에 없다.

　귀를 막았음에도 사이렌의 노래는 들려왔고, 나는 오래전에 걸린 주술에서 완전히 벗어나지 못했으니, 나도 모르게 의도와 반대로 읽은 부분도 있을 것이다.

체제와 형식, 가위질에 대한 변

사마천은 『사기』를 저술하면서 체제를 고민했다. 가장 손쉬운 방법은 이전의 것 중 하나를 골라 모델로 삼는 것이다. 그의 앞에 놓인 선택지에는 『상서』, 『춘추』, 『국어』, 『전국책』, 그리고 『논어』, 『한비자』, 『장자』 등의 제자서, 그리고 단편 문서들이 놓여 있었다. 이중 『상서』는 고대의 정령政令 등을 모아 놓은 것이고, 『춘추』는 연대기에 가까우며, 『국어』와 『전국책』은 나라별로 사건 일화를 모아 놓은 책이다. 마음에 드는 것이 없었다. 고심 끝에 새로운 체제를 갖추었다.

　『사기』 130권의 편제 중에서 가장 중요한 부분으로 꼽히는 것이 본기本紀와 열전列傳이기에, 각각의 뒷 글자를 모아 이러한 편제를 기전체紀傳體라고 한다. 기전체는 인물 중심의 역사 서술 체제이다. 기

	내용	비고	권수
본기本紀	제왕의 정치와 행적의 연대기적 기술	진시황, 항우, 한고조 등	12
세가世家	제후의 정치와 행적의 연대기적 기술	연燕 소공召公, 진섭陳涉 등	30
연표年表	정치 사건의 시공간적 질서, 도표	십이제후연표, 진초지제월표秦楚之際月表 등	10
서서書	각 시대의 문물과 제도	하거서河渠書, 평준서平準書, 봉선서封禪書 등	8
열전列傳	개인의 전기	조선, 흉노 등의 이웃 나라 포함	70

『사기』의 편제

전체는 이후 중국 역사 서술의 전범이 되었다. 뿐만 아니라 우리의 역사 서술에도 지대한 영향을 끼쳤으니, 『삼국사기』와 『고려사』는 이 체제로 이루어졌다.

이 책은 『사기열전』 70편 중 30편의 열전을 가려 새로 번역하고, 여기에 간략한 평어評語를 덧붙인 것이다. 『한서』「사마천전」에 실린 「소경 임안에게 보낸 편지」(報任少卿書)는 사마천의 글이자, 사마천을 이해하는 데 꼭 필요한 글이기에 함께 실었다. 서사의 박진감과 문장의 구성미를 선정의 기준으로 삼았으며, 사마천의 입장과 판단이 강하게 드러나는 글들을 대상으로 삼았다. 내게 중요한 것은 상상하고 흥분하며 판단하는 작가로서의 사마천이기 때문이다. 사실 고증에 집착하거나 자료 뒤에 숨고 권력의 눈치를 보는 평범한 역사가에게는 별 흥미가 없다. 단 하나, 「조선 열전」은 그 필세에 반해 우리 고대사를 이해함에 있어 그 의미가 심중하여 예외로 두었다.

그러다 보니 선정된 글들의 주인공은 통일 진秦나라 이전 시기의 인물들이 대부분이다. 먼 시기의 인물들에 대해서는 상상도 과감하고 표현도 생동하는 데 반해, 자신이 살았던 한나라 시기의 인물들에 대해서는 모든 게 조심스럽고 따라서 글도 다분히 지루하다. 그 표현이 어떻게 권력의 역린을 건드리고 또 어떤 파장을 가져올지 예측하기 어렵기 때문이다. 더구나 사마천은 이미 권력의 무자비함을 통절하게 맛보지 않았던가! 선정된 글 중에서도, 사실 고증에 집착하거나 화제가 곁가지로 빠져나가 필세가 약해진 부분은 과감하게 생략했다.

이 책에 실린 글들의 형식에 대해서 약간 설명할 필요가 있다. 문학을 포함한 예술에서 형식의 중요성은 아무리 강조해도 지나치지 않는다. 형식은 예술의 본질이자 근거이며, 출발점이자 귀착점이기 때문이다. 루카치는 말했다. "형식은 하나의 세계관이고, 하나의 입장이다. 또 형식은 그것이 생겨나는 바의 삶에 대해 갖는 일종의 태도 표명이다."[1] 그에 따르면 형식의 선택은 세계관의 선택이며, 형식의 파악은 작품의 운명을 이해하는 것이다. 쿤데라는 조금 더 간명하게 말했다. "예술에서 형식은 언제나 형식 이상의 것입니다."[2]

이 책에 실린 글의 형식은 김성탄의 평점評點에서 배운 것이다. 김성탄이 평점을 더해 간행한 『수호전』과 『서상기』는 18, 9세기 독서계에 일대 바람을 일으켰을 뿐만 아니라, 지식인 문단에도 큰 파장을 불러왔다. 본문 속에 섞여 있는 그의 평어들은, 평범한 구절이나 장면들을 기이하고 특별한 비의를 품은 것으로 만들었다. 그는 여섯 재자서才子書를 비평 간행하려 했는데, 예기치 않게 처형당하면서 계획이 무산되었다. 『사기』는 그가 생각한 천하의 여섯 재자서 중 하나였다.

---

1   게오르그 루카치 지음, 반성완·심희섭 옮김, 『영혼과 형식』, 심설당, 1988, 17쪽.
2   밀란 쿤데라 지음, 권오룡 옮김, 『소설의 기술』, 책세상, 1994, 173쪽.

근래 사마천만큼이나 자주 만난 사람이 김성탄이다. 그가 몇 마디 평을 하면 고요하던 문장들이 활어처럼 파닥이는 것이 경이로워 나도 모르게 시늉을 낸 것이다. 색깔은 다르지만 실제 『사기』를 대상으로 이런 작업을 시도하여 근사한 결과를 내놓은 사람이 있었다. 1721년 청나라의 요조은姚祖恩은 『사기정화록』史記菁華錄이란 책을 냈다. 5분의 1 정도로 『사기』를 추리고, 거기에 자신의 평주評註를 보태 간행한 것이다. 그 작업이 예사롭지 않은 데다 그의 비평 또한 번뜩이는 데가 있어 눈여겨보았다. 그의 서문에 이런 구절이 있다.

오늘날 그저 보고 들은 것에만 의존하는 이들은 어려서부터 늙을 때까지 날마다 『사기』 전권을 궤안 옆에 두고 살아가는데 한 권의 문장에서 난해한 구절을 만나면 끝까지 읽어 가지 못하고 책을 덮습니다. 그들은 겨우 관안이나 백이, 굴원 등 몇몇 열전을 소리 내어 읽지만, 뼈와 뼈가 만나는 지점이 어딘 줄도 모르면서 남에게 "가위질(劃剪)은 법도에 맞지 않는다"고 큰소리칩니다. 그야말로 자신을 속이면서 남도 속이는 격이니 어찌 가소롭지 않겠습니까!

'가위질'(劃剪)은 가려 뽑고 잘라 낸 것을 의미한다. 사람들은 그것을 '품격 떨어지는 짓'(不古)이라고 허물한다. 하지만 요조은이 보기에 세상의 문사들 거개는, 비교적 이해하기 쉬운 열전 몇 편이나 읽을 줄 아는 정도이다. 그들은 평생 『사기』 전권을 궤안 옆에 두고 살면서, 그건 소싯적에 다 읽은 것으로 치부하곤 한다. 그건 지적 허세나 체면용 과시, 아니면 무지의 분식이나 권력의 도구에 지나지 않는다는 것이다. 나를 두고 하는 말 아닌가, 뜨끔했고 일면 편안해졌다.

원전은 있는 그대로 존중받을 권리가 있지만, 거기에 속박될 이유는 없다. 의도는 우연의 그물망에 걸린 물고기에 지나지 않는다. 글은 순간의 사건이니 쓴 사람도 시간이 지나면 모두 잊어버린다. 그건 자연으로 돌려보낸 매와 같으니, 다리에 표식을 해 두지 않는다면 어떤 게 나의 매인 줄 안단 말인가! 시간이 지나면 저자 또한 자기 글의 일개 독자가 되는 법이다. 사마천도 자기 글을 다 기억하지 못할 터, 대화의 생산성은 종종 창의적인 편집을 통해 높아지는 법이다. 그 모양 그대로 이해해야 한다고 생각하는 건 예속이거나 강박증일지도 모른다.

재미없는 글들은 뺐고, 선택한 글 중에서도 문장의 기세가 지리한 부분은 과감하게 잘라 버렸다. 각 편 글의 앞과 뒤, 그리고 문장과 단락의 사이에 간략한 평어를 더했다. 비유하면 이 평어들은 일종의 여행 안내거나 의원의 진맥이다. 글 읽기가 여행이라면, 좋은 안내자가 필요할 때가 있다. 한 편의 글이 살아 있는 인체라면, 그 약동하는 생명을 이해하기 위해서는 동맥과 관절과 내장과 감각기관 등을 알아야 한다. 나는 여행의 안내자가 되고 싶다.

구상에서 원고 작성에 이르기까지, 원고 상태에서 책의 형태를 갖추기까지 시간이 많이 지났고, 그 사이 제법 곡절이 있었다. 이 곡절의 많은 부분은 이경아 팀장과 관련되어 있다. 시인의 표현을 빌리면, "이 책을 만든 것은 팔할이 그 사람"이다. 아마도 이는 그가 나뿐만 아니라 사마천과도 깊은 인연이 있기 때문일 것이다. 이 책은 얽히고설킨 오랜 인연의 산물인 셈이다. 고맙게 생각한다. 아울러 이 인연을 품어 준 돌베개출판사에 뜨거운 성원을 보낸다.

차례

공자에 대한 의문과
반어적 확신

백이 열전伯夷列傳

「백이 열전」은 이해하기 어려운 글이다. 한 번을 읽어도 어렵고 두세 번 읽어도 어렵다. 원문도 어렵고 번역 글도 어렵다. 아침에 읽어도 어렵고, 저녁에 읽어도 알 듯 말 듯 이해가 되지 않는다. 이 글에 대한 역대 제가諸家의 평評은 세 가지로 간추려진다. 첫째, 「백이 열전」은 70편 열전의 서문 또는 범례다. 열전 집필의 정신과 서술 방향 등이 여기 제시되어 있다는 뜻이다. 둘째, 「백이 열전」은 서사 중심의 여타 열전과는 달리 의론의 체제로 이루어져 있다. 사건으로 인물을 형상화한 것이 아니라, 사마천의 의중을 논리적으로 표현하고 있다는 뜻이다. 셋째, 의론이라면 조리가 분명해야 하는데 글의 주지를 종잡을 수 없다. 하지만 제가의 평도 애매하기는 마찬가지다.

사람들은 이 글을 두 가지 선입견을 가지고 읽는다. 첫째, 이 글은 백이의 생애와 행적에 대한 소개일 것이다. 하지만 백이의 행적은 전체 글의 3분의 1도 되지 않고, 그 내용 또한 별 게 없다. 오히려 백이

보다는 공자의 비중이 훨씬 더 크다. 그렇다면 백이는 무언가를 말하기 위해 빌려온 인물, 즉 가짜 주인공일 가능성이 크다. 둘째, 이 글에는 사마천의 명징한 뜻이 담겨 있을 것이다. 하지만 사마천은 자신의 입장을 명백하게 말하지 않는다. 글은 인용문과 의문 부호의 연속이다. 이래서는 논리가 이어지기도, 의미가 드러나기도 어렵다. 비유하면 인용문과 의문 부호들은 구름이고 사마천의 의중은 그 속에서 머리와 꼬리만 내민 용이니, 몸통은 독자들이 추리해야 한다. 과연 사마천은 무엇을 말하고 싶었던 것일까?

벽해장도 碧海藏島
푸른 바다 어딘가에 숨은 섬을 찾아서

「백이 열전」의 주제는 마치 대해 속 어딘가에 숨어 있는 아름다운 섬과 같다. 이 섬을 찾기 위해서는 튼튼한 배와 지도와 나침반이 있어야 한다.

말세에는 이익만을 다투는데 오직 저들만은 의리를 좇았다. 나라를 양보하고 굶어 죽었으니 천하 사람들이 일컬었다. 이에 첫 번째로 「백이 열전」을 지었다. 「백이 열전」을 첫자리에 놓은 이유는 분명하다. 그들이 목숨 걸고 의義를 지켰기 때문이다. 마지막 「화식 열전」은 이利를 좇아 성공한 사람들의 이야기다. 『사기열전』은 의義에서 시작하여 이利로 끝난다. 열전의 인물들은 의義와 이利, 즉 도덕과 욕망 사이에 있는 셈이다.

백이 열전

학자들의 저서가 세상에 많지만 진실의 근거는 육예六藝에서 찾는다.『시경』과『서경』에는 결락이 있지만, 요堯임금에서 우禹임금에 이르는 시대의 글을 볼 수 있다. 요임금이 왕위를 순舜에게 주었다. 순舜과 우禹 사이에는 모든 관리들이 (우禹를) 천거했다. 이에 자리를 주고 수십 년간 직무를 맡겨 그의 공용功用이 충분히 일어난 뒤에 정권을 주어, 천하는 큰 그릇이고 왕위는 대통大統이라 천하를 전하는 것이 이처럼 어려운 일임을 보였다. 요堯에서 순舜을 거쳐 우禹로 왕통이 넘어가는 과정은 육예에 실려 있기 때문에 세상 사람들은 이를 진실로 믿는다.

그런데 사람들은, "요임금이 허유許由에게 천하를 양보하자 받지 않고 수치스럽게 여겨 달아나 숨었으며,[1] 하夏나라 때에는 변수卞隨와 무광務光[2]이 있었다"고 말하니, 그 근거가 무엇인가? 의문 1. 세상에 전해지는 문헌이 많지만, 학자들은 공자가 편찬한 육예六藝(즉 육경六經인『시경』『서경』『예기』『악경』『역경』『춘추』)를 가장 신뢰한다. 그런데『장자』와『한비자』와『여씨춘추』등에 실려 있는 허유와 변수와 무광의 일은 육예에 보이지 않는다. 육예는 과연 과거의 모든

---

1   허유許由와 소부巢父가 요임금이 권하는 왕위를 거부하고 숨었다는 이야기는
     『장자』「소요유」에 처음 보인다.
2   상商나라를 세운 탕湯이 하夏나라의 걸桀을 치기 위해 변수卞隨와 상의하려 했
     지만 변수는 거부하며 답하지 않았다. 하나라를 정복한 탕이 천하를 주려고 하
     자, 변수는 모욕을 당했다 하여 물에 빠져 죽었다.〔『장자』「양왕」讓王,『여씨춘
     추』「이속」離俗〕
     탕이 걸을 친 뒤, 세상 사람들의 비난이 두려워 무광務光에게 천하를 양보했다.
     하지만 무광이 진짜 천하를 받을까 걱정한 탕은 사람을 시켜 무광의 귀에 이런
     말이 들어가게 했다. "탕이 임금을 죽이고 그대에게 나쁜 이름을 전하고자 하
     여 천하를 양보하는 것이다." 무광은 이 말을 듣고 물에 빠져 죽었다.〔『한비자』
     「세림 상」說林上〕

가치 있는 일들을 담고 있을까? 다른 문헌에 전해지는 기록은 신뢰할 수 없는가? 사마천은 학자들이 육예를 신뢰한다고 했지, 육예만이 진실의 기준이라고는 말하지 않았다. 그는 육예의 완결성, 즉 공자의 권위와 한계 사이에서 고개를 갸웃거린다. 기록과 사실은 얼마나 부합하는가? 사가史家의 첫 번째 질문이다. 후대의 학자들은 이 단락에서 사마천의 분명한 입장을 읽어 내려고 노력했지만, 여기에서 중요한 것은 '의문' 그 자체이다. 사마천은 자신에게 질문을 던진 것이다.

태사공은 말한다. 기산箕山(하남성河南省 기산진箕山鎭)에 올라 보니 그 위에 허유의 무덤이 있었다고 전한다. 공자는 옛날의 성현과 인자들을 차례로 언급했는데, 그중에서 오태백吳太伯[3]과 백이伯夷 등에 관한 이야기가 상세하다. 공자는 "백이와 숙제는 지난 나쁜 짓을 담아 두지 않았으며 원망하는 일이 드물었다"(『논어』「공야장」)고 했으며, "인仁을 구하여 인仁을 얻었으니 또 누구를 원망했으랴!"(『논어』「술이」)라고 했다. 내가 백이의 뜻을 슬퍼하며 그가 지었다는 시를 보았는데 이상한 생각이 들었다. 의문 2. 사마천은 기산에 있는 허유의 무덤에 대해서도 전해 들은 형식으로 처리하고 자신의 입장은 밝히지 않았다. 하지만 무덤에 대한 언급은 그 자체로 허유의 실존 가능성에 대한 문제 제기다. 허유와 무광에 관한 기록이 적은 것은 아예 의문

---

3   오吳나라의 1대 군주로, 주周나라 태왕太王 고공단보古公亶父의 맏아들이다.
     태왕의 마음이 셋째 아들인 계력季歷에게 있음을 알고, 다른 아우 중옹仲雍과
     함께 남쪽 형만荊蠻 지방으로 달아났다. 『논어』, 「태백」편은 '태백'泰伯 두 글자
     로 시작된다.

문으로 처리했다. 사마천은 백이 형제가 원망하지 않았다는 공자의 말을 인용해 놓고는 또 의심한다. "참 이상도 하다!"(可異焉) 뒷날 백이의 '원망' 여부는 학자들에 의해 「백이 열전」을 읽는 열쇠말로 간주되었다. 도타운 유자들은 공자의 말을 믿어 원망하지 않았을 것이라 했고, 자유로운 문사들은 이 한마디에서 사마천의 원망을 유추해 냈다.[4] 하지만 여기서 백이의 원망 여부를 따지는 것은 문자의 손가락 끝에서 헤매는 행위이다. 중요한 것은 사마천이 공자의 견해에 물음표를 달았다는 사실이다.

기록에 이른다.[5] 백이와 숙제는 고죽군孤竹君의 두 아들이다. 아버지가 셋째 숙제에게 왕위를 물려주고자 했다. 아버지가 죽자 숙제가 백이에게 양보했다. 백이는 "아버님의 명"이라 하고는 달아났다. 숙제 또한 왕위에 오르지 않고 달아났다. 나라 사람들이 가운데 아들을 세웠다. 백이와 숙제는 서백西伯 창昌이 노인을 잘 모신다는 소문을 듣고 그리로 갔다. 이르고 보니 서백은 죽었고, 무왕武王이 선친의 신주를 실은 채 문왕文王으로 내세우며 동쪽으로 주紂를 치러 나섰다. 백이 숙제가 말고삐를 당기며 간언했다. "아버지의 장례를 치르지도 않고 군사를 일으키니 효가 아니고, 신하로써 임금을 시해함은 인仁이 아닙니다." 좌우에서 그들을 치려 하자, 태공太公이 "이 사람들은

---

4   주희朱熹는 "이 글은 처음부터 끝까지 모두 원망하는 말로 백이의 형상을 구겨 놓았다"(首尾皆是怨辭, 盡說壞了伯夷.—『주자어류』 권 122)고 하여 사마천을 힐난했다.

5   『여씨춘추』 권12 「성렴」誠廉에는 『장자』의 글이 거의 그대로 전재되어 있고, 『한시외전』韓詩外傳에 다섯 차례 단편적인 인급이 나온다.

의인이다" 하고는 부축하여 가게 했다. 왕이 은殷나라를 평정하여 천하가 주周나라를 떠받들었다. 백이 숙제는 이를 참을 수 없어 의리상 주周나라 곡식을 먹지 않는다며 수양산에 숨었다. 고사리를 캐 먹다가 굶어 죽기에 이르러 노래를 지었다. 노랫말은 이렇다.

저 서산에 올라, 고사리를 뜯었도다.
폭력으로 폭력을 대신하고도 그 잘못을 알지 못하네.
신농과 우하 모두 사라졌으니, 나는 어디로 간단 말인가?
아아 떠나가자, 운명이 다한 것을!
登彼西山兮, 采其薇矣.
以暴易暴兮, 不知其非矣.
神農虞夏忽焉沒兮, 我安適歸矣?
於嗟徂兮, 命之衰矣!

드디어 수양산에서 굶어 죽었다. 이 노래로 보면, 백이 숙제는 원망한 것인가, 원망하지 않은 것인가? 의문 3. 열전 일반을 기준으로 하면 이 단락이야말로 백이의 본전本傳이다. 하지만 이 부분은 그저 옛 글에서—『여씨춘추』와 『한시외전』—가져온 것에 지나지 않는다. 그나마 「채미가」采薇歌는 사마천 이전의 문헌에는 보이지 않는다. 그렇다면 이 이야기는 어떻게 전승되었는가? 육예에 실리지 않은 글을 믿을 수 있는가? 이 글이 아니라면 백이의 행적과 심경을 무슨 수로 고찰할 수 있는가? 인용한 백이의 행적을 인정한다면, 허유와 변수의 고사도 인정해야 하는 것 아닌가? 사마천은 육예가 아닌 여타의 기록이나 전승의 내용도 인정해야 한다고 생각했던 듯하다. "이 노래로 보면"(由此觀之)에 그러한 마음이 드러난다. 사마천은 육예를 존중했지만, 그렇다고 그것만을 인정했던 것은 아니다. 육예 이외의 전승을 인정한다면, 백이는 원망한 것인가, 아닌가? 이는 두 번째 단락에서 인용한 공자의 말 중 "원망하는 일이 드물었다"(怨是用希)와 "또 누구를 원망했으랴!"(又何怨乎)에 의문을 표한 것이다. 사마천은 거듭 공자의 말을 의심했다.

어떤 사람은 말한다. "천도天道는 사사로이 친함이 없으니 언제나 선인善人과 함께한다."(『도덕경』) 백이와 숙제는 선인인가 아닌가? 의문 4. 이처럼 인仁을 쌓고 깨끗하게 행동했는데도 굶어 죽었다. 또 공자는 70명의 제자 중 유독 안연顏淵만을 호학好學의 인물로 칭찬했지만(『논어』 「옹야」) 안연은 자주 가난하여 술지게미도 배불리 먹지 못하고 일찍 죽었다(『논어』 「선진」). 하늘이 선인에게 베푼 것이 어떠한가? 의문 5. 도척盜跖(『장자』)은 날마다 죄 없는 사람을 죽이고 간을 떠내 포를 만들었으며 사납게 행동하고 눈을 부라리며 수천 명의 무리를 이끌고 천하를 제멋대로 다녔지만 천수를 다하고 죽었다. 이는 어떤 덕德을 좇은 것인가? 의문 6. 이는 아주 분명하게 드러나는 예이다. 근세에 이르러서도 행동이 법도에 맞지 않고 기휘忌諱를 멋대로 어기면서 죽을 때까지 편안하게 살며 부귀가 여러 대에 걸쳐 그치지 않는 사람이 있다. 반면 땅은 가려 밟고 때가 아니면 말을 아니 하며 지름길로 가지 않고 공정한 일이 아니면 뜨겁게 힘을 쏟지 않았는데도 재앙을 만난 사람은 이루 헤아릴 수가 없다. 나는 매우 의심스럽다. 누군가 이른바 천도天道란 옳은 것인가, 그른 것인가? 의문 7. 「백이 열전」에서 가장 널리 알려지고 강렬한 인상을 남긴 단락인데, 그 구성 방식은 다른 단락과 똑같다. 『도덕경』의 구절을 '어떤 사람'의 말로 인용한 뒤 백이 형제가 선인善人인지 아닌지를 물었다. 『논어』와 『장자』에서 안연과 도척의 사례를 들어 하늘의 보응에 의문을 표했다. 그리고 이와 비슷한 당대의 사례들을 일반화한 뒤 천도天道에 대한 의문을 천명했다. "매우 의심스럽다"(甚惑)는 앞 단락의 "이상한 생각이 들었다"(可異)보다 의문의 정도가 훨씬 강하다. "누군가 이른바"(儻所謂)에서 '당'儻자에는 가설의 의미가 있고, '소위'所謂에는 발화자의 가치 판단이 들어 있지 않다. 이 말의 수식을 받는 '천도'에는 어떤 애정이나 믿음이 실려 있지 않다. "옳은 것인가, 그른 것인가?"(是耶非耶)는 이 단락뿐 아니라 「백이 열전」의 마지막 의문절로, 여기에는 단락 안의 세 질문 또는 지금까지의 일곱 개 질문이 축적되어 있다. 이 질문의 강도는, 전환 반복되며 점층된 여러 질문에 의해 만들어진 것이다. 사마천은 '천도'에도 일말의 믿음을 주지 않았다. 그 또한 의심의 대상이었을 뿐이다.

공자는 "도가 같지 않으면 서로 도모하지 말라"(『논어』 「위령공」)고 했으니 또한 각자 자기 뜻을 좇으면 된다. 그러므로 "부귀를 얻을 수 있다면 채찍을 잡는 마부라도 나는 할 것이다. 하지만 구한다고 얻는 것이 아니라면 내가 좋아하는 일을 할 것"(『논어』 「술이」)이라 했다. 또 "날씨가 추워진 뒤에야 소나무와 잣나무가 늦게 시듦을 알 수 있다"(『논어』 「자한」)고 했으니, 온 세상이 혼탁하면 그제야 맑은 선비가 드러나는 법이다. 하지만 어찌 저와 같은 무거움으로 이와 같이 가벼울 수 있는가? 의문 8. 백이와 숙제는 저처럼 무겁게 행동을 하고도 이처럼 초라하게 세상을 마칠 수 있는가? 맑은 선비가 되기 위해서는 저처럼 참혹한 대가를 치러야 하는가? 참혹한 대가를 치르고 맑은 선비라는 이름도 얻지 못한다면 억울하지 않겠는가? 군자는 죽을 때까지 이름이 일컬어지지 않음을 싫어한다고 한다(『논어』「위령공」) 공자는 명예를 중시했고, 그의 정신적 아들인 사마천도 이름을 중시했다. "탐욕스런 사람은 재물을 좇고, 열사烈士는 이름을 좇는다. 뽐내고 싶은 사람은 권세 때문에 죽고, 평범한 백성들은 그저 살기 바쁘다"(가의, 「복조부」鵩鳥賦)고 한다. "같은 빛은 서로 비춰 주고, 같은 무리는 서로 찾는다. 용이 날면 구름이 생기고, 범이 달리면 바람이 일어나며, 성인이 나오면 만물이 드러난다."(『주역』 건괘) 백이 숙제가 어질었지만 공자를 얻어 이름이 더욱 드러났고, 안연은 학문이 도타웠지만 천리마의 꼬리에 붙어 행실이 더욱 드러났다. 암혈에 숨어 사는 선비도 알려지고 사라짐에는 때가 있으니, 이러한 무리들의 이름이 사라져 일컬어지지 않으니 슬프다! 똑같이 암혈에 숨어 살았지만, 허유와 변수는 공자의 주목을 받지 못해 그 존재가 희미해졌다. 평범한 여항의 사람들로 행실을 닦아 이름을 세우고자 하는 자가 덕망 높은 선비에게 붙지 않는다면 어찌 후세에 전해질 수 있겠는가! 의문 형식의 확신. 공자의 말 다섯 구절, 가의의 말 한 구절을 인용했다. 인용문의 함의를 조심스럽게 이어간 뒤 마지막 사마천의 발언을 귀담아 들으면, 이 단락의 주지를 알 수 있다. 세상 사람들은 각자 자기가 추구하는 삶을 살아가며 때로 그것 때문에 목숨을 바치기도 한다. 그건 누가 뭐랄 일이 아니다. 그러나 그 삶의 가치는 저 혼자 드러나지 못한다. 누군가 알아주는 사람을 만나야 한다. 백이와 안연은 오로지 공자에 의해 세상에 알려지고 후세에 전해진 사람이다. 중요한 것은 알아주는 사람의 위상이며, 더 중요한 것은 기록이다. 기록만이 시공을 초월한다. 첫 단락부터 육예를 언급한 이유이고, 이 글의 주인공이 공자인 근거이다. 그렇다면 공자가 없는 지금 그 역할을 누가 할 것인가? 바로 나, 사마천이 그 소임을 담당하려 한다. 내가 공자의 역할을 맡을 것이다. 마지막 문장을 읽으면, 백이는 공자의 역할을 설명하기 위해 동원되었고, 공자는 사마천 자신의 자부와 다짐을 뒷받침하기 위해 모셔온 것임을 알 수 있다. 선배들이 이 글을 열전 전체의 서문으로 본 것은 매우 명석한 견해이다.

사마천의 다짐, 공자가 되어 『춘추』를 저술하리라

「백이 열전」은 크게 4개(작게는 8개)의 의문과 하나의 확신으로 구성된 문장이다. 앞에 4개의 의문을 둔 것은 마지막 하나의 확신을 이끌어 내고 강조하기 위한 장치이다. 『장자』 등에 기록된 허유와 무광의 행적의 사실 여부, 백이의 행적의 사실이나 공자가 언급한 그의 불원不怨 여부, 천도의 시비是非에 사마천은 모두 물음표를 달았다. 한 편의 글에는 하나의 통합된 주제가 있어야 한다는 생각은 강박이다. 사마천은 그 여부를 결정지으려 하지 않았다. 삶의 태도 또한 '도부동'道不同이니 각자 취향을 좇으면 될 뿐이다. 하지만 한 가지 확실한 것은 있다. 세상 만물은 용과 구름, 범과 바람의 관계처럼 같은 빛끼리 서로 비춰 주고 자기와 같은 부류를 찾는다는 사실이다. 백이·안연과 공자는 그런 사이이다. 그런데 이들의 관계는 평범한 동명상조同明相照와는 다르다. 그 이유는 '공자'라는 특별한 존재에 있다. 공자에 대한 사마천의 태도는 「백이 열전」 독법의 핵심이다.

다섯 단락에 지속적으로 참여하는 인물은 공자이다. 그는 육예, 공자, 중니仲尼, 자子, 성인聖人, 부자夫子 등 다른 이름으로 바뀌며 모든 내용에 간여한다. 공자는 표면상의 주인공인 백이보다 훨씬 많은 비중을 차지한다. 「백이 열전」은 백이에 대한 서사나 의론이라기보다는, 공자에 대한 사마천의 입장을 밝힌 글이다. 백이는 좋은 사례로 동원되었을 뿐이다. 「백이 열전」의 전편에서 공자가 핵심 화제라면, 그 가운데서 제기된 의문과 확신 또한 공자에 대한 것일 수밖에 없다. 사마천은 유학의 세례를 받으며 성장했고, 그 과정에서 공자는 사마천의 삶에 절대적 영향을 끼쳤다. 사마천은 공자를 세가世家에 싣고 지성至聖으로 일컬었을 만큼 뼛속 깊은 유자였지만, 그렇다고 후대의 도학자들처럼 공자를 절대적으로 우상화하지는 않았다. 사마천은 공자와 관련된 어떤 점에 물음표를 달았고, 무엇을 확신했는가?

육예의 완벽성, 백이의 행적과 불원, 복선화음福善禍陰의 윤리관, 공자의 신념, 이들 문제에 사마천은 모두 물음표를 달았다. 지나간 일은 다 알 수가 없고, 세상은 특정한 신념이나 가치관에 따라 돌아가지 않는다. 육예가 훌륭하지만 세상만사를 다 담은 것은 아니고, 공자라고 해서 몇 백 년 전 인물의 마음까지 다 알 수는 없다. 사마천은 네 단락에 걸쳐 '인용과 의문'의 반복을 통해 이런 의문의 강도를 높였다. 하지만 그런 가운데서도 의심할 수 없는 단 하나의 사실이 있다. 공자의 언급이나 저술을 통해 백이(와 안연)의 행적이 후대에 믿을 만한 사실로 전해지고 그의 명성이 높아졌다는 점이다. 사마천은 사가史家 공자를 발견했고, 사가의 권능을 확신했으며, 공자의 역할을 사임하며 사기로서의 책무를 다짐했다. 자고로, 이 글에 담긴 사마천의 마음을 가장 잘 간취한 사람은 구한말의 이건창李建昌 (1852~1898)이다.

> 이 한 절은 정필正筆이다. 이름이라는 것은 군자君子에게 없어서 안 되고 열사烈士는 잊지 못하는 것이다. 군자와 열사를 위해 그 이름을 세워 주는 이는 누구인가? 성인이다. 성인은 공자이다. 공자가 말한 바를 나는 반드시 믿는다. 공자가 말하지 않은 것을 나는 감히 믿지 못한다. 나는 이로써 공자가 성인이고, 백이 숙제와 안연이 공자를 만난 것이 천고의 큰 행운임을 알게 되었다. 나는 공자를 만나지 못했다. 하지만 한 부 『사기』의 이러한 문장으로 나는 천추만세에 이름을 전할 수 있게 되었다. 또 이 열전 속의 인물들은 나의 문장에 힘입어 천추만세에 전해져 절대로 사라지지 않게 되었다. 이 또한 천고에 큰 행운이랄밖에! 태사공이 글을 짓다가 이 대목에 이르러 몹시 기뻐하며 쾌재를 부르는 장면이 눈에 선하다. 부형腐刑 당한 몸으로 죽었지만 유감은 없으리라. 어떤 자잘한 유자(주희를 가리킴)가 '뱃속에 원망이 가득하다'고 했던가! (「백이열전비평」伯夷列傳批評)

예로부터 문인 학사들은 사마천의 태도보다는 이미 공자에 의해 확정된 백이 숙제의 성인에 가까운 형상을 받아들였다. 조선 시대 북경에 가던 사신들은, 도중 으레 영평永平(노룡현盧龍縣) 가까운 곳 난하灤河 가에 있는 이제묘夷齊廟에 들러 참배했고, 조선 후기에는 고사리국을 끓여 제사를 지내는 웃지 못할 풍경을 연출하곤 했다. 그런 가운데 백이 숙제, 또는 그에 대한 맹목적 추숭에 대한 풍자와 조롱도 나타났다. 청초에 간행된 『두붕한화』豆棚閑話에 실려 있는 「수양산숙 제변절」首陽山叔齊變節, 『열하일기』「관내정사」에 소개된 고사리 관련 세 편의 삽화가 대표적이다. 루쉰魯迅의 산문 「채미」采薇(『고사신편』故 事新編, 1935)는 이런 전통을 이은 작품이다.

시인의 언어는
기대지 않는다

관안 열전管晏列傳

시인 허만하(1932~)는 그의 시 「장미의 가시·언어의 가시」에서 이렇게 노래했다. "시인의 언어는 기대지 않는다/그의 언어는 수직으로 선다." 시의 언어는 일체의 형용과 논리와 설명 등에, 궁극에는 시인에도 기대지 않고 저 혼자 존립한다는 뜻이겠다. 하나의 이미지, 하나의 역설이면 충분하다. 이 말에 따르면 「관안 열전」은 시인의 언어다. 단 세 개의 일화로 관중管仲과 안영晏嬰을 보여준다. 관중은 사치스러웠고 안영은 검박했다. 하지만 두 사람은 똑같이 제나라의 부국강병을 실현한 재상이었다. 다르지만 같다. 두 사람은 똑같이 누군가의 '알아줌'〔知〕으로 성공했다. 하지만 관중은 포숙의 알아줌을 입었고, 안영은 죄인과 마부의 능력을 알아보아 그들을 발탁했다. 같으면서 다르다. 사마천은 「백이 열전」에서 강조한 주제가 가장 선명하게 구현된 글을 두 번째 자리에 배치했다.

삼주일량三柱一梁
하나의 들보를 떠받치는 세 개의 기둥

관중과 안영의 일생을 단 세 개의 사건으로 그려 냈으니, 세 기둥이 한 들보를 떠받친 형국이다. 들보는 바로 '훌륭한 재상'이다.

안자晏子는 검박하고 이오夷吾(관중의 이름)는 사치스러웠다. 다르지만 제齊나라 환공桓公은 이오의 도움으로 패자霸者가 되었고, 경공景公은 안자의 힘으로 다스렸다. 같다. 두 번째로 「관안 열전」을 지었다.

관중管仲 이오夷吾는 영상潁上(안휘성 부양시阜陽市 영상현) 출신이다. 어렸을 때 포숙아鮑叔牙와 같이 놀았다. 포숙은 그의 현명함을 알았다. 관중은 가난하여 늘 포숙을 속였지만, 포숙은 끝까지 잘 대해 주어 그걸 문제 삼지 않았다. 포숙은 제나라의 공자 소백小白을, 관중은 공자 규糾를 섬겼다. 두 왕자의 왕권 다툼 끝에 소백이 왕위에 올라 환공桓公이 되었다. 공자 규는 죽고 관중은 옥에 갇혔다. 포숙은 관중을 천거했다. 관중은 등용되어 재상의 자리에 올랐다. 제환공이 패권을 차지하여 아홉 번이나 제후들을 모이게 하고 천하를 바로잡은 것은 관중의 덕분이다. 관중은 총명하지만 가난했고 결핍을 채우기 위한 승부욕이 강했다. 포숙은 넉넉한 집안에서 자랐으며, 덕분에 원만하고 너그러웠다.

관중은 말했다. "내가 가난하던 시절 포숙과 함께 장사를 했는데, 나는 늘 더 많은 이익을 챙겼지만 포숙은 나를 탐욕스럽다고 하지 않았다. 내가 가난한 줄 알았기 때문이다. 내가 포숙을 도와주다가 일을 망친 적이 있었지만 포숙은 나를 어리석다고 하지 않았다. 사업엔 이로울 때와 불리할 때가 있음을 알았기 때문이다. 내가 세 번 벼슬에 나아가 세 번 다 쫓겨났지만 포숙은 나를 나무라지 않았다. 내가 아직 때를 만나지 못했음을 알았기 때문이다. 내가 세 번 전쟁터에 나가 세 번 모두 달아났지만 포숙은 나를 겁쟁이라고 하지 않았다. 내게 늙은 어머니가 계신 줄 알았기 때문이다. 공자 규가 패한 뒤 내가 모셨던 소홀召忽은 죽었으되 나는 옥에 갇힌 채 살아 욕을 당했어도, 포숙은 나를 부끄러움을 모르는 인간이라고 하지 않았다. 내가 작은 절개를 지키지 못함을 부끄러워 않고 천하에 큰 공명을 날리지 못함을 부끄러워하는 줄 알았기 때문이다. 나를 낳아 준 이는 부모님이지만, 나를 알아준 사람은 포자이다.” 다섯 개의 사례로 세를 쌓고, 하나의 문장으로 주제를 표현했다. 물을 가두어 한 번에 터뜨리고, 5층 탑을 쌓은 뒤 감실에 불상을 모시는 격이다.

포숙은 관중을 추천한 뒤 자신은 그의 아래 있었다. 그의 자손들은 대대로 제나라에서 녹을 받았으며, 십여 세대 동안 봉읍을 받아 이름난 가문이 되었다. 천하 사람들은 관중의 능력보다는 포숙의 사람 알아본 능력을 더 높이 쳤다.

관중은 제나라의 재상이 되어, 변변치 않던 바닷가의 나라에 화폐를 유통시키고 재물을 축적하여 강하고 넉넉한 나라를 만들어 백성들과 좋고 나쁨을 함께했다. 그러므로 “곳간이 차면 예절을 차리게 되고, 의식이 넉넉하면 영욕을 알게 된다. 위에서 법도를 지키면 친족의 사이가 굳어지고, 예의와 염치가 펼쳐지지 않으면 나라는 곧 멸망하게 된다”고 하였다. 명령을 내림은 물이 흐르듯 하여 백성들의 마음을 순응하게 했다. 그러므로 정론政論은 비근卑近하여 실천하기가 쉬웠다. 백성들이 원하는 것은 주었고, 백성들이 싫어하는 것은 없애 주었다.

정치를 펼침에는 화禍를 잘 전환하여 복福으로 만들었고, 실패를 성공으로 바꿨다. 경중의 조절¹을 귀하게 여겼고, 형벌을 주는 일은 신중하게 했다. 환공이 부인 소희少姬의 일로 격노하여 채蔡나라를 공격하자,² 관중은 이를 이용해서 초楚나라를 쳐 포모包茅(제주祭酒를 거를 때 쓰는 풀)를 주周나라에 공납하지 않음을 문책했다. 환공이 북쪽으로 산융山戎을 정벌하자, 관중은 기회를 타 연燕나라로 하여금 소공召公의 정사를 닦게 했다. 가柯 땅에서 노魯나라와 회맹했을 때 환공이 조말曹沫과의 약속을 어기려 하자 관중은 믿음을 지키게 하여 제후들의 마음을 제나라로 돌아오게 했다. "주는 게 곧 얻는 것임을 아는 것이 정치의 요결"이라고 말했다. 관중은 『서경』에서 제시한 세상에서 중요한 일 세 가지—정덕正德, 이용利用, 후생厚生— 순서를 이용, 후생, 정덕으로 바꾸었다. 후세에 공맹에게 배척되고 이단으로 몰린 이유이다. 박지원도 『열하일기』「도강록」에서 이 순서를 사용했다.

관중의 부유함은 군주에 견줄 만하여 호사로움이 극에 달했지만 제나라 사람들은 사치라고 생각하지 않았다. 관중이 죽자 제나라는 그의 정치를 따라 늘 제후들 중에서 강성했다. 그 뒤로 백여 년이 지나 안자가 나타난다.

---

1 보통 '재화의 유통과 물가의 조절'로 해석한다. 하지만 윗 단락의 주지가 경제임에 반해 이 단락의 주지는 정치라는 점, 그리고 주제를 먼저 말하고 뒤에 사례를 든 이 단락의 어법으로 보아, 마지막 조말 관련 사례 즉 외교에 있어 득실의 경중을 잘 헤아렸다는 뜻으로 풀이하는 것이 자연스럽다.

2 부인 소희가 왕과의 사소한 다툼으로 친정 채나라로 가 버리자, 환공이 화를 이기지 못해 군대를 일으킨 일을 말한다.

안평중晏平仲 영嬰은 채나라 이유夷維(산동성山東省 고밀高密) 땅 사람이다. 제나라의 영공, 장공, 경공을 섬겼다. 절약하고 검소함을 힘써 실천하여 제나라에 중용되었다. 제나라 재상이 된 뒤로는 식사에 꼭 고기반찬을 올리지 않았고 아내는 비단옷을 입지 않았다. 조정에 있으면서 임금과 대화를 나눌 때는 말을 바르게 했고, 임금과 떨어져 있을 때에는 행실을 바르게 했다. 임금에게 도가 있으면 명을 따랐지만, 도가 없으면 명을 헤아려 조정했다. 이것으로 세 왕조에 걸쳐 제후들에게 이름이 났다. 안영은 관중과 달리 겸허하고 검소했으며, 언행이 바르고, 조정에서의 관계가 두루 원만했다.

월석보越石父는 현자였는데 죄인의 몸이 되었다. 안자는 밖에 나갔다가 길에서 그를 만났는데 왼쪽 곁말을 풀어 그의 몸값을 치르고 수레에 실어 돌아왔다. 그러고는 인사도 하지 않고 집안으로 들어갔다. 얼마 뒤 월석보가 절교할 것을 청했다. 안자가 놀라 의관을 바로 하고 말했다.

"제가 비록 어질지는 않지만 그대를 위기에서 구해 주었습니다. 왜 이렇게 빨리 관계를 끊으려 하십니까?"

석보가 말했다.

"그런 것이 아닙니다. 저는 '군자는 자신을 알아주지 못하는 사람에게서 위축되고 자신을 알아주는 사람에게서 몸을 편다'고 들었습니다. 방금 제가 포승에 묶여 있을 때 저들은 나를 알아주지 않은 것입니다. 선생께서는 (나의 능력을) 느껴 깨달아 나를 구해 주셨으니 이는 저를 알아준 것입니다. 저를 알아주면서 예禮가 없었으니 포승에 묶여 있는 것만도 못합니다."

이에 안자는 맞아들여 상객上客으로 삼았다. 죄인을 발탁했다.

안자가 제나라의 재상이 되어 외출할 때, 그 마부의 아내가 문틈으로 자기 남편을 엿보았다. 남편은 재상을 위해 말을 부렸는데, 큰 일산을 받쳐 들고 네 마리 말을 모는 모습이 의기양양하여 자기 뜻을 다 얻은 것 같았다. 조금 뒤 남편이 돌아오자 아내는 떠날 의향을 비쳤다. 남편이 그 까닭을 묻자 아내는 이렇게 말했다.

"안자는 키가 여섯 자도 못 되는데 몸은 제나라 재상이요 이름은 제후들에게 널리 알려졌습니다. 아까 제가 외출하시는 모습을 보았는데, 뜻과 생각이 깊어 늘 자신을 낮추더군요. 이제 당신은 키가 8척이나 되는데도 남의 종이 되어 수레나 몰고 있습니다. 그러나 당신의 몸가짐은 마치 천하를 얻은 듯하더군요. 저는 이런 이유로 떠나고자 하는 것입니다."

이 뒤로 남편은 스스로 기운을 억누르고 태도를 낮추었다. 안자가 괴이하게 여겨 까닭을 묻자 마부는 사실대로 대답했다. 안자는 그를 천거하여 대부로 삼았다. 마부를 발탁했다.

태사공은 말한다. 내가 관중이 지은 「목민」牧民, 「산고」山高, 「승마」乘馬 등과 『안자춘추』를 읽어 보니 그 말이 상세했다. 두 사람의 저서를 보고, 이들의 행적과 사업을 보고 싶었던 까닭에 이들의 전을 지었다. 저서의 내용은 세상에 널리 알려졌으므로 언급하지 않고, 잘 알려지지 않은 일만을 이야기했다. 관중은 세상에서 말하는 현신이지만, 공자는 그를 낮게 보았다. 왕도에 힘쓰지 않고 패도覇道를 쓴 때문이다. 그래도 『논어』에서 "아름다움을 따르고 나쁜 것을 바로잡은 까닭에 상하가 서로 친애하였다"고 한 것은 바로 관중을 이름이다. 안자는 최서崔抒가 장공莊公을 시해했을 때 그의 시체에 엎드려 곡을 하고 예법을 이룬 뒤에 떠나갔으니, 어찌 공자가 말한바 "의인 줄 알면서도 실천하지 않음은 용기가 없는 것이다"(見義不爲, 無勇)에 부합

되지 않는 것이겠는가? 간언을 할 때는 임금의 낯빛을 범했으니 이것이 이른 바 "나아가면 충성을 다할 것을 생각하고, 물러나면 어떻게 하면 임금의 허물을 바로잡을까를 생각한다"(進思盡忠, 退思補過)는 말에 맞지 않겠는가? 가령 지금 안자가 있다면 나는 기꺼이 그를 위해 말채찍을 잡을 것이다. 사마천은 감동했고, 선택했으며, 숭모의 마음을 숨기지 않았다. 역사는 때로 문학보다 더 문학적이다.

세 개의 이미지와 하나의 의미

"남들이 알아주지 않아도 성내지 않으면 또한 군자가 아니겠는가!" "하늘을 원망 않고, 남도 탓하지 않는다. 나를 알아줄 이는 하늘이런 가!" 모두 공자의 탄식이다. 공자로서는 정말 절박해서 한 말이겠다. 세상에 쓰이지 못하는 자신의 처지를 돌아보며, 공자는 소외감과 분노를 인내하며 내면을 수양했다. 사마천은 이러한 공자의 윤리적 선택을 존중하되, 그대로 받아들이지 않고 그 주제를 서사의 동력으로 삼았다. 관중은 포숙을 만나 능력을 펼쳤고, 관중과 포숙의 사연은 사마천을 만나 후세에 널리 알려졌다. 사마천은 숙고 끝에 포숙아와의 일화를 선택하고 나머지는 모두 버렸다. 안영은 재상으로 네 왕을 모시며 제나라의 영화를 이끌었는데, 그 힘은 초야의 인재를 알아보고 과감하게 그들을 발탁하는 데 있었다. 하여 죄수와 마부에 관한 두 일화가 선택되었다. 사마천은 수많은 역사 인물 중에서 관중과 안영을 선택했고, 관중과 안영의 수많은 행적 중에서 세 건의 일화를 선택했다. 관중과 안영을 선택하기 위해 비슷한 부류의 인물들을 버렸고,

관안 열전

말하고자 하는 바가 선명하게 드러날 수 있도록 수많은 행적을 포기
했다. 이들이 후세에 알려진 것은 순전히 사마천의 선택을 받았기 때
문이다. 사정이 이러니 사마천의 마음을 따지는 것이 어찌 중요하지
않겠는가? 본디 먼 옛날에는 시詩와 사史가 한 몸이었으니, 이 글은
세 개의 이미지로 하나의 주제를 그려 낸 한 수의 시라 해도 된다.

말더듬이 삶의 아이러니와
사가의 독비獨悲

노자한비 열전老子韓非列傳

당시 노자老子가 근무하던 주나라의 수도는
낙양洛陽, 공자가 살던 노魯나라의 도성은 곡부曲阜였다. 두 고을 사
이의 거리는 대략 500km쯤 된다. 공자가 정말로 노자를 찾아갔다
면 왕복 한 달은 잡아야 하는 여정이었다. 공자는 의문을 그치지 않
았고, 스승을 찾아가는 데 용감했던 사람이다. 그리고 세상사에 대한
판단의 기준이 되는 사람이다. 그럼 노자는 어떤 인물인가? 그런
공자가 용으로 숭앙한 인물이다. 공자가 훌륭할수록 노자는 더 훌륭
해진다. 이야말로 홍운탁월紅雲托月의 방법이다.

사마천은 노자를 매우 좋아했지만, 그의 학설에 비해 행적은 세상
에 알려진 바가 없다. 하여 공자를 모셔 와 노자를 칭송하게 했는데,
하고 보니 더 이상 할 말이 없다. 뒷날 광주의 안정복安鼎福(1712~
1791)은 스승 이익李瀷(1681~1763)을 만나기 위해 안산으로 길을 나섰
다. 두 사람은 평생 겨우 세 번을 만났을 뿐이지만, 그 사제 간의 신
뢰와 존중은 세월이 갈수록 빛난다. 김정희金正喜(1786~1856)는「세한

도제발」歲寒圖題跋에서 제자 이상적李尙迪(1804~1865)에 대한 고마움을 공자와 사마천의 말로 표현했다. 안정복은 공자를 배웠고, 김정희는 사마천을 배운 것이다.

황로黃老는 자연의 본성에 가까운, 최소한의 문명과 제도를 주장했다. 이는 상황과 경우에 따른 수많은 예법과 형식을 강조한 유가의 대척점에 있다. 법가는 최소한의 인의와 극도로 간명한 문화를 주장한 노자에서, 간결한 법에 의해 효율적으로 통치되는 사회를 구상했다. 이들을 하나로 묶은 근거는 간결함을 주장한 사상이다. 하지만 이들 사이에 학문상의 계보나 사승 관계가 있었던 것이 아니고, 사상의 지향이 같았던 것도 아니다.

동백경절 冬栢頸折
동백꽃이 툭 떨어지다

한비는 오래도록 준비한 그 유장하고 정연한 이론을 펼쳐보기도 전에 한순간 목이 꺾여 죽는다. 마치 동백꽃이 떨어지듯.

이이李耳는 무위無爲로 스스로 변화했고, 청정으로 자기를 바르게 했다. 한비韓非는 사정을 헤아려 형세와 이치를 따랐다. 세 번째로 노자와 한비의 열전을 지었다.

노자는 옛 초楚나라 땅 고현苦縣 여향厲鄕 곡인리曲仁里 사람이다. 성은 이씨고 이름은 이耳이며 자字는 담聃이다. 주周나라 문서 보관실의 관리〔史〕였다. 노자의 고향인 곡인리는 현재 하남성 녹읍현鹿邑縣 태청궁진太淸宮鎭이다. 안휘성 박주시亳州市 서쪽으로 인접해 있다. 초나라 출신 노자가 주나라로 간 경위는 알려진 바가 없다. 당시 모든 문서는 국가 소관이었고, 노자는 국가 문서를 정리·열람·관리·기록하는 관리였다. 당시에는 이러한 문서 담당 관리를 사史라고 했으니, 노자는 사마천의 선배였던 셈이다.

공자가 주나라에 가서 노자에게 예禮에 대해 물었다. 노자가 말했다.

"그대가 지금 이야기하는 그 사람은 뼈가 모두 썩어 없어지고 그 말만 남았을 뿐이오. 또 군자는 때를 얻으면 수레를 타고 때를 만나지 못하면 사막 위 마른 쑥대처럼 떠다니는 법입니다. 훌륭한 장사꾼은 비어 있는 듯 깊이 숨기고, 군자는 덕이 가득하면 용모가 바보처럼 보인답니다. 교만한 기운과 많은 욕심, 꾸미는 몸짓과 낯빛, 넘치는 뜻을 버리십시오. 그대 몸에 아무 도움이 되지 않습니다. 해 줄 수 있는 말은 이게 전부입니다."

공자는 떠나가서 제자들에게 말했다.

"새는 잘 날고, 물고기는 잘 헤엄치며, 짐승은 잘 달리지만, 이것들이 아무리 날고뛰어도 그물과 낚시와 주살로 잡을 수 있다. 하지만 능히 풍운을 타고 하늘로 오르는 용은 어떻게 잡지? 내가 오늘 노자를 보았는데 마치 용과 같았다!"

노자는 도덕을 닦았는데, 그의 학문은 스스로 숨어 이름을 드러내지 않음에 힘썼다. 주나라에 오래 살았는데, 주나라가 쇠하는 것을 보고 떠났다. 함곡관函谷關에 이르렀는데 관령關令 윤희尹喜가 말했다.

"그대는 숨으려 하시는군요. 저를 위해 힘껏 글을 지어 주십시오."

이에 노자가 상하권의 저서를 지어 도덕의 뜻 5천여 자를 말하고는 떠났는데, 어떻게 마쳤는지 알지 못한다. 용의 꼬리는 구름에 가려 보이지 않는다. 노자의 마지막도 세상에 알려지지 않았다. 공자의 말에 맞춰 한 마리 용으로 묘사한 것이다.

세상에서 노자를 배운 사람은 유학을 배척하고, 유학자들도 노자를 물리친다. "도가 같지 않으면 서로 꾀하지 않는다"(『논어』)가 어찌 이를 두고 한 말이 아니겠는가! 이이는 억지로 꾸미지 않음으로써 자신을 변화시켰고, 맑고 깨끗하게 함으로써 자신을 바르게 했다. 도가에서는 유자들을 가식적인 위선자라 조롱하고, 유자들은 노장을 금수의 부류라고 비난해 왔다. 세월이 지나면서 세상을 지배한 건 유가 사상이었지만, 그럴수록 그 이면에는 노장에 대한 동경과 희구 또한 강해졌다.

한비는 한韓나라의 공자이다. 형명刑名과 법술法術의 학문을 좋아했는데, 그 귀결은 황노黃老에 근본을 두고 있다. 한비는 말을 더듬거렸지만, 글을 잘 지었다. 이사李斯와 함께 순경荀卿에게서 배웠는데, 이사는 자기가 한비만 못하다고 생각했다. '말을 더듬었다'(口吃)는 구절을 흘려보내면, 이 긴 글을 외워도 그건 음식을 통째로 들이키는 것과 같아 맛을 논할 수 없다. 한비는 글을 잘 지었으나 말이 어눌하여 유세도 못 해보고 죽었다. 사마천도 혹 말은 더듬었거나, 생각이 많아 말이 더뎠던 건 아닐까!

한비는 조국의 영토가 줄고 국력이 약해지는 것을 보고 여러 차례 글을 올려 간했지만, 한나라 왕은 쓰지 않았다. 나라를 다스림에 법과 제도를 닦아 권세를 잡고 신하들을 다스리며 나라를 부강하게 하고 인재를 구하여 현자에게 일을 맡기는 인에 힘쓰지 않고, 도리어 겉만 요란하고 말만 번드르르한 책벌레들을 등용하여 실제 공을 세울 만한 사람들 윗자리에 두는 정치에 한비는 크게 실망했다. 그가 보기에 유자들은 글로 법法을 어지럽히고 유협은 힘으로 금기를 범했다. 나라 형편이 편안하면 이름 높은 인사를 총애하고, 나라 사정이 급박해지면 그제야 무인들을 찾았다. 그러다보니 지금 양성하는 인사는 뒷날 쓸 데가 없고, 지금 쓰고 있는 관리들은 평소에 양성한 바가 아니라는 모순이 발생했다. 깨끗하고 곧은 사람이 간사하고 교활한 신하들에게 용납되지 않는 현실이 서글펐다. 이에 지난 역사에서 득실의 변화를 살펴, 「고분」孤憤, 「오두」伍蠹, 「내저」內儲, 「외저」外儲, 「설림」說林, 「세난」說難 등 1만 여 글자의 책을 저술했다. 한비는 유세의 어려움을 알아 「세난」 편을 지어 그에 관한 내용을 갖추었지만, 진秦나라에 유세하러 갔다가 빠져나오지 못하고 거기서 죽고 말았다. 구조적 합법 폭력과 물리적 불법 폭력은 어느 시대나 단짝이다. 한비는 유자와 유협을 그런 관계로 보았다. 평소 양성하는 인사와 위기에 등용하는 인사가 어긋나는 나라는 망하지 않을 수 없다. 이 단락에는 그러한 아이러니의 깊은 골짜기가 들어 있다.

「세난」 편에 이른다. 말더듬이였던 한비가 '유세의 방법'을 지은 것은 아이러니이기도 하고 절박함의 발로이기도 하다. 사마천은 왜 하필 그의 많은 글 중에서 이 편을 인용했을까?

> 유세의 어려움은 내 지식이 부족해서가 아니고, 나의 표현력이 없어서도 아니고, 내 말의 조리와 비유가 미흡해서도 아니다. 그 건 군주의 마음을 알아 그 뜻에 맞게 하는 데 있는 것이다.
> 군주의 마음이 명예에 가 있는데 한탕의 이익을 내세워 유세

하면 생각이 천박하여 자기를 비루하게 대한다고 여겨 멀리할 것이다. 군주의 욕심이 한탕의 이익에 가 있는데 높은 명예를 가지고 유세하면 아무런 계책도 없이 세상 물정을 모른다고 여겨 받아들이지 않을 것이다. 군주가 실제로는 한탕의 이익을 노리면서 겉으로만 고상한 명예를 위하는데, 고상한 명예로 유세한다면 겉으로는 그를 거두는 척하되 실은 멀리할 것이다. 또 그에게 한탕의 이익으로 설득하면 몰래 그 말을 쓰되 겉으로는 그 사람을 버려 둘 것이다. 이는 모두 알지 않으면 안 된다.

세상일은 비밀리에 이루어지고 말이란 새 나가면서 어그러지는 법이다. 꼭 자신이 누설하지 않아도, 그가 감추고 있는 게 알려지면 몸이 위험해진다. 군주에게 허물이랄 게 있는데 유세자가 그걸 드러내 악으로 몰아가면 몸이 위험해진다. 군주의 은혜가 두루 미치지 않았는데 극단에까지 말을 할 경우, 그 유세가 먹혀 공을 세운다 해도 임금의 덕이 없어질 것이고, 유세가 채택되지 않으면 의심을 사게 되는데, 이 경우 모두 몸이 위험해진다. 군주가 계책을 내어 자기 공으로 삼고자 하는데, 그걸 간여하며 아는 척하면 몸이 위험해진다. 군주가 두드러지게 내세워 자기 업적으로 삼으려 하는데 아는 척하며 참견하면 몸이 위험해진다. 하고 싶지 않은 일을 강권하거나, 꼭 하고 싶어 하는 일을 말려도 몸이 위험해진다. 그러므로 고관대작을 자꾸 이야기하면 이간질로 의심하고, 측근 시신들에 대해 이야기하면 권력 농단의 혐의를 빋을 것이다. 군주가 사랑하는 사람을 거론하면 그 덕을 보려 하나 생각하고, 싫어하는 사람을 들먹이면 속을 떠보나 고개를 갸웃할 것이다. 너무 간략하게 요점만 추리면 잘 알지 못하여 말이 짧은가 의심하고, 말이 장황하고 수사가 많으면 번잡스럽게 여겨 지루해한다. 일마다 군주의 뜻을 좇아 자기 생각을 말하면 용기가 없어 자기 견해를 내지 못한다 생각하고, 일을 꾀함이 너무 거칠고 방만하면 촌스러워 격식을 모른다고 의심한다. 이것이 유세의 어려움이니 반드시 알아 놓아야 한다.

유세에 있어 힘써야 할 것은 군주가 자랑스러워하는 것을 꾸며 주고 스스로 약점이라 생각하는 바를 덮어 줄 줄 아는 데 있다. 군주가 자기 계책에 대한 믿음이 있으면 그 약점을 가지고 추궁하지 말아야 한다. 군주가 자기 결단을 용감한 것으로 자랑스러워하면 그 부작용을 가지고 노하게 하지 말아야 한다. 군주가 자기 능력에 만족스러워하면 그 부작용을 말하여 깎아내리지 말아야 한다. 군주가 하는 일과 같은 다른 사례를 들어 바로잡아 주고, 군주가 하는 일과 같은 다른 사람의 행위를 칭찬하여 그 일이 아무런 문제가 없음을 꾸며 주어야 한다. 군주와 똑같은 실수를 저지른 사람이 있으면 그것이 별 문제가 아님을 꾸며 말해야 한다. 마음에 거슬리는 것이 없고 말에 공격하여 배척함이 없는 뒤에야 자신의 지혜와 변론을 다 펼칠 수 있다. 이것이 군주와 가까우면서도 의심받지 않고 자신의 지혜를 다 펼칠 수 있는 방법이다. 많은 세월이 흘러 군주의 은택이 두루 미쳐 깊이 도모해도 의심받지 않고 논쟁을 벌여도 죄가 되지 않게 되면, 이해

利害를 밝게 헤아려 공을 이루게 하고 시비是非를 곧게 가려 그 몸을 아름답게 할 수 있다. 이로써 서로 대우하게 되면 비로소 성공한 유세가 된다.

이윤伊尹은 요리사가 되었고 백리해百里奚는 포로가 되었는데 모두 그 자리를 통해 군주와 만날 수 있었다. 이 두 사람은 모두 성인임에도 몸을 부려 이처럼 낮은 곳에서 세상을 살아갈 수밖에 없었으니, 이는 유능한 선비가 부끄러워할 바가 아니다.

송나라에 부자가 살았다. 비가 내려 담장이 무너졌다. 그의 아들이 말했다. "쌓지 않으면 도둑이 듭니다." 그 이웃집 사람이 또한 똑같이 말했다. 저녁에 과연 재물을 크게 도둑맞았다. 그 집에서는 아들은 지혜롭다고 하면서 이웃집 사람을 의심했다. 옛날 정鄭나라 무공武公이 호胡를 칠 계획을 세우고, 그 공주와 자기 아들을 혼인시켰다. 그리고 여러 신하들에게 물었다. "군사를 일으키고 싶은데 어디를 치면 좋겠소?" 관기사關其思가 말했다. "호胡를 치시지요." 무공은 관기사에게 형벌을 내리며 말했다. "호는 형제의 나라인데, 어째서 그 나라를 치라고 하는 것이냐?" 호의 군주가 듣고 정나라를 우방으로 여겨 방비하지 않았다. 정나라가 호를 습격하여 차지했다. 두 이야기에서 이웃 사람과 관기사는 모두 지혜로웠다. 하지만 심한 경우는 처형을 당했고 가벼운 자는 의심을 받았다. 그러니 아는 것이 어려운 게 아니라, 알고 있는 걸 처리하는 방법이 어려운 것이다.

옛날에 미자하彌子瑕가 위衛나라 임금의 의심을 받았다. 위

나라의 법에 임금의 수레를 몰래 타는 것은 월형刖刑에 해당
되었다. 미자하의 어머니가 병이 났는데 누군가 밤에 가서
알려주었다. 미자하는 거짓 군명으로 임금의 수레를 타고 나
갔다. 임금이 듣고 칭찬했다. "효자로다. 어머니 때문에 월형
에 해당되는 죄를 범하다니!" 임금과 함께 과수원에서 놀았
다. 미자하가 복숭아를 먹는데 맛이 달았다. 이에 다 먹지 않
고 임금에게 올렸다. 임금이 말했다. "나를 사랑하는군, 자기
입을 잊고 나를 생각해 주다니!" 미자하의 자색이 쇠해 애정
이 느슨해졌다. 임금에게 죄를 지었다. 임금이 말했다. "이년
은 일찍이 거짓 왕명으로 내 수레를 탔고, 또 먹던 복숭아를
내게 주었겠다." 미자하의 행동은 달라지지 않았지만, 전에
는 칭찬받고 뒤에는 죄를 얻었으니, 임금의 마음이 크게 변
한 것이다.

용은 벌레이기 때문에 잘 길들이면 타고 다닐 수 있다. 하
지만 용의 목 아래에는 한 자 남짓 역린逆鱗이 있는데 사람이
이것을 건드리면 그를 죽인다. 임금에게도 역린이 있으니, 유
세자가 임금의 역린을 건드리는 일이 없어야 성공할 수 있다.

누군가 한비의 책을 진秦나라에 전했다. 진나라 왕이 「고분」과 「오
두」를 읽고는 말했다. "아, 내가 이 사람을 만나 함께할 수 있다면 죽어도
여한이 없을진저!" 이사李斯가 말했다. "이는 한비라는 사람이 지은 글
입니다." 진나라는 급히 한나라를 공격했다. 한나라 왕은 한비를 등
용하지 않았는데 사정이 다급해지자 그를 진나라에 사신으로 보냈
다. 한비는 슬픔에 젖었고 한나라에는 암운이 드리워졌다.

진나라 왕이 기뻐했지만 바로 믿고 쓰지는 않았다. 이사와 요가姚賈가 한비를 해치려 헐뜯었다. "한비는 한나라의 공자입니다. 지금 왕께서 천하를 통일하려 하시는데, 한비는 결국 한나라 편에 서지 진나라를 위하지 않을 것입니다. 이것이 사람의 마음입니다. 이제 왕께서 그를 쓰지 않고 오래도록 머물러 두었다가 돌려보낸다면, 이는 우환을 보내는 셈입니다. 죄를 씌워 죽이는 게 좋습니다." 진나라 왕은 고개를 끄덕이고 관리를 보내 한비의 죄를 다스리게 했다. 이사는 독약을 보내 자살을 종용했다. 한비는 왕을 만나 자기 뜻을 말하고 싶었지만 기회가 주어지지 않았다. 진나라 왕이 뒤늦게 후회하여 사람을 보내 사면했으나, 한비는 이미 죽은 뒤였다. 불운은 간발의 차이로 행운을 따돌리곤 한다.

신불해와 한비는 모두 글을 지어 후세에 전하니 배우는 이들이 많다. 나는 그저 한비가 「세난」을 지었으면서도 자신은 위험에서 벗어나지 못한 것을 혼자 슬퍼할(獨悲) 뿐이다.

태사공은 말한다. 노자가 귀중하게 여기는 도는 허무虛無이다. 무위無爲에서 변화에 응하는 까닭인지 저서의 말이 은미하고 오묘하여 알기가 어렵다. 장자는 도덕을 흩어 자유롭게 논의를 펼쳤는데, 그 요점은 또한 자연으로 돌아간다. 신불해는 부지런히 노력하여 정치에 베풀었다. 한비자는 먹줄을 끌어와 사정을 끊고 시비를 밝혔는데, 극단에는 각박하여 은혜가 적었다. 모두 『도덕경』에서 시작되었으니, 노자는 깊고 멀다 하겠다.

아이러니의 강물을 굽어보다

왜 하필 사마천은 한비의 글 중에서 「세난」을 장황하게 인용했을까? 한비는 이처럼 유세의 어려움과 방법을 곡진하게 알았고 이를 체계적인 글로 남겼지만, 진나라에 사신으로 갔다가 유세 한 번 못 해보고 허무하게 죽고 말았다. 사마천 또한 제대로 변명을 못하고 궁형을 당했다. 사마천은 배치만으로 한비 삶의 아이러니를 보여주려 한 것이다. 「세난」의 인용은 장황한데, 죽음에 대한 묘사는 어이없을 정도로 간단하다. 해박한 지식과 화려한 문장/허무하고 어이없는 죽음의 대조는 허무와 아이러니를 증폭시킨다. 한비가 자기 지식을 써 보지도 못하고 허무하게 죽고 만 것은 애초 한韓나라에서 그를 쓰지 않았기 때문이고, 권세의 문으로 들어가지 못했기 때문이고, 역사의 수레에 올라타지 못했기 때문이다. 그걸 한비의 어리석음으로 몰아갈 수는 없다. 사마천은 역사의 거대한 수레가 지나간 자리에 남은 한비의 흔적을 슬퍼한 것이다. 남들은 알지 못하는 자기만의 슬픔 독비獨悲, 이 열전의 주제를 간추리면 두 글자가 남는다. 결과는 늘 의도를 배반하고, 때로 운명은 지식을 조롱한다. 한비의 의도와 결과, 지식과 운명 사이 깊은 골짝에는 아이러니의 강물이 흐른다. 사마천은 이 강물을 굽어보며 자신의 삶을 슬퍼했고, 자신의 비운을 그 강물에 띄워 보냈다. 나도 사마천 옆에 앉아 함께 강물을 굽어본다.

장수의 일언일행과
나라의 명운

사마양저 열전司馬穰苴列傳

장수의 일이란, 군사를 지휘하여 전쟁을 수행하거나, 전쟁에 대비하여 군사를 통솔하는 것이다. 그가 있는 곳은 전장戰場 아니면 진중陣中이다. 그러니 잠시 군문軍門을 벗어나도 마음은 전선의 긴장을 떠날 수 없다. 그가 내리는 순간의 판단에 장졸들의 생사가 오가고 국가의 존망이 결정된다. 그래서 장수는 고독하다. 장수의 고독을 이해하면, 시조 "한산섬 달 밝은 밤에 수루에 홀로 앉아……"에서 '홀로'의 의미를 체감할 수 있다. 따라서 그 언행은 간결하고 엄정해야 하니, 관념의 범람이나 수사의 과잉은 금물이다.

장수가 글을 짓지 않는 것이 아니나 문사의 그것과는 다르니, 우리는 『난중일기』(이순신)나 『북정록』(신유)의 군더더기 없는 글에서 철필의 검기劍氣를 느낄 수 있다. 장수에 대한 글 또한 마찬가지니, 알록달록한 분식이나 현란한 형용은 사람만 너저분하게 할 뿐이다. 그러니 그 글이 장황할 이유가 없다. 이해가 분명하면 소개가 늘어지지 않고, 깊이 사랑하면 언어가 추라해진다. 사마천은 사마양저司馬穰苴

를 흠앙했다. 「사마양저 열전」은 사마천이 깊이 사랑했던 장수에 대한 글이다.

일추천근 一錘千斤
작은 저울추로 천근의 무게를 재다

백약이 무효한데 촌침으로 기맥이 뛰고, 장광설이 허공에 흩어지는데 반 마디 짧은 말이 가슴을 적신다. 사건 하나는 사마양저의 전 생애를 다 감당한다.

예로부터 제왕에게는 사마법司馬法이 있어 왔는데, 양저穰苴가 능히 펼치고 밝혔다. 네 번째로 「사마양저 열전」을 지었다.

　사마양저는 전완田完(제나라 전씨의 시조)의 후손이다. 제나라 경공景公(재위 BC.547~BC.490) 때 진晉나라가 동아東阿와 견성甄城 땅을 공격했고, 연燕나라는 황하 일대의 땅을 침략했다. 제나라 군대는 잇달아 패했다. 경공은 크게 근심했다. 안영晏嬰이 전양저田穰苴를 천거했다. "양저가 비록 전씨의 서얼이지만, 그 사람의 문식은 무리의 신뢰를 얻을 수 있고 무위는 적을 굴복시킬 수 있습니다. 한번 시험해 보십시오." 사마司馬는 관명이다. 서얼의 천거, 도처에 숨어서 빛나는, 사마천이 흠앙한 안영.
　경공이 양저를 불러 군사에 대해 이야기를 나눠 보고는 크게 기뻐하며 장군으로 삼았다. 군사를 이끌고 연과 진의 군대를 막게 했다. 양저가 말했다. "신은 본디 비천한 몸인데, 왕께서 여항에서 발탁하여 갑자기 대부의 윗자리에 두셨으니, 군사들은 따르지 않고 백성들은 신뢰하지 않습니다. 사람은 미천하고 권위는 가벼운 셈이지요. 바라건대 왕께서 총애하고 나라 사람들이 존중하는 신하를 얻어 군사를 감독하게 해 주십시오." 경공이 허락하여 장가莊賈를 보냈다. 냉철한 판단은 장수의 조건이다.

양저는 물러나와 장가와 약속했다. "내일 정오에 군문軍門에서 만납시다." 양저는 말을 달려 먼저 군문에 도착하여, 목간을 세워 시간을 측정하며 장가를 기다렸다. 장가는 평소 지위를 믿고 교만했는데, 장군이 이미 군문에 이르렀고 자기는 감군監軍이니 서두를 필요가 없다고 생각했다. 친지와 이웃이 전송하자 머물러 술을 마셨다. 정오가 되어도 장가가 이르지 않자 양저는 목간을 치우고 물통을 엎고는 들어가 군대를 지휘하며 군령을 거듭 밝혔다. 군령이 확고히 정해졌다.

저녁이 되어서야 장가가 도착했다. 양저가 말했다. "어째서 늦었소?" 장가가 사죄하며 말했다. "대부와 친척들의 전송을 받느라 지체했습니다." 양저가 말했다. "장수는 군명을 받으면 자기 집을 잊고, 감군은 한번 약속하면 친척을 잊으며, 진군의 북소리가 울리면 자기 몸을 잊는 법입니다. 지금 적군이 깊이 들어와 나라 안이 놀라 동요하고 있으며 사졸들은 국경에서 비바람을 맞고 있어, 임금께서는 잠자리에 들어도 편치 않고 음식을 드시면서도 맛을 모르고 계시니, 백성들의 목숨이 모두 그대에게 달렸거늘 무슨 전송을 받는단 말이오!" "한 번의 의론으로 삼군三軍의 사기를 격발시키고 장가의 입을 다물게 했으니, 손무孫武가 오나라에서 왕의 희첩들을 대상으로 군령을 세운 것과는 품격이 다르다." —요조은

군정軍正을 불러 물었다. "군법에 기한을 어겨 도착한 자는 어떻게

하는가?" "참형에 처합니다." 장가는 덜컥 겁이 나 사람을 시켜 급히 경공에게 도움을 요청하게 했다. 그가 아직 돌아오기 전에 장가를 참형하여 3군에 보였다. 3군이 두려움에 떨었다. 엄정한 행령은 장수의 조건이다. 한 번은 실행으로 군령을 세웠다.

한참 지나 경공이 보낸 사자가 장가를 사면하라는 부절을 들고 말을 달려 군중에 들어왔다. 양저가 말했다. "장수는 군중에 있으면 군령을 받지 않는 경우가 있다." 군정에게 물었다. "군중에서는 말을 달리지 않는 법인데, 지금 사자는 말을 달렸으니 어떻게 해야 하는가?" "참형에 해당됩니다." 사자는 두려움에 몸을 떨었다. 양저가 말했다. "임금의 사자를 죽일 수는 없다." 이에 그 마부와 수레의 왼쪽 부목과 왼쪽 곁말을 참하여 3군에 보였다. 왕명을 받은 것으로 따지면 장가인들 왕의 사자가 아닐까? 한 번은 상징으로 군령을 세웠다.

사자를 보내 보고하게 하고는 출발했다. 사졸들의 잠자리와 음식과 질병 등을 일일이 챙기고, 장군의 양식은 모두 사졸들에게 나눠주고, 자기는 사졸들과 똑같이 배급받았으며, 특히 약한 병사들을 보살펴 주었다. 사흘 뒤에 군사를 지휘하자 병자들까지도 모두 행군하여 출전할 것을 자원했다. 신뢰의 획득은 장수의 조건이다. 진나라 진영에서 이 소식을 듣고는 군대를 물렸다. 연나라 군대는 황하를 건너 전열이 느슨해졌다. 이에 추격하여 잃어버린 땅을 되찾고 군사를 이끌어 돌아왔다. 결승천리決勝千里, 전쟁의 승패는 전장 천 리 밖에서 결정된다. 군사를 보내 놓고 전장의 소식을 초조하게 기다리는 지도자는 이미 실패한 것이다.

국경에 이르기 전에 전투 대오를 풀고 군령을 해지한 뒤에 들어왔다. 군령을 풀다. 처음과 끝을 보면 모든 걸 알 수 있다. 경공과 여러 대부들이 교외에서 영접하여 군사들을 위로하는 연례를 치른 뒤에 돌아와 쉬었다. 양저를 보고는 지위를 높여 대사마大司馬로 삼았다. 전씨의 위망이 제나라에서 갈수록 높아졌다.

얼마 안 있어 대부 포목鮑牧과 고이자高貽子와 국혜자國惠子가 그를 질시하여 경공에게 모함했다. 이에 경공이 양저를 물리치자 양저는 병이 나 죽었다. 전걸田乞과 전표田豹의 무리가 이 일로 고씨와 국씨 등을 원망했다. 그 뒤에 전상田常이 간공簡公을 시해하면서 고씨와 국씨를 멸족시켰다. "이를 기술할 필요가 있는가? 사마양저를 위해 분한 마음을 토설한 것이다. 태사공은 종종 자기가 매우 사랑하는 사람에 대해서는 정도를 지나쳐 기술하곤 했다."—요조은 전상의 증손 화和에 이르러 스스로 왕이 되었으니 그가 위왕威王(재위 BC.356~BC.320)이다. 군사를 일으켜 위의를 행했는데 양저의 병법으로 크게 효과를 보았다. 제후들이 제나라에 조회했다. 위왕은 대부로 하여금 옛 『사마병법』을 연구하게 하고는 그 안에 양저의 글을 붙이고 제목을 '사마양저병법'이라 하였다.

태사공은 말한다. 『사마병법』을 읽어 보았는데 그 내용이 넓고 깊고 멀어 옛날 3대의 정벌에서도 그 뜻을 다 쓰지 못한 것이 있을 정도이다. 그 문장은 기릴 만한 것이 적다. 사마양저야 구구하게 작은 나라를 위해 군사를 움직였으니, 어느 겨를에 『사마병법』 속의 예법을 갖출 수 있었으랴! 세상에는 이미 많은 『사마병법』이 유포되어 있는 까닭에 그 내용에 대해서는 논하지 않고 양저의 열전만을 짓는다.

상상의 증폭, 혹은 알려지지 않은 사실?

사마천의 글은 때로 사실에 철저하지 않은 부정확한 기술로 비판을 받곤 한다. 심지어는 『사기』 안에서도 같은 사실에 대한 내용이 서로 다르게 나타나기도 한다. 그중 「사마양저 열전」은 후대 사가의 혹독한 비판을 받은 글로, 아래 인용문은 대표적인 사례이다.

> 이 글에서는, 제나라 경공 때에 진晉나라가 아阿와 견甄 땅을, 연燕나라가 하상河上을 침략했다고 했다. 고사古史에 이르기를, 태사공은 사마양저를 입전하면서 "제 경공이 그를 발탁하여 장수로 삼았으니, 양저가 공을 이루고 돌아와 대사마가 되었으며, 대부 고씨와 국씨가 그를 음해하여 죽였다"고 했으니, 그 말이 매우 아름다워 세상이 모두 믿는다고 했다. 그런데 내가 『춘추좌씨전』으로 살펴보니, 당시 연나라와 진나라가 제나라를 친 일이 없다. 『전국책』에는, 사마양저는 정권을 잡은 자인데 민왕湣王이 그를 죽였기에 대신들이 따르지 않았다고 했다. 내 생각에, 사마양저는 민왕의 신하였고, 일찍이 민왕을 위해 연나라와 진나라를 물리쳤는데, 『전국책』 「잡설」이 경공 때의 일로 만든 것이 아닌가 한다. 『습학기언』習學記言에 이르기를, 『춘추좌씨전』에는 앞뒤로 제나라 일을 상세하게 실었다 하였으니, 사마양저가 갑자기 일어나 공을 세웠다면 이를 빠뜨렸을 까닭이 없다. 하물며 아阿와 견甄 땅을 공격하고 하상을 침략한 일은 모두 경공 시절에는 없었음에랴! 대사마는 또한 제나라의 관직이 아니다.

사마양저 열전

사마천은 짐짓 전걸과 전표가 이 일로 고씨와 국씨를 원망했다고 일컬었는데, 『좌씨전』을 살펴보지 않은 듯하다. 글 짓는 사람이 그 언사를 과장하여 옮겨 가며 믿고 있을 뿐이다.[1]

우리는 종종, 내면 속에서 좋아하는 인물은 점점 더 아름다워지고 미워하는 인물은 갈수록 추악해지는 경험을 하곤 한다. 이 글 속 사마양저는 사마천의 상상 속에서 호감과 선망으로 잔뜩 키워진 허구의 인물인가, 아니면 전대의 사가들이 잘 몰랐던 사실들을 사마천이 알고 있었던 것인가? 넘치는 상상력과 예민한 감성, 그리고 문장가로서의 욕심을 감안하면, 오류의 가능성이 충분해 보인다. 그럼에도 독자들은 사마천이 그려 낸 사마양저를 좋아했다. 뒷시대 사람들이 허구인 줄 알면서도 『삼국지연의』의 공명公明과 유劉·관關·장張 형제를 좋아했던 것에 견주면 지나친 처사일까?

---

1   1739년 건륭제의 명으로 교간校刊된 3가家 주석본 『사기』 「사마양저 열전」에 부기된 '고증'의 내용이다. 고증한 사람의 이름은 밝혀져 있지 않다.

자신의 불행은 셈하지 못한 병법의 천재들

손자오기 열전孫子吳起列傳

이름난 병법가들은 모두 셈의 천재지만, 숫자만을 셈하는 수학자와는 다르다. 그들은 기후와 지형을 셈하고, 보급과 병기를 헤아리고, 민심과 적정敵情을 가늠한다. 병사의 종기 고름을 빨아 주는 것 또한 셈의 소산이다. 그 셈은 동시에 종합적으로 이루어지는데, 기민하고 냉철하지 않으면 전쟁을 승리로 이끌 수 없다. 손빈孫臏과 오기吳起는 그러한 천재의 면모를 보여준다. 하지만 손빈은 동문수학한 친구의 초청에 무심코 응했다가 평생 중증 장애 속에 살았다. 오기는 고성능 컴퓨터 같은 두뇌를 지녔다. 하지만 그는 너무 냉혹했으니, 아내를 죽이고 어머니를 저버렸다. 이 나라 저 나라를 떠돈 것은 모두 셈만을 따랐기 때문이다. 사마천은 의외로 오기가 성공을 위해 아내를 죽이고 어머니를 돌보지 않은 것에 관대하다. 그는 두 아버지—사마담과 공자—사이에서 태어났기 때문이다. 손무가 궁녀들을 희생양으로 삼아 병법을 보여준 앞부분의 이야기는, 아무리 보아도 비정하고 비열한 처사인지라 제외했다.

신산일실神算一失
신산묘수의 치명적 실수

손빈과 오기는 신산묘책으로 수많은 전투를 승리로 이끌었지만, 손빈은 방연의
흉수를 눈치채지 못했고, 오기는 비참한 종말을 셈하지 못했다.

신의와 청렴, 따스한 마음과 용기가 아니면 병법과 검술을 논할 수
없으니 도道와 부합한다. 안으로는 자기 몸을 닦고 밖으로 변화에 대
응할 수 있으니 군자는 이를 덕에 견준다. 다섯 번째로 손자孫子와 오
기吳起의 열전을 지었다.

　손무가 죽고 100여 년 지나 손빈孫臏(?~BC.316)이 있었다. 손빈은
손무의 후손으로 아阿(산동성 동아현東阿縣 부근)와 견鄄(산동성 견성현
鄄城縣 부근) 사이에서 태어났다. 일찍이 방연龐涓(?~BC.342)과 함께
병법을 배웠다. 방연이 먼저 위魏나라에서 벼슬하여 혜왕惠王의 장군
이 되었는데, 자기 능력은 손빈에게 미치지 못한다고 생각했다. 몰래
사람을 시켜 손빈을 초대했다. 손빈이 이르자, 방연은 그를 시샘하여
법으로 엮어 그의 두 발을 자르고 얼굴에 먹물을 새겼다. 세상에 드러
나지 못하게 하려 한 것이다. 제나라 사신이 위나라 수도 양梁(하남성
개봉시開封市)에 갔는데, 손빈이 죄수의 신분으로 몰래 만나 자신의 처
지와 능력을 말했다. 사신이 기이하게 여겨 몰래 수레에 태우고 제나
라로 데려갔다. 제나라 장수 전기田忌가 호의로 우대했다. 위나라는
인재를 버렸고, 제나라는 인재를 거두었다.
　전기는 제나라의 여러 공자와 자주 미처 경주 도박을 했다. 손자가

보아하니 말의 능력이 별로 차이나지 않았는데, 그 등급을 상중하로 나눌 만했다. 전기에게 말했다. "장군께서 다음에 크게 거시면 따게 해 드릴 수 있습니다." 전기가 머리를 끄덕이고 왕 및 여러 공자와 천금을 걸고 내기를 했다. 경주에 앞서 손자가 말했다. "장군의 하등 말들로 저쪽의 상등 말들과 붙이고, 장군의 상등 중등 말은 각각 저쪽의 중등 하등 말과 붙이십시오." 세 번의 경주가 끝났는데, 전기는 2승 1패로 천금을 땄다. 이에 전기는 손자를 위왕威王(BC.378~BC.320)에게 천거했다. 위왕은 병법을 묻고는 군사軍師로 삼았다. 제나라의 무명 사신은 중증 장애인 손빈을 데려갔고, 전기는 그를 우대했으며, 위왕은 그를 등용했다. 인재가 모이는 곳은 흥하고 흩어지는 곳은 망한다. 제나라와 위나라의 흥망은 결정된 셈이다.

그 뒤 위魏나라가 조趙나라를 공격했다. 위급해진 조나라는 제나라에 구원을 요청했다. 제나라 위왕은 손빈을 장수로 삼으려 했다. 손빈이 사양하며 말했다. "형벌을 받은 사람으로는 안 될 일입니다." 이에 전기를 장수로 손자를 군사로 삼았다. 손자는 휘장을 두른 수레 속에 앉아 전략을 짰다. 전기가 군사를 이끌고 조나라로 진격하려 하자 손자가 말했다. "흐트러져 얽힌 실타래를 푸는 사람은 주먹으로 치지 않고, 싸움을 말리는 사람은 때리거나 찌르지 않습니다. 급소를 치고 빈틈을 찔러야 막힌 형세가 절로 풀리는 법입니다. 지금 위魏와 조趙가 서로 싸우고 있으니 정예 병사들은 모두 밖으로 동원되었고 안에는 노약자들만 있습니다. 군사를 이끌고 대량大梁으로 진격하여 길에 진을 치고 그 빈 곳을 치면 저들은 반드시 조나라를 버려두고 돌아올 것입니다. 이야말로 우리가 한 번에 조나라의 포위를 풀고 위나라도 피폐하게 만드는 길입니다. 전기가 그대로 따르자, 위나라 군대는 과

연 조나라 수도 한단을 떠났다. 제나라 군사와 계릉桂陵(하남성 장원현 長垣縣)에서 만나 크게 패했다. 유비가 죽은 뒤 위나라가 다섯 길로 나누어 촉나라를 공격해 오자 후주가 제갈량을 찾았다. 제갈량은 연못 가에서 물고기들을 살피고 있었다. 후주가 그 한가로운 태도를 걱정하자, 제갈량은 웃으며 말했다. "다섯 길로 적병이 오는 것을 신이 어찌 모르겠습니까? 신은 물고기를 본 것이 아니라 생각을 하고 있었습니다." 제갈량은 물고기들을 보며 생각한 계책으로 위나라의 10만 군사를 물리쳤다(『삼국지연의』 85회). 전쟁의 승패는 천 리 밖에서, 그리고 천 일 전에 이미 결정된다.

13년 뒤(BC.342) 위나라와 조나라가 한韓나라를 공격하자, 한나라는 제나라에 구원을 요청했다. 제나라는 전기를 장수로 삼아 보내니 곧장 대량으로 달려갔다. 위나라 장수 방연이 이 소식을 듣고 한나라를 떠나 돌아왔다. 제나라 군대는 이미 대량을 지나 서쪽으로 가고 있었다. 손자가 전기에게 말했다. "저 3진晉[1]의 군사들은 평소 사납고 용맹하여 제나라를 우습게 보아 겁쟁이라고 부릅니다. 싸움에 능한 자는 그 형세를 이용하여 이롭게 이끌어 가는 법입니다. 병법에 100리를 달려 이익을 얻으려 하면 좋은 장수를 잃게 되고, 50리를 그렇게 하면 군사의 반을 잃는다고 하였습니다."(『손자병법』 「군쟁」軍爭)

제나라 군사에게 위나라 땅에 들어가서는 아궁이 10만 개를, 이튿날에는 5만 개, 그다음 날에는 3만 개를 만들게 했다. 방연이 사흘을 가다가 크게 기뻐하며 말했다. "제나라 군대가 확실히 나약하구

---

1   산서山西 일대를 차지하고 있던 진晉나라가 기원전 403년 조趙, 한韓, 위魏나라로 나뉜 이래, 이들 세 나라를 가리켰던 명칭이다.

나. 우리 땅에 들어온 지 사흘 만에 군사가 반으로 줄었다." 이에 보병을 버리고 날랜 정예 기병을 데리고 이틀 거리를 하루에 달려 추격했다. 손자가 그 행군 속도를 가늠하면서 저물녘 마릉馬陵(하남성 범현范縣)에 도착했다. 마릉은 길이 좁고 옆으로 가파른 절벽이 있어 군사를 숨겨 두기 좋았다. 큰 나무의 껍질을 벗겨 희게 하고는 글씨를 썼다. "방연, 이 나무 아래서 죽다." 활쏘기에 능한 군사로 하여금 1만 대의 쇠뇌를 지니고 길 양 옆에 매복하게 하고는, 저녁에 불빛이 보이면 일제히 쏘도록 지시했다. 방연이 과연 밤에 벗겨낸 나무 아래에 이르러 나무의 글씨를 발견하고 불을 일으켜 비췄다. 글씨의 반도 읽기 전에 제나라 군대의 1만 대 쇠뇌가 일제히 발사되었다. 위나라 군대는 대혼란에 빠졌다. 방연은 자기의 지혜가 모자라 패한 것임을 알고 스스로 목숨을 끊으며 말했다. "바보의 이름을 남기겠구나!" 제나라는 승기를 타고 위나라 군대를 대파했다. 위나라 태자 신을 사로잡아 돌아왔다. 이 일로 손빈의 이름이 천하에 알려졌고, 세상에서는 그의 병법을 전한다. 후한의 우후虞詡(?~137)는 흉노와의 전투에서 병력의 열세로 쫓기게 되자, 지원병이 온다는 소문을 내고 아궁이 수를 늘려 위기를 모면했다. 손빈을 배웠으되 상황에 따라 변통한 것이다. 뒷날 박지원은 '법고창신'法古創新의 논거로 두 사람의 예를 들었다.

오기吳起(?~BC.381)는 위衛나라(하남성 학벽시鶴壁市 기현淇縣) 사람이다. 군사 다루기를 좋아했으며 일찍이 증자曾子에게서 배웠다. 노魯나라 군주를 섬겼는데 제나라가 노나라를 공격했다. 노나라에서는 오기를 장수로 삼고 싶었지만, 오기의 아내가 제나라 사람이기 때문에 의심했다. 이름을 이루고 싶은 오기는 아내를 죽여 제나라에 붙지

손자오기 열전

않을 뜻을 분명히 했다. 노나라에서는 그를 장수로 삼았다. 오기는 장수가 되어 제나라를 공격하여 크게 깨뜨렸다. 냉혹하다. 치밀한 사유와 끈질긴 집념을 지녔지만 무정한 인물이다.

노나라에 오기를 미워하여 이렇게 말한 사람이 있었다.

"오기는 시기심이 많고 잔인한 사람입니다. 젊었을 적 집이 꽤 부유했는데, 사방을 돌아다니며 벼슬을 구하다가 그만 가산을 탕진했습니다. 마을 사람들이 이를 비웃자, 자기를 비방한 사람 30여 명을 죽이고 동쪽으로 위나라 수도 성곽 문을 나섰습니다. 어머니와 이별하면서 팔을 깨물며 경상卿相이 되기 전에는 돌아오지 않겠다고 맹세했답니다. 출문出門 출관出關의 맹세와 어머니의 전송. 증자를 섬긴지 얼마 뒤에 어머니가 돌아갔지만 오기는 돌아가지 않았습니다. 증자는 박정하게 보아 관계를 끊었답니다. 오기는 노나라로 와서 병법을 배워 그 군주를 섬겼는데, 군주가 의심하자 자기 아내를 죽이면서까지 장수 자리를 구했습니다. 우리 노나라는 작은 나라이니, 전쟁에서 이긴다는 명성이 나게 되면 제후들이 우리나라를 도모할 것이 뻔합니다. 또 노나라와 위나라는 형제의 나라입니다. 노나라와 위나라는 모두 희성姬姓이다. 임금께서 오기를 쓰시면 이는 위나라를 저버리는 일입니다."

노나라 군주는 의심이 일어 오기를 쓰지 않았다.

오기는 위魏나라 문후文侯가 어질다는 소문을 듣고 그를 섬기고자 했다. 문후가 이극李克에게 물었다. "오기가 어떤 사람이오?" 이극이 말했다. "탐욕스럽고 여색을 밝히지만, 용병술에 있어서는 사마양저보다 못하지 않습니다." 이 말을 듣고 문후는 오기를 장수로 삼아, 진秦나라를 공격하여 다섯 성을 빼앗았다. 문후는 오기이 능력만 보았다.

장수가 된 오기는 말단 사졸들과 의식을 같이했다. 누울 때는 자리를 깔지 않았고, 다닐 때엔 수레를 타지 않았다. 자기 양식은 직접 지고 다니며 사졸들과 노고를 함께했다. 사졸 중에 종기가 난 자가 있었는데 고름을 빨아 빼 주었다. 냉혹한 인정이다. 사졸의 어미가 그 사실을 듣고는 목 놓아 울었다. 사람들이 말했다. "병졸 아들의 종기 고름을 장군이 직접 입으로 빼 주었는데 어찌 우시오?" 그 어미가 말했다. "모르는 소리요. 옛날 오 장군이 그 애 아비의 종기를 빨아 주었더니, 물러설 줄 모르고 싸우다가 끝내 적에게 죽고 말았습니다. 오 장군이 지금 그 아들의 종기를 빨아 주었으니 그 애가 어디서든 죽고 말 겁니다. 그래서 웁니다."

문후는 오기의 용병 능력이 뛰어나고 또 청렴하여 군사의 마음을 얻었다고 여겨 서하西河(황하 남류 구간의 동쪽 지역)의 수비를 맡겨 진秦과 한韓을 막게 했다. 문후가 죽자 오기는 그의 아들 무후武侯를 섬겼다. 무후가 서하에 배를 띄워 내려가다가 중류에 이르자 돌아보며 오기에게 말했다. "아름답도다, 산하의 험고함이여, 이야말로 위나라의 보배로다!" 오기가 대답했다. "덕에 있지 산하의 험고함에 달린 것이 아닙니다. 옛날 삼묘씨三苗氏는 동정호洞庭湖와 팽려호彭蠡湖(파양호鄱陽湖)를 좌우에 두었지만, 덕과 의를 닦지 않아 우禹임금에게 멸망되었습니다. 하夏나라 걸왕桀王의 도읍은 동쪽의 황하黃河와 제수濟水, 서쪽의 태산과 화산, 남북의 이궐산伊闕山과 양장하羊腸河 사이에 있었지만 정사가 어질지 않아 탕왕湯王에게 쫓겨났습니다. 주紂임금의 은殷나라는 좌우에 맹문산孟門山과 태항산太行山을 끼고, 남북으로 상산常山과 대하大河의 사이에 있었지만, 정사에 덕이 없어 무왕武王에게 죽고 말았습니다. 이로 보건대 (나라의 안녕이란 군주의) 덕에 달린 것이지 산하의 험고함에 달린 것이 아닙니다. 만약 임금님께서 덕을 닦지 않으시면 배 안의 사람들은 모두 적국이 될 것입니다." 천고의 명언이다. 무후는 이 말에 감탄하고는 곧 서하수西河守에 봉했는데, 이름이 매우 높았다.

위나라에서 재상 자리를 설치하고 전문田文을 임명했다. 오기는 못마땅해하며 전문에게 말했다. "그대와 공적을 따져 봐도 될까요?" 전문이 말했다. "좋습니다." "3군을 거느려 사졸을 용맹하게 조련하여 적국으로 하여금 감히 넘보지 못하게 함에 있어 그대와 나 중 누가 뛰어나오?" "당신만 못하오." "백관을 다스리고 만민을 친애하며 곳집과 무기고를 채우는 일에는 누가 낫소?" "당신만 못하오." "서하를 지켜 진秦나라로 하여금 동쪽을 넘보지 못하게 하고 한나라와 조나라를 따르게 하는 일은 누가 뛰어나오?" "당신만 못하오." "이 세 가지 일은 모두 그대가 나만 못한데도 지위가 나보다 높으니 어찌된 일이오?" 전문이 말했다. "임금이 어려 백성들은 미더워하지 못하고 대신들의 마음도 떠 있는 상황을 그대에게 맡기겠소, 아니면 내게 맡기겠소?" 오기는 말없이 한참을 있다가 말했다. "당신에게 맡기리다." 전문이 말했다. "이것이 내가 당신의 윗자리에 있는 까닭입니다." 오기는 자기가 전문만 못함을 깨달았다. 냉정한 이성이다.

전문이 죽자 재상의 자리는 공숙公叔의 차지가 되었다. 공숙은 위나라 공주를 배우자로 삼았는데 오기를 꺼렸다. 공숙의 시종이 말했다. "오기를 보내는 일은 아무 것도 아닙니다." 공숙이 말했다. "어떻게?" "오기는 사람됨이 절도가 있고 청렴하며 명예를 좋아합니다. 나리께서는 먼저 무후께 이렇게 말씀하십시오. '오기는 현인인데 폐하의 나라는 작고, 더구나 강대국 진秦나라와 맞대고 있습니다. 신익 생각으로는 오기에겐 머무를 마음이 없는 듯합니다.' 무후께서 대책을 물으시면 이렇게 말씀하십시오. '시험 삼아 공주를 시집보내 보십시오. 오기에게 머물 마음이 있다면 반드시 받아들일 것이고, 그게 아니면 사양할 테니, 이것만으로 점칠 수 있습니다.' 나리께선 오기를 초대하여 함께 귀가하시는데, 공주로 하여금 눈을 부라리며 나리를 함부로 대하게 하십시오. 오기는 공주의 행동거지를 보고는 사양할 게 뻔합니다." 오기는 공주가 위나라 재상을 함부로 대하는 것을 보고 무후의 청을 거절했다. 무후는 오기를 의심하여 믿지 않았다. 오기는 죄를 얻을까 두려워 초나라로 떠났다. 명석한 판단이다.

초나라 도왕悼王은 평소 오기의 능력을 알고 있었기에 오자마자 재상으로 삼았다. 오기는 법령을 밝히고 긴요하지 않은 관직과 소원한 공족을 정리하여 전장에 나가는 사졸들을 어루만지며 양성했다. 강병을 기르는 일에 힘을 쏟고 유세가들의 말을 타파했다. 남쪽으로 백월百越을 평정하고 북쪽으로 진陳과 채蔡를 병합했으며, 삼진三晉을 물리쳤다. 서쪽으로 진秦나라마저 치자, 제후들이 초나라의 강성함을 걱정했다. 초나라의 귀족들이 오기를 해칠 마음을 품게 되었다. 도왕이 죽자 종실의 대신들은 반란을 일으켜 오기를 공격했다. 오기는 달아나 왕의 시신 뒤에 엎드렸다. 오기의 무리를 치고는 오기를 쏘았는데 도왕의 시신에도 맞았다. 도왕의 장례가 끝나 왕위에 오른 태자는 영윤으로 하여금 오기를 쏘느라 왕의 시신을 맞춘 자들을 모두 처형하게 했는데, 오기를 쏜 일에 연루되어 70여 집안이나 멸족되었다. 냉혹하다. 죽는 순간까지 그의 셈은 오차가 없었다. 자기에게 활을 쏜 이들에게 복수한 것이다.

태사공은 말한다. 세상에서 군사를 일컫는 일들은 모두 『손자병법』 13편과 오기의 병법을 말한다. 세상에 이에 대한 말들이 많기 때문에 일부러 거론하지 않았다. 이들의 행적만을 논하였다. 속담에 이른다, "행동에 밝은 자가 꼭 말을 잘하는 것은 아니고, 말을 잘한다고 해서 실천까지 능한 것은 아니다." 손자는 정확하게 셈하여 방연을 유인하여 죽게 했지만, 진작 자기의 형벌을 구하지는 못했다. 오기는 산하의 형세가 군주의 덕만 못함을 무후에게 말했지만, 초나라에 시행함에는 각박하고 사납기만 하고 은혜가 적어 결국 자기 몸을 망치고 말았다. 슬프다! 사마천은 이들의 삶을 기술한 끝에, '비'悲 한 글자를 남겼다. 역사가 사마천의 가슴에는 언제나 슬픔의 강이 흘렀다.

수묵 한 점과 유화 한 점

손빈과 오기는 모두 냉정한 승부사였다. 하지만 사마천이 그려 낸 두 사람의 색조는 전혀 다르다. 손빈은 벗에게 속아 몸을 훼손당한 뒤에 능력을 발휘했고, 오기는 죄 없는 아내를 죽인 다음에 출세가도를 달리기 시작했다. 손빈은 하나의 사건으로 그려 냈고, 오기의 형상을 위해서는 여러 사건을 동원했다. 발을 잃은 손빈은 한 곳에서 때를 기다렸고, 오기는 자신을 써 주는 주군을 찾아 여러 나라를 떠돌았다. 하나의 사건 외에 손빈의 생애는 모두 여백으로 남겨 두었고, 오기는 처음과 끝을 남김없이 설명했다. 정靜과 동動의 대비랄까! 손빈의 전傳이 여백 많은 수묵화라면, 오기의 전은 짙은 색의 유화이다.

한 사람의 원독怨毒,
그 진동과 파장

오자서 열전伍子胥列傳

오자서伍子胥는 원망을 품은 채 초楚나라를 떠나, 송宋나라, 정鄭나라, 진晉나라를 전전한 끝에 오吳나라로 갔다. 그는 참고 견디며 때를 기다렸다. 그 사이 16년이 흘렀고 원망은 독기가 되었다. 끝내는 아버지와 형을 죽인 평왕平王의 시신을 꺼내 채찍으로 300대나 때려 분풀이를 했다. 잠깐 분은 풀었지만 그의 안에 응어리진 독기는 사라지지 않았으니, 뒷날 자신을 죽음으로 내몬 부차夫差를 향해 독설을 토해 낸다. 「오자서 열전」은 한 사람의 원독怨毒이 일으킨 파장을 펼친 글이다. 한 사람이 참고 기다리고 셈하는 사이에 초楚와 오吳와 월越은 차례로 흥망의 파도를 탄다. 그 진원지는 오자서이고, 그중에서도 그의 가슴에 응어리진 원독이다. 사마천은 원독의 파장을 보여주고 싶었던 것이다. 이는 반대로 정치권력이 무고한 사람의 가슴에 원독을 심어 주면 안 된다는 뜻이기도 하다. 하나의 강렬한 기운은 그 맞은편이나 주변에 비슷한 기운을 만들어 내기 쉬우니, 10년을 와신상담臥薪嘗膽하며 오나라를 멸망시킨 월나

라 구천句踐이나, 30년 전의 원한을 갚기 위해 절치부심하다가 스스
로 목숨을 끊은 승勝에게도 원독의 기운이 농후하다.

복류부절伏流不絶
굳은 다짐은 흐름을 멈추지 않는다

오자서는 가슴에 원독을 품고 끈질기게 기다렸으니 그 세월이 꽤나 길었다. 그 사
이 그의 가슴속에는 복수의 일념이 그치지 않았다.

초나라 태자 건建이 참소를 만나니 그 화가 스승 오사伍奢에게 미쳤
다. 두 아들 중 상尙은 아버지를 구하러 갔는데, 원員은 오나라로 달
아났다. 여섯 번째로 「오자서 열전」을 지었다. 인륜을 따르면 목숨 걸
고 아버지를 구하러 간 오상이 가상하니 그의 열전을 지어 마땅한데,
사마천은 아무 설명 없이 오자서 열전을 지었다고 했다. 그 삶이 훨
씬 기특하다고 보았기 때문이다.

　오자서는 초나라 사람으로 이름은 원員이다. 아버지는 오사이고
형의 이름은 상尙이다. 그의 조상 오거伍舉는 곧은 말로 장왕莊王을
섬겨 인정받았고, 하여 후세에 초나라에서 유명해졌다.
　초나라 평왕平王(재위 BC.528~BC.516)에게 태자가 있는데 이름은
건建이다. 평왕은 오사를 태자의 태부太傅로, 비무기費無忌를 소부少傅
로 삼았다. 비무기는 태자에게 마음을 다하지 않았다. 평왕이 비무기
를 진秦나라에 보내 태자이 신부를 데려오게 했다. 진나라 신부의 용

모가 빼어남을 보고 비무기는 급히 돌아와 평왕에게 보고했다. "진나라 여인의 용모가 빼어나니 직접 거두시지요. 태자의 신부는 다시 구하겠습니다." 평왕은 그 여인을 자기가 차지하고 몹시 총애하여 아들 진軫을 낳았다. 태자에게는 다른 신부를 구해 주었다. 균열과 파탄의 예후이며, 파란만장한 서사의 도화선이다.

비무기는 진나라 여인으로 평왕의 환심을 산 것을 계기로 태자를 떠나 왕을 모시게 되었다. 하지만 갑자기 평왕이 죽고 태자가 왕위에 오르면 자기를 죽일까 걱정되어 태자를 헐뜯기 시작했다. 태자의 어머니는 채蔡나라 여인으로 평왕의 사랑을 받지 못했다. 평왕은 조금씩 태자를 멀리하더니 성보城父(박주시亳州市 성보진城父鎭) 지역을 지키며 변방의 전란을 대비하게 했다. 조금 지나 비무기는 또 밤낮으로 태자에 대해 없는 말을 지어냈다. "태자는 진나라 신부 일로 원망을 품고 있을 테니 조금씩 대비를 하셔야 합니다. 태자가 성보에 있으면서 군사를 거느리고 제후들과 사귀며 반란을 일으키려 합니다."

평왕이 태자의 태부 오사를 소환하여 문초했다. 오사는 비무기의 농간임을 알고 말했다. "왕께서는 어찌 없는 말로 남이나 헐뜯는 하찮은 신하 때문에 골육을 멀리하십니까?" 비무기가 말했다. "지금 다스리지 않으면 일이 터져 후회하시게 될 겁니다." 평왕은 크게 노하여 오사를 가두고 성보 사마 분양奮揚을 시켜 태자를 죽이게 했다. 분양은 도착하기 전에 먼저 사람을 보내 태자에게 고하게 했다. "급히 달아나십시오. 그렇지 않으면 처형됩니다." 태자는 송宋나라(하남성 상구시商丘市 일대, 성보에서 북쪽으로 80km 지점)로 달아났다.

비무기가 평왕에게 말했다. "오사에겐 두 아들이 있는데, 모두 능력이 있습니다. 아비를 인질 삼아 불러 없애지 않으면 앞으로 초나라

오자서 열전

의 골칫거리가 될 것입니다." 왕은 관리를 보내 오사에게 전했다. "두 아들을 불러오면 살려 주겠다. 그리 못하면 죽은 목숨이다." 오사가 말했다. "큰아들 상尙은 성정이 어질어 부르면 오겠지만, 둘째 원員은 의지가 굳세고 기질이 끈질겨 큰일을 이룰 만한데 오면 잡힐 걸 알기에 오지 않을 것입니다."

왕은 듣지 않고 사람을 보내 두 아들을 부르게 했다. "오면 네 아비를 살려 주겠지만, 아니 오면 당장 죽일 것이다." 상尙이 가려 하자 원員이 말했다. "왕이 우리 형제를 부름은 아버님을 살려 주려는 게 아닙니다. 후환이 두려워 아버지를 볼모 삼아 꾀는 것이지요. 우리가 가면 세 부자가 모두 죽게 되니 아버지 죽음에 무슨 도움이 되겠습니까? 가면 원수도 갚지 못하니, 다른 나라로 달아나 힘을 빌려 아버지의 치욕을 씻읍시다. 다 죽으면 아무 것도 못합니다." 오상이 말했다. "나도 안다. 하지만 아버지가 나를 불러 살고자 하시는데 가지 않았다가 뒷날 치욕도 씻지 못하고 천하의 웃음거리가 된다면 그 또한 한탄스러운 일이다. 가라, 넌 아버지의 원수를 갚아라. 나는 아버지께 가 죽으련다." 누구도 미래 일의 성패는 알 수 없으니, 상尙은 죽음에 나아가는 용기보다 죽지 않을 용기가 부족했던 것이다. 사마천은 죽지 않는 용기를 높이 치곤 했으니, 그건 자기 삶에 대한 우회적 변론이다.

형이 잡히자 관리는 아우도 잡으려 했으나, 오원伍員이 활에 화살을 재어 겨누니 감히 다가가지 못했다. 오원은 달아났다. 태자가 송나라에 있다는 소식을 듣고 따라갔다. 오사는 둘째아들이 달아났다는 말을 듣고 말했다. "초나라 군신들이 전쟁으로 괴롭겠구나!" 오상은 수도도 가서 이비지외 함께 죽었다(BC.522).

오자서가 송나라에 이르렀을 무렵 마침 화씨華氏의 난이 일어난지라 태자와 함께 정鄭나라로 달아났다. 정나라 사람들은 매우 잘 대해 주었다. 태자는 다시 진晉나라로 갔다. 진晉나라 경공頃公이 제안했다. "태자는 정나라 사정을 잘 알고, 정나라 사람들도 태자를 신뢰합니다. 태자가 내응하고 우리가 밖에서 공격하면 정나라를 없앨 수 있습니다. 정나라를 없애면 그 땅을 태자에게 드리겠습니다." 태자가 정나라로 돌아갔다. 일이 무르익기 전에 마침 사사로운 일로 자기 종자를 죽이려 했다. 종자가 그 음모를 알고 정나라에 고했다. 정나라 정공定公은 자산子産과 상의하여 태자 건을 처형했다. 자산은 강대국 사이에서 현명한 외교로 약소국 정鄭의 존엄과 이익을 지켜 낸 명재상으로 일컬어진다. 사마천은 왜 자산을 입전하지 않았을까? 약소국의 인물이라 천하에 미치는 영향이 적었다고 판단했던 것인가!

태자 건의 아들 승勝이 오자서와 함께 오吳나라로 달아났다. 소관昭關(안휘성安徽省 함산현含山縣 성 북쪽 7.5km)에 이르렀는데 군사들이 두 사람을 체포하려 했다. 오자서는 승勝과 단 둘이서 걸어 달아났다. 거의 따라잡히기 직전 강가에 이르렀을 때 강 위에 한 어부가 배를 띄우고 있다가, 오자서의 급한 사정을 알고 건네주었다. 소관 남쪽에 장강長江이 흐른다. 오자서는 강을 건넌 뒤 칼을 풀어 주며 말했다. "백금은 나가는 것이니 받아 주십시오." 어부가 말했다. "초나라 법에 오자서를 잡으면 5만 석의 봉토에 홀笏을 잡는 작위를 받거늘, 이깟 백금이 대수겠습니까!" 받지 않았다. 이 어부는 다시 등장하지 않는다. 막다른 강에서 홀연 구원자가 등장하는 것은 다분히 신화적이다. 세상에는 이처럼 안목 높은 은자가 있다는 뜻인가? 오자서의 형상을 빚어내는 서사에서는 사마천의 과열이 감지된다. 오자서는 중

오자서 열전

도에 병에 걸려 지체하다가 빌어먹으면서 오나라에 이르렀다. 당시 오나라 왕 요僚는 권력을 장악하고 공자 광光을 장수로 삼았는데, 오자서는 이 공자를 통해 왕을 만나려 했다.

한참 세월이 지나 초나라와 오나라 국경 부근의 종리鍾離와 비량卑梁(안휘성 방부시蚌埠市 봉양현鳳陽縣 일대) 고을 사람들이 누에를 치다가 뽕나무를 가지고 다투는 일이 발생했다. 초나라 평왕은 이에 대노하여 마침내 두 나라 군대가 충돌하게 되었다. 오나라에서 공자 광光을 보내 초나라를 공격하게 하니, 광은 종리와 거소居巢(안휘성 소호시巢湖市) 두 고을을 빼앗고 돌아왔다. 오자서가 오왕 요僚를 설득했다. "초나라를 깰 수 있으니 공자 광을 다시 보내십시오." 공자 광이 왕에게 말했다. "오자서는 아비와 형이 초나라에서 처형되었습니다. 왕에게 초나라를 치라 함은 자기 원수를 갚고 싶어서입니다. 초나라를 공격해도 깨지 못합니다." 오자서는 공자 광에게 왕을 죽이고 그 자리를 차지하려는 뜻이 있어 밖의 일로 유세해서는 안 된다는 사실을 알았다. 이에 전저專諸를 공자 광에게 추천하고는, 자신은 물러나 승勝과 더불어 농사를 지으며 보냈다. 집념, 인내.

5년 뒤(BC.515)에 초 평왕이 죽었다. 원래 태자 건의 신부였던 진나라 여인과의 사이에서 낳은 진軫이 뒤를 이었으니 그가 소왕昭王(재위 BC.516~BC.489)이다(당시 나이 7살). 오왕 요僚는 초나라 국상을 틈타 두 공자(왕의 두 아우 개여蓋餘와 촉용燭庸)로 하여금 군사를 이끌고 초나라를 습격하게 했다. 초나라가 오나라 군사의 퇴로를 차단하자 돌아갈 수 없게 되었다. 오나라 내부에 군사의 공백이 생기자, 공자 광光은 전저를 시켜 왕을 죽이고 스스로 그 자리에 올랐다. 오왕 합려闔廬이다. 합려는 왕위에 오르려는 뜻을 얻자 오원伍員을 불러 외교를 전담하는 관리로 삼고 나라 일을 논의하였다. 오와 초 모두 왕이 바뀌었다. 초나라는 태생적으로 도덕적 약점을 지닌 일곱 살 소왕, 오나라는 오랜 준비 끝에 찬역으로 집권한 합려. 오자서는 초나라를 떠난 지 7년 만에 기회를 얻는다.

　초나라에서 대신 극완郤宛과 백주리伯州犁를 처형하자, 백주리의 손자 백비伯嚭가 오나라로 망명했다. 오나라에서는 백비를 대부로 삼았다. 서사의 전환, 초나라에서 이야기를 몰아오다. 오나라 요왕이 보내 초나라에서 오도 가도 못 하는 신세가 된 두 공자는 합려의 왕위 찬탈 소식을 듣고 초나라에 항복했다. 초나라에서는 이들에게 서舒(안휘성 합비시合肥市 서성현舒城縣) 지역을 주었다. 합려가 왕위에 오른 지 3년 만에(BC.512) 군사를 일으켜 오자서, 백비와 함께 초나라를 쳐 서舒 땅을 빼앗고, 초나라에 항복한 두 장군을 사로잡았다. 내친 김에 초나라 수도 영郢으로 진격하려는데 장군 손무孫武가 말렸다. 오랜 준비 끝에 왕이 된 합려에겐 인재가 많았다. "백성들이 피곤하니 안 됩니다. 때를 기다립시오." 돌아왔다. 4년, 오나라가 초나라를 공격하여 육현六縣(안휘성 합비시 노강현盧江縣)과 잠읍灊邑(육현의 서남쪽 지역) 두 고을을 빼앗았다. 5년, 월나라를 공격하여 승리했다. 6년, 초나라 소왕이 공자 낭와囊瓦를 보내 오나라를 공격했다. 오나라에서는 오원으로 하여금 맞아 치게 하여, 예장豫章(강서성江西省 남창시南昌市 일대)에서 초나라 군을 대파하고 거소居巢 고을을 빼앗았다. 다시 5년의 세월을 인내하다.

　재위 9년(BC.506), 오왕 합려는 오자서와 손무에게 말했다. "처음에는 초나라 수도 영으로 진격할 수 없다고 했는데 지금은 어떻소?" 두 사람이 대답했다. "초나라 장수 낭와는 탐욕스러워 당채唐蔡(무한

武漢) 사람들이 모두 원망합니다. 왕께서 크게 치고 싶으시면 먼저 당채를 얻으셔야 합니다." 합려가 듣고 군사를 일으켜 당채와 함께 초나라를 공격하여, 한수漢水를 사이에 두고 진을 쳤다. 오왕의 아우 부개夫概가 군사를 이끌고 따르기를 청했으나 왕은 듣지 않았다. 자기 휘하 5천의 군사로 초나라 장수 자상子常을 치게 했다. 자상이 패해 달아나 정鄭나라로 갔다. 오나라는 승기를 타고 전진하여 다섯 차례 전투 만에 영郢(호북성 형주시荊州市 강릉현江陵縣)에 이르렀다. 기묘일에 초나라 소왕이 달아났고, 다음 날인 경진일에 오왕이 영에 입성했다.

소왕이 운몽雲夢(무한 서북쪽 효감시孝感市)으로 달아나자, 도적들이 왕을 공격하여 다시 운鄖(십언시十堰市 운현鄖縣)으로 몸을 피했다. 운공鄖公의 아우 회懷가 말하길, "평왕이 우리 아버지를 죽였으니, 내가 평왕의 아들을 죽인들 안 될 게 무엇인가!" 했다. 운공은 자기 아우가 왕을 죽일까 염려하여 왕과 함께 수隨(수주시隨州市 수현隨縣) 땅으로 달아났다. 오나라 군사들이 수를 에워싸고 수 지역 사람들에게 말했다. "주周의 자손이 한천漢川에 있을 때 초나라에서는 한천 사람들을 몰살시켰다." 수 땅 사람들이 왕을 죽이려 하자, 왕의 아들 기綦가 왕을 숨기고 자기가 왕인 척하면서 나섰다. 수 땅 사람들이 왕을 오나라에 넘겨주는 것을 두고 점을 쳤는데 점괘가 불길하여 넘겨주기를 그만두었다.

초나라에 있을 때 오원伍員과 신포서申包胥는 교분이 있었다. 다시 전환. 옛날 초나라에서 이야기를 몰아온다. 오원은 망명하면서 신포서에게 말했다. "내 반드시 초나라를 뒤엎을 걸세!" 신포서가 말했다. "나는 꼭 초나라를 지키겠네!" 오나라 군대가 영郢에 입성하자, 오자서는 소왕昭王을 찾았다. 찾지 못하자 평왕의 무덤을 파 시신을 꺼내

채찍질을 300번 한 뒤에 그쳤다. 16년 만의 복수. 신포서가 산속으로 달아났다가 사람을 보내 오자서에게 말했다. "자네의 복수가 너무 심하네. 사람이 모이면 하늘을 이기고, 하늘의 뜻이 정해지면 사람의 힘으로도 어쩔 수 없다고 하네. 자네는 옛날 평왕의 신하로 북면하여 그분을 섬겼거늘, 이제 죽은 사람을 그토록 욕보이니 어찌 그렇게까지 천도를 저버리는가!" 오자서가 말했다. "신포서에게 사과의 뜻을 전해라. 날은 저물고 길이 먼 까닭에 무리한 방법을 썼노라고." 절정의 순간 도덕적 우위 상실, 오자서 패망의 징후.

신포서는 진秦나라로 달려가 급한 사정을 알리고 구원을 요청했다. 진나라는 허락하지 않았다. 신포서는 진나라 조정에 서서 밤낮으로 목 놓아 우는데, 이레 밤낮 동안 소리가 그치지 않았다. 진 애공哀公이 가엾게 여겨 말했다. "초가 무도한 나라지만 이러한 신하가 있으니 망하도록 둘 수 있겠는가!" 신포서, 도덕적 우위 확보. 전차 500대를 보내 오나라를 물리치고 초나라를 구하게 했다. 5월에 직稷 땅에서 오나라 군대를 깨뜨렸다. 오나라 왕이 오래도록 초나라에 머물면서 소왕을 찾는 사이, 합려의 아우 부개가 돌아가 왕위에 올랐다. 합려는 곧 초나라를 두고 돌아가 아우 부개를 쳤다. 부개는 패해 초나라로 달아났다. 초 소왕은 오나라에 내란이 일어났음을 알고 수도로 돌아와 부개를 당계堂谿(하남성 주마점시駐馬店市 서평현西平縣)에 봉하고 당계씨堂谿氏로 삼았다. 초는 다시 오와 싸워 승리했고, 오왕은 돌아갔다.

2년 뒤(BC.504), 합려는 태자 부차를 시켜 초나라를 치게 하여 번番을 빼앗았다. 초나라는 오나라 대군이 쳐들어올까 두려워 영郢을 떠나 약鄀(호북성湖北省 의성현宜城縣 동남쪽)으로 옮겨 갔다. 이 당시 오나라는 오자서와 손무의 힘으로, 서쪽으로 강대국 초를 깨고 북쪽의 제와 진을 위협했으며, 남쪽의 월을 복속시켰다. 정점. 오자서의 성공과 오나라의 전성

그 뒤로 4년이 지나(BC.499), 공자가 노나라의 재상이 되었다. 공자, 대전환. 오자서가 복수하고 오나라가 최전성기를 맞이하는 과정을 기술한 뒤, 맥락에서 훌쩍 벗어나 뜬금없이 당시 공자의 근황을 소개했다. 이 시기는 공자(BC.544~BC.478)가 왕성하게 활동할 무렵으로, 기원전 499년은 대사구大司寇가 되어 재상의 업무도 맡아 보았던 해이다. 아무리 그렇다 한들, 이 흐름에서 왜 공자가 튀어나오는가? 실수가 아니라면 의도이고, 의도도 아니라면 무의식의 작동이다. 무의식의 발로라면, 사마천의 내면에서 판단의 준거이자 행동의 지침이었던 공자의 동정이 자기도 모르게 나온 것이다. 이후 오나라의 전선戰線은 제나라와의 사이로 이동하는데, 그 사이에 공자의 노魯나라가 있었던 점도 작용했을 것이다. 의도라면? 사마천은 공자를 춘추의 판관으로 등장시킨 것이다. 복수를 기점으로 오자서와 오나라는 모두 도덕적 정당성을 잃고 패망해 간다.

5년 뒤(BC.494) 월나라를 공격했다. 월왕 구천句踐이 맞아 싸워 고소姑蘇(강소성 소주蘇州)에서 물리쳤는데, 이 싸움에서 합려의 손가락에 상처가 나 군대를 물렸다. 상처가 덧나 죽음에 임박하자 태자 부차에게 말했다. "너는 구천이 이 애비를 죽였다는 걸 잊겠느냐?" 부차가 대답했다. "감히 잊지 않겠습니다." 이날 저녁 합려가 죽었다. 부차는 왕위에 올라 백비를 태재로 삼아 전쟁 준비를 하게 했다. 2년 뒤 월을 공격하여 부추산夫湫山[1]에서 승리했다. 월왕 구천은 나머지 5천의 군사로 회계산會稽山(절강성 소흥紹興 부죽) 위에 몰려, 대부 종種이

로 하여금 많은 예물을 태재 백비에게 보내 강화를 요청했다. 또 나라를 맡겨 오나라의 신하가 될 것을 간청했다. 오왕이 허락하려 하자 오자서가 간했다. "월왕은 고통을 견딜 수 있는 인물입니다. 지금 없애지 않으면 뒷날 반드시 후회하게 될 것입니다." 오왕은 듣지 않고 태재의 계책대로 월과 평화 협정을 맺었다. 되풀이되는 역사.

5년 뒤, 오왕은 제나라의 경공이 죽고 대신들이 총애를 다투는데 새 왕이 허약하다는 말을 듣고 군대를 일으켜 북쪽으로 제나라를 쳤다. 오자서가 말했다. "구천은 거친 음식을 먹으면서 죽은 자를 조문하고 아픈 이들을 위로하고 있으니, 그들을 쓸 데가 있기 때문입니다. 이 사람이 죽지 않으면 결국엔 오나라의 골칫거리입니다. 지금 오나라에게 있어 월은 사람의 배 속 질환과 같습니다. 왕께서 먼저 월을 치지 않고 제나라에 골몰하는 것은 순서가 틀렸습니다." 오왕은 듣지 않고 제나라를 쳐 애릉艾陵(산동성 무래시蕪萊市 동남쪽)에서 크게 승리했다. 내친 김에 약소국 추鄒와 노魯의 왕을 위협하고 돌아왔다. 국위절정의 순간 도덕적 명분 상실, 오나라 패망의 징후. 오자서의 계책을 더욱 멀리 했다. 어긋나다.

4년 뒤, 오왕은 제나라를 치고자 했다. 월왕 구천은 자공子貢의 생각을 받아들여 군대를 거느리고 오나라를 돕는 한편 귀중한 보물을 태재 백비에게 보냈다. 자공은 사마천이 깊이 흠앙했던 『사기열전』의 귀객이다.

백비는 이미 여러 차례 뇌물을 받아 월나라에 대한 믿음과 애정이 각별한지라 밤낮으로 오왕에게 월나라를 좋게 말했다. 오왕은 자

---

1   『좌전』에는 부초夫椒로 되어 있는, 지금의 강소성 태호太湖의 동정산洞庭山이다.

주 백비의 계책을 믿어 썼다. 오자서가 간언했다. "저 월나라는 배 속의 병입니다. 지금 그들의 번지르르한 말을 믿고 제나라를 욕심내시지만, 제나라는 돌밭과 같은지라 깬들 쓸모가 없습니다. 『상서』商書에 보면 반경盤庚의 고명誥命에 이런 구절이 있습니다. '국법을 우습게 여겨 공손치 않은 자가 있으면 모조리 코를 베고 그 종자를 남기지 말 것이며, 이 고을에 그 씨를 남기지 마라.' 이것이야말로 상나라가 흥성한 까닭입니다. 대왕께선 제나라는 버려두고 월나라를 먼저 처리하십시오. 그렇지 않으면 후회해도 늦습니다." 오왕은 듣지 않고, 오자서를 제나라에 사신으로 보냈다. 어긋나다. 자서는 길을 떠나며 아들에게 일렀다. "내 수차 왕께 간언했지만 듣지 않는구나. 이제 오나라는 곧 망할 것이다. 네가 오나라와 함께 망하는 것은 아무런 의미가 없다." 아들을 제나라 포목鮑牧에게 맡기고 돌아와 보고했다.

오나라 태재 백비는 오자서와 틈이 벌어져 있던 터라 이 일로 참소했다. "오자서는 위인이 강포하여 은정은 적고 질투만 많습니다. 그가 원망하고 있으니 심각한 화가 될까 저어됩니다. 얼마 전 대왕께서 제나라를 치려 하실 때, 자서만 억지 주장을 하면서 일을 방해했지요. 그는 필경 우리가 패하여 자기 생각이 들어맞기를 바랐을 것입니다. 이제 왕께서 몸소 나서, 온 나라의 군사를 다 일으켜 제나라를 치고자 하시는데, 오자서만 반대 주장을 하더니 조회에도 불참하고 꾀병으로 따라 나서지도 않았습니다. 대왕께선 대비를 하셔야 합니다. 분명 화를 일으킬 것입니다. 제가 사람을 시켜 몰래 알아보니, 그는 제나라에 가서 자기 아들을 포씨鮑氏에게 맡겼다는군요. 신하가 되어 자기 뜻대로 되지 않는다고 밖으로 외국의 제후에게 기대는 것입니까. 사기는 신웡의 모신謀臣이라 생각하는데, 본인이 견해가 쓰이지 않으니 항상 원망하는 마음을 품고 있습니다. 대왕께서 서둘러 조치하셔야 합니다."

오왕이 말했다. "그대 말이 아니어도 내 의심하고 있었소." 사자를 보내 오자서에게 속루검屬鏤劍을 내려 자결하게 했다. 오자서는 하늘을 우러르며 탄식했다. "아아, 아첨꾼 백비가 왕의 마음을 어지럽혀, 왕이 나를 죽이는구나! 나는 너의 아버지를 패자覇者로 만들었다. 네가 아직 왕위에 오르기 전 여러 공자가 왕위를 다툴 때, 나는 죽음을 무릅쓰고 선왕에게 쟁언했지. 거의 불가능했던 너는 왕위에 오르자 오나라를 나누어 내게 주려 했지만, 나는 조금도 바라지 않았다. 그런데 너는 지금 아첨꾼의 말만 듣고 나라의 어른을 죽이고 마는구나." 이어 자기 사인舍人에게 말했다. "내 무덤가에 가래나무를 심어 뒷날 왕의 관棺을 만들게 하라. 내 눈을 오나라 동문 위에 걸어 월나라 군대가 들어와 오나라를 멸망시키는 것을 보게 하라." 독기毒氣, 독설毒舌.

스스로 목숨을 끊었다. 오왕이 듣고 대로하여 오자서의 시신을 가죽부대에 담아 강에 띄웠다. 어긋나다. 오나라 사람들이 불쌍히 여겨 강가에 사당을 세우고, 그곳 이름을 서산胥山²이라 했다. 통치와 민심의 배리, 패망의 징후 또는 결과.

오왕은 오자서를 죽이고 기어이 제나라를 쳤다. 제나라 포씨는 임금 도공悼公을 죽이고 양생陽生을 세웠다. 오왕은 포씨를 응징하고자 했지만 이기지 못하고 돌아갔다. 2년 뒤, 오왕은 노魯나라와 위衛나라의 왕을 탁고橐皐(안휘성 소호시巢湖市)로 불렀다. 그다음 해 북쪽으로

---

2   절강성 가흥시嘉興市 동쪽 30km 지점에 있다. 다른 이름은 장산張山 또는 사
     산史山이다.

진출하여 황지黃池(안휘성 마안산시馬鞍山市 당도현當塗縣)에서 크게 제후들을 모아 주周나라 왕실의 영을 세웠다. 월왕 구천이 오나라를 습격하여 태자를 죽이고 군대를 깨뜨렸다. 오왕이 듣고 돌아와 사신 편에 예물을 듬뿍 보내 겨우 강화했다. 9년 뒤 월왕 구천이 오나라를 멸망시키고 부차를 죽였다. 동반 패망. 오자서는 16년 인내를 견뎌 성공하는 순간 도덕적 우위를 상실했고, 오나라는 국력이 절정에 달했을 때 이웃 나라에 신의를 잃었다. 그 사이 군주와 신하 사이는 균열이 일어났다. 또 자기 임금에게 불충하고 밖으로 무거운 뇌물을 받았으며 사사로이 파당을 만들었다는 죄목으로 태재 백비를 처형했다.

태사공은 말한다. 사람에게 있어 원망이 응어리져 독이 됨이 심하구나! 군주도 신하에게도 원독을 사면 안 되거늘, 하물며 같은 반열의 사람에게랴! 그때 오자서가 아버지를 따라 함께 죽었다면 땅강아지 개미와 무엇이 다르랴! 작은 의리를 버리고 큰 수치를 씻어 이름을 후세에 드리웠구나. 슬프다! 오자서가 강가에서 위급한 상황에 처하고, 길에서 빌어먹을 때엔들 그 뜻이야 잠시라도 초나라 수도 영郢을 잊었으랴! 그러므로 참고 견뎌 공명을 이루었으니, 가슴이 뜨거운 장부가 아니면 누가 이런 일을 할 수 있으랴!

사마천의 분신이자 임충의 선조

김성탄은 『수호전』 18회 들머리의 총비總批에서 이렇게 말했다.

"이 회의 진빈부는 완씨阮氏 형제의 입을 빌려 관리를 통렬하게 욕했고, 후반부는 임충林沖의 입을 빌려 수재秀才 왕륜을 통렬하게 욕했다. 그 말이 분격하여 우아한 도에 어긋난다. 하지만 원독怨毒으로 글을 지은 것(怨毒著書)은 사마천도 면치 못했거늘, 패관을 무어 질책하리오!"

또 말한다.

"아, 사람에게 원독이란 매우 무서운 것이로다. 임충이 처음 네 번째 두령의 서열에서 고개를 숙이고 있을 때, 어찌 잠시라도 왕륜을 잊었으랴! 형세가 고립무원이니, 일이 실패하면 세상의 웃음거리가 될까 두려워한 까닭에 참았을 뿐이다."

김성탄은 또 여러 차례 곤액을 치른 무송武松의 마음이나, 51회에서 고렴高廉에게 고구高俅를 욕하는 임충 등의 심리를 원독으로 표현했다. 김성탄이 말한 원독은 사마천이 오자서를 평할 때 사용한 그 원독이니, 임충과 무송과 원소칠 등의 인물 원형을 오자서에게서 찾은 것이다. 더 눈여겨봐야 하는 것은 '원독저서'怨毒著書라는 말이다. 이는 저서의 동력이 원독이란 뜻으로, 사마천이 즐겨 사용한 '발분저서'發憤著書와는 다른 함의를 지닌다. 사마천은 오자서를 원독의 인물로 규정했는데, 김성탄에 따르면 그 원독의 기원은 사마천이라는 것이다. 오자서는 사마천의 원독이 투사되어 빚어진 인물인 셈이다.

오자서 열전

공자의 세 제자,
그중의 한 사람

중니제자 열전仲尼弟子列傳

공자孔子는 사립 학숙學塾을 운영할 만한 물력物力을 지니지 못했고, 높은 관직에 있지도 않았다. 자신의 구직도 여의치 않았으니, 제자들의 생계를 책임지거나 그들을 취업시킬 여력이 없었다. 제자들은 알아서 관료 또는 선생이 되거나, 생계를 위해 직업을 찾아야 했다. 제자들과의 관계는 제각각 꽤나 다양했을 것이다. 어떤 제자에게는 애틋했고, 어떤 제자는 불편했으며, 어떤 제자는 마음에 들지 않았다. 떠나서 돌아오지 않는 제자도 있었고, 조석으로 곁에서 모시는 제자도 있었으며, 경제적으로 후원하는 제자도 있었다. 제자들 사이가 모두 친밀했거나 원만했던 것도 아니다. 이들 사이에도 여러 갈등과 알력이 있었을 것이다. 이런 사정을 감안하여 남은 기록을 되새겨 보면 그 사제 관계의 양상이 어느 정도 드러난다. 사마천은 72명의 제자들을 모두 언급했지만, 반 이상은 이름과 고향 정도만 나열했고, 나머지도 대부분은 프로필이나 스승과의 긴밀한 대화만 소개했을 뿐이다. 그나마 서사로 소개된 인물은 자로

子路와 자공子貢이 있을 뿐이다. 여기에 공자가 애제자로 아꼈던 안회顔回를 더하면, 「중니제자 열전」에서 비중이 높은 인물은 이 세 명이다.

종사입기從師立己
스승의 의견을 좇으면서 자기를 세우다

공자는 수많은 제자 중 대놓고 안연을 가장 아꼈다. 사마천은 굳이 그걸 부인하지 않으면서, 자공이 가장 훌륭하다는 자기 생각을 펼쳐 냈다.

공자는 글을 풀어냈고 제자들은 공업을 일으켰다. 모두 남의 스승이 되어 인仁을 숭상하고 의義를 연마했다. 일곱 번째로 중니 제자들의 열전을 지었다.

공자는 말했다. "내게서 수업하고 높이 성취한 사람은 77명이다. 모두 남다른 능력의 재사들이다. 덕행에는 안연顔淵(공자보다 30살이 적었다)과 민자건閔子騫(15살이 적었다)과 염백우冉伯牛와 중궁仲弓이 있다. 정사에는 염유冉有와 계로季路가 있다. 언어에는 재아宰我와 자공子貢(31살이 적었다)이, 문학에는 자유子遊(45살이 적었다)와 자하子夏(44살이 적었다)가 있다. 사師(전손사顓孫師, 자는 자장子張, 48살이 적었다)는 극단으로 치우치고, 참參(46살이 적었다)은 생각이 신중하여 행동이 느리다. 유由는 거칠고 격정적이며, 회回는 곤궁할 때가 많다. 사賜는 하늘의 뜻을 거슬러 재물을 불렸는데, 판단이 자주 적중한다."

(『논어』 「선진」)

공자가 엄격하게 존경한 사람은 주周나라의 노자老子,[1] 위衛나라의 거백옥蘧伯玉,[2] 제齊나라의 안평중晏平仲,[3] 초楚나라의 노래자老萊子,[4] 정鄭나라의 자산子産,[5] 노魯나라의 맹공작孟公綽[6]이다. 장문중臧文仲[7]과 유하혜柳下惠,[8] 동제銅鞮의 백화伯華[9]와 개산介山의 자연子然[10]을 자주 일컬었다. 공자는 이들보다 뒤에 났기 때문에 한세상을 같이하지는 못

---

1   사마천은 「공자 세가」孔子世家에서도 공자가 주나라에 가서 노자를 만나 예를 물은 사실을 기록했다. 「노장한비 열전」에서는, 공자가 노자를 만나고 돌아와 용과 같은 인물이라고 탄식했으며, 이는 기원전 518년 34세 때의 일이라고 했다. 『공자가어』 제8 「치사」致思와 「관주」觀周에는 노자와 공자의 교유가 자세히 소개되어 있다.

2   위衛나라의 대부이다. 공자는 14년의 주유 기간 중 10년을 위나라에 머물면서 거백옥과 깊이 사귀었다. 『논어』의 「헌문」과 「위령공」에 이들이 나눈 대화가 실려 있다.

3   안영은 기원전 522년 경공景公을 수행하여 노魯나라를 방문했고, 이때 공자와 대화를 나누었다. 기원전 517년 노나라에 내란이 일어나자, 공자는 망명한 소공昭公을 따라 제나라에 갔다. 경공은 공자에게 니계尼溪에 봉토를 주려 했지만 안영의 극력 반대로 무산되었다. 이때 안영은 공자를 위선적인 유자의 전형으로 매도했다. 그럼에도 공자는 안영을 호의적으로 언급했다.(「공야장」)

4   공자가 노래자를 언급한 기록은 없고, 노래자의 신분도 분명치 않다. 보통 노래자는 노자 및 공자와 같은 시대 인물로 이야기된다. 『장자』 「외물」에 두 사람이 만나 나눈 대화가 실려 있다.

5   공자보다 한 세대 앞의 인물로, 정鄭나라의 재상을 맡아 국정을 잘 이끌었는데 특히 외교에 뛰어났다. 『논어』에는 그에 대한 공자의 칭송이 여러 곳에 실려 있다.

6   노나라의 대부로, 『논어』 「헌문」에 그에 대한 공자의 평가가 실려 있다.

7   노나라의 대부로, 『논어』 「공야장」과 「위령공」에 그에 대한 공자의 언급이 실려 있다.

8   노나라의 대부로, 공자는 여러 차례 그를 세상에서 잊힌 현인으로 높이 평가했다.

9   『공자가어』 제12 「제자행」弟子行과 제13 「현군」賢君에 따르면, 백화는 천하의 질서를 바로잡을 만한 인물이었다.

10   춘추시대 진晉 문공文公을 섬기다가 은거하여 불에 타 죽은 것으로 전해지는 개자추介子推이다.

했다. 공자의 제자들 열전인데 굳이 공자가 존경했던 사람들을 예시한 이유는 무엇인가? 또 그 근거와 기준은 무엇인가? 노자, 노래자, 백화, 자연에 대해서는 공자가 언급한 적이 없는데 무엇을 근거로 공자가 이들을 존경했다고 하는가? 노자와 거백옥과 안영과 맹공작과 장문중은 공자가 만난 적이 있는데, 왜 세상을 함께하지 못했다고 하는가?

안회는 노나라 사람으로 자字는 자연子淵이다. 공자보다 30세가 적다. 안연이 인仁에 대해 묻자, 공자는 "자기의 욕망을 이기고 예로 돌아가면 천하가 인仁으로 돌아올 것"(「안연」)이라고 말했다. 공자는 안회에 대해서 이렇게 말했다. "좋은 질문! 한 주발의 밥과 한 바가지의 물을 마시면서 좁은 골목길에 산다면 사람들은 가난 근심을 견디지 못하겠지만, 안회만큼은 본디의 즐김을 바꾸지 않을 것이다."(「옹야」) "안회는 얼핏 모자란 사람처럼 보인다. 그런데 집에 돌아가면 자신을 반성하는데, 그것이 남을 감발하기에 충분하니 안회는 어리석은 것이 아니다." (「위정」) "세상에 쓰이면 행하고 버려지면 숨는 삶은, 나와 너만이 행하고 있구나!" 안회는 스물아홉 살에 벌써 머리가 하얗게 세더니 그만 일찍 죽고 말았다. 공자가 통곡하며 말했다. "내가 안회를 얻으면서부터 문인들이 더욱 친근해졌지." 안회는 특유의 원만함과 성실함으로 삐걱거리기 쉬운 문도들 사이에서 윤활유 역할을 했다. 공자가 안회를 믿어 의지했던 진짜 이유가 아닐까!

노나라 애공哀公이 제자 중 누가 학문을 좋아하느냐고 물었다. 공자가 대답했다. "안회라는 친구가 배우기를 좋아했지요. 노여움을 남에게 옮기지 않고 실수를 되풀이하지 않았는데, 불행히도 일찍 죽어 지금은 없습니다." 안회는 공자로부터 묵지심통默識心通의 찬사를 들었다. 좋게 보면 다 알아들은 것이고, 조금 의심하면 토를 달거나 질문하지 않았다는 뜻이다. 자기를 내세우지 않았다. 겸손했기 때문이고, 주견이 뚜렷하지 않거나 너무 내성적이었을 가능성도 있다. 처음부터 죽을 때까지 가난했다. 학문을 좋아했기 때문이지만, 현실감각이 없었던 것은 아닐까?

중유仲由의 자字는 자로子路이며 변卞(산동성 곤주袞州 사수泗水 일대) 출신이다. 공자보다 아홉 살이 적었다. 자로는 성격이 거칠고 용력을 좋아했으며 뜻이 굳세고 곧았다. 수탉 깃으로 장식한 모자를 썼고 수퇘지 가죽에 꽂은 칼을 찼다. 공자에게도 불손하게 대했다. 공자는 예법으로 조금씩 자로를 이끌었다. 자로는 뒤에 유복 차림으로 예물을 보내고 문인을 통하여 제자로 받아줄 것을 청했다.

자로가 정치에 대해 묻자 공자가 대답했다. "앞장서 본을 보이고 열심히 일하도록 하는 것이다." 더 여쭤자 대답했다. "게으르지 않게 하는 것이다." 자로가 물었다. "군자도 용기를 숭상합니까?" 공자가 말했다. "의義가 가장 중요하네. 군자가 용기를 좋아하면서 의가 없으면 분란을 일으키고, 소인이 용기를 좋아하면서 의가 없으면 도둑질을 하게 되지."

자로는 한 가지 가르침을 들었는데 능히 실천하지 못하면 다른 가르침 듣기를 저어했다. 체득을 중시하고 실천과 행동을 앞세우는 공자가 말했다. "한마디 말로 옥사를 해결할 수 있는 사람이 바로 유由이다." 명철, 과단. "유는 나보다 용기를 좋아하지만 그 재주를 제대로 쓰지 못하고 있다." "유와 같은 사람은 제명에 죽지 못할 듯하구나." "해진 옷을 입고 여우 담비 가죽 옷을 입은 자와 나란히 서서도 부끄러워하지 않을 사람은 바로 유이다." "유는 마루 위에까지는 올라갔지만 아직 방에는 들어가지 못했느니라." 계강자季康子가 물었다. "중유는 어진가요?" 공자가 말했다. "천승 나라의 세금 업무를 맡길 수 있지만, 그가 어진지는 잘 모르겠습니다."

자로가 기쁜 마음으로 공자의 주유周遊를 따랐다가 장저長沮·걸닉桀溺과 대화를 나누고, 망태를 맨 은자(荷篠丈人)와 만난 일이 있다. 자로가 계씨季氏의 재宰가 되자 계손季孫이 물었다. "자로를 대신大臣이라 이를 수 있는지요?" 공자가 말했다. "구신具臣(자리만 채우는 무능한 신료)이라 할 만하지." 불만, 혹평. 자로가 포蒲나라(하남성 장원현長垣縣 일대)의 대부가 되어 공자와 헤어졌다. 공자가 말했다. "포나라에는 장사가 많아 다스리기 어렵네. 하지만 공손하면 통제할 수 있고, 실질이 있고 바르면 백성들과 가까워질 수 있으며, 삼가 고요히 정도를 걸으면 왕에게 보답할 수 있을 걸세."

위衛나라 영공靈公에게 남자南子라는 총희가 있었다. 영공의 태자 괴외蒯聵는 남자에게 죄를 짓고는 처형이 두려워 달아났다. 영공이 죽고 부인이 공자 영郢을 세우려고 했는데 따르지 않았다. "태자의 아들 첩輒이 건재합니다." 위나라에서는 첩輒을 군주로 세웠으니 그가 출공出公이다. 출공이 즉위한 지 12년이 되었지만, 그의 아버지 괴외는 외국에서 돌아오지 못하고 있었다. 자로는 위衛나라 대부 공회孔悝의 읍재邑宰가 되었다.

괴외는 공회와 함께 변란을 일으키기로 했다. 공회의 집에 잠입했다가 그의 무리와 함께 출공을 급습했다. 출공은 노나라로 달아나고 괴외가 즉위하니 이가 장공莊公이다. 공회가 변란을 일으켰을 때 자로는 외부에 있다가 그 소식을 듣고 달려갔다. 위나라 도성 문에서 자고子羔[11]를 만났다. 그가 자로에게 말했다. "출공은 달아났고 문은 닫혔습니다. 돌아가시지요! 공연한 화를 입지 마십시오." 자로가 말했다. "그분 밥을 먹으면서 그분의 환난을 외면할 수는 없네." 자고는 포기하고 떠나갔다. 마침 성으로 들어가는 사자가 있어 문이 열렸고 자로는 그를 따라 들어갔다. 괴외의 처소에 이르니 그는 공회와 함께 누대 위에 있었다. 자로가 말했다. "군왕께선 어째서 공회를 등용하십니까? 내가 죽일 수 있도록 내어주십시오." 괴외가 듣지 않자 자로는 누대에 불을 지르려 했다. 겁이 난 괴외가 내려와 석걸石乞과 호염壺黶을 시켜 자로의 갓끈을 끊게 했다. 자로는 군자는 죽어서도 갓을 벗지 않는다며 갓끈에 목을 매어 죽었다. 자로는 다혈질에 의협심이 강했다. 공자를 함부로 대하다가 뒤늦게 제자가 되었는데, 스승을 크게 어려워하지도 않은 것으로 보인다. 말대꾸도 잘했다. 공자는 아홉 살 차이 나는 이 제자가 조금은 불편했고 한편으로는 든든했다. 공자는 자로를 얻은 뒤로 악담이 들려오지 않았다고 했다. 자로가 규율과 기강을 잡아 주었기 때문이다.

위나라에 변란이 일어났다는 소식을 접한 공자가 말했다. "아, 유由가 죽겠구나!" 이윽고 과연 죽었다. 이런 이유로 공자는 말한 적이 있다. "내가 유를 얻은 뒤로는, 나를 헐뜯는 소리가 귀에 들리지 않았노라."[12] 이 무렵 자공子貢은 노魯나라를 위해 제齊나라에 사신으로 갔다.

---

11   이름은 고시高柴로 안회와 나이가 같았다. 노魯와 위衞나라에서 네 번이나 관직을 맡았다. 효자로 이름이 났으며(『예기』), 공자로부터 우직하다는 평을 들은 적이 있다.

12   자로는 자고를 소개하는 대목에서 한 번 더 등장한다. 자로가 계씨季氏에게서

단목사端木賜는 위衛나라 출신으로 자字는 자공子貢이었다. 공자보다 31살이 적었다. 자공은 입담이 좋아 말을 엮는 솜씨가 뛰어났는데, 공자는 자주 그의 변설을 지적했다. 공자가 물었다. "너와 회回 중 누가 더 나으냐?" 우문愚問 자공이 대답했다. "제가 어찌 감히 안회 형을 바라겠습니까? 안회 형은 하나를 배우면 열을 깨닫지만, 저는 하나를 들어 둘이나 겨우 이해하는 수준입니다." 현답賢答 자공이 가르침을 받고나서 여쭈었다. "저는 어떻습니까?" 공자가 말했다. "너는 그릇이니라." "어떤 그릇인지요?" "호련瑚璉이다."(「공야장」) 원 의미는 제사용 귀한 그릇. 공자의 말 이후로 나라를 다스리며 백성을 편안케 할 인재라는 의미가 생겼다.

진자금陳子禽이 자공에게 물었다.[13] "중니는 어디서 배우셨지요?" 우문愚問 자공이 말했다. "문왕과 무왕의 도가 땅에 떨어지지 않고 사람들에게 있으니, 현자는 그 대체를 알아보고 우자의 눈에는 자질구레한 것들만 들어옵니다. 문왕과 무왕의 도가 있지 않은 적이 없으니 스승님께서 어디선들 배우시지 않았겠습니까! 또한 정해진 스승이 있었겠습니까!" 현답賢答 또 물었다. "공자께선 남의 나라에 가면 반드시 그 나라의 정치 상황에 대해 들으십니다. 일부러 알아보시나요, 아니면 알아서 알려주나요?" 자공이 말했다. "온량공검溫良恭儉으로

벼슬하면서 자고를 비읍費邑의 재宰로 삼았다. 공자가 남의 아들을 망친다고 나무라자 자로가 대꾸했다. "백성도 있고 사직도 있습니다. 어찌 꼭 독서를 해야 학문이겠습니까?" 공자가 말했다. "이런 까닭에 저 말솜씨가 번지르르한 사람을 싫어하는 것이다."

13 『논어』에는 두 차례 진자금이 자공에게 공자에 대해 질문하는 내용이 실려 있다. 하지만 본문의 질문은 위나라 사람 공손조公孫朝가 물은 것이다(「자장」). 사마천의 착오다.

중니제자 열전

낮추고 비워 얻으시니, 다른 사람들이 정보를 캐듯 억지로 구하는 것과는 다릅니다." 스승에 대한 평이 넘치지도 모자라지도 않는다. 언어에 뛰어나다고 한 이유이다.

자공이 공자에게 물었다. "부유하면서 교만하지 않고, 가난하면서 비굴하지 않으면 어떤지요?" 공자가 말했다. "괜찮지. 하지만 가난하면서 도를 즐기고, 부유하면서 예법을 좋아하면 더 좋겠지."(「학이」)

전상田常이 제나라에서 반란을 일으키려다가 고高·국國·포鮑·안晏 성姓의 네 경대부가 마음에 걸려, 군사를 이동하여 돌연 노魯나라를 공격했다(BC.481). 공자가 듣고 제자들에게 말했다. "노나라는 조상의 무덤이 있는 부모의 나라이다. 나라가 이처럼 위태로우니 여러분이 나서야하지 않을까!" 자로가 나서자 공자가 말렸다. 자장子張과 자석子石이 가겠다고 했지만 받아들이지 않았다. 자공이 자청하니 그제야 허락했다. 적국에 사신 가는 일에 자로는 넘치고, 자장과 자석은 모자랐으며, 자공은 감당할 만했다.

자공은 노나라를 떠나 제齊나라에 이르러 전상을 설득했다.

"군왕께서 노나라를 공격하는 것은 실수입니다. 노나라는 치기 어려운 나라이지요. 성벽은 얇고 낮으며, 해자는 좁고 얕습니다. 군주는 어리석고 대신들은 부패하고 무능합니다. 군사와 백성들은 전쟁을 싫어하지요. 이런 나라와는 싸우는 법이 아닙니다. 차라리 오嗚나라를 치십시오. 그 나라는 성이 높고 두터우며, 해자는 넓고 깊습니다. 무기는 견고하고 새것이며, 정선된 군사는 배불리 먹습니다. 중무기와 정예병이 그 안에 있고, 현명한 대부가 지키고 있으니, 이런 나라야말로 정벌하기가 용이합니다."

전상은 노한 기색으로 말했다.

"그대가 어렵다는 건 다 사람들이 쉬워하는 것이요, 그대가 쉽다는 건 모두 사람들이 어려워하는 것이거늘, 그따위 걸 내게 이야기하는 이유가 무엇이오?"

자공이 말했다.

"근심이 안에 있으면 강한 나라를 치고, 근심이 밖에 있으면 약한 나라를 친다고 합니다. 지금 군왕의 근심은 안에 있지 않습니까! 세 번이나 봉후를 받았는데 모두 무산되었다고 들었습니다. 대신 중에 따르지 않은 이가 있기 때문이지요. 지금 군왕께서 노나라를 쳐 제나라의 영토를 넓힌다고 가정해 볼까요. 싸움에서 이기면 군주의 권위가 높아지고 외국을 격파하면 신하들의 위상이 올라갑니다. 그럼에도 불구하고 군왕의 공이 인정받지 못하면 군주와의 사귐은 날로 멀어질 것입니다. 위로 군주의 마음을 교만하게 하고 아래로 신하들의 마음을 방자하게 하여 대사를 이루려 하신다면 어려운 일입니다. 군주는 교만하면 멋대로 행동하고, 신하는 교만해지면 권리를 다툽니다. 위로 군주와는 멀어지고 아래로 다른 신하들과 다투게 되면, 제나라에서의 입지는 위태로워집니다. 그러므로 차라리 오나라를 치라고 말씀드린 것입니다. 오나라를 쳐서 이기지 못하면, 밖에서는 백성들이 죽고 안으로는 대신들의 권력에 공백이 생깁니다. 그렇게 되면 위로는 강력한 신료라는 적이 없어지고, 아래로는 백성들의 허물을 받지 않게 되니, 군주를 고립시키고 제나라를 제어할 분은 군왕이실 수밖에 없습니다."

전상이 말했다. "좋소, 하지만 내 이미 군사를 몰고 노나라에 왔는데, 갑자기 방향을 틀어 오나라로 향하면 대신들이 의심할 것이오."

자공이 말했다. "대왕께선 군사를 잠시 머물러 두십시오. 신이 오나라 왕을 만나 노나라를 구원하고 제나라를 치도록 하겠습니다. 군왕께선 그때 합전하시면 됩니다." 전상이 허락하고, 자공을 오왕에게 보냈다.

자공은 오나라 왕 설득에 나섰다.

"신이 듣건대 왕자王者는 남의 나라 대를 끊지 않고, 패자霸者는 강적을 두지 않는다고 합니다. 또 3만 근 물건 위에 공깃돌 한 개를 얹으면 무게중심이 움직인다고 합니다. 지금 만승의 대국 제나라가 천승의 소국 노나라를 욕심내어 오나라와 패권을 다투려고 합니다. 대왕께는 위태로운 일입니다. 이제 노나라를 구원하면 명성이 높아질 것이요, 제나라를 치면 이익이 커질 것입니다. 사수泗水 가의 제후들을 위무하고 난폭한 제나라를 징치하여 강대국 진晉까지 복속시킨다면 그 이익이 막대할 것입니다. 망한 노나라를 존속케 한다는 명분으로 강성한 제나라를 압박하는 실익을 얻을 수 있는 일을 지혜로운 이는 머뭇거리지 않습니다."

오나라 왕이 말했다.

"좋습니다. 하지만 나는 일찍이 월越나라와 싸워 그 왕과 군사들을 회계산에서 꼼짝 못하게 한 일이 있습니다(BC.494). 그 뒤로 월왕은 발 벗고 나서 군사를 양성하며 나에게 복수할 기회만을 노리고 있습니다. 그대는 내가 월나라를 칠 때까지 기다렸다가 다시 말씀해 주시오."

자공이 말했다.

"월나라의 국력은 노나라를 넘지 않고, 오나라의 강성함도 제나라를 능가하지 못하는데, 대왕께서 제나라를 그대로 두고 월나라를 치신다면 그 사이에 제나라는 노나라를 평정한 것입니다. 항차 대왕께서는 망한 것은 살려내고 끊어진 것은 이어주는 것을 명분으로 내걸고 계십니다. 작은 월나라를 치면서 강한 제나라를 두려워하는 것은 용기가 아니지요. 무릇 용자는 난제를 피하지 않고, 인자는 곤궁한 약한 자를 몰아붙이지 않고, 지자는 때를 잃지 않으며, 왕자王者는 다른 나라의 대를 끊지 않음으로써 자기의 의를 세웁니다. 이미 월나라를 존속시켜 제후들에게 인仁을 보여주셨으니, 노나라를 구원하여 제나라를 쳐서 그 권위가 진晉나라에게까지 미친다면, 제후들은 다투어 오나라에 조회하여 패업霸業이 이루어질 것입니다. 대왕께서 월나라를 걱정하시니, 신이 월왕을 뵙고 군사를 내어 오나라 군대를 따르도록 하겠나이다. 진짜 목적은 월나라에 군사를 비게 하는 것이지만 명분은 제후를 좇아 제나라 정벌에 참여하는 것입니다."

오왕은 크게 기뻐하며 자공을 월나라에 보냈다.

월나라 왕은 길을 닦고 몸소 교외에 나와 자공을 맞이했고, 직접 숙소로 찾아와 물었다. "이곳은 만이蠻夷의 나라이거늘, 대부께서는 어찌 누추한 곳을 찾아 주셨습니까?" 자공이 말했다. "이번에 제가 제나라를 쳐서 노나라를 구원하라고 오왕을 설득하였습니다. 그는 마음은 있지만 배후의 월나라를 두려워하여, 월나라를 치기까지 기다려달라고 하였습니다. 이렇게 되면 월나라가 깨질 것은 틀림없습니다. 복수할 뜻을 품고 그걸 의심하게 함은 바보짓이고, 알아차리게 한다면 위태로워집니다. 일은 시작도 안 했는데 소문이 먼저 나도 위험하니, 이 세 가지 경우는 큰일을 도모하는 사람의 큰 걱정거리입니다."

구천은 머리를 조아리고 두 번 절한 뒤에 말했다. "저는 일찍이 저의 힘도 가늠하지 못하고 오나라와 싸워 회계산에서 곤욕을 치렀습

중니제자 열전

니다. 그 원통함이 골수에 스며 밤낮으로 입술이 타고 혀가 마를 지경입니다. 오왕과 함께 죽는 것만이 제가 바라는 일입니다." 자공에게 방도를 물었다. 자공이 말했다. "오왕은 사람됨이 흉포하여 신하들이 견디지를 못합니다. 잦은 전쟁으로 나라는 피폐하고 사졸들의 인내도 한계에 이르렀습니다. 백성들은 임금을 원망하고 대신들의 마음도 변하고 있지요. 오자서는 직간하다가 죽었는데, 태재太宰 백비白嚭는 권력을 잡고 군주의 허물을 좇아 자기 이익만 챙기고 있습니다. 이야말로 망해 가는 나라의 정치입니다. 이제 대왕께선 마음을 다해 군사를 징발하여 참전함으로써 그의 뜻을 격동시키십시오. 또 귀한 보물로 그를 기쁘게 하고, 말을 공손히 하여 예를 극진하게 하면 분명히 제나라를 칠 것입니다. 오나라가 이기지 못하면 그 자체로 대왕의 복입니다. 싸움에서 이기면 분명히 군사를 몰고 진晉나라로 향할 것입니다. 신이 진晉나라 왕을 뵙고, 힘을 모아 오나라를 공격하도록 하겠습니다. 그리 되면 오나라는 쇠약해질 수밖에 없습니다. 정예병은 제나라와의 싸움에서 힘을 소진하고, 중갑병은 진나라 땅에서 지치겠지요. 극도로 피폐해 있을 때 대왕께서 공격하시면 오나라 멸망은 시간문제입니다."

월왕은 크게 기뻐하여 허락했다. 자공에게 2천 냥의 황금과 보검한 자루, 훌륭한 창 두 자루를 보냈다. 자공은 받지 않고 길을 떠났다.

오나라로 돌아와 왕에게 보고했다. "신이 삼가 대왕의 말씀을 월왕에게 전하였나이다. 월왕은 크게 두려워하며 이렇게 말했습니다. '제가 불행히도 어려서 아버지를 잃었습니다. 주제파악을 못해 오나라에 죄를 지었습니다. 군대는 패하고 이 몸은 욕을 당한 채 회계산에 살렸으니 나라는 딩 비어 잡초민 무성합니다. 다행히 대왕께서 은전을 베푸시어 조상의 제사를 모시게 되어 죽어도 잊지 못할 은혜를 입었는데 감히 무슨 일을 도모하겠습니까!'"

닷새 뒤 월왕은 대부 종種을 보내 머리를 조아리고 오왕에게 아뢰게 했다. "동해가의 역신役臣 구천의 신하인 종은 감히 하리下吏의 몸으로 문후를 올립니다. 대왕께서 강폭한 나라를 징치하고 약국을 구원하는 대의를 세워 제나라를 공격하여 주나라 왕실을 위무한다고 들었습니다. 이에 우리나라의 군사 3천 명을 모았습니다. 월왕 구천 스스로 갑옷을 입고 병기를 쥔 채 선봉에 서서 시석을 무릅쓰고자 하나이다. 이에 천신賤臣 종種으로 하여금 선친의 보물을 받들게 하였습니다. 갑옷 20벌과 도끼, 굴로屈盧가 만든 창, 보광검步光劍을 올려 출정을 경하드립니다."

오왕은 매우 기뻐하며 자공에게 말했다. "월왕이 직접 과인의 전쟁에 종군하겠다는데 괜찮겠소?" 자공이 말했다. "안 됩니다. 남의 나라가 텅 비도록 사람들을 징발하고 또 그 임금을 따르게 하는 것은 의롭지 않습니다. 예물을 받고 군사는 허락하되 임금의 종군은 사양하시지요." 오왕은 그렇게 하기로 하고 월왕에게 사례했다. 이에 오왕은 아홉 고을의 군대를 출발시켜 제나라 정벌에 나섰다.

그러자 자공은 진晉나라로 가서 왕에게 말했다. "미리 생각하지 않으면 갑자기 생기는 일에 대응할 수 없고, 군사를 정돈해 두지 않으면 적을 이길 수 없다고 합니다. 지금 제나라와 오나라의 싸움이 임박해 있습니다. 오나라가 이기지 못하면 월나라에서 반란을 일으킬 것이고, 오나라가 이기면 군사를 몰아 진나라로 향할 것입니다." 진나라 왕이 크게 놀라 말했다. "어쩌면 좋겠소?" 자공이 말했다. "병기를 수리하고 군사들을 쉬게 하면서 대비하십시오." 진나라 왕은 그렇게 하기로 했다.

자공은 진나라를 떠나 노나라로 돌아왔다. 오왕은 애릉艾陵에서 제나라 군대를 대파하고, 일곱 장군의 군사를 사로잡았다. 애릉艾陵의 전투 군사를 돌이키지 않고 진晉나라로 향했다. 황지黃池에서 진나라 군대와 만났다. 황지黃池의 회전會戰 오나라와 진나라는 패권을 다투었는데, 진나라가 오나라를 대파했다. 이 소식을 접한 월왕은 전당강錢塘江을 건너 오나라를 급습하여 도성 7리 밖에 군사를 주둔했다. 오왕은 급히 귀국하여 오호伍湖(태호太湖)에서 월나라 군대와 세 번을 싸웠지만 이기지 못했으며 도성도 지키지 못했다. 월군은 드디어 왕궁을 에우고는 오왕 부차를 죽이고 태재 백비도 처형했다. 오나라를 깨뜨린 지 3년 만에 동쪽으로 가서 패자가 되었다.[14]

자공은 한번 나서서 노魯나라를 존속시켰고, 제齊나라를 혼란에 빠트렸고, 오吳나라를 깨지게 했고, 진晉나라를 강대하게 했으며, 월越나라를 패자로 만든 셈이다. 자공은 한 차례 사신이 되어 천하의 형세를 뒤틀리게 했으니, 10년 동안 다섯 나라에 각기 다른 변화가 있었다. 자공의 능력.

자공은 물건을 사고파는 일을 좋아하여 시세에 따라 재화를 굴렸다. 남의 장점을 추어주기 좋아했으나, 남의 허물을 덮어 줄 줄은 몰랐다. 노魯나라와 위衛나라에서 여러 번 재상을 지냈고, 천금의 재산을 모았다. 제나라에서 죽었다. 자공은 재상이나 유세가, 화식 열전의 독립 주인공이 되기에 부족함이 없다. 사마천은 그를 공자의 제자 자

---

14   월왕 구천은 오나라를 평정한 뒤 군사를 몰고 황하를 건너 서주徐州에서 제齊나라 진晉나라 군주와 회합하여 동방의 패주가 되었다. (『사기』 「월왕구천 세가」越王句踐世家)

리에 두었다. 존경하는 스승의 제자 자리, 내가 자공이라면 고마운 일이다.

태사공은 말한다. 학자들은 흔히 칠십 제자를 일컫곤 한다. 기리는 이들은 실상을 과장하고, 헐뜯는 자들은 진실을 깎아내리는데, 그들을 보지 못하고 평가했다는 점에서는 다르지 않다. 제자들의 출신과 나이 등은 공씨고문孔氏古文[15]에서 나온 것이 사실에 가깝다. 나는 제자들의 성명과 발언은 『논어』에 나오는 제자들의 질문에서 가져와 엮었다. 의심스러운 사항들은 기술하지 않았다.

진陳과 채蔡 사이에서의 대화 세 장면

제나라에서 노나라에 80명의 미인을 보냈다. 계환자季桓子는 이를 받았다. 군신이 가무에 탐닉하여 정사를 돌보지 않았다. 공자는 계씨를 탐탁히 여기지 않았다. 교제郊祭를 지낸 뒤 계씨는 제육을 공자에게 보내지 않았다. 노나라에서 더 이상 쓰이기 어렵게 되었음을 직감한 공자는 제자들과 함께 주유천하에 나섰다. 기원전 497년, 그의 나이 55세 때의 일이다.

공자가 채蔡(하남성 주마점시駐馬店市 상채현上蔡縣) 땅에 머물고 있는데, 오鳴나라가 진陳나라(주구시周口市 회양현淮陽縣)를 쳤다. 초나라 원

---

15   무제 말년 공자의 고택에서 발견된 수십 편의 고문서를 뜻한다. 관련 내용이
      『한서』「예문지」藝文志에 실려 있다.

병이 성보城父(박주시亳州市)에 주둔하고 있었다. 공자가 진과 채의 사이에 있다는 사실을 알게 된 초나라 왕은 사람을 보내 공자를 초빙했다. 진과 채의 대부는 공자의 무리가 대국 초나라에서 쓰이는 것을 꺼려하여 노역자들을 보내 그 일행을 오도 가도 못하게 했다. 식량이 떨어져 일행 중에는 기동을 못하는 사람이 나올 정도였다. 그의 나이 63세 때의 일이다.

자로는 불같은 성격을 참지 못했다. 다짜고짜 스승에게 따졌다. "군자도 곤궁함을 겪습니까?" 공자는 이 제자가 제일 불편했다. 나이 차이도 적고, 처음부터 자신을 대하는 태도가 공손하지 않았다. 공자가 곤혹스러운 표정으로 대답했다. "군자는 곤궁함도 편안히 여기지만, 소인은 곤궁하면 행실이 흐트러진다네."(君子固窮, 小人窮斯濫矣.) 조금 고생했다고 대놓고 불만을? 공자의 말에는 자로에 대한 얼마간의 노기가 묻어 있다.

자공의 표정도 별로다. 능력도 있고 성격도 원만하여 늘 실질적인 힘이 되는 제자다. "사賜야, 너는 내가 박학다식하다고 생각하느냐?" 박학다식한 사람이 이런 곤란을 초래했다고 화가 난 것이냐? 이런 질문이다. "그렇습니다, 아닌가요?" 반문에서 왠지 고분고분하지 않은 태도를 느끼며 공자가 말했다. "아니야, 나는 일이관지一以貫之할 뿐이지." 나는 바른 한 길, 즉 정도正道를 가는 사람이고, 그러다 보면 이런 일도 겪을 수 있다는 뜻이다.

공자는 몇몇 제자를 따로 불렀다. 먼저 부른 사람은 자로이다. "『시경』에 '물소도 범도 아니면서 빈 들판을 헤매누나'란 구절이 있다네. 우리의 도가 틀린 것인가? 우리가 왜 여기서 이러고 있는가?" 자로가 말했다. "사람들이 우리를 믿지 않으니 우리가 어질지 않은가 봅니다. 사람들이 우리로 하여금 도를 펼치게 하지 않으니 우리가 지혜롭지 않은가 봅니다." 공자가 말했다. "그런가! 그런데 유由야, 어진 자라고 꼭 신뢰를 받았다면 백이 숙제가 어찌 있었을까? 지혜로운 자가 반드시 도를 펼쳤다면, 왕자 비간 같은 사람은 없었을 것이다."

자로가 나가자 자공이 들어와 뵈었다. 똑같은 질문을 하자 자공이 말했다. "스승님의 도는 너무 커서, 천하가 도저히 스승님을 포용할 수 없습니다. 조금만 줄이시지요!" 현실 감각이 남달랐던 자공이다. 공자가 말했다. "사賜야, 훌륭한 농부가 씨를 잘 뿌렸다고 수확이 많으란 법은 없고, 뛰어난 목공이 정교하게 만든 기계가 다 유익하게 쓰이지는 않듯이, 군자가 도를 닦아 그 벼리와 줄기를 잘 세웠다고 세상에 모두 수용되는 건 아니다. 너는 너의 도를 닦지 않고 세상에 용납되기를 구하고 있는가! 사야, 뜻이 멀지 않구나!"

자공이 나가자 안회가 들어왔다. 안회의 대답은 달랐다. "스승님의 도는 너무 커서 천하가 담지를 못합니다. 그래도 스승님께서는 밀고 나가 시행하십시오. 담기지 않은들 뭐가 문제이겠습니까? 담기지 않은 뒤에야 군자임이 드러나는 것이지요! 도를 닦지 못하는 것이 창피할 뿐입니다. 도가 이미 크게 준비되었는데 그게 쓰이지 않는다면, 이는 나라를 운영하는 자가 못난 것입니다. 담기지 않은들 뭐가 문제인가요. 담기지 않은 뒤에라야 군자임이 드러나는 법입니다." 공자의 얼굴이 비로소 환해졌다. "그래, 안씨의 아들이로다! 부자가 되면 나를 써다오!"

「공자 세가」에 소개된 이 일화는, 공자에게 있어 세 제자의 위상이 특별했음을 보여준다. 자로가 있어 내부의 기강이 섰고, 자공이 있어 사회적 위상이 높아졌으며, 안회가 있어 마음이 편안하고 흡족했다. 안회는 스승에게 불편함과 이질감을 주지 않았다. 공자는 이런 안회를 가장 아꼈지만, 매우 난감한 상황에서 초나라에 파견한 사람은 자공이었다. 자공의 활약으로 초나라 소왕昭王이 군사를 몰아 온 뒤에야 공자는 포위에서 벗어날 수 있었다.

풍부한 물력으로 공자 학단을 후원한 사람도 자공이었다. 안회와 자로는 각각 공자보다 세 해와 이태 먼저 세상을 떠난다. 공자가 죽은 뒤 가까운 제자들은 3년상을 치르고 떠나갔는데, 자공은 그 뒤에도 무덤 곁에 여막을 짓고 3년을 더 복상했다. 40대 중반 한창 나이에 말이다. 공자가 드러내 사랑한 제자는 안회였지만, 사마천이 가장 높이 평가한 제자는 자공이었다. 이는 「중니제자 열전」의 구성에 그대로 드러나며, 여타의 열전에 분산되어 등장하는 두 사람의 모습을 보면 더 분명해진다.

그의 말은
아직도 빛나고 있다

상군 열전商君列傳

　　위魏나라 혜왕惠王은 공숙좌에게 의지했지만 공숙좌를 신뢰하지 못했고, 신뢰했어도 그 말을 받아들이지 않았다. 혜왕은 공숙좌가 죽어 가면서 올린 말의 무게를 느끼지 못했고, 상앙의 재능을 살필 생각도 하지 않았다. 상앙의 말대로 혜왕은 공숙좌의 말을 귀담아 듣지 않았으니, 상앙의 존재도 곧 잊어버렸다.

　　상앙은 상군商君이 되자, 공숙좌의 말을 흘려들었던 혜왕의 실수를 똑같이 범한다. 혜왕이 사람을 잃어 망했던 그 길을 상군이 뒤따라갔다. 지위가 높아지고 부유해지면 아래쪽으로 눈귀가 어두워진다. 변법變法을 시행하기 전에는 위앙의 변론이 아름다웠고, 변법의 폐해가 드러난 뒤에는 조량趙良의 변론이 황홀하다. 서얼 공자로 시작하여 상군의 지위에 오른 앙의 비극은 탐위貪位와 탐명貪名에서 비롯한다. 조량은 바람처럼 나타나서 이 명쾌한 변설을 한바탕 토해 내고 꽃잎처럼 사라진다. 구름 속의 용처럼, 그는 머리도 보이지 않고 꼬리도 감추었다.

위나라가 안읍安邑에서 대량大梁으로 수도를 옮긴 해는 혜왕 9년 (BC.361)이라는 설과 31년(BC.339)이라는 설이 있다. 이 글에 따르면 기원전 339년이 된다. 기원전 339년에 천도가 완료되었으되 기원전 361년 즈음부터 계획되거나 시작되었을 가능성도 고려해 봄직하다. 맹자孟子(BC.372~BC.289)가 대량의 혜왕을 만나 인정仁政을 주장한 것이 사실이라면, 그 시기는 그의 나이가 서른 살을 넘긴 기원전 339년 이후일 수밖에 없다. 천도의 이유에 대해서도 여러 학설이 분분한데, 이 글은 진秦나라의 핍박, 그중에서도 상군의 활약에 초점을 맞추고 있다. 인재를 버린 위魏와 그 인재를 거둔 진秦의 대립 구도 속에서, 한 인재의 의미와 파장을 부각시키려 한 서사 의도 때문이다.

상군에 대한 사마천의 평가는 매우 각박하다. 하지만 그에 대한 마음속 평가가 형편없기만 했다면, 이렇듯 주인공으로 설정하고 정성을 다해 글을 짓지 않았을 것이다. 각박한 평가는 애초의 기대에서 너무 벗어났기 때문이다. 변법에 성공하기 전 위앙의 말은 아직도 보석처럼 빛난다.

일미농향—一味濃香
지옥에서도 잊지 못할 맛과 향

한 가지 결점 때문에 99가지 장점이 함께 버려지기도 하고, 한 가지 미덕이 99가지 흠을 덮기도 한다. 변법에 성공하기 전 상군의 말은 음미할수록 향기롭다.

상앙은 위衛나라를 떠나 진秦나라로 가서는 자기의 술법을 밝혀 효공孝公을 패자覇者로 만들었으니, 후세의 사람들이 그의 법을 따랐다. 여덟 번째로 「상군 열전」을 지었다.

상군商君(BC.약395~BC.338)은 위衛(하남성 학벽시鶴壁市 기현淇縣 일대)의 여러 서얼 공자 중 하나로, 이름은 앙鞅이고 성은 공손公孫인데, 조상의 성은 본래 희姬였다. 젊은 날 형명刑名의 학문을 좋아해 위魏나라에 가서 재상 공숙좌公叔座(?~BC.361)를 섬겨 그의 중서자中庶子(재상의 시종)가 되었다. 공숙좌는 그의 현명함을 알아보고 천거하려던 참에 병에 걸렸다. 위魏 혜왕惠王(재위 BC.369~BC.319)이 몸소 찾아와 문병하며 물었다. "공숙께서 일어나지 못하면 사직을 장차 어찌하면 좋겠소?" 공숙이 말했다. "저의 중서자 공손앙公孫鞅은 아직 젊지만 기이한 재주가 있으니, 왕께서는 국정 전반에 그의 의견을 들어보십시오." 왕은 대답하지 않았다. 왕이 떠나려 하자 공숙좌는 주위를 물리치고 말했다. "왕께서 공손앙을 쓰지 않으시려면 반드시 죽여 나라 밖으로 나가지 않도록 하십시오." 공숙좌의 안목. 왕은 그러마 하고 떠났다.

공숙좌는 앙을 불러 사과하며 말했다. "오늘 왕께서 재상감을 물으시기에 내 너를 추천했지만 왕의 낯빛이 인정하지 않는 눈치더구나. 내게는 군주가 먼저이고 신하는 나중이기에, 왕께 너를 쓰지 않을 거면 죽이라고 했더니 허락하셨다. 너는 어서 달아나거라, 곧 붙잡힐 것이다." 군주도 살리고 제자도 살리는 공숙좌의 지혜.

앙이 말했다. "왕께서 주군의 말씀을 들어 제게 국정을 맡기지 못하거늘, 주군의 말씀만으로 저를 죽이겠습니까?" 끝내 떠나지 않았다. 혜왕은 돌아가서 좌우에게 말했다. "공숙의 병이 위중하니 슬프구려! 국정을 공손앙에게 맡기라니, 이만저만 망가진 게 아니오." 안목의 수준과 그릇의 크기.

공숙좌가 죽었다. 공손앙은 진秦나라 효공孝公(재위 BC.362~BC.338)이 나라에 명을 내려 현자賢者를 구해 목공穆公의 사업을 닦고 빼앗긴 동쪽의 땅을 회복하려 한다는 소문을 듣고는 서쪽으로 진나라에 들어갔다. 인재를 떠나게 함은 적국을 이롭게 하는 것이고, 이는 결국 자기를 해치는 길이다.

효공의 측근 환관인 경감景監을 통해 효공을 만날 방법을 구했다. 효공이 위앙衛鞅을 만났다. 앙이 한참을 얘기하는데 효공은 사이사이 하품을 하고 졸면서 제대로 듣지 않았다. 자리가 끝나자 효공이 경감에게 화를 냈다. "그대가 소개한 손님은 엉터리요, 어디 쓰겠소!" 경감이 이 말로 위앙을 나무라자, 앙이 말했다. "효공께 3대 황제의 도를 말씀드렸는데, 그 뜻을 깨닫지 못하셨습니다."

닷새 뒤에 경감의 청으로 앙은 다시 효공을 만났다. 사정이 나아지긴 했지만 마음에 쏙 들지 않았다. 자리가 끝나자 효공은 또 경감을 나무라고, 경감은 다시 앙을 질책했다. 앙이 말했다. "왕도를 말씀드렸는데 먹히지 않더군요. 다시 요청해 주십시오."

위앙이 효공을 만났다. 효공은 괜찮게 여겼지만 아직은 쓰지 않았다. 자리가 끝나 돌아가자 효공이 경감에게 말했다. "그대 손님 훌륭하오, 대화가 통합디다!" 앙이 말했다. "공께 패도에 대해 말씀드렸더니 저를 쓰시려는 기색을 비추셨습니다. 틀림없이 다시 저를 부르실 것입니다." 치밀, 냉정, 침착.

위앙이 다시 효공을 만났다. 효공은 얘기를 나누면서 자기도 모르게 무릎걸음으로 다가서고, 며칠이고 싫증을 내지 않았다. 경감이 말했다. "자네 무슨 수로 우리 폐하를 사로잡았는가? 몹시 기뻐하시던 걸!" 앙이 말했다. "제가 제왕의 도를 쓰면 3대에 비견되는 공을 이루시리라 했지요. 그러자 시간이 오래 걸려 기다릴 수 없고, 현군賢君이라면 살아있을 때 이름을 날려야지 어느 세월에 제왕의 업을 이룰 수 있겠느냐고 하셨습니다. 그래서 제가 부국강병의 방법을 아뢰었더니 크게 기뻐하셨습니다. 하지만 은주 시대의 성덕에 견줘지기는 어렵겠습니다." 효공이 앙을 등용했다. 앙은 법을 바꾸고자 했는데 효공은 천하의 시비 논란을 걱정했다. 위앙이 말했다.

"머뭇거리는 행동에는 명예가 따르지 않고, 갸웃거리는 사업에는 공이 없습니다. 또 뜻이 높은 사람의 행실은 세상에서 비난받게 마련이고, 출중한 식자의 생각은 백성들의 조롱을 받곤 하지요. 어리석은 사람은 일이 다 된 뒤에도 이해를 못하고, 지혜로운 사람은 싹트기 전에 앞일을 살펴 압니다. 백성들과는 사업의 시작을 함께 고민해서는 안 되고 그저 그 열매만을 더불어 즐기면 됩니다. 지덕至德을 논하는 사람은 속인들과 조화로울 수 없고, 큰 공업을 이룰 사람은 대중과 도모하지 않습니다. 이런 까닭에 성인이 정말로 나라를 부강하게 하고 싶다면 옛 관례를 본받지 않아야 하고, 백성들을 이롭게 하려면 묵은 예법을 따라서는 안 됩니다." 진취적이고 파괴적이며 창의적이다!

효공이 받아들였다. 감룡甘龍이 나섰다.

"그렇지 않습니다. 성인은 풍속을 함부로 바꾸면서 교화하지 않고, 지자智者는 법을 개정하면서 다스리지 않습니다. 풍속에 따라 교화해야 수고롭지 않게 공업을 이루고, 법을 따라 다스려야 관리들은 익숙하고 백성들이 편안해합니다." 사람들은 본능과 관성에 따라 친숙한 상태에 머무르려고 한다. 정치는 이 점을 이용한다. 그래서 세상은 좀처럼 바뀌지 않는다.

위앙이 말했다.

"감룡의 말은 세속의 것입니다. 보통 사람은 옛 풍속에 안주하고, 학자들은 들은 것에 빠집니다. 이 두 부류의 사람은 관직에 있으면서 법을 지키는 일은 할 수 있겠으나, 법 밖의 일에 대해서는 더불어 논의할 바 못 됩니다. 3대는 예법을 달리 하면서 왕도를 이루었고, 5패는 각각의 법으로 패자가 되었습니다. 지혜로운 자는 법을 만들고, 어리석은 자는 법의 지배를 받습니다. 현자는 예를 바꾸고, 불초한 자는 거기에 얽매입니다." 아, 위앙! 그의 말을 음식으로 비유하면 지옥에서도 잊지 못할 맛이다.

두지杜摯가 말했다.

"백 배의 이익이 아니면 법을 바꾸지 않고, 열 배의 공업이 아니면 제도를 손대지 않습니다. 옛 것을 본받으면 허물이 없고, 예법을 따르면 어그러짐이 없습니다."

위앙이 말했다.

"세상을 다스리는 방법은 하나가 아니고, 국정에 편리하다면 전통을 고집할 필요가 없습니다. 그러므로 탕왕과 무왕은 전통을 따르지 않아 왕도를 펼쳤고, 하나라와 은나라는 예법을 바꾸지 않아 망하고 말았습니다. 전통을 따르지 않는다 하여 비난할 게 아니고, 예법을 따른다고 칭찬할 일은 아닙니다."

효공이 이 말을 인정하고, 위앙을 대민 담당 좌서장左庶長으로 삼아 결국은 변법령變法令을 제정했다.

백성들을 다섯 집 열 집으로 묶어 서로 감시하여 죄를 지으면 연좌되도록 했다. 범법자를 고발하지 않으면 요참형에 처했고, 고발자는 적군의 머리를 벤 자와 같은 상을 주었으며, 범법자를 숨겨 주면 적군에 투항한 군사와 똑같은 벌을 주었다. 둘 이상의 아들을 두어 분가시키지 않는 백성에게는 두 배의 세금을 물렸고, 전쟁에서 공을 세우면 그 등급에 따라 높은 벼슬을 받게 했다. 사사로운 일로 싸우는 자는 경중에 따라 형벌에 처하게 했다. 본업에 힘을 다하여 농사와 길쌈에서 소출이 많은 자는 신역과 부세를 면해 주었다. 상업을 일삼거나 게을러 가난해진 이들은 거두어 노비로 삼았다. 종실 중에 군공을 세우지 못한 자는 호적에서 빼게 했다. 신분의 존비尊卑와 벼슬의 등급을 명확하게 하여, 각각 이름과 전택田宅에 차등을 매겼고, 신하와 처첩의 의복에도 집안에 따라 층차를 두었다. 공이 있으면 화려하게 꾸미고, 공이 없으면 부자라도 장식을 못하게 했다. 법치주의의 등장.

법령이 마련되었다. 반포에 앞서 백성들의 불신을 걱정했다. 석 자 장대를 도성 남문에 세우고, 이를 북문으로 옮기는 사람에게 10금을 주겠다고 했다. 백성들은 이상하게 여겨 감히 옮기질 않았다. 이번에는 50금을 주겠다고 약속했다. 한 사람이 이를 옮기자, 즉시 50금을 주어 약속을 어기지 않음을 보였다. 법령을 하달했다. 1년을 기한으로 백성들에게 변법령을 시행했다. 도성에서는 새 법령에 대해 불만을 터뜨리는 사람이 많았는데, 마침 태자가 법을 어겼다. 위앙이 말했다.

"법이 시행되지 않음은 위에서부터 어기기 때문이다." 빛나는 통찰.

법에 따라 처결하려 했으나 태자는 왕위를 이어야 하므로 형벌을 가하지 못하고, 태자의 사부인 공자公子 건虔에게 형벌을 주고 공손가公孫賈의 이마에 먹물을 새겼다. 이튿날부터 진나라 사람들이 모두 법을 따랐다. 변법 시행 10년이 되자 백성들이 크게 기뻐했다. 길에 떨어진 물건을 주워 갖는 자가 없고, 산에는 도적이 사라졌으며, 살림이 넉넉해졌다. 백성들은 국가의 전투에 용감해지고, 사사로이 다투는 일을 꺼리니, 고을들이 잘 다스려졌다. 처음에는 법을 불평했는데 이제는 좋다고 떠드는 이들이 생겼다. 위앙은 이런 자들이 바로 교화를 어지럽히는 백성들이라며 모두 변방의 성으로 옮겨 버렸다. 그 뒤로는 법령에 대해 이러쿵저러쿵 떠드는 일이 없어졌다. 법의 독점과 우상화이다. 유법무민有法無民의 오류.

효공은 앙을 대량조大良造로 삼아 군권을 맡겼다. 앙은 군사를 이끌고 위魏나라 도성 안읍安邑(산서성山西省 운성시運城市 동쪽 하현夏縣)을 포위하여 함락시켰다. 인재를 버려 적국에 보낸 나라의 말로末路.

3년 뒤에는 함양咸陽에 기궐冀闕(궁궐 밖의 법령을 공포하는 건물)과 궁전을 세우고, 옹雍(섬서성 보계시寶鷄市)에서 이곳으로 수도를 옮겼다. 백성들의 부자형제가 한 방 안에서 쉬는 것을 금지하고, 작은 고을들을 모아 행정 단위 현縣을 설치하고, 이곳을 다스리는 관리로 영令과 승丞을 두었는데, 무릇 31현縣이었다. 밭을 개간하여 강역을 넓혔고, 세금을 공평하게 부과했으며, 도량형을 통일시켰다. 시행 4년째에 공자 건虔이 다시 법을 어기자, 그의 코를 베는 형벌을 가했다. 잔혹. 원한을 사다. 5년이 되자 진나라가 부강해지니, 천자가 효공에게 제사에 쓰는 고기를 보내왔다. 제후들이 모두 경하했다.

이듬해 제나라가 마릉에서 위나라 군사를 크게 깨뜨려, 태자 신申을 사로잡고 장군 방연龐涓을 죽였다(BC.342). 그다음 해 위앙이 효공에게 말했다.

"진나라에게 있어 위나라는 사람의 복통과도 같습니다. 위나라가 진나라를 병합하지 않으면 진나라가 위나라를 병합해야 하는 형국입니다. 왜냐하면, 위나라는 험준한 으새 지역이 서쪽에서 안읍安邑을 도성으로 삼고 있습니다. 진나라와는 황하로 경계를 삼으면서 태항산 동쪽의 이익을 독차지하고 있습니다. 형편이 이로우면 서쪽으로 진나라를 침략하고, 여의치 않으면 동쪽의 땅을 거두어들입니다. 지금 성군이신 폐하의 힘으로 나라가 부강해졌는데, 위나라는 지난해 제나라에게 크게 패하여 제후들의 마음이 돌아선 상태이니, 이 기회에 위나라를 쳐야 합니다. 위나라는 우리를 견디지 못하고 동쪽으로 옮겨 갈 것이 틀림없습니다. 위나라가 동쪽으로 가면, 우리는 험고한 산하에 의거하여 동쪽으로 여러 제후국들을 제압할 수 있습니다. 이야말로 제왕의 공업입니다."

효공은 그렇다고 여겨, 위앙을 장수로 삼아 위나라를 치게 했다. 위나라에서는 공자 앙卬으로 하여금 군사를 이끌고 격퇴하게 했다. 양쪽 군사가 접전하기 전에 위앙이 공자 앙에게 편지를 보냈다.

"우리는 원래 친한 사이였는데, 이제 두 나라의 장수가 되었으니 서로 차마 공격할 수가 없습니다. 공자와 얼굴을 맞대고 맹약을 맺은 뒤 즐겁게 술을 나누고 군사를 물려, 두 나라의 관계를 안정시키고 싶습니다."

공자 앙은 이 제안을 받아들였다. 모여서 맹약을 맺고 술을 마시는데, 위앙은 갑사를 매복시켰다가 습격하여 공자 앙을 사로잡고, 내친김에 위나라 군대를 공격하여 크게 깨뜨리고 진나라로 돌아왔다. 위 혜왕은 여러 차례 제나라와 진나라에게 패하여 나라 살림은 고갈되고 국토가 나날이 줄어들자, 두려움에 사로잡혀 사신을 보내 황하 서쪽의 땅을 잘라 진나라에게 바치고 화약을 맺었다. 위나라는 결국 안읍을 떠나 대량大梁(하남성 개봉開封)으로 수도를 옮겼다. 양梁 혜왕惠王은 그제야 공숙좌의 말을 듣지 않은 걸 후회했다. 위앙이 위나라를

상군 열전

격파하고 돌아오자 상商(서안시 동남쪽 100km 지점의 상낙시商洛市 일대) 땅 열다섯 고을을 봉읍으로 주고 상군商君이라 일컬었다. 두 사람의 호칭이 바뀌었다. 위魏 혜왕惠王은 양梁 혜왕惠王으로, 위앙衛鞅은 상군商君으로. 혜왕은 위앙을 앞세운 진나라의 핍박을 받아 곤란한 지경에 처했고, 위앙은 위나라를 공략한 공으로 영화의 정점에 이르렀다. 사마천은 운명의 쌍곡선을 보여주고 싶었던 것이다. 그런데 그 과정에서 위앙은 도덕적 결함을 노출시켰다. 우정을 내세워 공자 앙을 사로잡고 자기가 떠나온 위魏나라를 위태롭게 했다. 그에게는 이미 가혹한 법 시행으로 도덕적 비난이 누적된 터였다. 영화의 정점 다음에 조량趙良이 등장한다.

상군이 진나라 재상이 된 지 10년, 종실과 귀족 중에 원망하는 사람이 많아졌다. 조량이 상군을 만났다. 상군이 말했다.

"맹난고孟蘭皐를 통해 뵙게 되었습니다. 이제 저는 그대와 사귀고 싶은데 허락하시겠습니까?"

조량이 말했다.

"저는 감히 원치 않습니다. 공구가 말했지요, '현자를 추대하는 자는 나아가고, 불초자를 모아 왕이 된 자는 물러난다'고. 저는 불초한 자인 까닭에 감히 명을 받을 수 없습니다. 자기 자리가 아닌데 머무는 것을 탐위貪位라 하고, 감당할 이름이 아닌데도 쓰는 것을 탐명貪名이라더군요. 제가 그대의 말을 듣게 되면 탐위이자 탐명일까 합니다. 그래서 명을 받지 못하겠습니다."

상군이 말했다.

"당신은 나의 진나라 통치를 좋아하지 않습니까?"

조량이 말했다.

"남의 말을 귀담아 듣는 것을 총聰, 안으로 자신을 살피는 것을 명明, 자기 욕심을 이겨내는 것을 강强이라고 합니다. 순임금은 '스스로 낮춤이 높아지는 길'이라고 말했습니다. 그대가 순임금의 길을 따르지 않으니, 내게 사귐을 묻지 마십시오."

상군이 말했다.

"처음 진나라는 융적戎狄의 풍속을 따라 부자 사이에 분별이 없이 한 방에서 살았습니다. 저는 그 풍속을 바꿔 남녀의 분별을 지었고, 기궐을 지어 노나라나 위나라처럼 운영했습니다. 그대가 보기에 저와 오고대부伍羖大夫 백리해百里奚 중 누가 더 뛰어난가요?"

조량이 말했다.

"양 천 마리의 가죽을 모아 봐야 여우 한 마리 가죽만 못합니다. 천 사람이 떠받드는 소리보다는 한 사람 선비의 바른 말이 소중하지요. 주나라 무왕은 선비들의 언로를 열어 창성했고, 은나라 주왕은 신하들의 입을 막아 망했습니다. 무왕을 그르게 여기지 않으신다면, 저는 하루 종일 바른말을 해도 탈이 없을 것입니다. 괜찮겠습니까?"

상군이 말했다.

"꾸미는 말은 화려하고, 진실한 말에는 알맹이가 있으며, 쓴말은 약이 되고, 달콤한 말은 병이 된다지요. 선생께서 종일토록 바른 말씀을 해 주신다면 그것이 저의 약입니다. 제가 앞으로 그대를 섬기려 합니다. 사양하지 마십시오."

조량이 말했다.

"오고대부는 초나라의 비천한 사람이었습니다. 목공穆公이 어질다는 소문을 듣고 우러러 뵙기를 원했습니다만, 여비가 없어 자신을 진객秦客에게 팔아 베옷을 입고 소를 먹였습니다. 1년 만에 목공이 알아

보고, 소 꼴 먹이던 사람을 만백성의 윗자리에 두었는데 진나라에서
는 원망하는 사람이 없었습니다. 진나라의 재상이 된 지 6, 7년 만에
동쪽으로 정鄭나라를 쳤고, 세 번이나 진晉나라의 왕을 앉혔으며, 한
차례 초楚나라의 위기를 구해 주었습니다. 국내에 교화를 펼치자 파
巴 땅에서 조공을 바쳤고, 제후들에게 덕을 베풀자 팔융八戎이 와서
복종했습니다. 유여由余가 이를 듣고 관문을 두드리며 뵙기를 청했습
니다. 오고대부께서 진나라 재상이 되어서는 힘들어도 수레를 타지
않았고, 더워도 차양을 씌우지 않았으며, 나라 안을 시찰함에는 수레
를 타고 무기를 든 수행원을 따르게 하지 않았습니다. 자신의 공명은
부고에 넣어 두고, 후세에는 덕행만을 끼쳤습니다. 그가 죽자 나라 안
의 남녀가 눈물을 흘렸고 아이들은 노래를 부르지 않았으며, 곡식을
찧으면서 방아소리를 내지 않았습니다. 이것이 그분의 덕입니다.

그런데 그대는 환관을 내세워 왕을 뵈었으니 명예가 되지 못합니
다. 재상의 몸으로는 백성들을 돌보지 않고 기궐이나 지었으니 공업
도 되지 않습니다. 태자의 사부를 처벌하여 모욕을 주고, 가혹한 형벌
로 백성들을 해쳤으니, 원망과 화액을 쌓은 셈이지요. 백성들의 교화
가 왕명보다 심각하고, 백성들의 따름이 법령보다 빠릅니다. 권위를
세우고 법령을 고침이 순리에 맞지 않으니 교화라고 할 수도 없습니
다. 그대는 또 남쪽을 향해 앉아 과인이라 일컫고, 날로 진나라의 귀
공자들을 법으로 엮고 있습니다. 이런 노래가 있지 않습니까! '쥐에
게도 체면 있는데, 사람에게 예의가 없네. 사람으로 예의 없다면, 목
숨 재촉 아닐까 보냐.' 이 가사에 비춰 보면 장수하기도 어렵습니다.
공자 건은 8년이나 문밖을 아니 나섰습니다. 그대는 또 축환祝歡을 죽
이고 공손가의 봄에 넉물을 새겼습니다. 시에 이르기를, '사람을 얻는

자 흥하고, 사람을 잃는 자 망한다'고 하였습니다.

예로 든 몇몇 사례로 보면 그대는 사람을 얻은 것이 아닙니다. 그대는 외출할 때 뒤에 따르는 수레만 열 대가 넘는데, 거기에는 모두 무장한 군사가 타고 있습니다. 건장한 무사를 옆에 태우고, 무기를 든 자가 수레 옆을 달립니다. 이중 하나도 갖춰지지 않으면 그대는 외출도 못합니다. 『서경』書經에 이르기를, '덕을 믿는 자 흥하고, 힘을 믿는 자 망한다'고 하였습니다. 그대의 위태로움이 아침 이슬과 같은데, 무엇으로 오래 살며 영화를 보려 합니까? 열다섯 고을을 반납하고 변방의 시골에서 농사를 지으십시오. 왕에게는 암혈에 숨은 선비를 천거하여 노인과 고아들을 잘 대우하고 부형을 공경하게 하십시오. 공이 있는 이들에게 벼슬을 주고 덕이 있는 이들을 존중하게 하십시오. 그러면 조금이나마 편안해지실 겁니다. 그대는 아직도 상商 땅의 부유함을 탐하고, 나라의 정사를 아끼며, 백성들의 원망을 쌓으려 하시나요? 왕께서 하루아침에 세상을 뜨신다면, 진나라에 그대를 잡아먹으려 하는 자가 한둘이겠습니까? 망하는 것은 시간문제입니다."

상군은 조량의 충고를 듣지 않았다.

조량과 만난 지 다섯 달 만에 효공이 죽고 태자가 즉위했다. 공자 건의 무리가 상군의 모반을 고변했다. 관리를 보내 상군을 체포하게 했다. 상군이 달아나 변경에 이르러 객사에 묵으려 했다. 주인은 그가 상군인 줄 모르고 말했다.

"상군의 법에 길손을 함부로 재우면 함께 처벌을 받습니다."

상군은 한숨을 쉬며 말했다.

"아, 변법 시행의 폐단이 내 몸에 미치는구나!"

위나라로 달아났다. 위나라 사람들은 그가 공자 앙을 속이고 위나라 군사를 격파한 것을 원망하여 받지 않았다. 다른 나라로 가려고 하자 위나라 사람들이 말했다.

"상군은 진나라의 역적이다. 진나라는 막강하고 그 역적이 위나라에 들어왔는데 돌려보내지 않으면 안 된다."

드디어 진나라로 돌려보냈다. 진나라로 돌아온 상군은 상읍商邑으로 달아나 자신을 따르는 무리와 고을 군사를 데리고 북쪽으로 나가 정鄭나라를 쳤다. 진나라는 군사를 내어 정나라 민지黽池(하남성 민지현)에서 상군을 죽였다. 진 혜왕은 상군을 거열형에 처해 사람들에게 보이며 말했다.

"상앙처럼 배반하는 자가 되지 마라!"

상군의 집안을 멸족시켰다.

태사공은 말한다. 상군은 천품이 각박한 사람이다. 그가 효공을 만나 제왕의 통치술로 자리를 얻으려 한 과정을 살펴보면, 근거 없는 말에 의지했으니 본디 그 바탕에서 나온 것이 아니다. 또 권력 측근의 환관을 통해 벼슬에 나아갔고, 공자 건에게 형벌을 가하고, 위나라 장수 앙을 속였으며, 조량의 말을 본받지 않은 것도, 상군에게 은정이 적었음을 보여주기 충분하다. 나는 일찍이 상군이 쓴 「개색」開塞과 「경전」耕戰 편을 읽었는데, 그 내용이 지은이의 행실 처사와 비슷했다. 끝내 진나라에서 악명을 받은 것은 그럴 만한 까닭이 있었던 것이다!

법, 상군이 남긴 숙제

처음엔 사람들이 길을 내지만, 나중엔 길이 사람들의 행동을 규제한다. 마찬가지로 어떤 인식이 굳어지면 관성이 되고, 관성은 사유의 궤도를 만든다. 사람들은 좀처럼 궤도를 벗어나지 못한다. 그걸 두려워하고, 나아가 어떤 금기를 만들어, 자신은 물론 남들도 억압한다. 그리고 그 궤도를 법칙과 섭리라 부르고, 그 안에 머무는 것을 질서와 안정이라고 한다. 고착된 생각이 사람을 지배하는 것이다. 자연 상태에서 인간의 삶이란 보수화의 경향을 띤다. 친숙한 것에 머무르려는 본능과 그것이 안전하다는 착각 때문이다. 이러한 성향을 심리학자 융은, 새로운 것과 미지의 것에 대한 공포를 드러내는 케케묵은 보수주의에 지나지 않는다고 했다. 역사학자 존 베리도 비슷한 취지로 발언한 바 있다.

인간 사회는 일반적으로 사상의 자유, 또는 달리 말해 새로운 생각에 반대해 왔다. 그 이유를 알기란 어렵지 않다. 평균적인 두뇌는 본래 게으르며, 가장 저항이 적은 노선을 취하려는 경향이 있다. 보통 사람들은 이 친숙한 세계의 기성 질서를 뒤집는 것에 대해 본능적으로 적대적이다. 기성의 믿음에 어긋나는 새로운 생각이란 곧 그들의 정신을 재조정해야할 필요성을 의미하는데, 그 과정은 고통스러우리만큼 엄청난 정신적 에너지의 소모를 요구한다. 단순한 정신적 게으름에서 기인하는 반감은 공포라는 적극적인 감정에 의해 심화된다. 사회의 기초는 그 구조의 어떠한 변경에 의해서도 위험에 처하게 된다는 보수적인 교의로 굳어진다. 그런 믿음이 지배하는 곳에서 낯선 의견은 성가실 뿐 아니라 위험한 것으로 느껴지며, 공인된 원칙에 대해 '왜', '무엇 때문에'라는 불편한 물음을 던지는 사람은 위험인물로 간주된다.[1]

이런 이유로 겉모양과는 달리 세상은 좀처럼 좋아지지 않는다. 니체는 이렇게 잘못된 인식이 만들어 낸 것을 우상偶像이라 부르고, 이를 깨기 위해 질문의 철퇴를 던진다고 했다(『우상의 황혼』). 법으로 세상을 다스리려는 상군의 시도는 발상의 획기적 전환이다. 법 집행에 있어서도 '만인에 평등'이라는 이상에 근접했다. 변화와 효과는 빠르게 나타났다. 직관으로 법을 알고 실천했지만 법에 대한 사유는 무르익지 않았고, 법의 순기능만 보았지 역기능까지는 고려하지 못했기에 적지 않은 폐단이 나타났고, 그 또한 그 법에 의해 비참한 최후를 맞이했다. 그럼에도 상군은 묵어 고착된 인식에 질문의 철퇴를 던졌고, 용감하게 실천했다. 세상을 바꾸려 한 것이다. 나는 그 용감한 시도에 박수를 보낸다. 법에 대한 사유는, 상군이 우리에게 남긴 숙제이다.

1   존 B 베리 지음, 박홍규 옮김, 『사상의 자유의 역사』, 바오출판사, 2005.

천하의 판세와
정치적 지리 감각

소진 열전蘇秦列傳

사마천은 소진蘇秦을 좋아했다. 그는 역사를 기술하면서 종종 자신의 감동과 격정을 감추지 못했다. 상상도 주저하지 않았다. 사람들은 실패 한마디로 소진을 평가했지만, 소진의 행적과 말이 사마천의 마음을 끌어당겼고, 그는 소진을 살려내고 싶은 충동에 사로잡혔다. 소진은 나약한 문사에 지나지 않았지만, 오직 식견과 언변만으로 천하를 움직였으니, 사마천은 그에게서 자신을 보았던 것이다. 우리는 종종 역사의 인물에게서 자신을 발견하곤 한다. 그래서 그는 소진이 되었다. 그건 순전히 호감과 상상의 힘이다. 그는 소진이 되어 가족들에게 모욕을 당했고, 소진이 되어 방에 처박혀 미친 듯이 공부를 했고, 소진이 되어 떨리는 마음으로 진나라에 갔고, 또 소진이 되어 실망을 감추고 진나라를 떠났으며, 다시 소진이 되어 초조에 휩싸인 채 먼 길을 걸어 연나라로 갔다. 그리고 소진의 몸으로 여섯 나라 왕 앞에 나아가 정연하고 정교하며 호소력 있는 목소리로 그들을 설득했다. 그는 일곱 나라를 오가면서 그 사이의 복잡

미묘한 관계를 정리할 수 있었다. 소진의 말에는 문장가이자 역사가인 사마천의 모습이 가장 짙게 배어 있다. 열전의 인물 중에는 사마천의 흠모, 동경, 존경, 경이, 연민 등등의 시선이 제각각 다르게 들어 있다. 소진에 대한 사마천의 태도는 동일시와 투영이다.

쌍벽좌대雙璧坐對
천하의 이목을 끈 한 쌍의 벽옥

사마천은 두 개의 벽옥을 마주보게 놓아 각자의 장단허실이 절로 드러나게 했다. 소진을 읽다 보면 장의를 찾게 되고, 장의와 만나서는 자꾸 소진을 생각하게 된다.

진秦나라의 탐욕이 그칠 줄 모르는 가운데 천하가 그 중심의 연횡을 근심했지만, 소자는 능히 제후국들을 존립시켰고 합종책의 약속을 맺어 패권의 탐욕을 억제했다. 약자들 편에서 강자를 억제한 것이다. 아홉 번째로 「소진 열전」을 지었다.

　소진은 동주東周 시절 낙양 사람이다. 동쪽으로 제齊나라에 가 귀곡鬼谷 선생에게서 배웠다. 제나라의 대학, 직하학궁直下學宮.
　나가 떠돈 지 여러 해 만에 크게 곤궁해져 돌아왔다. 형제와 누이, 형수와 제수가 모두 웃으며 비아냥거렸다. "주나라의 풍속은 산업에 종사하며 공업이나 상업에 힘써 2할의 이익을 바라는 것이다. 너는 근본을 버려두고 말 꾸밈만 일삼았으니 굶어 죽지 않은 게 다행이다." 소진은 이 말에 부끄럽고 속상해 문을 닫고 나오지 않았다. 독서가의 자괴감과 자기 유폐. 책을 다 꺼내 보고는 말했다. "선비가 스승에게 머리를 조아려 배우고도 높은 지위와 영화를 얻지 못한다면, 아무리 공부를 많이 한들 무슨 쓸모랴!" 이에 주나라 시절의 책 『음부』陰符를 얻어 엎드려 읽었다. 『음부』는 비결. 세상에 없는 책이다.

1년 만에 사람의 마음을 움직이는 방법을 터득하고 말했다. 학식의 축적. "이 정도면 당세의 군주들 마음을 움직일 수 있다." 주周나라 현왕顯王을 만나고자 했지만, 현왕의 측신들이 평소 소진을 대수롭지 않게 여겨 믿지 않았다. 계획 1의 실패.

서쪽으로 진秦나라에 갔다. 계획 2. 당시 재야의 많은 인재들은 강대국 진秦으로 향했다. 마침 진나라 효공이 죽어 혜문왕惠文王(BC.337 즉위)에게 유세했다. "진은 사방이 요새인 나라로, 온통 산(농산隴山과 효산崤山 등)과 물(위수渭水)로 둘러싸여 있습니다. 동쪽에는 함곡函谷과 포진蒲津 등의 관문과 황하가 있고, 서쪽에는 한중漢中이 있고, 남쪽에는 파촉巴蜀이 있으며, 북쪽에는 대마代馬(산서성 삭현朔縣 일대)가 있으니, 이야말로 하늘이 내린 땅입니다. 진나라의 풍부한 백성과 군사들을 병법으로 가르치면 천하를 삼키고 황제를 일컬으며 다스릴 수 있습니다." 진왕이 말했다. "깃이 아직 어려 높이 날지 못하고, 문명이 밝지 않아 천하를 아우를 힘이 없습니다." 상앙을 처형한 지 얼마 안 되어 유세가에 대한 염증이 남은 터라 쓰지 않았다. 계획 2의 실패.

동쪽으로 조趙나라에 갔다. 계획 3. 두 번째 강대국으로 향하다. 조나라 숙후肅侯는 아우 성成을 재상으로 삼아 봉양군奉陽郡[1]의 호칭을 주었다. 봉양군은 소진을 별로 좋아하지 않았다. 계획 3의 실패. 좌절

---

1   「조 세가」에는 성成을 안평군安平君이라 했다. 오류이다.

과 낙담.

다시 연燕나라로 갔다. 마지막 계획. 변방의 최약소국을 선택하다. 1년이 지난 뒤에야 연경燕京에서의 1년, 물러날 곳이 없었다. 문후文侯(재위 BC.361~BC.333)를 만나 유세할 수 있었다.

연나라 동쪽에는 조선朝鮮과 요동遼東이 있고, 북쪽에는 임호林胡와 누번樓煩이 있고, 서쪽에는 운중雲中(내몽골 탁극탁托克托 동북쪽)과 구원九原(내몽골 오랍특전기烏拉特前旗 일대)이 있으며, 남쪽에는 호타하滹沱河와 역수易水가 있습니다. 땅은 사방 2천 리가 넘고 군사는 수십만이요, 전차 600대와 전마 6천 필에, 몇 해를 버틸 군량미를 비축하고 있습니다. 남서쪽에는 갈석碣石(하북성 창려昌黎 일대)과 안문雁門(산서성 대현代縣 일대) 지역의 풍요로움이 있는 데다, 북쪽에는 대추와 밤이 많이 나니 백성들은 밭을 갈지 않아도 그것만으로 먹고 살수 있습니다. 이 나라야말로 천부天府의 땅입니다. 모든 조건이 갖추어져 나라와 백성들이 편안하니 전쟁에서 패배하거나 장수가 전사하는 일이 없기로는 연나라 같은 데가 없습니다. 대왕께서는 그 까닭을 아시는지요? 연나라가 외적의 침입에 시달리지 않는 것은 조趙나라가 남쪽을 막아 주고 있기 때문입니다. 지금까지 진秦과 조趙가 다섯 번 싸웠는데, 진나라가 두 번 조나라가 세 번 이겼습니다. 두 나라가 서로 피 터지게 싸워 피폐해질 때 대왕의 연나라가 그 배후에 버티고 있으니, 이것이 바로 연나라가 침략당하지 않는 까닭입니다. 진秦이 언燕을 치려면 운중과 구원을 넘고 대代와 상곡上谷을 지나 수천 리를 이동해야 하니, 연나라를 얻는다 해도 지킬 수가 없습니다. 그러니 진나라는 절대로 연을 어쩌지 못합니다. 그런데 조나라가 연을 공격하려고 작정하면, 군령을 내린 지 열흘도 못 되어 수십만의 군대가 동쪽 국경에 집결할 수 있습니다. 호타하와 역수를 건너 너댓새면 이곳 수도에 이를 수 있지요. 진나라가 연나라를 공격하면 천 리 밖에서 싸워야 하지만, 조나라는 100리 안에서 싸운다고 하는 것입니다. 100리의 화를 대비치 않고 천 리 밖을 염려한다면, 세상에 이런 잘못이 다시 없습니다. 대왕께서는 남북으로 조나라와 화친하십시오. 그리하여 천하가 하나로 뭉쳐진다면 연나라는 어떤 걱정도 할 필요가 없어집니다. 소진은 진과 조에서 실패하자 연나라로 갔다. 소진에게 있어 모든 나라는 천부天府의 땅이었다. 그의 평생 연구, 그리고 마지막 1년 동안 벼린 학식이 이것이다. 소진이 1년 넘도록 틀어박혀 공부한 것은 천하의 판도와 열국列國의 역사와 지리 형세, 국력 현황, 최근의 권력 동향 등이었다. 하지만 더 이상 찾아갈 곳이 없었으니 연경에서 소진의 심정은 자못 초조했을 것이다.

문후가 말했다. "그대의 말이 옳지만, 우리는 작은 나라입니다. 서쪽으로 강성한 조趙와 붙어 있고 남쪽엔 제齊나라가 있습니다. 둘 모두 강대국 아닙니까! 그대가 세로로 이들 여러 나라의 힘을 합쳐 연나라를 편안하게 해 줄 수 있다면, 과인은 국운을 걸고 따르겠습니다." 이에 소진에게 많은 예물을 주어 조나라로 보냈다.

마침 봉양군은 죽고 없는지라 숙후肅侯(재위 BC.349~BC.326)에게 유세했다.

천하의 경상卿相과 신하 및 포의布衣 선비들이 모두 주군의 의리를 높이 우러러 충성을 바치고자 한 지 오래 되었습니다. 하지만 봉양군의 시샘으로 주군께서 제대로 일을 맡기지 못하시니, 빈객과 유세하는 선비들이 마음을 다해 섬길 기회를 얻지 못했습니다. 이제 봉양군이 죽어 주군께서 다시 사민土民들을 가까이 하시니, 신이 덕분에 우매한 생각을 올리게 되었나이다.

주군을 위한 계책으로는 백성의 삶을 편안하게 함이 최고이니, 앞으로 그렇게 만들겠습니다. 안민의 근본은 외교의 선택에 달려 있으니, 외교를 잘 선택하면 백성이 편안하고, 그게 아니면 백성들은 끝내 편안치 못합니다. 하지만 언제나 우선은 자강自强이고 외교는 차선이다. 자강 없이 외교만 앞세우는 나라는 위태롭다.

외환外患에 대해서도 말씀드리겠나이다. 제齊와 진秦을 모두 적으로 삼으면 백성들은 편안할 수 없습니다. 진나라에 기대 제나라를 공격해도 백성은 불안하고, 그 반대여도 마찬가지입니다. 그러므로 다른 나라의 군주와 모의하여 제3국을 치려 하면, 기밀이 누설되어 외교가 끊어지는 곤혹스러운 처지에 놓이곤 합니다. 주군께서도 발설하지 말아 주십시오. 다만 합종인가 연횡인가는 분명히 가리셔야 합니다. 주군께서 소신의 말을 들으시면, 연나라는 모직과 가축이 나는 땅을, 제나라는 생선과 소금이 나는 바다를, 초나라는 귤과 유자 밭을 바칠 것입니다. 한韓과 위魏와 중산中山도 고을을 바치리니, 조나라의 귀족과 부형들은 모두 봉토와 작위를 받게 될 것입니다. 땅을 할양받고 거기서 나는 이익을 얻는 것은, 5패覇가 전쟁을 일으켜 얻으려 했던 것이고, 귀족들을 봉작함은 탕왕과 무왕이 혁명하면서까지 다투었던 것인데, 앞으로 주군께서는 팔짱을 낀 채 두 가지를 다 얻게 되실 것입니다. 이것이 소신이 주군을 위해 하고 싶은 일입니다.

지금 대왕께서 진秦나라와 동맹을 맺으시면, 진은 반드시 한韓과 위魏를 먹을 것이고, 제齊나라와 연대하면 제는 틀림없이 초楚와 위魏를 칠 것입니다. 위나라가 약해지면 황하 남쪽의 땅을 떼어 바칠 것이고, 한나라는 수세에 몰리면 의양宜陽(하남성 의양현 서북쪽 낙수 북쪽의 한성진韓城鎭) 땅을 넘겨줄 수밖에 없습니다. 의양을 잃게 되면 상군上郡(섬서성 유림榆林 지역) 길이 끊어지고, 황하 남쪽을 주면 길이 통하지 않게 되며, 초나라가 약해지면 고립무원의 상태에 빠지게 되니, 이 세 가지에 대해서는 신중하게 생각하셔야 합니다.

진나라가 한韓나라의 지도軹道(서안西安 동북쪽 패하灞河일대)를 차지하면 남양南陽(왕옥산王屋山에서 하남河南 온현溫縣에 이르는 지역)이 위험해지고, 한나라를 압박하여 주周나라를 에워싸게 되면 조나라는 싸울 준비를 아니 할 수 없습니다. 위衛나라(하남성 복양濮陽 일대)를 거점으로 권읍卷邑(하남성 원양현原陽縣 서쪽)을 탈취하면, 제나라는 진秦에 입조하지 않고는 배기지 못합니다. 진나라가 산동에서 뜻을 이루면 군대를 몰아 조나라로 향하겠지요. 진나라 군대가 황하와 장하漳河

를 건너 번오番吳(하북성 자현磁縣)를 차지한다면, 싸움은 한단 턱밑에서 벌어질 수밖에 없습니다. 이는 주군께서 피하셔야 할 계책입니다.

현재 산동에서 조나라보다 강한 나라는 없습니다. 조나라는 땅이 사방 2천 리가 넘고, 군사가 수십만이나 됩니다. 전차 천 대에, 전마가 만 필이요, 몇 해를 버틸 양식을 비축하고 있습니다. 서쪽에는 상산常山이, 남쪽에는 황하와 장하가, 동쪽에는 청하淸河가, 북쪽에는 연나라가 있는데, 연나라야 약국이니 걱정할 바 못 됩니다. 진나라가 가장 껄끄럽게 생각하는 것이 바로 조나라지요. 그럼에도 진이 감히 조나라를 치지 못하는 까닭이 무엇이겠습니까? 한과 위가 배후를 노릴까 두렵기 때문입니다. 그렇다면 한과 위야말로 조나라의 남쪽 방벽인 셈입니다. 진이 한과 위를 공격하면, 두 나라에는 큰 산과 물이 없어 누에가 뽕잎 먹듯 야금야금 삼켜 그 수도까지 이를 것입니다. 한과 위는 진의 압박을 버티지 못하고 진에 복속할 것이 뻔합니다. 진나라에 한과 위라는 장벽이 없으면 화는 조나라에 밀려올 수밖에 없습니다. 이 또한 소신이 주군을 위해 걱정하는 것입니다.

옛날 요임금 순임금은 몇 평의 땅도 없이 시작하여 천하를 차지했고, 우임금은 100명의 무리도 없이 제후들의 왕이 되었습니다. 탕왕과 무왕은 3천도 못 되는 문사, 300대가 넘지 않는 전차, 3만에 못 미치는 군사로 천자가 되었습니다. 이분들은 모두 거기에 맞는 도를 얻었던 것이지요. 이런 까닭에 밝은 군주는 밖으로 적의 강약을 가늠하고 인으로는 자기 사졸의 능력 정도를 헤아리니, 두 나라 군대가 맞부딪치지 않아도 승패와 존망의 방향이 이미 가슴에 훤하게 그려집니다. 사람들이 이러쿵저러쿵 떠들어대는 말에 현혹되어 엉뚱하게 일을 처리해서는 안 될 일입니다.

신이 천하의 지도를 살펴보니, 지도의 수준이 국력의 수준이다. 제후들의 땅은 진나라 영토의 다섯 배요, 이들의 군사는 진나라의 그것보다 열 배는 됩니다. 여섯 나라가 하나 되어 힘을 모아 서쪽으로 진나라를 공격하면, 진나라는 반드시 깨질 것입니다. 그런데 지금 제후들은 서쪽을 향해 진나를 섬기며 신하 노릇을 하고 있습니다. 물소가 사자에게 잡아먹히는 이유이다. 깨는 것과 깨지는 것, 남을 신하로 삼는 것과 남의 신하가 되는 것, 둘을 어찌 한 저울에 달 수 있겠습니까!

진나라 중심의 연횡連衡을 주장하는 이들은 모두 제후들의 땅을 잘라내어 진나라에 주자고 합니다. 진나라가 패업을 이루면, 누대를 높이 쌓고 궁실을 화려하게 짓고 아름다운 음악을 들을 것입니다. 앞에는 높은 건물과 수레가 있고, 뒤에는 여러 나라에서 데려온 늘씬한 미인들이 있을 테지요. 여러 나라가 진나라 때문에 고통스러워해도 그들은 그 근심을 함께할 마음이 없습니다. 그러므로 그들은 밤낮으로 진나라를 내세워 제후들에게 땅을 내놓으라고 어르는 일에만 힘을 쓸 뿐입니다. 대왕께서 신중하게 생각하실 일입니다.

현명한 군주는 의심을 끊고 참언을 물리치며, 유언비어를 떠돌지 못하게 합니다. 또 붕당의 문을 막아 버립니다. 주군께서 영토를 넓히고 군사력을 강화할 계책을, 신이 이렇게 어전에서 말씀드릴 수 있게 된 것입니다. 대왕을 위한 계책으로는 한韓·위魏·제齊·초楚·연燕·조趙를 하나로 모아 남북으로 연대하여 진나라에 대항하는 것이 가장 좋습니다. 천하의 장수와 재상들을 원수洹水(안양하 安陽河) 가에 모아 우호의 징표로 인질을 교환하고 백마의 피를 마시며 맹약을 맺되, 그 내용은 이렇게 하십시오.

"진나라가 초를 공격하면, 제와 위는 각자 정예 군대를 내어 초를 돕고, 한나라는 진나라의 보급로를 끊고, 조나라는 황하와 장하를 건너며, 연나라는 상산의 북쪽을 지킨다. 진나라가 한과 위를 공격하면, 초나라는 그 배후를 차단하고, 제나라는 정예군을 내어 구원하고, 조나라는 황하와 장하를 건너며, 연나라는 운중雲中을 지킨다. 진나라가 제를 공격하면, 초나라는 그 배후를 차단하고, 한나라는 성고城臯(하남성 형양현榮陽縣 사수진汜水鎭 서쪽)를 지키고, 위나라는 이동로를 차단하고, 조나라는 황하와 장하를 건너 박관博關(산동성 치평현荏平縣 박평진博平鎭 동북쪽 15리 지점)에 이르며, 연나라는 정예병을 내어 구원한다. 진나라가 연나라를 공격하면, 조나라는 상산을 지키고, 초나라는 무관武關(섬서성 상남현商南縣 동쪽)에 주둔하고, 제나라는 발해를 건너고, 한나라와 위나라는 정예군을 내어 구원한다. 진나라가 조나라를 공격하면 한나라는 의양宜陽에 주둔하고 초나라는 무관에 주둔하고, 위나라는 하외河外에 주둔하고, 제나라는 청하를 건너며, 연나라는 정예군을 내어 구원한다. 제후 중에 맹약대로 하지 않는 이가 있으면 다섯 나라가 군대를 모아 공격한다."

여섯 나라가 남북으로 연대하여 진나라를 배척하면, 진나라 군대는 함곡관을 나서 산동을 해치지 못할 것입니다. 이와 같이 하시면 패왕의 업을 이룰 수 있나이다. 계획 1은 진나라에 등용되었을 때, 진나라 천하 통일의 방도. 계획 2는 진나라에서 쓰이지 않을 경우, 조나라를 중심으로 여러 나라를 연합하여 진나라에 맞서게 하는 것.

조왕이 말했다. "과인은 나이가 어린 데다 왕위에 오른 지도 얼마 안 되어, 아직 사직을 위한 장구한 계책을 들어 보지 못했습니다. 지금 상객께서 천하를 보존하고 제후들을 안녕시킬 뜻이 있으니, 과인은 삼가 조나라와 함께 따르겠습니다." 이에 백 대의 수레를 아름답게 꾸미게 하고, 황금 천 일과 백옥 백 쌍과 비단 천 필을 예물로 갖춰 제후들과 맹약했다.

당시 주나라 천자는 문왕 무왕에게 제사지낸 고기를 진 혜왕에게 보냈다. 혜왕은 서수犀首를 보내 위魏를 공격하고 장수 용가龍賈를 사로잡고 조음雕陰(섬서성 감천甘泉 남쪽과 낙수洛水 서쪽 사이) 땅을 빼앗았으며, 동쪽으로 진격할 태세였다. 소진은 진나라 군대가 조나라에 이를까 두려워 장의張儀를 격분시켜 진秦나라로 들어가게 했다. 「장의 열전」에 자세하다.

이어 한韓나라 선왕宣王(재위 BC.332~BC.312)을 설득했다.

한韓나라 북쪽에는 공鞏(하남성 공현鞏縣)과 성고成皐의 험난한 지형이 있고, 서쪽에는 의양宜陽과 상판商阪(상산商山 또는 초산楚山. 섬서성 상현商縣 동남쪽)의 요새가 있으며, 동쪽에는

소진 열전

완宛(하남성 남양시南陽市)·양穰(하남성 등현鄧縣 동남쪽)과 유수洧水(하남성 쌍계하雙洎河)가 있고, 남쪽에는 형산陘山(하남성 신정현新鄭縣 서남쪽)이 있습니다. 땅이 사방 900리가 넘고, 군사가 수십만에, 천하의 강한 활과 쇠뇌가 모두 한나라에서 생산됩니다. 계자谿子의 병기창 소부少府에서 만든 활인 시력時力과 거래距來의 사거리는 모두 600보가 넘습니다. 한나라 군사들이 앉은 채 발로 활을 고정시키고 시위를 당기면 화살 100개가 쉬지 않고 날아가는데, 멀어도 갑옷을 뚫어 심장에 박히고 가까우면 가슴을 꿰뚫습니다. 또 한나라 군사들의 칼과 창은 모두 명산冥山(하남성 신양信陽 동남쪽)·당계棠溪(하남성 평현平縣 서북쪽)·묵양墨陽(하남성 내향현內鄕縣 북쪽)·합부合賻(하남성 서평현西平縣 서쪽) 등지에서 생산됩니다. 등鄧 땅의 대장장이가 만드는 등사검鄧師劍, 완宛 땅 사람이 풍지馮池에서 주조한 완풍검宛馮劍, 용연검龍淵劍과 태아검太阿劍은 모두 뭍에서는 소와 말을, 물에서는 고니와 기러기를 벨 수 있는, 어떤 적도 당해 낼 수 없는 천하의 명검입니다.

한나라에는 단단한 무기와 철제 갑옷, 가죽 깍지와 방패의 손잡이 끈에 이르기까지 없는 것이 없습니다. 용맹한 한나라 군사가 단단한 갑옷을 입고 굳센 쇠뇌를 밟고 예리한 칼을 차면 혼자 100명을 당해 낼 수 있음은 말할 나위가 없습니다. 현철한 대왕께서 이 강력한 군사를 거느린 채 진나라를 섬기면서 손을 모아 복종한다면, 세상에 이보다 사직에 부끄럽고 우스운 꼴이 없을 것입니다. 바라건대 대왕께서는 깊이 생각하십시오.

대왕께서 진나라를 섬기면, 진에서는 반드시 의양과 성고를 요구할 것입니다. 올해 이 땅을 바치면 내년에는 다른 땅을 요구할 것입니다. 자꾸 떼어 주면 줄 땅이 없어지고, 아니 주면 예전 건 어디 가 버리고 화를 받게 됩니다. 대왕의 영토는 한정이 있는데 진나라의 요구는 끝이 없으리니, 유한한 영토로 무한정 요구를 받아들이는 것은 원망을 사서 화를 맺는 일이요, 싸우지도 않았는데 영토가 줄어드는 격입니다. 1780년 박지원은 연행 길에서 봉황산을 화제로 삼아 고대사의 강역에 대해 한바탕 논의를 펼치면서 이 구절을 원용했다.

속담에, "닭벼슬이 될지언정 소꼬리가 되지 말라"고 합니다. 이제 서쪽을 향해 두 손을 모아 신하가 되어 진나라를 섬긴다면, 그게 소꼬리와 무엇이 다르겠습니까! 현철하신 대왕께서 용맹한 한나라 군사를 거느리고 소꼬리라는 오명을 쓰신다면 매우 부끄러운 일이 아닐는지요!

이 말에 한나라 선왕이 발끈하더니 그 낯빛이 변했다. 소매를 떨치고 눈을 부라리며 칼을 어루만지면서 하늘을 보고 탄식했다. "과인이 비록 대단치는 않지만 절대로 진나라에 굽히지 않을 것이오. 지금 선생께서 조나라 왕의 뜻을 말씀해 주셨으니, 저는 삼가 한나라의 사직을 걸고 따르겠소."

이번엔 위魏나라로 가서 양왕襄王(재위 BC.318~BC.296)을 만났다.

대왕의 땅 남쪽에는 홍구鴻溝[2]·진陳(하남성 회양현淮陽縣)·여남汝南(하남성 여수汝水 일대)·허許(하남성 허창許昌 동쪽)·언鄢(언성현郾城縣)·곤양昆陽(하남성 섭현葉縣 북쪽)·소릉召陵(하남성 언성郾城 동쪽)·무양舞陽·신도新都(하남성 남양南陽 일대)·신처新郪(안휘성 부양현阜陽縣 북쪽)가 있고, 동쪽에는 회하淮河와 영수潁水, 자조煮棗(산동성 하택현荷澤縣 서남쪽)와 무서無胥가 있습니다. 서쪽에는 (위나라에서 진을 막기 위해 쌓은) 장성의 경계가, 북쪽에는 하외河外(하남성 개봉시 일대)·권卷·연衍(정주시 북쪽)·산조酸棗(하남성 연진현延津縣 서남쪽)가 있으니, 그 영토는 사방 천 리가 넘습니다. 크기로 이름난 도시들은 아니지만 민가들이 빼곡하여 가축을 놓아먹일 곳이 없을 정도입니다. 백성과 거마가 넘쳐나 밤낮으로 행렬이 그치지 않으니, 그 수레바퀴 구르는 소리가 마치 3군이 행진하는 듯 지축을 흔듭니다. 저는 대왕의 나라가 초나라보다 작지 않다고 생각합니다.

한데 연횡론자들은 범이나 이리 같은 강력한 진나라와 협력하여 천하를 침탈하라고 유혹합니다. 결국은 진나라가 걱정거리인데도 그들은 그 화를 돌아보지 않습니다. 강대국 진나라의 세력만 믿고 안으로 자기 군주를 겁박하니, 이보다 더한 죄가 없습니다. 신하들은 강대국의 위세를 믿어 군주를 겁박하고, 군주는 강대국의 위세에 기대어 백성들을 속이는 비겁한 권력의 생리이다.

위나라는 천하의 강대국이고, 대왕은 천하의 현주賢主이십

---

2   기원전 360년에 개통된 운하이다. 지금의 하남성 형양현滎陽縣에서 북쪽 황하의 물을 이끌어 동쪽 회양현淮陽縣 남쪽의 영수潁水에 닿게 하였다.

니다. 그런데 대왕께서는 서쪽으로 진나라에 굽혀 동쪽 울타리 나라를 자처하면서, 진나라를 위해 궁궐을 짓고, 진나라의 관복을 받고, 진나라를 위해 제사를 지내려 하시니, 신은 남몰래 대왕을 위해 부끄럽게 생각합니다.

옛날 월나라 왕 구천은 3천 명 잔병으로 간수干遂(강소성 소주시蘇州市 서북쪽 40리)에서 오왕 부차를 사로잡았고, 무왕 또한 3천의 병사와 혁거革車 300대로 목야(하남성 기현淇縣 서남쪽)에서 주紂임금을 제압했습니다. 군사가 많아서였던가요, 위세를 떨쳤기 때문입니다. 대왕의 군사는 무사武士와 창두蒼頭와 분격奮擊이 각각 20만이요, 시도廝徒가 10만입니다.[3] 전차는 600대나 되고, 전마는 5천 필에 이릅니다. 이는 구천이나 무왕의 그것을 훨씬 뛰어넘는 규모입니다. 진나라에 복속하려면 반드시 땅을 떼어 예물로 바쳐야 하니, 군사는 꿈쩍도 하지 않았는데 나라의 영토가 줄어드는 꼴이지요. 진나라를 좇아야 한다고 말하는 신료들은 모두 간신이요 충신이 아닙니다. 신하가 되어 자기 주군의 땅을 떼어 외교를 하자 청하고, 한때의 공을 훔쳐 뒷날의 화를 생각지 않으며, 밖으로 강대국의 위세를 믿고 안으로 자기 주군을 겁박하니, 대왕께서는 깊이 생각해 보십시오.

그런데 대왕께선 신료들의 말만 듣고 진나라에 굴복하려 하십니다. 기득권 귀족들의 반발.

---

3   무사는 정예 병사로 국가에서 전택田宅을 주어 관리한 군사. 창두는 푸른 두건을 착용했던 군사. 분격은 전투의 선봉을 맡은 용사. 시도는 보급과 취사 등을 맡았던 군사를 말한다.

『주서』周書에 이런 말이 있습니다. "잡목 싹이 끝없이 자라더니, 무성하기 어이 저와 같은가. 미리미리 베어 내지 않으면, 장차 도끼를 써야 하리."(「화오해」和悟解) 미리 앞서 생각하지 않아 뒤에 큰 환난이 생기면 어찌시렵니까? 대왕께서 소신의 청을 들어주시어, 남북으로 여섯 나라가 친밀하게 지내면서 한마음 한뜻으로 힘을 모은다면 진나라로 인한 근심은 없을 것입니다. 그러므로 저의 조나라 왕께서 신을 보내 어리석은 계책을 올리고 맹약을 받들어 밝히게 하셨으니, 일의 성패가 대왕의 결정에 달려 있습니다.

위왕이 말했다. "과인은 불초하여 밝은 가르침을 들어 본 적이 없습니다. 지금 선생께서 조왕의 말씀을 전해 주시니, 삼가 위나라를 걸고 따르겠습니다."

이번에는 동쪽으로 제나라에 가서 선왕宣王(재위 BC.320~BC.301)을 만났다.

제나라의 남쪽에는 태산이 있고, 동쪽에는 낭야산琅邪山(산동성 교남현膠南縣)이 있고, 서쪽에는 청하淸河가 있으며, 북쪽에는 발해가 있습니다. 이는 이른바 사방이 요새인 셈이지요. 영토는 사방 2천 리가 넘고, 군사가 수십만에, 양식은 산처럼 쌓여 있습니다. 3군軍과 5가家⁴의 군사들은 화살처럼 나아가

---

4   제나라의 군사 조직과 편제. 다섯 집을 하나의 궤軌로 삼고, 한 집에서 장정 하나씩을 차출하여 다섯 명을 오伍로 삼아, 궤장軌長으로 하여금 통솔하게 했다.

고 우레처럼 싸우다가 비바람처럼 흩어집니다. 나라에 군역軍役이 있지만, 태산泰山과 청하清河와 발해 너머에서 군사들을 징발한 적이 없습니다. 임치臨淄에만 7만 호가 사니, 한 집의 남자를 최소한 세 명으로만 치면 굳이 먼 고을에서 뽑지 않아도 임치의 군사만 21만입니다.

임치는 매우 넉넉하고 알찬 도시입니다. 백성들은 피리와 축筑 등 온갖 악기를 연주하고, 닭싸움과 개 경주를 좋아하고, 육박과 축구를 즐깁니다. 임치의 거리에는 수레바퀴가 서로 닿고 사람들의 어깨가 부딪치며, 옷깃을 잇고 소매를 들면 장막이 되며, 땀을 뿌리면 비처럼 떨어질 정도로 사람이 많습니다. 집과 사람이 많으며 뜻은 높고 기상은 활달하지요. 대왕의 현철함과 제나라의 강성함이면 천하에 당해 낼 자가 없는데, 이제 만약 서쪽으로 진나라에 굴종한다면 대왕의 수치라고 생각합니다.

저 한韓과 위魏가 진秦을 무서워함은 나라가 맞닿아 있기 때문입니다. 군사를 내어 부딪치면 열흘이 가기 전에 승패와 존망이 결정됩니다. 한과 위는 진나라에 이긴다 해도 군사의 반이 없어지고 사방 국경을 지킬 수 없습니다. 이기지 못하면 나라의 멸망이 수순입니다. 이런 까닭에 두 나라는 진나라와 싸우기를 어렵게 여겨 쉽게 그 신복이 되는 것입니다.

하지만 제나라는 사정이 다르지요. 진이 제나라를 공격하려면 한과 위의 영토를 등지고 위衛나라 양진陽晉의 길[5]을 지

---

5 양진은 위나라 고을. 산동성 운성현鄆城縣 서쪽. 제나라에 가기 위해서는 반드

나야 합니다. 항보亢父(산동성 제녕시濟寧市 남쪽 50리)의 험로를 지나려면 수레가 지나지 못하고 말도 나란히 가지 못하니, 백 사람이 지키면 천 사람도 통과할 수 없습니다. 진나라가 깊숙이 들어오고 싶어도 한과 위가 자기 뒤를 치지 않을까 꺼림칙합니다. 그러니 저들이 아무리 큰소리를 치고 잘난 척해 봐야 제나라만큼은 어쩌지를 못합니다.

이런 형국을 깊이 생각해 보지도 않고 진나라에 굴종하려하니, 체제 유지는 기득권 지배층의 생리이자 본능이다. 이는 신료들의 오류입니다. 지금 제나라는 진나라를 섬긴다는 오명도 없고 강대국의 실질만을 가지고 있습니다. 대왕께서는 조금만이라도 생각해 보십시오.

제나라 왕이 말했다. "과인이 불민한 데다 동쪽 구석 바닷가에 치우친 땅을 지키느라 높은 가르침을 듣지 못했는데, 이제 선생께서 조왕의 말씀으로 일러 주시니 삼가 제나라와 함께 따르겠습니다.

이번에는 초나라에 가서 위왕威王(재위 BC.339~BC.329)을 만났다.

초는 천하의 강대국이고, 대왕은 천하의 현군이십니다. 서쪽에는 검중黔中[6]과 무군巫郡,[7] 동쪽에는 하주夏州(호북성 한양현

시 지나야 했던 길이다.

[6] 검중은 호남성의 원수沅水와 예수澧水 유역, 호북성의 청강淸江 유역, 사천성의 검강黔江 유역과 귀주貴州 동북 지역의 일부 지역이다.

[7] 무군은 사천성 무산현巫山縣을 중심으로, 호북성 은시시恩施市의 파동현巴東縣과 건시현建始縣을 포괄하는 지역이다.

漢陽縣 북쪽)와 해양海陽(강소성 태주시泰州市)이 있고, 남쪽에는 동정호洞庭湖와 창오산蒼梧山(구의산九疑山)이 있으며, 북쪽에는 형산陘山(하남성 탑하시漯河市 동쪽)과 순양郇陽(섬서성 순양 동쪽)이 있습니다. 영토는 사방 5천 리가 넘고, 군사가 백만에, 전차는 천 대요 전마는 만 필이나 되며, 10년을 버틸 양식이 축적되어 있으니, 이것이 바로 패업의 밑천입니다. 현군賢君이 강병强兵을 거느린 초를 당해 낼 나라는 천하에 없습니다. 그런데 지금 서쪽 진나라에 굴종하려 하시니, 그렇게 되면 세상에 장대章臺 아래에서 진왕에게 조회하지 않을 제후는 없을 것입니다.

진이 가장 껄끄러워하는 나라가 바로 초입니다. 초가 강성해지면 진이 약해지고, 반대로 진의 세력이 커지면 초가 움츠러드니, 두 세력은 양립할 수 없습니다. 대왕께서는 남북으로 여러 나라와 연대하여 진을 고립시키십시오. 대왕께서 그렇게 하지 않으시면, 진에서는 반드시 두 갈래로 군대를 일으켜, 일군은 무관武關을 나설 것이고, 다른 일군은 검중으로 내려올 것입니다. 그리 되면 언鄢(호북성 의성宜城 동남쪽)과 영郢(호북성 강릉江陵 서북쪽)이 흔들립니다. 어지러워지기 전에 정리하고, 문제가 생기기 전에 처리하라고 합니다. 일이 터진 다음에는 걱정해 봐야 소용이 없습니다. 대왕께서는 깊이 생각하여 때를 놓치지 마시옵소서.

대왕께서 신의 말씀을 들으시면, 신은 산동의 나라(연燕, 조趙, 제齊, 위魏)들로 하여금 사계절의 특산물을 바치며 대왕의 명을 듣도록 하겠습니다. 사직과 종묘를 맡기고, 잘 훈련된 군사들을 대왕께서 쓰실 수 있도록 하겠습니다. 대왕께서 신의 계책을 쓰신다면 한韓·위魏·제齊·연燕·조趙·위衛의 무희와 미인들이 대왕의 후궁을 채울 것이고, 연燕과 대代의 낙타와 준마들이 초나라 궁궐의 마구간에 가득할 것입니다. 남북으로 여러 나라들이 힘을 모으면 초가 천하의 중심이 되겠지만, 연횡책이 이루어진다면 진이 황제의 나라가 될 것입니다. 대왕께서는 패왕의 방법을 버리고 속국의 오명을 쓰는 길로 들어서지 마시옵소서.

저 진은 범과 이리의 나라로 천하를 삼킬 마음을 품고 있습니다. 진은 또 천하 사람들의 원수입니다. 연횡론자들은 모두 제후국들의 영토를 바쳐 가며 진나라를 섬기자고 하니, 이것이 이른바 도적을 기르고 원수를 받드는 것입니다. 신하가 되어 자기 주군의 땅을 바쳐 가며 흉포한 진나라와 외교를 맺어 천하를 침탈하려고 하는데, 끝에 가면 진나라에게 먹힐 위험에 처할 텐데도 그걸 보지 못합니다. 밖으로 강대국 진의 위력을 끼고 안으로 자기 주군을 겁박하여 땅을 떼어내 주자고 하니, 이보다 더한 대역불충이 없습니다. 합종을 하게 되면 제후국들이 영토를 떼어 초나라를 섬길 것이요, 동서로 연합하면 초나라가 땅을 내주며 진나라를 모시게 됩니다. 두 계책의 결과는 하늘과 땅 차이인데, 대왕께서는 무엇을 선택하시겠습니까? 저의 조나라 왕께서 신을 보내 이 계책을 말씀드리고 맹약을 받들게 하셨습니다. 성사는 대왕의 결정에 달려 있습니다.

위왕이 말했다. "과인의 나라는 서쪽으로 진과 국경을 맞대고 있는데, 진은 파촉巴蜀 지역을 모두 차지한 채 한중漢中까지 아우를 마음을 품고 있습니다. 진은 흉포한 나라이니 가까이 지낼 수 없습니다. 한韓과 위魏는 진나라의 협박을 받고 있으니 또한 더불어 깊이 모의할 수 없습니다. 그들과 깊이 모의하면 우리 계책이 진나라로 흘러 들어가, 시행도 하기 전에 나라가 위태로워질 것입니다. 과인의 생각에 우리 초나라는 진과 맞설 수는 있어도 이긴다고 장담할 수도 없습니다. 안으로 신료들과 상의해도 깊이 믿기 어려운지라, 눕거나 먹어도 편하고 맛있는 줄 모르니 마음은 늘 바람에 날리는 깃발처럼 한 군데 붙어 있지를 못합니다. 이제 선생께서 천하를 하나로 모으고 제후들의 힘을 모아 위태로운 나라를 존속시키려 하시니, 과인은 삼가 사직을 받들고 따르겠습니다."

여섯 나라가 남북으로 뜻과 힘을 모으게 되었다. 소진은 이 맹약의 책임자가 되어 여섯 나라의 재상을 겸임하였다.

북쪽 조나라로 보고하러 가는 길에 고향 낙양을 지나는데, 여러 제후들이 준 선물을 실은 수레의 행렬이 왕의 그것과 방불했다. 주周나라 현왕顯王이 듣고 겁을 먹어 길을 닦고는 백성들을 동원하여 교외에서 환영하게 했다. 소진의 형제 부부도 감히 똑바로 올려보지 못하고 엎드린 채 모시고 음식을 먹었다. 소진이 웃으며 형수에게 말했다. "예전엔 그리 오만하시더니 지금은 이리 공손하십니까?" 형수가 엎드려 얼굴을 땅에 대고 사죄했다. "도련님의 높은 지위와 많은 재물을 보았기 때문입니다." 소진이 이에 한숨을 쉬며 말했다. "나는 똑같은 사람인데, 부귀해지면 친척들도 모두 두려워하고 빈천하면 우습게 보니, 보통 사람들이야 오죽할까! 내게 낙양성 근처 밭이 두 다

락만 있었어도, 어찌 여섯 나라 재상의 인끈을 찰 수 있었으랴!" 이에 천금을 흩어 친척과 벗들에게 하사했다. 보통 사람들의 평생 소망.

처음 소진이 연나라에 갈 때, 노자로 삼기 위해 100전을 빌린 사람이 있었는데, 그에게는 100금으로 갚았다. 조금이라도 덕을 본 사람들에게는 빠짐없이 보상했다. 그런데 종자 중의 하나가 보상을 받지 못했다. 이에 앞에 나아가 사정을 이야기했더니, 소진이 말했다. "내 너를 잊은 것이 아니다. 너는 나와 함께 연燕나라에 갈 때, 역수易水 가에서 두세 번이나 나를 버리고 달아나려 하지 않았더냐! 그때 내 처지가 몹시 곤궁했던 까닭에 너를 많이도 원망했지. 이런 까닭에 너를 뒤로 미룬 것이니라. 너도 보상을 받을 것이다." 최후의 계책을 품고 연나라로 갈 때의 궁박한 처지와 심리를 앞에서 기술하면 문장의 형세가 죽어 버린다. 그렇다고 뒤에 별도로 기술하면 군더더기 혹이 된다. 종자를 등장시킨 이유이다.

소진이 여섯 나라 합종의 맹약을 성사시키고 조나라로 돌아오자, 숙후는 그를 무안군武安君으로 봉하고, 진나라에 맹약의 사실을 통보했다.[8] 이로부터 15년 동안 진나라 군대는 함곡관을 나서지 못했다. 무려 15년 간이나 중원의 형세를 장악하다.

그 뒤 진은 서수犀首를 보내 제와 위를 속여 함께 조나라를 공격해, 합종의 맹약을 와해시키려 했다. 제와 위가 조나라를 공격하자, 조왕이 소진을 질책했다. 두려워진 소진은 연나라에 사신으로 가서 제나라에 복수하겠다고 요청했다. 소진이 조나라를 떠나자 합종의 맹약

---

8   기원전 333년. 소진이 처음 진나라에 간 해가 혜문왕이 막 즉위한 기원전 333년이고, 합종책이 성사되어 15년이 지났다고 했으니 연대가 맞지 않는다. 본 편을 비롯하여 열전에는 이런 사례가 많다.

이 모두 와해되었다.

진나라 혜왕이 자기 딸을 연나라 태자에게 시집보냈다. 이 해에 연나라 문후文侯가 죽고 태자가 즉위하니 그가 곧 이왕易王이다. 이왕이 즉위하자마자 제 선왕이 국상國喪 중임을 이용하여 연나라를 쳐 열곳 성을 빼앗았다. 맹약이 와해되다.

이왕이 소진에게 말했다. "예전 선생께서 연나라에 오시자, 선왕께서는 선생의 의견을 좇아 조나라 왕을 만나 여섯 나라의 맹약을 성사시키셨습니다. 그런데 지금 제나라가 먼저 조나라를 치더니, 우리 연나라까지 공격하였습니다. 선생 때문에 우리는 천하의 웃음거리가 되고 말았습니다. 선생께서는 연나라의 빼앗긴 땅을 되찾아 주실 수 있겠습니까?" 소진은 매우 부끄러워하며 말했다. "대왕을 위해 되찾아 드리겠습니다." 소진에게는 몸을 숨기거나 피할 곳이 없었다.

소진이 제왕을 뵙고 두 번 절하는데, 엎드려 감축하더니 고개를 들고 애도했다. 제왕이 말했다. "무슨 감축과 애도를 이렇게 하오?" 소진이 말했다. "굶주린 사람이 배를 곯으면서도 독성 강한 이삭바꽃(烏喙)을 먹지 않는 것은, 잠깐 배가 차는 듯하지만 결국은 굶어 죽는 것과 같기 때문입니다. 지금 연燕이 비록 약소국이지만, 진나라 왕의 사위 나라입니다. 대왕께서는 연나라 성 열 곳의 이익을 얻자고 강대국 진과 오랜 원수가 되려 하십니다. 지금은 약한 연나라가 앞에 있지만, 강대국 진이 그 뒤에 있으니, 이는 천하의 정병精兵을 부르신 것으로 배가 고프다고 이삭바꽃을 먹은 격입니다." 제나라 왕이 근심스레 낯빛을 변하며 말했다. "어찌 하면 좋소?" 소진이 말했다. "옛날 일처리에 능한 사람은 화禍를 복으로 만들고, 실패를 성공으로 전환시킬 줄 알았습니다. 대왕께서 신의 계책을 들으시어 연나라의 성 열 곳을 돌

소진 열전

려주십시오. 연나라는 힘 안 들이고 성 열 곳을 얻으니 기뻐할 것이고, 진나라 왕은 자기 때문에 연나라에게 성을 돌려준 줄 알고 또한 기뻐할 것입니다. 이것이 바로 원수를 버리고 바위처럼 단단한 사귐을 얻는 것입니다. 연과 진이 모두 제나라를 존중하면, 대왕께서 천하를 호령해도 따르지 않을 이가 없을 것입니다. 대왕께서 빈말로 진秦에 붙고, 성으로 천하를 취하는 이것이야말로 패왕의 사업입니다." 왕은 좋다고 하며, 열 곳 성을 연나라에 돌려주었다.

소진을 다음처럼 헐뜯는 사람이 있었다. "여기 저기 오가면서 나라를 팔아먹는 작자로 앞으로 환란을 일으킬 것입니다." 소진은 죄명을 얻을까 두려워 연나라로 돌아갔지만, 왕은 그를 복직시키지 않았다. 소진이 연왕을 뵙고 말했다. "신은 동주東周의 비천한 사람으로 작은 공도 세운 바가 없지만, 선왕께서 관직을 주시고 예로 대우하셨습니다. 지금 신이 대왕을 위해 제나라의 군사를 물리치고 열 곳 성을 되찾았으니 더욱 친애하여 주실 줄 알았습니다. 헌데 신에게 관직조차 주지 않으시니, 이는 저를 믿지 못할, 신의가 없는 사람이라고 중상한 사람이 있기 때문입니다. 신에게 신의가 없음은 대왕의 복입니다. 여기서 신의는 관계상의 윤리가 아니라, 자기와의 약속, 자기 원칙의 고수, 자기 신념의 실천, 즉 철저한 개인 윤리를 의미한다. 충신忠信은 자신을 위하는 것이고, 진취進取는 남을 위하는 것이기 때문이지요. 신이 제나라 왕을 설득했는데 이는 그를 속인 것이 아닙니다. 여기서 진취는 자기의 순수한 신념이 아니라 나라 또는 군주의 이익을 위한 행동을 의미한다. 신이 동주 땅에 노모老母를 버려둠은 저의 충신을 버리고 남을 위해 행동한 것입니다. 지금 효孝는 증삼曾參과 같고, 청렴은 백이와 같으며, 신의는 미생尾生과 같은 사람이 있습니다. 이 세 사람을 얻어 대왕을 섬기게 한다면 어떠시겠습니까?"

왕이 좋다고 하자, 소진이 다시 말했다. "효성이 증삼과 같다면 자기 어버이를 떠나 밖에서 하루도 자지 않을 텐데, 왕께서 어떻게 그로 하여금 천 리를 와서 약소국 연의 위태로운 왕을 섬기게 하시겠습니까? 맑기가 백이와 같다면 어떨까요? 그는 의리상 고죽군의 왕위를 잇지 않고 무왕의 신하도 되지 않으려 하며, 봉후를 받지 않고 수양산 아래서 굶어 죽었습니다. 이런 사람을 대왕께선 어떻게 천 리를 가 제나라에서 성 열 곳을 돌려주게 하는 일을 하게 할 수 있겠습니까? 미생은 여인과 다리 아래에서 만나기로 약속했는데, 그녀가 오지 않자 물이 불어나도 떠나지 않고 다리 기둥을 안고 죽었습니다. 자기 신념에 철저한 충신忠信. 신의가 이런 사람을, 대왕께서 무슨 수로 천 리를 가서 제나라의 강병을 물리치게 하실 수 있겠습니까? 신은 너무 충신해서 대왕께 죄를 얻은 사람입니다."

연왕이 말했다. "그대는 충신을 보이지 않았는데, 어떻게 충신하다는 이유로 죄를 얻을 수 있단 말이오?" 소진이 말했다. "그렇지 않습니다. 옛날에 어떤 남자가 먼 고을에 아전으로 가자 그의 아내가 외간 남성과 사통했습니다. 지아비가 올 때가 되자, 사통한 남성이 근심에 쌓였지요. 그러자 여인이 말했습니다. '걱정 마오. 내가 술에 독을 타 놓고 기다리고 있답니다.' 과연 사흘 만에 남편이 돌아오자, 아내는 첩을 시켜 독이 든 술을 올리게 했습니다. 첩은 술에 독이 들었다고 말하려 하니 주모主母가 쫓겨날 것 같고, 말을 아니 하자니 주부主父가 죽을까 두려웠습니다. 관계와 타자를 고려한 충신忠信. 이에 짐짓 넘어지면서 술잔을 엎었습니다. 이를 본 주부가 대로하여 매질을 50대나 했지요. 이 첩은 한 번 술잔을 엎어 위로는 주부를 살리고 아래로는 주모를 다치지 않게 했습니다. 하지만 매질을 면치는 못했으니, 충성을 다하고 믿음을 지키면 죄를 얻지 않기가 어렵습니다. 신의 허물은 불행히도 이와 비슷합니다." 이 말에 연왕은 소진의 벼슬을 복위시키고 더욱 후대했다.

이왕易王의 어머니는 문후文侯의 부인이었는데, 소진과 사통했다. 연왕은 이 사실을 알고도 더욱 두텁게 모셨다. 소진은 처형될까 두려워 연왕에게 말했다. "신이 연나라에 머물면 이 나라의 위신을 높일 수가 없습니다. 제가 제나라에 있으면 연나라의 위상이 높아질 것입니다." 연왕이 말했다. "선생의 뜻을 따르겠습니다." 소진은 죄를 얻은 것으로 꾸며 제나라로 망명했다. 제 선왕은 그를 객경客卿으로 삼았다.

제나라에선 선왕이 죽고 민왕湣王(재위 BC.300~BC.284)이 즉위했다. 민왕을 설득하여 화려한 장례식으로 효를 밝히고, 궁실을 높이고 정원을 넓혀 득의함을 드러내게 했으니, 연나라를 위해 제나라를 피폐하게 한 것이다. 연나라에서는 이왕이 죽고 쾌噲(재위 BC.320~BC.314. 앞뒤가 맞지 않는다.)가 왕위에 올랐다. 그 뒤로 제나라 대부 중에는 소진과 총애를 다툰 이가 많아, 사람을 시켜 소진을 찌르게 했는데, 치명상을 입히고 달아났다. 민왕이 범인의 행적을 추적했으나 잡지 못했다. 소진은 죽어 가며 민왕에게 말했다. "신이 죽으면, 저를 거열형에 처해 저자에 회술레하시고, '소진은 연나라를 위해 제나라에서 반란을 일으켰다'고 하십시오. 그러면 신을 찌른 범인을 잡을 수 있을 것입니다." 그의 말대로 하자 과연 범인이 나타났다. 민왕은 그를 잡아 처형했다. 연나라 사람들이 그 소식을 듣고 혀를 차며 말했다. "그렇게까지 해서 소진의 원수를 갚아 주다니!" 소진이 죽자 그가 의도한 일이 누설되었다. 제나라에서 그 사실을 알고 연나라에 분개했다. 연나라에서 두려워했다.

　태사공은 말한다. 소진의 형제 세 사람은 모두 제후에게 유세하여 이름이 드러났는데, 그 사상과 언변의 장점은 변화무쌍함이었다. 소진이 반간계에 걸려 죽자 천하 사람들은 그를 비웃었고 그의 사상을 배우려 하지 않았다. 그러나 세상에서 말하는 소진의 사적은 다른 것들이 많다. 시대가 달라도 사적이 비슷하면 모두 소진에게 가져다 붙였다. 작은 골의 물은 큰 골의 물로 모인다. 소진은 평범한 마을에서 일어나 남북으로 여섯 나라를 하나로 묶었으니, 그 지혜가 뛰어났다. 이에 나는 그의 행적을 시간에 따라 차례로 열거하여 그가 혼자 오명을 다 뒤집어쓰지 않게끔 했다.

소진의 '전국시대의 정치지리학' 강좌

고대 직방씨職方氏의 역할은 천하의 지도를 손에 쥐어 천하의 지리를 장악하는 것이었다(『주례』周禮). 기원전 222년경 연나라 태자 단丹은 무서운 기세로 옥죄어 오는 진의 세력을 막기 위한 최후의 수단으로 진시황 암살을 도모한다. 그는 진나라에서 쫓겨 온 번오기樊於期의 목에 북경 근처의 비옥한 땅인 독항督亢의 지도를 예물로 마련하여 자객 형가荊軻를 보낸다. 한 장의 지도는 진시황과의 면대를 가능하게 한 패스 카드였다. 진시황은 지도 한 장 때문에 목숨을 잃을 뻔했다(『전국책』「연책」). 한漢의 군대가 함양咸陽을 점령했을 때, 여러 장수들은 다투어 금은보화를 찾았지만, 소하는 홀로 진秦나라 승상어사의 율령律令과 도서圖書를 수거하여 보관했다. 항우의 군대는 퇴각하면서 함양을 모두 불태웠다. 뒤에 한나라가 천하의 형세와 호구의 다소, 군사 지리상의 장단점, 그리고 백성들의 고통 등을 파악할 수 있었던 것은 모두 소하가 보관한 도서(지도와 서책) 덕분이었다(「소상국세가」).

유비는 툴툴거리는 관우와 장비를 달래 가며 남양南陽 땅의 제갈량을 찾아간다. 삼고초려三顧草廬 이야기다. 제갈량은 반나절이 지나서야 겨우 낮잠에서 깨어나 유유히 시 한 수를 읊조린다. 도와달라는 유비의 간곡한 청에, 제갈량은 동자를 시켜 두루마리 지도 한 축을 꺼내 와 마루의 벽 위에 걸게 하고는 천하삼분계를 말했다. 이미 제갈량은 천하를 도모할 준비를 마치고 있었던 것이다. 무엇으로 그 사실을 알 수 있는가? 바로 그가 펼친 지도이다(『삼국지연의』). 천하의 판세를 파악하고 국가를 경영함에 있어 지도의 중요성은 아무리 강조해도 지나치지 않는다. 우리는 지도가 지시하는 만큼만 지리를 이해할 수 있다. 하여 성호 이익은 말했다. "선비라면 지도를 그릴 줄 알아야 한다."(『성호사설』)

소진은 가족들의 모욕을 받고 절치부심 1년 동안 공부를 더 한다. 『음부』陰符라는 책을 읽었다고 했는데, 있었다 해도 대단한 책이었을 리 없고, 대단한 책이었다 해도 책 한 권을 읽어 뭘 어쩔 수 있단 말인가? 소진은 천하의 지리와 각국의 장단과 득실, 그리고 이들 국가 간 형세의 변수를 공부한 것이다. 이는 사마천이 잘 알고 자부했으며 중시했던 영역이다. 하여 그는 베끼기는 둘째 치고 읽기에도 지겨운, 상황하고 복잡한 소진의 말들을 빼놓지 않고 실었던 것이다. 소진의 변설은 사마천의 지리 인식에 영향을 주었고, 거꾸로 사마천의 풍부한 지식은 소진의 변설을 재구성하는 데 크게 작용했다. 두 사람의 말에는 경계가 없고, 따라서 소진과 사마천도 두 인물로 분리하기 힘들다.

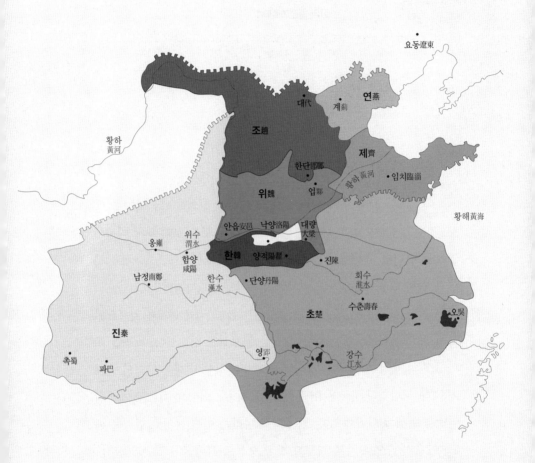

요동遼東

연燕

계薊

대代

조趙

황하黃河

한단邯鄲

제齊

임치臨淄

업鄴

위魏

황하黃河

황해黃海

안읍安邑　낙양洛陽　대량大梁

옹雍

위수渭水

한韓　양적陽翟

진陳

남정南鄭

함양咸陽

회수淮水

한수漢水

단양丹陽

수춘壽春

오吳

진秦

초楚

촉蜀

파巴

영郢

강수江水

선국戰國 7웅雄(BC. 260년경)

이야기 속의 조역이 된
현실의 주역

장의 열전張儀列傳

사마천은 소진蘇秦과 장의張儀의 열전을 통해, 기원전 300년 전후 천하의 판세와 지리 구도를 보여준다. 이들이 열국을 다니며 유세했던 내용을 장황하게 소개했는데, 그중에는 사실과 다른 내용이 많고, 또 그처럼 일사불란하게 일이 진행되었으리라고는 믿기 어렵다. 그 자신도 당시의 복잡한 국제 관계를 일목요연하게 파악하기 어려웠을 것이다. 그는 공부하고 정리했다. 합종을 위한 소진의 주장과 논거는, 강대국 진秦의 입장을 내세운 장의의 유세에 의해 뒤집혔다. 6국은 어떤 논리로 묶이고 어떤 방식으로 자국의 안전을 위해 진나라에 대항했는가? 진나라는 어떤 논리로 합종을 깨고, 어떤 방식으로 국제 관계를 자국 중심으로 이끌어 갔는가? 사마천은 고심하여 두 입장을 정리했고, 그 결과를 이 두 편의 열전에 고스란히 실었다. 두 편 글을 지으면서, 기원전 300년 전후의 국제 관계와 역사 지리에 대한 사마천의 이해도 명료해졌다. 한 사람의 일생을 그려 내기 위해 여러 나라의 복잡한 정치 관계를 다루다 보니 사실 관계에 있어서는 오류 지적이 가장 많은 글이기도 하다. 일일이 밝히지 않는다.

외포내폄外襃內貶
추어올리며 깎아내리다

소진과 쌍벽으로 배치되었고 분량도 그에 못지않지만 그의 삶에는 온기와 윤기가 느껴지지 않는다. 사마천의 마음이 담겨 있지 않기 때문이다. 하지만 그는 현실의 주역이었다.

여섯 나라가 세로로 묶여 가까워졌지만, 장의는 그 주장의 허실을 밝혀 제후들을 다시 떼어 놓았다. 열 번째로 「장의 열전」을 지었다.

장의는 위魏나라 사람이다. 소진과 함께 귀곡선생을 모시며 술법을 배웠다. 소진은 자기 능력이 장의만 못하다고 생각했다. 방통은 손빈을 모해했고, 소진은 장의를 격동시켰다.

장의는 배움을 마치고 제후들에게 유세했다. 한번은 초나라 재상과 술을 마셨는데, 술자리가 파한 지 얼마 안 되어 벽옥璧玉이 없어진 게 밝혀졌다. 그 집 사람들이 장의를 의심하여 말했다. "장의는 가난하고 행실이 올바른 것도 아니니 그의 짓이 틀림없습니다." 장의를 잡아다가 수백 대 매질을 했는데도 자복하지 않아 풀어주었다. 장의의 아내가 말했다. "쯧쯧, 당신이 글을 읽고 유세하지 않았다면 어찌 이런 모욕을 당했겠어요?" 장의가 말했다. "내 혀가 제대로 붙어 있소?" 아내가 웃으며 말했다. "혀야 있지요." 장의가 말했다. "그럼 됐소!" 성격의 부조浮彫.

소진이 조나라에서 유세하여 합종合從의 맹약을 이끌어 냈다. 하지만 진秦의 공격으로 맹약이 와해될까 두려웠다. 진나라를 움직일 만한 최적의 인물로 장의를 생각하고, 사람을 보내 은근히 그의 마음을 움직이게 했다. "당신과 친했던 소진이 권력을 잡고 있는데, 왜 한번 찾아가 도움을 부탁하지 않습니까?" 장의가 조나라로 가서 소진과의 면회를 요청했다. 소진은 아랫사람에게 단단히 일러, 여러 날 동안 자기에게 데려오지도 떠나지도 못하게 했다. 그런 뒤에 만나 주었는데, 마루 아래 앉히고 노비들이나 먹는 음식을 내려주고는, "자네 재주로 이런 곤욕을 당하고 있다니, 내 말 몇 마디로 자넬 부귀하게 만들어 줄 수 있지만, 그래봐야 감당 못할 걸세"라고 무안을 주어 돌려보냈다. 장의가 올 때는 친구니 도움이 될 거라고 생각했는데 도리어 봉욕을 치르니 화가 치밀어 올랐다. 조나라를 괴롭힐 수 있는 나라가 어디일까 생각하고는 진나라로 들어갔다.

장의가 떠나자 소진은 사인舍人에게 일렀다. "장의는 천하의 현사로, 나도 그만 못하네. 지금 다행히 내가 먼저 등용되었지만, 앞으로 진나라의 권력을 휘두를 자는 장의밖에 없네. 가난하여 연줄을 잡지 못하고 있을 뿐이지. 나는 그가 작은 이익에 빠져 큰 뜻을 이루지 못할까 염려되어 짐짓 불러 욕을 보여 그 의기를 격동시킨 것이네. 자네는 나를 위해 은밀히 그를 받들어 주게." 조왕에게 부탁해 황금과 비단 등을 내게 하고, 사람을 시켜 몰래 장의를 따라가 같은 객사를 잡아 조금씩 접근한 뒤, 그에게 필요한 재물과 거마를 대게 했다. 하지만 자기 존재는 숨기도록 했다. 장의가 그 힘으로 진 혜왕(재위 BC.337~BC.311)을 만날 수 있었고, 혜왕은 그를 객경客卿으로 삼아 함께 천하 공략을 모의했다.

소진의 사인이 떠나가기를 청하자, 장의가 말했다. "당신 덕에 성공하여 이제 내가 보답할 차례인데 왜 떠난다는 거요?" 사인이 말했다. "신은 주군을 알지 못합니다. 주군을 잘 아는 사람은 소진 어르신입니다. 소진 어르신은 진나라가 조나라를 공격하여 합종의 맹약을 깰까 걱정했는데, 주군이 아니면 진나라의 권병權柄을 잡을 사람이 없다고 여겼습니다. 하여 짐짓 주군을 격분시키고 신으로 하여금 몰래 필요한 물자를 대어 드리도록 했지요. 이제 주군께서 등용되셨으니 돌아가겠습니다." 소진이 주인공인 일화를 「장의 열전」에 배치한 의도는, 소진 이야기 뒤에 장의 이야기를 둔 배치와도 통한다. 사마천은 소진에게 더 마음을 주었다.

장의가 말했다.

"아, 다 배운 건데도 알아채지 못했으니, 나의 지혜가 그만 못하구나! 내 새로 등용되었으니 어찌 조나라를 도모할 수 있으랴! 나를 위해 소진 재상에게 전해 주시오. 소진 재상의 시절에 장의가 감히 어떤 말을 할 것이며, 소진 재상이 있는데 장의가 무엇을 할 수 있으리오!" 암시

(기원전 328년) 장의는 진나라의 재상이 되자 격문에 가까운 글을 지어 초나라 재상에게 보냈다. "내가 그대와 술을 마실 때 그대의 벽옥을 훔치지 않았는데도, 그대는 나를 매질했네. 당신은 당신 나라를 잘 지키시오. 내가 당신의 성을 훔칠 것이오."

저苴(사천성 광원시廣元市 소화구昭化區 소화진昭化鎭)와 촉蜀(지금의 성도成都 일대)이 서로 싸우면서 각자 진나라에 도움을 요청했다. 혜왕은 고민에 빠졌다. 군사를 내어 촉을 정벌하자니 길이 험해 진군하기 어렵거니와 그 틈에 한韓이 쳐들어올까 걱정하던 차에 한나라가 또

침공했다. 한을 먼저 치고 뒤에 촉을 치자 하니 별 이득이 없을 듯했
다. 촉을 먼저 치자니 그 사이 한이 습격할까 걱정되어 결정을 못 내
리고 있었다. 이를 두고 사마착司馬錯(사마천의 선조)과 장의가 혜왕 앞
에서 의견을 다투었다. 사마착은 먼저 촉을 치자 했고, 장의는 먼저 한
을 공격하는 게 낫다고 했다. 혜왕이 각자 그 근거를 얘기하게 했다.

장의가 말했다.

"위魏나라 초楚나라와 동맹을 맺은 뒤, 우리가 삼천三川[1]에 군대를
보내 십곡什谷[2]의 어구를 막고 둔류屯留의 길(태항산太行山의 양장판도
羊腸阪道)을 차지하면, 위나라가 남양南陽[3]을 차단하고 초나라가 남정
南鄭(하남성 신정현)을 압박합니다. 진나라가 신성新城(하남성 이천현伊
川縣 서남쪽)과 의양宜陽을 공격하여 두 주周나라[4]의 근교에 진격해서
주나라 왕의 죄를 묻고 초와 위의 땅으로 진입합니다. 주나라는 벗어
날 길이 없음을 알고 구정九鼎 등 나라의 보기寶器를 내놓을 것입니
다. 구정에 기대고 도적圖籍을 살펴 천자를 끼고 천하에 호령하면 듣
지 않을 이가 없으리니, 이것이 바로 왕업王業입니다. 저 촉蜀은 서쪽
의 구석진 나라로 오랑캐의 부류입니다. 군사들이 지치고 백성들이
힘들면 이름을 이루기 어렵고, 땅을 얻어도 별 이익이 되지 못합니다.
조정에서는 이름을 다투고 저자에서는 이익을 다툰다고 합니다. 지

---

1   한나라의 군명. 경내에 황하黃河와 낙수洛水와 이수伊水 세 물줄기가 있어 붙
    여진 이름으로 지금의 낙양 일대이다.
2   낙양과 정주鄭州 사이 공의하락진鞏義河洛鎭 일대로 낙예洛汭라고도 했다.
3   하남성 제원濟源, 맹현孟縣, 심양沁陽 일대로 한나라와 위나라 사이에 있었다.
    태항산 남쪽 황하 북쪽에 있어 남양南陽이라 일컬었다.
4   서주西周와 동주東周를 일컫는다. 서주의 수도는 하남성 낙양시 부근이었고,
    동주의 수도는 하남성 공현鞏縣 일대였다.

금 삼천과 주실周室은 천하의 조정이고 저자인데, 대왕께서 이를 다투지 않고 오랑캐에 욕심을 내신다면 왕업과 멀어지는 것입니다." 중심을 차지하면 주변은 절로 따라온다.

이번엔 사마착이 말했다.

"그렇지 않습니다. 나라를 부유하게 하려면 땅을 넓혀야 하고, 군사를 강하게 하려면 백성을 부유하게 해야 하며, 왕업을 이루고 싶으면 덕을 넓혀야 한다고 합니다. 이 세 가지가 갖춰지면 왕업은 따라오게 마련이지요. 지금 대왕의 영토는 작고 백성들은 가난하니, 먼저 쉬운 일부터 벌이셔야 합니다. 촉은 서쪽 구석의 나라로 융적戎翟의 우두머리인데 그 정치가 걸주桀紂의 시대처럼 어지럽습니다. 진나라가 촉을 공격함은 이리가 양떼를 쫓는 것과 진배없습니다. 그 땅을 얻으면 나라를 넓히기에 충분하고, 그 재물을 얻으면 백성의 살림을 넉넉하게 하고 군대를 양성하기에 족한데, 우리가 큰 인명의 손실을 보지 않고도 저들은 복속할 것입니다. 한 나라를 삼켰는데 아무도 강폭하다 비난하지 않고, 서쪽 모든 지역의 이익을 차지해도 탐욕스럽다 문제 삼는 자가 없을 것입니다. 이야말로 명분과 실리를 다 챙기는 도랑치고 가재 잡는 격인데, 거기에 이웃 나라의 폭정暴政과 난국亂局을 바로잡았다는 명분까지 챙기게 되지요. 지금 한韓나라를 공격하고 천자를 겁박해 봐야 이익은 없고 의롭지 못하다는 오명만 얻게 됩니다. 천하가 바라지 않는 전쟁을 벌이는 것은 위험합니다. 신이 그 까닭을 말씀드리겠습니다. 주周는 천하의 종실이고, 제齊는 한韓의 동맹국입니다. 주나라가 구정을 지키지 못하겠고, 한韓이 삼천三川을 내줄 상황에 처하면, 두 나라는 힘을 모아 방도를 구할 것이고, 결국은 제齊와 소趙를 통해 초楚와 위魏에 구원을 요청할 것입니다. 그 과정에서 구정은 초나라에, 삼천은 위나라에 넘어갈 텐데, 대왕께는 그걸 막을 도리가 없습니다. 이것이 신이 말씀드린바 위험하다는 것입니다. 안전하게 촉을 치는 것이 낫습니다." 주변을 다져 힘을 비축해야 한다.

혜왕이 말했다. "좋소! 과인은 그대 의견을 따르겠소." 군대를 일으켜 촉을 공격하여 10월(BC.316)에 촉을 차지했다. 촉을 평정한 뒤 그 왕의 호칭을 고쳐 후侯로 삼았고, 진장陳莊을 재상으로 임명했다. 촉이 진나라에 복속하자, 이로 인해 진이 더욱 부강해져, 여러 제후국들을 경시하게 되었다. 장의의 실패. 이 삽화의 주인공은 사마착이다. 문맥을 벗어나면서까지 생략해도 좋을 사건을 군이 서술한 이유는 무엇일까?

진 혜왕 10년, 공자 화華와 장의로 하여금 위나라 포양蒲陽(산서성 습현隰縣 서북쪽)을 포위하게 하여 항복을 받아냈다. 장의는 다시 위나라와의 동맹을 요청하여 공자 요繇를 위나라에 볼모로 보내게 했다. 그러고는 위왕을 설득했다. "진왕께서 위나라를 후대하시니, 위나라에서도 예를 갖추셔야 합니다." 위나라에서는 상군上郡과 소량少梁을 진에게 떼어 주고 혜왕에게 사례했다. 혜왕은 장의를 재상으로 삼고, 소량은 하양夏陽으로 이름을 바꾸었다.[5]

장의가 진나라 재상이 된 지 4년째 되던 해(BC.325, 혜왕 13년) 후侯의 칭호를 버리고 왕의 칭호를 사용하게 했다. 1년 뒤에 진나라 장수가 되어 위나라의 섬陝(하남성 삼문협시三門峽市 섬현陝縣) 고을을 빼앗고, 상군上郡(서안西安 북쪽 400km 지점 유림시榆林市)에 요새를 쌓았다.

---

5   역사가들의 고증에 따르면 소량少梁은 이보다 30여 년 전에 진에 복속되었다. 소량이 하양으로 이름이 바뀐 것은 혜왕 11년의 일이라고 한다. 「장의 열전」은 연대 오류가 특히 많은 글로 알려져 있다.

2년 뒤에는 사신으로 가서 제·초의 재상과 함께 설상齧桑(강소성 서주시徐州市 패현沛縣 서남쪽)에서 모였다. 동쪽에서 돌아와 재상의 자리에서 물러난 뒤, 위나라의 재상이 되어 진나라를 위해 일했다. 위나라로 하여금 먼저 진나라를 섬기게 하고 이어 제후들이 이를 본받도록 유도했다. 위왕은 장의의 말을 들으려 하지 않았다. 진왕이 분노하여 위의 곡옥曲沃(하남성 영보靈寶 동북쪽)과 평주平周(산서성 개휴介休 서쪽) 고을을 공격하여 빼앗고, 은밀히 장의를 더욱 두텁게 후원했다. 장의는 부끄러워 돌아와 보고하지 못했다. 실패 위나라에 머문 지 네 해가 되자 위 양왕襄王이 죽고 애왕哀王이 즉위했다. 장의는 다시 애왕을 설득했으나 또한 듣지 않았다. 실패 이에 장의는 몰래 진으로 하여금 위나라를 공격하게 했다. 소진과 달리 장의는 강대국 진나라의 위력에 기대었다. 위는 진과 싸워 패했다.

이듬해 제나라가 또 쳐들어와 관진觀津(하남성 청풍현清豐縣 남쪽)에서 위魏를 패배시켰다. 진나라가 또 위나라 공격의 전단계로 한韓나라 신차申差의 군대를 격파하여 8만 명을 참수하니 제후들이 겁에 질렸다. 장의가 다시 위왕魏王을 설득했다. 장의의 유세는 진나라 대군의 위력을 빌려야 효력이 발휘된다.

위나라는 땅이 사방 천 리가 못 되고, 군사도 30만을 넘지 않습니다. 땅은 모두 평지인지라 제후들이 사방에서 몰려들어도, 큰 산과 물이 막아 주지를 못합니다. 정鄭(하남성 신정현新鄭縣)에서 대량大梁에 이르는 200여 리는 수레와 사람이 내달리면 큰 힘 들이지 않고 이를 수 있습니다. 양梁의 남쪽은 초楚와의 접경이고, 서쪽은 한韓과 닿아 있고, 북쪽과 동쪽으로는 각각 조趙·제齊와 국경을 맞대고 있습니다. 군사들이 사방에 배치되어 있는데, 정장亭鄣을 지키는 인원은 10만을 밑돌지 않아야 합니다. 대량大梁의 지세는 그야말로 전장입니다. 대량 남쪽의 초나라와 동맹하고 제齊와 함께하지 않으면 제나라가 그 동쪽을 공격합니다. 동쪽의 제나라와 화친하되 조나라와 동맹하지 않으면, 조가 그 북쪽을 공격합니다. 한韓과 화합하지 않으면 한이 그 서쪽을 공격하고, 초楚와 잘 사귀지 못하면 초가 그 남쪽을 공격합니다. 이것이 바로 이른바 사분오열되는 길입니다.

또 저 합종에 참여한 제후들은 사직의 안전과 군주의 존엄과 명성, 강한 군대에 기대고 있습니다. 합종론자는 천하를 하나로 모아 형제의 약속을 맺고, 원수洹水 가에서 백마를 잡아 서로 굳건하게 지키자고 맹약을 하였습니다. 하지만 생각해 보십시오. 한 부모에서 태어난 친형제도 재물을 두고 다투거늘, 속임수를 반복하는 소진의 잔꾀를 믿으려 하니, 그 맹약이 이루어질 수 없음이 자명합니다. 맹약의 허점을 예리하게 파고들었으나, 그 과정에서 소진을 비난하여 스스로 약속을 어겼다.

대왕께서 진을 섬기지 않는다면, 진은 군사를 보내 하외河外를 공격할 것입니다. 권卷(하남성 원양현原陽縣 구원무舊原武 서북쪽)과 연衍(하남성 정주시鄭州市 북쪽)과 남연南燕(하남성 남연진南延津 동북쪽)과 산조酸棗(하남성 연진현延津縣 서남쪽)를 근거지로 위衛나라를 겁박하여 양진陽晉(산동성 운성현鄆城縣 서쪽)을 탈취한다면, 조나라는 남쪽으로 내려오지 못합니다. 조의 군대가 남하하지 못하면 대량에서도 북상하지 못하고, 대량에서 북상하지 못하면 남북 세로 길이 끊어지며, 이 길이 끊어지면 대왕의 나라는 위태로워질 수밖에 없습니다. 진이 한韓을 꺾어 놓고 대량을 공격하면, 한은 진나라에 포섭될 밖에요. 진과 한이 하나가 된다면 대량의 멸망은 시간 문제입니다. 이것이 제가 대왕을 위해 걱정하는 바입니다. 그러니 대왕을 위한 계책으로는 진을 섬기는 게 최상입니다. 진을 섬기면 초楚와 한韓이 감히 움직이지 못합니다. 초와 한의 근심이 사라지면, 대왕께서는 발 뻗고 주무실 수 있으며 나라는 태평해집니다.

또 진나라에서 가장 약화시키고자 하는 나라는 초楚인데, 초나라를 그렇게 만들 수 있는 나라가 바로 대량입니다. 초가 부강한 대국이라지만 실속은 없습니다. 군사의 수는 많지만 바람만 불어도 달아나는 겁쟁이들로 굳게 싸우지를 못합니다. 대량의 군사를 모아 남쪽의 초나라를 치면 반드시 이깁니다. 초나라 땅을 갈라 대량에 더하고, 초를 무너뜨려 진과의 사이를 돈독하게 함은 화를 떠넘겨 나라를 편안하게 하는 길이니 좋은 일이 아니겠습니까! 대왕께서 신의 말씀을 듣지 않으시면 진은 군대를 내어 동쪽 정벌에 나설 것이고, 그렇게 되면 진과의 화친을 원해도 할 수 없습니다. 위협. 진나라의 위세를 업고 있다.

저 합종론자들은 말만 화려하고 미덥지 못한데도, 한 사람의 제후를 설득하여 후에 봉해지곤 합니다. 이런 까닭에 천하의 유세가들이 밤낮으로 팔을 걷어붙이고 눈을 부릅뜨며 합종책의 편리를 말하여 사기 군주를 기쁘게 합니다. 군주들은 그 논리에 끌리고 말솜씨에 넘어가니 한마디로 현혹된 것이지요. 깃털도 쌓이면 배를 가라앉히고, 가벼운 짐도 가득 실으면 수레 굴대를 부러뜨리고, 많은 사람들의 입은 쇠도 녹이며, 입을 모아 비난하면 뼈도 흐물흐물해진다고 합니다. 대왕께서는 심사숙고하시어 결정하시고, 소신이 위나라를 떠날 수 있도록 해 주십시오.

이 말에 애왕은 합종의 맹약을 깨고 장의를 통해 진나라에 화친을 청했다. 장의는 돌아가 다시 진나라의 재상이 되었다. 3년 뒤 위나라는 다시 진을 배반하고 합종에 참여했다. 소진의 힘이다. 진이 위를 공격하여 곡옥曲沃을 빼앗았다. 이듬해 위가 다시 진을 섬기기 시작했다. 진의 위력이 아니면 장의의 유세는 먹히지 않는다.

진나라가 제나라를 치려고 하자, 제나라와 초나라가 연대했다. 이에 장의가 초나라에 가서 재상이 되었다. 초 회왕懷王(재위 BC.328~BC.299)은 장의가 온다고 하자 최상급 객사를 비워 놓고 몸소 그를 접대하면서 말했다.

"이 궁벽하고 누추한 나라에 선생께서는 무엇을 가르치시려는지요?" 장의가 초왕을 설득했다. "대왕께서 신의 소청을 들으시어 제나라와의 왕래를 끊고 맹약을 파기하신다면, 신은 상오商於(상락시商洛市 단봉현丹鳳縣)의 땅 600리를 대왕께 바치고, 진나라 공주를 대왕의 첩으로 삼게 하시라 아뢰겠습니다. 진과 초 두 나라가 국혼을 맺어 오래도록 형제의 나라가 된다면, 북쪽의 제나라를 약화시키며 서쪽 진나라를 돕기로는 이보다 편리한 계책이 없습니다."

초왕이 크게 기뻐하며 허락했다.

이에 신하들이 모두 경축하는데, 진진陳軫만은 인상을 찌푸리며 슬퍼했다. 초왕이 화가 나 말했다.

"과인이 군대를 일으키지 않고 600리의 땅을 얻게 되어 모든 신하들이 축하하는데, 그대만 유독 슬퍼하니 어찌된 일이오?"

진진이 대답했다.

"그렇지 않습니다. 신이 보아하니, 상오의 땅은 얻지 못하고 제와 진이 힘을 모을 것입니다. 그리 되면 우리에게 오는 건 환난뿐입니다."

초왕이 말했다.

"들어봅시다."

진진이 대답했다.

"진이 우리 초를 중히 여김은 제나라가 있기 때문입니다. 지금 제나라와 약속을 어기고 관계를 끊으면 우리 초는 고립됩니다. 진나라가 무엇이 아쉬워 고립된 나라의 환심을 사려고 600리 땅을 주겠습니까? 장의는 진으로 돌아가면 반드시 대왕을 저버릴 것입니다. 이렇게 되면 북쪽으로 제나라와의 외교가 끊어지고 서쪽으로는 진나라에서 우환이 생겨, 두 나라의 군대가 함께 몰려올 것이 뻔합니다. 대왕을 위한 계책으로는, 제나라와 동맹을 유지하면서 겉으로 외교를 끊는 시늉을 한 뒤, 장의에게 사람을 딸려 보내는 것입니다. 진에서 진짜 땅을 주면 그때 제나라와 단교해도 늦지 않습니다. 땅을 주지 않아도 우리 계획에 들어맞는 셈이지요."

초왕이 말했다.

"진공은 입을 다물고 과인이 땅을 얻기나 기다리시오."

재상의 인을 장의에게 주고, 선물을 듬뿍 보냈다. 제나라와의 외교를 끊고 장군 한 사람으로 하여금 장의를 따르게 했다.

장의는 진나라에 이르자 짐짓 수레 손잡이 줄을 놓쳐 떨어져 석 달 동안 조회에 참여하지 않았다. 배신. 초왕이 듣고 말했다.

"장의는 과인이 제나라와 과감하게 단교하지 못한다고 저러는 것인가?"

이에 용맹한 군사를 송나라에 보내, 송나라의 부절을 빌려 가서 제나라 왕에게 욕설을 퍼부었다. 제왕이 크게 노하여 부절을 분질러 버리고 진나라에 자세를 굽혔다. 진과 제의 동맹이 이루어지자 장의는 입조하여 초나라 사신에게 말했다.

"신의 봉토 6리가 있으니 초나라 대왕께 바치고자 합니다." 배신.

초나라 사신이 말했다.

"제가 저희 대왕께 명을 받기로는 상오의 땅 600리입니다. 6리라니요?"

돌아가 초왕에게 보고했다. 초왕은 크게 노해 군사를 일으켜 진을 공격했다.

진진이 말했다.

"말씀 올려도 되올지요? 진나라를 공격하기보다는, 땅을 떼어 진나라에 주고 진과 함께 군사를 모아 제나라를 치는 것이 좋습니다. 그렇게 하시면 우리가 진에 떼어 준 땅을 제에게서 보상 받아 왕국을 존속시킬 수 있습니다."

초왕은 듣지 않고 군사를 내어 장수 굴개屈匄로 하여금 진을 치게 했다. 진과 제의 군대가 함께 초나라를 공격하여 8만 군사의 목을 베고 굴개를 죽여 단양丹陽(섬서성과 하남성 사이 단강丹江 북쪽 지역)과 한중漢中 지역을 빼앗았다. 초는 또다시 더 많은 군사를 내어 진을 쳤다.

　　　　　　　　　　　　　　　　　　　　　　　　장의 열전

남전藍田(섬서성 남전현藍田縣) 전투에서 대패했다. 초에서는 부득이 두 성을 내어주고 진과 화약을 맺었다. 쓰이지 못하는 인재. 이 삽화의 주인공은 진진陳軫이다.

진은 무관武關 밖의 지역과 초나라의 검중黔中을 맞바꾸고 싶어 했다. 초왕이 말했다.

"땅을 맞바꾸고 싶지는 않다. 장의를 보내면 검중을 주겠다."

진왕이 장의를 보내고 싶었지만 차마 말을 꺼내지 못했다. 장의가 초나라에 가기를 자청했다. 혜왕이 말했다.

"초왕은 상오商於 건으로 몹시 화가 나 그대를 벼르고 있소."

장의가 말했다.

"진은 강하고 초는 약합니다. 그리고 신은 초나라의 근상斬尙(「굴원 열전」에 보이는 상관대부)과 친합니다. 근상은 초왕의 부인 정수鄭袖를 섬기고 있는데, 그녀가 말하는 거라면 초왕이 모두 들어줍니다. 또 신이 대왕의 부절을 받들어 사신으로 가거늘, 초에서 어찌 감히 저를 죽일 수 있겠습니까! 가령 신을 죽인다 해도 진이 검중 땅을 얻는다면, 그것은 신이 원하는 일입니다."

장의는 초나라에 사신으로 가게 되었다.

초 회왕은 장의가 이르자 곧 가두고 죽이려 했다. 근상이 정수에게 말했다.

"마마께서는 이제 대왕의 눈밖에 나실 텐데, 이를 알고 계신지요?"

정수가 반문하자 다시 말했다.

"진왕이 장의를 몹시 아껴 그를 옥중에서 꺼내기 위해 상용上庸(호북성湖北省 십언시十堰市 죽산현竹山縣 일대)의 여섯 고을과 함께 미인을 초에 보내려 하고, 또 가무에 뛰어난 궁중의 여인을 딸려 보낸다고 합니다. 우리 대왕께서는 땅 때문에라도 진을 존중하실 터인데, 그리되면 진에서 보내온 여인이 귀하게 되어 마마께서는 내쳐지실 것입니다. 대왕께 아뢰어 장의를 꺼내 주시는 것이 좋습니다.”

이에 정수는 밤낮으로 회왕에게 말했다.

“신하란 각기 자기 주인을 위해 힘쓰는 법입니다. 지금 땅도 아직 주지 않았는데 장의를 보내온 것을 보면 진이 대왕을 매우 존중함을 알 수 있습니다. 대왕께서도 예에 맞지 않게 장의를 죽이신다면 진에서 크게 화를 내어 우리를 공격할 것입니다. 소첩의 모자가 강남으로 옮겨가 진나라의 어육이 되지 않도록 해 주십시오.”

회왕이 후회하여 장의를 풀어주고, 예전처럼 후대하였다.

장의가 감옥에서 나와 아직 초나라에 있을 때 소진이 죽었다는 소식을 들었다. 이에 초왕을 설득했다. 소진이 죽으며 장의의 유세가 통하기 시작한다.

진나라의 영토는 천하의 반이고, 군사력은 네 나라와 맞먹습니다. 험준한 산하로 둘러싸여 있어 사방이 모두 단단한 요새입니다. 용맹한 군사가 100여 만 명에 전차가 천 승이나 되며, 전마가 만 필입니다. 양식은 산처럼 쌓여 있습니다. 법령이 밝게 시행되어 사졸들이 죽음을 두려워하지 않습니다. 군주는 현명하여 위엄이 있고, 장수는 지혜롭고도 용맹합니다. 군대를 내지 않아도 상산의 험지를 석권하여 천하의 등뼈를 부러뜨릴 수 있으니, 늦게 복속하는 나라는 먼저 멸망될 것입니다. 그러니 저 합종이야말로 양떼를 몰아 사나운 범을 치는 셈이니, 양이 범에 맞설 수 없음은 자명합니다. 이제 대왕께서 맹호의 편에 서지 않고 양떼와 함께하신다면, 소신의 생각으로는 잘못된 계책인가 하옵니다.

무릇 천하의 강대국은 진 아니면 초이고 초 아니면 진이니, 두 나라가 다투면 형세 상 양립할 수 없습니다. 대왕께서 진과 한 편에 서지 않으실 경우, 진이 군대를 내어 의양宜陽을 점거하면 한韓나라 상당上黨(산서성 태원太原의 남쪽에 있던 고을) 지역이 차단됩니다. 하동河東으로 진출하여 성고成皐를 점령하면 한나라는 복속할 것이고, 그렇게 되면 위나라 또한 바람에 따라 움직이겠지요. 진이 초의 서쪽을 공격하고, 진에 복속한 한과 위가 그 북쪽을 치면, 사직이 어찌 위태롭지 않겠습니까!

합종론자들은 여러 약소국을 모아 극강의 나라를 공격하니, 이는 상대의 힘도 헤아리지 못하고 섣불리 대드는 격입니다. 나라가 빈곤한데 자꾸 군대를 일으킴은 망국의 길이지요. 군사력이 딸리면 싸움을 걸지 말고, 양식이 그만 못하면 길게 끌지 말라고 합니다. 저 합종론자는 교묘하게 빈말을 꾸며 군주의 기개와 절조를 높이고, 이로움만 말하고 폐해는 언급하지 않아 결국 진나라의 재앙을 맞이했지만, 거기에는 제대로 대응하지 못하고 있습니다. 대왕께서는 살펴 깊이 생각해 주십시오.

진나라의 서쪽에는 파촉巴蜀이 있는데, 큰 배에 양식을 싣고 문산汶山(사천성 송반松潘 북쪽)에서 출발하여 강을 타고 3천여 리를 내려오면 초나라에 도착합니다. 배 한 척에 5명의 군사와 석 달 양식을 싣고 내려오면 하루에 300리도 넘게 이동합니다. 거리가 멀다지만 우마의 힘을 소모하지 않으니 열흘도 못 되어 한관扞關(호북성 장양長陽 서쪽)에 이를 수 있습니다. 한관이 동요하면 그 동쪽의 전역이 전쟁 태세에 들어갈 수밖에 없는데, 그리 되면 검중黔中과 무군巫郡은 이미 대왕의 땅이 아니라고 봐야 합니다. 진나라가 군대를 일으켜 무관武關을 나서 남쪽으로 몰아치면 초의 북쪽 지역이 황폐해집니다. 진이 초를 공격하면 석 달 안에 위험에 빠지고, 여러 제후국의 구원병이 도착하려면 최소한 여섯 달은 있어야 하는데, 형세로 보면 그것도 어렵습니다. 약소국의 구원을 믿고 강대국 진의 화를 잊어버림은 신이 대왕을 위해 걱정하는 일입니다.

대왕께서는 일찍이 오나라와 전쟁을 치르셨지요. 다섯 번을 싸워 세 번을 이겼지만 전선의 군사들이 피폐해졌습니다. 새로 얻은 성을 지키느라 백성들의 삶이 몹시 곤궁해졌습니다. 공이 큰 자는 쉬이 위태로워지고, 백성들은 삶이 피폐해지면 윗사람을 원망한다고 합니다. 쉬이 위태로워지는 공을 지키느라 강대국 진을 거스른다면 위험한 일이 아닐지요.

진나라가 15년 동안이나 함곡관 밖으로 군대를 내어 제齊와 조趙를 공격하지 않음은 은밀하게 천하를 통합하려는 계획이 있었기 때문입니다. 초나라가 일찍이 진과 원수가 되어 한중에서 싸웠습니다. 초는 이기지 못했을 뿐 아니라, 규珪를 쥔 열후列侯로 죽은 자가 70명이 넘고 한중 땅까지 빼앗겼습니다. 초왕은 대로하여 군대를 일으켜 진을 습격하여 남전藍田에서 싸웠는데, 이야말로 이른바 용호상박의 전투였습니다. 그 결과 진과 초 모두 피폐해진 틈을 타 한韓과 위魏가 힘들이지 않고 그 후방을 위협했으니, 이보다 위험한 계책은 없습니다. 대왕께서는 깊이 헤아리십시오.

진나라에서 군대를 내어 위衛나라 양진陽晉을 공격하면, 이는 천하의 멱살을 움켜쥐는 셈입니다. 대왕께서는 전군을 동원하여 송宋을 치실 것이고, 몇 달 안에 송나라를 얻게 되시겠지요. 송나라를 얻고 동쪽으로 향하면 사수泗水 가의 작은 열두 제후국들은 모두 대왕의 소유가 됩니다. 천하 여러 나라들 사이를 남북으로 굳게 동맹시킨 소진은 그 공으로 조나라에서 무안군에 책봉되었습니다. 연나라의 재상이 되어서는, 연왕과 모의하여 제나라를 깨뜨리고 그 땅을 나누었습니다. 거짓으로 죄를 짓고 제나라로 달아나자, 제왕은 그를 받아들여 재상으로 삼았지만, 2년 만에 거짓이 들통났지요. 제왕은 크게 노하여 소진을 저자에서 거열형으로 죽였습니다. 한낱 사기꾼에 불과한 소진이 천하를 경영한답시고 제후국들을 하나로 모으려 했지만, 어림없는 일임이 분명하게 드러났습니다.

지금 진과 초는 국경을 맞대고 있는, 형세상 가까이 지내야 하는 사이입니다. 대왕께서 신의 말씀을 들어주시면, 진나라의 태자를 초나라에 인질로 보내게 할 테니, 초나라의 태자도 진나라에 보내주십시오. 진나라의 공주를 대왕의 첩으로 삼고, 만 호戶의 도읍을 봉토로 바쳐 영원히 형제의 나라가 되어 서로 침공하지 않도록 하겠습니다. 이보다 좋은 계책이 또 있을는지요!

이 말에 초왕은 장의를 얻고도 주기를 주저하였던 검중 땅을 내어 주려고 하였다. 그러자 굴원이 말했다.

"지난번 대왕께서는 장의에게 속으시면서, 장의가 오면 삶아 죽이겠다 작정하셨습니다. 그런데 지금 그를 풀어주어 죽이지도 않으시고, 나아가 그의 사악한 변설을 들어주려 하시니, 절대로 불가합니다."

회왕이 말했다.

"장의의 말을 들어주고 검중을 얻음은 아름답고도 이로운 일이니, 뒤에 이를 뒤집는 일은 있을 수 없소."

끝내 장의의 요청을 들어주어 진과 화친했다. 진진과 굴원의 등장으로 인물 초점 분산.

장의는 초나라를 떠나 한韓나라로 가서 왕을 설득했다.

한나라 영토는 험악한 산악 지형으로 오곡 중 생산되는 것이 콩 아니면 보리가 전부인지라, 백성들의 먹거리 또한 콩밥에 콩잎국이 전부이고, 한 해만 농사가 시원찮아도 그나마 배불리 먹지 못합니다. 땅은 사방 900리를 넘지 못하고, 두 해 먹을 양식도 비축되어 있지 않습니다. 대왕의 군사를 모두 합해 봐야 30만이 고작인데, 거기에는 잡역 인부도 섞여 있으니, 변방을 지키는 병사는 기껏해야 20만이 채 못 됩니다. 이에 반해 진나라의 군사는 100만이 넘고, 전차 천 승에 전마는 만 필이나 되며, 맨발 맨머리에 활을 재고 전장에 뛰어들 태세가 되어 있는 군사의 수만 해도 이루 헤아릴 수가 없습니다. 군사는 넘치고, 한 번 뛰면 하늘 높이 솟구치는 전마가 부지기수입니다. 갑옷을 입고 투구를 쓴 산동의 군사와 마주쳐 싸우면, 진나라 군사들은 맨몸으로 적에게 달려들어 왼쪽에 는 적의 머리를 끌고 오른쪽 겨드랑이에 포로를 낄 정도입니 다. 진나라 군사와 산동의 군사는 맹분孟賁과 겁쟁이인 셈이 고, 그 힘을 따지면 오획烏獲과 어린아이입니다.⁶ 맹분이나 오 획 같은 군사를 이끌고 아직 복속하지 않고 있는 허약한 나 라를 치는 일은 3만 근의 쇳덩어리를 새 알 위에 올려 놓는 것과 진배없으니 행운을 기대할 수 없습니다.

여러 신하와 제후들은 영토의 협소함을 헤아리지 않고 합 종론자의 감언이설에 솔깃하여 서로 연대하여 허장성세하 며 분기를 내어 "나의 계책을 들으면 천하의 패자가 될 수 있 다"고 호언합니다. 하지만 사직을 영원히 보존하는 이익은 고려하지 않고 잠깐의 달콤한 말에 빠져 자기 주군을 그르치 는 일로 이보다 지나친 것은 없습니다. 대왕께서 진을 섬기 지 않으시면, 진은 군사를 내어 의양宜陽을 점거하여 상당으 로 통하는 길을 차단할 것입니다. 이어 동쪽의 성고成皐와 형 양滎陽을 탈취하면 홍대궁鴻臺宮과 상림원桑林苑은 이미 대왕 의 것이 아닙니다. 성고 어귀에 요새를 쌓고 상당으로 통하 는 길을 차단하면 대왕의 나라는 둘로 쪼개집니다. 먼저 진 을 섬기면 나라가 편안해지고, 그리 안 하시면 나라가 위험 해집니다. 화를 불러올 일을 하면서 복을 바라신다면, 생각이

---

6   맹분과 오획은 모두 전국시대의 전설적인 장사이다. 두 사람이 묶여 장사의 표
상으로 사용되곤 한다.

짧아 원망이 깊어지는 길이지요. 진나라를 거역하고 초나라를 따른다면 망하지 않을 길이 없습니다.

그러므로 대왕을 위한 계책으로는 진나라와 함께하는 길밖에 없습니다. 진나라가 가장 원하는 것은 초나라를 약화시키는 것인데, 이를 할 나라는 한이 적격이지요. 한이 초나라보다 강대하다는 것이 아니라 지리의 형세가 그렇다는 것입니다. 지금 대왕께서 서쪽으로 마음을 열어 진나라를 섬겨 초나라를 공격하면, 진왕께서는 기뻐할 것입니다. 초나라를 공격하여 그 땅을 이익으로 챙기고, 화를 전환시켜 진나라와 화친하는 것이 가장 좋은 계책입니다.

한왕이 이 말을 따르기로 했다. 장의가 돌아와 보고하자, 진 혜왕은 장의에게 다섯 고을을 봉토로 주고 무신군武信君이라 일컬었다. 제나라에 사신으로 보내니, 장의는 제나라 민왕湣王을 설득했다.

천하에 제나라보다 강대한 나라는 없으니, 대신과 부형들의 수도 많고 살림도 풍족합니다. 하지만 대왕을 위해 계책을 내는 자들은 100대의 이익은 헤아리지 못합니다. 합종론자는 이렇게 대왕을 현혹할 것입니다. '제나라 서쪽에는 강대국 조가 있고, 남쪽에는 한韓과 위魏가 있습니다. 제는 바다를 등진 나라로, 땅은 넓고 백성도 많으며 군사는 강하고 용맹하니, 진나라가 100개라 하더라도 제나라를 어쩌겠습니까?' 대왕께선 그 말에 현혹되어 실질을 보지 못하고 계십니다. 합종론자들은 서로 무리를 지어 합종이면 만사 끝이라고 입을 모웁니다. 신이 듣자니, 제는 노나라와 세 번 싸웠는데, 노나라가 세 번 다 이겼다고요. 그런데 노나라는 그 뒤에 나라가 위태로워지더니 망하고 말았습니다. 전투에서 이겼다는 명분은 얻었지만, 실질은 나라의 멸망입니다. 왜 그럴까요? 제는 크고 노는 작기 때문입니다. 지금 진과 제의 관계는 제와 노의 그것과 똑같습니다. 진과 조가 황하黃河와 장수漳水 가에서 싸웠는데, 두 번 다 조나라가 이겼습니다. 번오番吾 일대에서 전투를 벌이고, 거듭 싸웠지요. 네 차례 싸움에서 죽은 조나라 군사가 수십만이며 한단은 겨우 지켰습니다. 싸움에 이겼다는 이름을 얻는 동안 나라는 깨질 대로 깨졌습니다. 왜 그럴까요? 진은 강하고 조는 약하기 때문입니다.

지금 진과 초는 국혼을 맺어 형제의 나라가 되었습니다. 한과 위에서는 각각 의양宜陽과 하외河外를 바쳤고, 조나라 왕은 민지澠池에서 입조하여 황하와 장수 사이의 땅을 할양하여 진에 대한 성의를 표현했습니다. 대왕께서 진을 섬기지 않으시면, 진은 한과 위의 군대를 몰아 제나라의 남쪽을 공격하고, 조나라 군사를 동원하여 청하를 건너 박관博關(산동성 박평현博平縣 서북쪽)으로 향할 것이니, 이렇게 되면 임치와 즉묵卽墨은 대왕의 영토라 할 수 없습니다. 어느 날 이처럼 동시에 공격을 받으면, 그때 진과 화약을 맺으려 해도 불가능할 것이오니, 대왕께서는 깊이 생각하십시오.

제왕이 말했다. "제나라는 변방 구석의 나라로 동해 가에 숨어 있는지라 사직을 위한 장구한 계책을 들어보지 못했습니다." 장이이 말을 따르기로 결정했다.

장의는 제나라를 떠나 서쪽으로 조나라에 가서 왕을 설득했다.

저희 진왕께서 저를 사신으로 보내어 어리석은 계책을 대왕께 올리게 하셨습니다. 대왕께서 천하의 제후국들을 모아 진나라를 배척하여, 진나라 군대가 함곡관을 나서지 못한 지가 15년입니다. 대왕의 위엄이 산동에 행해지는 동안, 우리 진나라는 두려움에 떨며 엎드려 있었습니다. 그 사이 병기를 닦고 군사를 훈련시키고 전차와 전마를 손보고 힘껏 농사지어 양식을 비축하면서 사방 영토나마 간수하였습니다. 근심과 두려움에 싸인 채 섣불리 움직이지 못하면서, 대왕께서 잘못을 꾸짖지나 않을까 조바심을 내었지요.

그런데 지금은 저희 대왕의 힘으로 파촉을 정복하고, 한중을 병합하고, 동서 두 주나라를 복속시켜 구정九鼎을 옮겼으며, 백마진(하남성 활현滑縣 동북쪽)을 지키고 있습니다. 저희 진이 먼 변방 구석의 나라지만, 분노를 품은 세월이 오래입니다. 지금 진의 군대는 민지에 머물면서 황하와 장수를 건널 날만 기다리는 중이고, 번오를 거점으로 삼아 한단에서의 일전으로 옛날 주 무왕이 은나라 주왕을 공격하여 천하를 바로잡은 일을 벼르고 있습니다. 그에 앞서 삼가 신을 보내어 대왕께 이 사실을 아뢰게 하셨습니다.

대왕께서 굳게 합종책을 시행하심은 소진을 믿기 때문입니다. 그런데 소진은 제후들을 현혹하여 옳은 걸 그르다 하고 틀린 걸 바르다 하면서 제나라를 배반하다가 저자에서 거열형에 처해졌습니다. 이제 천하가 하나로 묶일 수 없게 되었습니다. 지금 초와 진은 형제의 나라가 되었고, 한과 위는 동쪽의 번국이 되었으며, 제나라는 바닷가의 땅을 바쳤으니, 조나라의 오른팔이 잘린 셈입니다. 오른팔이 잘린 채 남과 싸우고, 무리를 잃어 고립되어 있으면서 위태로운 상황을 피하려 한다면 그게 가능하겠습니까!

이제 진나라에서 세 장군을 보내면, 일군은 오도吾道⁷에 주둔하여 제나라에 알려 군사를 일으켜 청하를 건너 한단 동쪽에 진을 치게 합니다. 일군은 성고를 거점으로 하외에서 한과 위의 군대를 몰아갑니다. 일군은 민지에 버틴 채 네 나라의 연합군을 편성하여 조나라를 공격합니다. 이렇게 되면 조나라는 깨져 그 땅이 네 토막으로 나뉘겠지요. 이런 까닭에 저희 뜻을 숨기지 않고 먼저 아뢰오니, 신의 생각에 대왕께서는 진왕과 민지에서 만나 서로 얼굴을 보면서 화약을 맺고 군사를 물려달라고 요청하시는 것이 상책일까 하옵니다. 대왕께서는 생각을 정해 주십시오.

조왕이 말했다. "선대에 봉양군이 권력을 농단하여 선왕을 기망하고 정사를 멋대로 하는 통에, 과인은 스승에게 맡겨져 나랏일에 참여하지 못했습니다. 선왕께서 돌아가셨을 때 과인은 아직 어렸던 데다 왕위를 계승한 지 얼마 안 되어 마음은 의혹으로 가득했습니다. 하

7   조나라와 제나라 사이의 지명이라는 설도 있고, 종횡으로 교차하는 길을 뜻하는 일반명사라는 설도 있다.

여 합종으로 진나라를 섬기지 않는 것은 나라의 먼 이익을 위한 계책이 아니라고 생각했습니다. 이에 마음을 바꿔 땅을 잘라 예전의 잘못을 사과하고 진을 좇으려 수레를 내어 달려가려던 참이었는데, 마침 사신의 밝은 의견을 듣게 되었습니다." 조왕도 장의의 의견을 좇기로 했다. 장의는 이에 조나라를 떠났다.

　북쪽으로 연燕나라에 가서 소왕昭王을 설득했다.

　　대왕과 가장 친한 나라는 조趙입니다. 옛날 조양자趙襄子는 자신의 윗누이를 대代나라 왕에게 시집보내어 대代를 병탄하려고 했습니다. 대나라 왕과 구주句注(산서성 대현 서북쪽의 안문산雁門山)의 요새에서 만나기로 약속했습니다. 그리고 공인에게 금투金鬪(일종의 국자)를 만들되 자루를 길게 하여 그걸로 사람을 칠 수 있도록 하라고 일렀습니다. 대나라 왕과 함께 술을 마시다가 넌지시 요리사에게 술자리가 무르익으면 뜨거운 국을 올리다가 금투를 뒤집어 치라고 지시했습니다. 이윽고 술자리가 무르익어 뜨거운 국을 내오게 하니, 요리사가 음식을 올리다가 금투를 뒤집어 대나라 왕을 쳐 죽이니 대나라 왕의 뇌수가 바닥을 적셨습니다. 왕의 누이가 그 소식을 듣고 비녀로 찔러 스스로 목숨을 끊었습니다. 그러므로 지금까지 마계산摩笄山(하북성 탁록현涿鹿縣 동북쪽)이란 이름이 남아 있습니다. 대나라 왕이 죽은 이야기는 천하에 모르는 사람이 없을 정도로 유명합니다.

　　저 조왕의 흉포함은 대왕께서 잘 아시는 대로입니다. 그런데도 조왕과의 화친이 가능하다고 생각하시는지요? 조나라는 군사를 일으켜 연을 공격했지요. 두 차례나 수도를 포위하고 대왕을 겁박했습니다. 대왕께서는 할 수 없이 열 개의 성을 내주며 사죄했습니다. 지금 그 조왕은 벌써 민지에서 진나라에 입조했고, 하간河間[8] 땅을 바쳐 진을 섬기기로 했습니다. 지금 대왕께서 진을 섬기지 않으신다면, 진은 군사를 이끌고 운중雲中(내몽골 토묵특우기土默特右旗 동쪽)과 구원九原(내몽골 몽포두시蒙包頭市 서쪽)으로 진출한 뒤, 조나라 군대를 앞세워 연을 공격할 것입니다. 그렇게 되면 역수易水와 장성長城은 이미 대왕의 땅이 아니라고 봐야지요.

지금 조나라는 진의 군현이나 다름없는지라, 감히 군대를 일으켜 공격할 엄두를 내지 못합니다. 이제 왕께서 진을 섬기신다면, 진왕은 크게 기뻐할 것이고, 조는 함부로 군사를 일으키지 못합니다. 이야말로 서쪽으로 강대국 진의 원조를 받아 남쪽 제와 조의 근심을 없애는 방법이지요. 대왕께서는 깊이 생각하십시오.

연왕이 말했다. "과인은 천하의 맨 구석 오랑캐 땅에 자리를 잡고 있는지라, 덩치가 산만 한 사내라도 그 식견이 갓난아기와 다름없어, 말을 해도 쓸 만한 계책이 없습니다. 지금 상객께서 다행히 알려주시니, 서쪽으로 진나라를 따르겠습니다. 마음의 표시로 항산恒山 자락의 다섯 성을 바치겠습니다." 연왕도 장의의 건의를 따르기로 했다.

장의가 보고하기 위해 돌아가는데, 함양에 못 미쳐 진 혜왕이 죽고

---

8   여기서는 조나라 서쪽 황하 유역을 가리키는 듯하다.

무왕武王이 즉위했다. 무왕은 태자 시절부터 장의를 좋아하지 않았다. 그가 즉위하자 여러 신하들이 장의를 헐뜯었다. "신의라고는 없고, 이리저리 나라를 팔아 자기 체면만 차리는 자입니다. 그를 다시 등용하면 천하의 웃음거리가 되십니다." 제후들도 장의와 무왕 사이에 틈이 있다는 소식을 듣고 모두 연횡을 포기하고 다시 합종으로 돌아갔다. 소진의 여력. 장의는 애써 합종을 깼지만, 사세는 번번이 합종으로 돌아갔다. 죽은 소진이 살아 있는 장의의 발목을 계속 잡고 있었던 셈이다.

진 무왕 원년, 신하들이 장의에 대한 비방을 그치지 않는 가운데, 장의의 책임을 묻는 제나라 사신이 도착했다. 장의는 처형될까 두려워 무왕에게 아뢰었다. "제게 대단치 않은 계책이 있는데 시행해 보고자 합니다." 왕이 말했다. "무엇이오?" "진나라 사직을 위한 계책이온데, 동방에 큰 변란이 있어야 대왕께서 많은 땅을 얻으실 수 있습니다. 지금 제나라 왕은 저를 매우 싫어하니, 제가 있는 곳이면 반드시 군사를 일으켜 공격할 것입니다. 바라건대 저를 위나라로 보내 주십시오. 그러면 제나라에서 위나라를 칠 게 분명합니다. 위와 제의 군대가 대량 부근에서 접전을 벌이는 틈을 이용하여 대왕께서는 한을 쳐 삼천三川으로 들어가십시오. 함곡관을 나서되 공격은 하지 마시고 주나라를 압박하면 천자의 상징인 제기를 바쳐 올 것입니다. 이리하여 천자를 끼고 천하의 지도와 호적을 확보하면, 이것이 바로 왕업이지요." 진왕은 그럴 듯하다고 여겨, 전차 30승을 갖춰 장의를 위나라로 보냈다. 제나라는 과연 위나라를 공격했다.

위나라 애왕이 두려워하자 장의가 말했다. "대왕께서는 걱정하지 마십시오. 제나라 군대가 물러가도록 하겠습니다." 자기 사인舍人 풍희馮喜를 초나라에 보내고, 위나라의 사신을 빌려 제나라에 보냈다. 사신이 제왕에게 말했다. "대왕께서는 장의를 몹시 미워하십니다. 하지만 결과는 진나라에서의 장의의 입지를 두텁게 하고 계십니다." 제왕이 말했다. "장의가 괘씸하여 그가 있는 위나라를 쳤을 뿐인데, 뭐가 그렇다는 거요?" 사신은 장의가 진나라를 떠나며 진왕에게 했던 이야기를 소상하게 들려주었다. "바로 그겁니다. 지금 장의가 위나라로 오자 대왕께서는 과연 위나라를 공격하셨으니, 이는 국내의 피폐한 백성들로 밖의 우호국을 공격하여 쓸데없이 적국을 많이 만들어 화를 부르면서, 동시에 장의에 대한 진왕의 신임만 높이는 것입니다. 이것이 신이 말씀드린 바, '장의의 입지만 탄탄하게 해 준다'는 것입니다." 제왕이 말했다. "그렇군!" 바로 군대를 풀게 했다.

장의는 위나라의 재상이 된 지 1년 만에 그곳에서 죽었다. 소진과 달리, 그의 삶은 죽으면서 바로 끝나 버린다.

진진陳軫은 유세가이다. 장의와 함께 진 혜왕을 섬겨 모두 높은 지위에 올라 왕의 총애를 다투었다. 장의가 혜왕에게 진진을 나쁘게 말했다. "진진이 많은 예물을 지니고 빈번하게 초나라에 사신으로 가는 것은 나라의 외교를 위해서입니다. 그런데 지금 초나라가 진나라를 대우함은 나아지지 않고 진진만 우대하고 있으니, 이는 그가 일신의 영달을 위하고 대왕을 위한 마음은 부족하기 때문입니다. 또 그는 진나라를 떠나 초로 가려고 하는데, 대왕께서는 어찌 그 사정을 들어 보지 않으십니까?" 이에 혜왕이 진진을 불러 대화를 나누었다. "그대가 초나라로 가려 한다는데 사실이오?" "그렇습니다." "장의의 말이 맞는군!" "장의만이 아니라 길 가는 사람 모두가 알고 있는 일입니다. 옛날 오자서가 자기 임금에게 충성을 다하니 천하의 제후들이 다투어 그를 신하로 삼고자 했고, 증삼이 자기 부모에게 극진히 효도하자 천하 사람들이 그를 자식으로 삼고 싶어 했습니다. 그러니 노복과 비첩이 마을을 벗어나기 전에 팔리는 것은 그들의 좋은 노복이고 비첩이기 때문입니다. 마을 안에서 시집가는 여인은 훌륭한 신붓감으로 인정받은 까닭입니다. 지금 제가 대왕의 충신이 아니라면, 초나라에 무얼 근거로 저의 충심을 알겠습니까? 충심을 다하는데도 버려져 쓰이지 않고 있으니, 제가 초나라 아니면 어디로 가겠습니까?" 혜왕은 고개를 끄덕이고 진진을 우대하였다. ……군사를 일으켜 큰 성과를 거두었다. 진진의 계책이다.

서수犀首는 위나라 음진陰晉(화음현華陰縣 동쪽) 출신이다. 이름은 연衍이고 성은 공손公孫이다. 장의와 사이가 안 좋았다. ……장의가 죽자, 서수가 진나라에 들어와 재상이 되었다. 다섯 나라 재상의 인수를 차고 맹약을 주도했다.

태사공은 말한다. 삼진三晉 땅에는 권변에 능한 선비가 많았다. 합종과 연횡을 주장하여 결과적으로 진나라를 강대하게 한 사람들은 모두 삼진 출신이다. 장의가 한 일은 소진의 그것보다 더 심했다. 그런데 세상 사람들이 소진을 미워하는 것은 그가 먼저 죽어, 장의가 그를 나쁘게 말하고 자신의 견해를 부각시켜 결국은 진나라 중심의 연횡을 성공시켰기 때문이다. 핵심만 간추리면, 이 두 사람은 참으로 나라를 기울이고 위태롭게 했던 술사였던가!

역사 저울의 균형을 맞추다

사마천은 소진과 장의의 전傳을 이어서 배치했다. 두 사람이 한 시대에 각기 다른 입장에서 같은 방식으로 천하의 형세를 움직였던 인물이기 때문이다. 사마천은 두 사람에 대한 기술을 대등하게 분배했고, 하나의 기준에서 그들의 입장과 활약은 상세하게 기술했다. 소진의 입을 통해서는 약소국의 생존 방식을 설파했고, 장의의 행적을 통해서는 강대국의 통합 논리를 개진했다. 소진은 각 나라의 강점과 자존의식을 부각하여 의기를 일으켰고, 장의는 가상의 일들을 마치 완료된 것처럼 늘어놓아 제후국들의 사기를 꺾었다. 소진의 열전 뒤에 두 동생 소대蘇代와 소려蘇厲의 약전을 덧붙이고, 장의의 열전 뒤에 진진과 서수를 소개한 것도 비슷하다. 사마천은 두 사람에게 보내는 시선이 혹 한쪽에 치우치지 않도록 세심하게 고려했다.

하지만 자세히 보면 시선 속 온도는 사뭇 다르다. 소진을 위해서는 세간의 나쁜 평판을 바로잡아 주려 했고, 시종 주역의 위치를 지켜 주었으며, 그의 행적을 높이 평가했다. 두 아우의 활약을 소개함으로써 소진의 공적이 우연이나 일과성이 아님을 입증했다. 그는 자신의 힘으로 성공했다. 이에 반해 장의는 소진의 힘으로 입신했고, 그의 판단에는 실패가 많았다. 유세는 강대국 진의 엄호 아래서만 효과를 발휘했으며, 그나마도 지속되지 않았다. 주인공이지만 그 자리가 위태로운 순간들이 많다. 사이가 안 좋았던 진진과 서수를 덧붙여 입전한 것도 눈여겨보아야 한다. 장의의 시샘으로 진을 떠난 진진의 판단은 언제나 옳았고 말은 풍부하고 정확했다. 서수는 장의에 이어 신나라의 새상이 되어 연횡을 주도한 것으로 소개된다. 소대와 소려의 전이 여운이라면, 진진과 서수의 전은 차단인 셈이다. 두 사람으로 인해 장의의 삶은 서둘러 닫힌다. 그의 존재감은 순식간에 지워지고 만다.

사마천은 소진에게 호감을 보이고, 장의의 삶은 짐짓 깎아내렸다. 그것은 성패만으로 인물을 평가하는 세간의 인식에 대한 반감에서 비롯된 것이고, 성공하여 드높아진 장의와 실패하여 깎인 소진 사이의 균형을 맞춰 주고 싶었기 때문이다. 그는 소진에게 한껏 무게를 실어 장의 쪽으로 심하게 기운 저울의 균형을 바로잡고자 한 것이다. 현실의 승자는 조조와 사마의지만, 이야기의 주인공은 유비와 제갈량인 것도 비슷한 현상이다. 이를 사가의 균형 감각, 또는 역사에 질문을 던지는 이야기의 공용이라 해도 좋을 것이다. 하지만 이는 사마천의 문심일 뿐이고, 두 편의 글을 거꾸로 읽으면 다음과 같은 통찰이 남는다.

"소진이 아무리 뛰어났어도 역사의 대세를 거스를 수는 없었고, 진秦나라의 국가 역량은 장의의 부족한 식견을 메워 주고도 남았다."

장의 열전

그의 옆에는
풍환이 있었다

맹상군 열전孟嘗君列傳

동기同氣는 상감相感이요, 동성同聲은 상구相
求라, 용이 날면 구름이 일고, 호걸은 호걸을 알아본다. 또 유유상종
類類相從이라, 맹장猛將 아래엔 약졸弱卒이 없고, 탐관貪官에는 오리
汚吏들이 따르게 마련이다. 그 명성과 덕망에 비해 맹상군孟嘗君의 말
로는 보잘 게 없고, 한 대를 넘어가기 전 풍비박산 난 집안은 사람들
로 하여금 인생의 영화가 일장춘몽이라는 탄식을 자아내게 한다. 바
로 이 시점에서 사마천은 풍환馮驩의 삶을 입전했다. 사마천에 의해
그려진 풍환은 능력과 덕성을 구비했을 뿐만 아니라 향기로운 품격
을 지닌 인물이다. 그는 진왕과 제왕을 만나 단박에 그들의 마음을
움직일 정도의 능력을 지닌, 드러나지 않아 쓰이지 못하는 인재의 전
형이다. 맹상군이 아니었다면, 가난하여 장식 없는 칼 한 자루만 달
랑 들고 의탁할 곳을 찾던 풍환이 어떻게 세상에 드러날 수 있었겠는
가? 계명구도鷄鳴狗盜 이야기가 3천 식객을 실증하는 에피소드에 불
과하다면, 풍환은 3천 식객의 표상인 셈이다. 풍환 같은 인물을 곁에

두고 살았다면, 맹상군의 삶을 어찌 헛되다 할 수 있으랴! 3천 식객을 어찌 허영의 소산이라고 깎아 말할 수 있으랴! 사마천은 풍환으로 맹상군을 입증한 것이다.

별구초정別構草亭
기와집 뒤에 아담한 초정을 짓다

집에서 멀지도 붙지도 않은 곳에 지은 아담한 초정草亭은 삶과 풍경을 여유롭게 한다. 사마천은 풍환을 따로 입전하여 맹상군의 삶이 헛되지 않음을 보여주었다.

손님을 좋아하고 선비를 아끼니, 재사들이 설읍薛邑(산동성山東省 등주시滕州市)으로 모여들었다. 제나라를 위해 초나라와 위나라를 견제했다. 열다섯 번째로 「맹상군 열전」을 지었다.

맹상군의 이름은 문文으로 성은 전田이다. 그의 아버지는 정곽군靖郭君 전영田嬰이다. 전영은 위왕威王의 둘째 아들이며 선왕宣王의 배다른 아우이다. 전영이 제나라 재상이 된 지 11년 되던 해 선왕이 죽고 민왕湣王이 즉위했다. 민왕 3년(BC.298), 전영에게 설薛을 식읍으로 주었다.

전영에게는 40명이 넘는 아들이 있었다. 그중 문文은 천첩의 아들로 5월 5일에 태어났다. 전영이 문의 어미에게 문을 기르지 말라고 했으나, 그 어미는 몰래 길렀다.

문이 어느 정도 자라자 어미는 다른 형제들에게 부탁하여 아들 문을 전영에게 인사시켰다. 전영이 화를 내며 말했다.

"이 아이를 버리라 했거늘 감히 낳아 기르다니 어찌 된 일이냐?"

문이 머리를 조아리며 말했다.

"군후君侯께서 5월에 태어난 아들을 거두지 말라 하심은 어인 까닭이온지요?"

전영이 말했다.

"5월에 태어난 아들은 키가 지게문짝만큼 크면 제 어미 아비를 해친다 했느니라."[1]

문이 말했다.

"사람이 하늘에게서 목숨을 받습니까, 아니면 지게문에게서 받습니까?"

전영의 말문이 막혔다. 문이 말했다.

"목숨을 하늘에서 받는다면 군후께서 무엇을 근심하시나이까? 지게문짝으로부터 받는 것이라면 그 문짝을 높이면 그만이니, 누가 그 높이에 미칠 수 있겠습니까?"

전영이 말했다.

"그만두거라!"

세월이 흘러 문이 한가한 틈을 타 아비 전영에게 물었다.

"아들의 아들을 무엇이라 합니까?"

"손孫 아니냐."

"그럼 손의 손은요?"

---

[1] 『풍속통』風俗通에 "5월 5일에 태어난 사내아이는 아비를, 계집아이는 어미를 해친다"는 기록이 있다.

"현손玄孫이다."

"현손의 현손은 뭐라 하나요?"

"글쎄, 그건······."

문이 말했다.

"군후께서 제나라의 재상이 되신 지 30년이 되었습니다. 제나라의 영토는 더 넓어지지 않았음에도 군후의 집안에는 수만금의 재물이 쌓였습니다. 하지만 집안에 현자라고는 보이지 않습니다. 장수의 집안에 장수가 나고, 재상의 집안에 재상이 난다고 합니다. 지금 군후의 후궁들은 비단을 밟고 다니지만 선비들은 짧은 갈옷도 얻어 입지 못하고 있으며, 집안에선 노복들의 상에도 기름진 음식이 남아돌지만 선비들은 술지게미도 실컷 먹지 못하는 형편입니다. 오늘날 군후께서는 재물을 잔뜩 쌓아 알지도 못하는 사람(후손)에게 남겨주려 하시면서, 국가의 곳간은 날로 줄어드는 것을 잊고 계십니다. 저는 아무리 생각해도 이해가 되지 않습니다."

이로부터 전영은 문을 예우하여, 집안일을 주관하며 손님을 접대하게 했다. 손님이 날로 불어나니 그 이름이 제후들 사이에 알려졌다. 제후들마다 사람을 보내 설공薛公 전영에게 문을 태자로 삼으라고 권하자 전영도 이를 받아들였다. 전영이 죽자 시호를 정곽군이라 했다. 문이 설 땅의 군후 자리를 이어받으니 이가 바로 맹상군이다. 전문田文은 태어나자마자 아버지에게서 버려져 어머니 손에서 몰래 자랐다. 성장한 뒤에는 아버지를 찾아가 아들임을 인정받고, 끝내는 아버지의 지위와 재산을 이어받았다. 이 이야기는 신화의 전형 구조이지만, 신이성은 다 탈락하고 그 자리에 합리적인 논변과 설득이 들어섰다. 이 이야기는 신이성이 빠진 신화이고, 신화의 집에 들어선 역사

맹상군 열전

이다.

맹상군은 설 땅에 머물면서 제후의 빈객들과 죄를 짓고 달아난 사람들을 불러들이니, 이들이 모두 맹상군에게 몰렸다. 맹상군은 가산을 기울여 이들을 두터이 대우함으로써 천하 선비들의 마음을 사로잡았다. 식객이 수천 명이나 되었는데, 귀천을 가리지 않고 자신과 동등하게 대우했다. 맹상군이 손님을 맞아 앉아 이야기하면 병풍 뒤에는 늘 시사侍史가 있어 주군이 손님과 주고받는 말, 손님의 친척과 거처 등을 기록했다. 제왕의 통치.

손님이 돌아가면 맹상군은 사람을 보내 안부를 물었고, 그의 친척들에게까지 선물을 보냈다. 맹상군이 일찍이 손님을 접대하며 밤에 음식을 나누는데 누군가 불빛을 가린 일이 있었다. 손님은 밥이 똑같지 않은 것으로 오해하여 화를 내면서 음식을 팽개치고 가려 했다. 맹상군은 즉시 일어나 자기 밥그릇을 들고 그의 것과 견주어 보여주었다. 그는 부끄러움을 못 이겨 스스로 목숨을 끊었다. 이 일로 맹상군을 찾는 선비들이 많아졌다. 맹상군은 손님이라면 가리지 않고 모두 귀하게 대우하니, 사람들은 저마다 자기가 맹상군과 친하다고 여겼다.

진나라 소왕昭王이 그 소문을 듣고 먼저 경양군涇陽君을 제나라에 볼모로 보내 맹상군을 초대했다. 맹상군이 진나라로 들어가려고 하자, 빈객들은 이를 만류하며 간했으나 듣지 않았다. 그러자 소대蘇代(소진의 아우)가 말했다.

"오늘 아침 제가 밖에서 오다가 나무 인형과 진흙 인형(경양군)이 서로 다투는 말을 들었습니다. 나무 인형이 말하더군요. '비가 오면 자네는 없어지겠지.' 진흙 인형이 대답하더이다. '나야 뭐 흙에서 왔으니 없어져 뵈야 흙으로 돌아가겠지만, 오늘 비가 와 자네를 싣고

가면 어디까지 떠내려가서야 그칠지.' 지금 진은 범과 이리의 나라입니다. 주군께서 갔다가 돌아오시지 못하면, 진흙 인형의 비웃음거리가 될 뿐입니다."

맹상군이 계획을 그쳤다.

제 민왕 25년, 끝내 맹상군을 진나라에 들어가게 했다. 소왕은 즉각 맹상군을 재상으로 삼았다. 누군가가 소왕에게 말했다.

"맹상군은 현자이지만 제나라 사람입니다. 지금 진나라의 재상이 되어도 제나라 이익을 우선시할 게 분명하니, 우리나라가 위태로워질 것입니다."

소왕은 곧 계획을 멈추고 맹상군을 가둔 뒤 죄로 엮어 죽이고자 했다. 맹상군이 소왕의 애첩에게 사람을 보내 풀어줄 것을 요청했다. 그 희첩이 말했다.

"당신의 호백구狐白裘를 갖고 싶군요."

이때 맹상군에게는 호백구 한 벌이 있었는데 그 값이 천금이나 되는 천하에 둘도 없는 보배지만, 진나라에 들어오면서 소왕에게 바쳤기 때문에 남아 있지 않았다. 맹상군이 근심에 쌓여 빈객들에게 두루 물었으나 딱히 좋은 방안을 듣지 못했다. 마침 가장 끝자리에 개 흉내를 내며 도둑질을 잘하는 이가 있다가 말했다.

"신이 호백구를 손에 넣을 수 있습니다."

밤이 되자 그는 개로 분장하여 진나라 궁중 깊은 곳에 들어가 맹상군이 바친 호백구를 훔쳐 돌아오니, 이를 진왕의 희첩에게 바쳤다. 희첩이 소왕에게 잘 말하여, 맹상군은 풀려날 수 있었다. 맹상군은 빠져나오자 지체 없이 말을 달려 통행증을 위조하고 성명을 바꿔 함곡관을 빠져나오려 했다. 맹상군이 한밤중에 함곡관에 이르렀을 때, 소왕은 맹상군을 보낸 것을 후회하여 찾았으나 이미 떠난 뒤였다. 이에 곧바로 사람들을 시켜 그를 추격하게 했다.

맹상군이 함곡관에 도착했다. 이곳의 법에 닭이 울면 사람을 내보내게 되어 있었다. 맹상군이 추격을 두려워하고 있는데, 빈객들의 말석에 닭 흉내를 잘 내는 이가 소리를 내자 인근의 닭들이 일제히 울어댔다. 통행증을 내보이고 관 밖으로 나갈 수 있었다. 관문을 나선 지 한 식경이 지나자 진나라 추격군이 함곡관에 이르렀지만, 이미 맹상군이 달아난 뒤라 그냥 돌아왔다. 처음에 맹상군이 이 두 사람을 빈객의 자리에 두자, 다른 빈객들이 모두 창피하게 여겼지만, 맹상군이 진나라에서 위기에 처했을 때 이 두 사람의 힘으로 벗어나게 되었다. 그 뒤로 빈객들이 모두 마음으로 복종했다. 손님을 잘 대우하여 그 식객이 3천이나 되었고, 그가 진나라에서 위기에 처했을 때 식객 중 말석에 있던 두 사람의 도움으로 무사히 빠져나왔다는 이야기는, 맹상군이라는 인물을 집약적으로 보여주는 일화이다. 2천 년 동안 사람들은 이 이야기를 매우 사랑하여 입에 올리기를 좋아했다. 하지만 한낮 좀도둑이 어떻게 경비가 삼엄한 진나라 궁궐에 들어가 호백구를 훔쳐낼 수 있었겠는가? 이 이야기는 사람들의 머릿속에서 그려지고 문장가에 의해 지어진 허공의 다락일 뿐이다.

맹상군이 조나라를 지나자 조나라 평원군이 그를 대접했다. 조나라 사람들은 맹상군의 소문을 들은지라 나와 구경했는데, 모두 낄낄거리며 말했다. "설공(맹상군)이 대단한 인물인 줄 알았더니 작달막하니 볼품이 없구먼!" 맹상군이 이 말에 격노했다. 빈객들이 모두 말에서 내려 수백 명을 쳐 죽여 한 고을을 다 없애고 갔다. 폭력의 시대.

제 민왕은 사기 잘못으로 맹상군을 진나라에 보냈다고 자책했는데, 맹상군이 돌아오자 재상으로 삼아 정사를 맡겼다. 맹상군은 진나라를 원망했다. 한韓과 위魏를 도와 초나라를 공격했고, 이어 한韓·위魏와 함께 진나라를 공격했으며, 서주西周[2]에서 군사와 식량을 빌렸다. 소대가 서주를 위해 맹상군에게 말했다.

"군후께서 한·위를 위해 초를 공격한 지 9년 만에 완宛(하남성 남양시南陽市)과 섭葉(하남성 평정산시平頂山市 섭현) 북쪽의 땅을 얻어 두 나라를 강하게 했고, 지금 다시 진나라를 공격하여 이들을 이롭게 했습니다. 한·위는 이제 남쪽과 서쪽으로 초와 진의 근심이 사라졌으니 제나라만 위태로워졌습니다. 한과 위는 반드시 제를 얕보고 진을 두려워할 터이니, 신은 군후를 위해 위태롭게 생각합니다. 군후께서는 서주를 진나라와 화친하도록 하고, 진나라를 공격하거나 서주에서 군사와 식량을 빌리지 마십시오. 함곡관에 다다라 공격을 하지 않고, 이 고을 사람들로 하여금 군후의 마음을 진 소왕에게 이렇게 말하게 하십시오. '설공은 진나라를 쳐 한과 위를 강화시키지 않을 것입니다. 설공이 진을 공격함은, 왕께서 초나라 왕을 움직여 그 동쪽 지역을 잘라 제나라에 주게 하고, 나아가 왕께서 초나라 회왕을 풀어주어 강화하시기를 바라기 때문입니다.' 군후께서 서주로 하여금 진과 우호 관계를 맺게 하시면, 진나라는 공격도 당하지 않으면서, 초나라의 땅을 떼어내 자국의 영토를 보전할 수 있으니 반드시 받아들일 것입니다. 초나라 왕도 풀려나면 제나라를 고맙게 여길 것입니다. 그렇게 되면 제나라는 (초나라) 동쪽 땅을 얻어 더욱 강대해지고, 설 땅도

---

2   은殷나라를 이은 왕조가 아니라. 기원전 404년 낙양 근처에 분봉된 작은 나라이다. 기원전 256년 진秦나라에 항복하면서 멸망했다.

대대로 근심이 없어지겠지요. 진나라가 크게 약해지지는 않겠지만, 3진晉의 서쪽에 있으니, 3진으로서도 제나라를 중시하지 않을 수 없을 것입니다."

설공은 고개를 끄덕이고, 한과 위로 하여금 진나라에 하례하게 하고, 세 나라가 서로 공격하지 않도록 했으며, 서주에서도 병기와 식량을 빌리지 않았다. 이때, 초나라 회왕은 진나라에 들어갔다가 억류되어 있었기 때문에 온갖 수단을 다해 벗어나려 하였는데, 진나라가 보내주지 않고 있었다.

뒤에 제 민왕은 송宋을 멸망시키고는 더욱 교만해져 맹상군을 내치려 했다. 맹상군은 겁을 먹고 위魏나라로 달아났다. 위나라 소왕은 그를 재상으로 삼고 서쪽의 진·조와 합세하여 연燕과 함께 제나라를 쳤다. 민왕은 거莒로 달아났다가 거기서 죽었다. 양왕襄王이 즉위했으나 맹상군은 제후들 사이에서 중립을 지키며 어디에도 속하지 않았다. 새로 왕위에 오른 양왕은 맹상군을 두려워하여 우의를 다지면서 다시 그와 가까이 지냈다.

전문이 죽자 시호를 맹상군이라 했다. 여러 아들이 자리를 다투니, 제나라와 위나라가 힘을 모아 설薛을 멸망시켰다. 맹상군은 후손이 끊겼다. 맹상군은 그 명성과 능력 때문에 열국 사이에서 부침을 거듭하다가 죽었고, 그가 자기 아버지에게 경계했던 말을 입증이라도 하듯, 그의 부귀영화는 물론 혈통마저도 아들 대에서 끊어지고 만다. 맹상군에 대해 '무후'無後(후손이 끊어지다)라고 두 글자를 쓴 뒤, 사마천은 시간을 거슬러 풍환 이야기를 다시 시작한다. 풍환 만큼은 계명구도의 무리와 섞어 이야기하고 싶지 않았던 것이다.

그 전에 풍환은 맹상군이 손님 대접을 잘한다는 말을 듣고 단걸음에 먼 길을 달려가 만났다. 맹상군이 말했다.

"먼 길을 오셨는데, 제게 무슨 가르침을 주시려는지요?"

풍환이 대답했다.

"주군께서 빈객을 좋아하신단 말을 듣고 가난한 몸을 맡기려 합니다."

맹상군은 그를 전사傳舍에 열흘 간 묵게 하고는 전사 책임자에게 그가 무엇을 하며 지내는지를 물었다.

"풍 선생은 몹시 가난하여 장식 없는 칼 한 자루가 전부인데, 그 칼을 두드리며 '장검이 돌아왔는데 밥상에 생선이 없구나' 하고 노래를 부르더군요."

맹상군은 그의 숙소를 행사幸舍로 옮겨 주고 생선 반찬을 올리게 했다. 닷새 뒤에 행사 책임자에게 똑같이 물었더니 대답했다.

"손님께서 또 칼을 두드리며, '장검이 돌아왔는데, 외출을 하려도 수레가 없구나' 하고 노래를 부르더군요."

맹상군은 그를 다시 대사代舍로 옮겨 주고, 외출할 때 수레를 제공하게 했다. 닷새 뒤 다시 대사의 책임자에게 묻자 대답했다.

"선생이 또 칼을 두드리며, '장검이 돌아왔어도 살 집이 없네'라고 노래했습니다."

맹상군은 몹시 언짢았다. 1년이 지나도록 풍환은 불평하지 않았다. 맹상군은 당시 제나라의 재상으로 설薛 땅의 1만 호를 식읍으로 받았지만, 그 수입만으로는 3천 명이나 되는 식객을 기르기에 버거웠다. 이에 사람을 설에 보내 돈을 빌려주고 이자를 받게 했지만 1년이 지나도록 돈은 들어오지 않았다. 돈을 빌려간 이들은 이자를 갚지 않아 빈객들에게 녹봉도 지급할 수 없게 되었다. 맹상군은 고민 끝에 측근들에게 물었다.

"설읍에 누굴 보내면 좋을까요?"

전사 책임자가 말했다.

"대객사代客舍의 손님 풍공은 풍채가 훌륭하고 언변도 좋은 어른
인데 달리 특별한 기능은 없어 보이니, 그분을 보내 받아오게 하심이
좋겠습니다."

맹상군은 풍환을 모셔 오게 하여 말했다.

"제가 불초한 줄 모르고 찾아 주신 빈객이 3천 분이나 됩니다. 고
을 수입만으론 손님들을 모실 수 없어 설읍에 이자를 놓았습니다. 헌
데 설읍의 세금은 들어오지 않고 백성들은 이자를 물지 않는군요. 손
님들 끼니도 대접하기 어렵게 되었으니 선생께서 이 일을 맡아 주십
시오."

풍환은 바로 응낙하고 길을 떠났다.

설읍에 도착하자 맹상군에게 돈을 빌린 자들을 한자리에 모아 이
자 10만 전을 거두었다. 그러고는 술을 빚고 소를 사서는, 이자를 갚
을 수 있건 없건 간에 돈을 빌려간 자들을 부르니, 모두 돈 빌린 문서
를 가지고 모였다. 이들을 한 자리에 모아 날마다 소를 잡고 술을 대
접했다. 여러날 술자리가 거나해지자 다시 전처럼 문서를 가지고 모
이게 하여, 이자 갚을 능력이 있는 사람에게는 기한을 정해 주고, 능
력이 안 되는 사람의 증서는 모아 불에 태우며 말했다.

"맹상군께서 돈을 빌려주신 것은 가난한 백성들에게 생업을 마련
해 주시려 한 것입니다. 이자를 요구한 것은 빈객들을 먹이기 위해서
지요. 살림이 조금 넉넉한 분은 날짜에 맞춰 갚아 주십시오. 가난한
분들의 분서는 모두 태워 버렸습니다. 여러분 실컷 드십시오. 이러한

군주를 어찌 저버릴 수 있겠습니까!"

앉았던 이들이 모두 일어나 두 번 절했다.

맹상군은 풍환이 빚문서 일체를 태웠다는 소식을 듣고 화가 나 풍환을 소환했다. 풍환이 이르자 말했다.

"저에게는 식객이 3천이나 되어 설읍에 이자를 놓은 것입니다. 식읍은 작고 백성들은 제때 이자를 갚지 않아 손님들 모시기도 어려운 지경입니다. 하여 선생께 특별히 부탁한 것입니다. 그런데 듣자니 선생은 받은 이자로 술을 빚고 소를 사 잔치를 베풀고 증서는 태워 없앴다는군요. 무슨 짓입니까?"

풍환이 말했다.

"말씀하신 그대로입니다. 술과 소를 충분히 갖추지 않으면 다 모이게 할 수 없고, 다 모이지 않으면 현황을 파악할 방법이 없습니다. 넉넉한 자야 기한을 두면 되지만, 없는 이들은 10년을 닦달해도 이자만 늘 터이고, 사정이 다급해지면 달아나게 마련입니다. 살림이 기울어 끝내 갚지 못하면, 위로는 주군께서 이익이나 탐내어 백성을 사랑하지 않는 것이 되고, 아랫사람들은 상전을 저버렸다는 오명만 얻게 될 것이니, 이는 사민을 격려하고 주군의 명예를 높이는 방법이 아닙니다. 쓸모없는 빈 문서를 태워 헛된 기대를 버림으로써, 고을 백성들로 하여금 주군을 친애하고 주군의 명성을 드러내게 했습니다. 주군께선 이해 안 되시는 것이 있는지요?"

맹상군은 그의 손을 잡고 고마워했다.

제나라 왕은 진과 초의 계략에 넘어가 맹상군이 자기 명예만 높이고 권력을 농단한다고 여기고 그를 폐위했다. 빈객들은 맹상군이 폐위되자 모두 떠나갔다. 풍환이 말했다.

"신에게 수레 한 대를 내어 주시면 진나라에 들어가 주군의 위상을 높이고 또 봉토를 넓혀 드릴까 합니다."

맹상군은 수레와 예물을 내주었다. 풍환은 서쪽으로 가서 진왕에게 유세했다.

"천하의 유세가들 중 수레를 몰아 진나라에 들어오는 이들은 하나같이 진나라를 강하게 하고 제나라를 약화시킬 방책을 지니고 있습니다. 똑같은 방식으로 동쪽 제나라에 가는 이들은 예외 없이 그 반대를 노립니다. 진과 제는 천하의 자웅을 다투는 나라로, 형세 상 둘 모두 수컷이 될 수 없으니, 끝내는 수컷이 천하를 얻을 것입니다."

진왕이 무릎을 꿇고 물었다.

"우리 진이 암컷이 안 되려면 어떻게 해야 합니까?"

풍환이 말했다.

"대왕께서도 제나라에서 맹상군을 폐위시킨 일을 알고 계신지요?"

진왕이 알고 있다고 하자 다시 말했다.

"천하에 제나라의 위상을 높일 자는 맹상군인데 제왕이 그를 폐위시켰으니, 원망을 품은 맹상군은 제나라를 배반할 게 틀림없습니다. 맹상군이 제나라를 배반하고 진에 들어오면, 제나라의 민심과 세상의 여론은 모두 진으로 기울 것이니, 그렇게 되면 제나라 땅을 차지할 수 있습니다. 이게 진이 수컷이 되는 방법이 아니면 무엇이겠습니까? 대왕께서는 서둘러 예물을 실어 사신을 보내 맹상군을 맞아 오시되 때를 잃지 마십시오. 제나라에서 이를 눈치 채고 다시 맹상군을 등용하면 암수가 어떻게 갈릴지 알 수 없습니다."

진왕은 매우 기뻐했다. 수레 열 대와 황금 100일鎰로 맹상군을 모셔 오게 했다.

풍환은 먼저 길을 떠나 제나라에 이르러 왕에게 진왕에게 했던 것과 똑같은 이야기를 하고 말을 이었다.

"진왕이 수레 열 대에 황금 100일을 실어 맹상군을 모시러 갔다고 합니다. 맹상군이 서쪽으로 가지 않으면 그만이지만 진나라에서 재상이라도 한다면 천하의 인심이 그리로 쏠려 진은 수컷이 되고 제는 암컷이 되리니, 그렇게 되면 임치와 즉묵이 위태로워집니다. 대왕께선 진나라 사신이 당도하기 전에 맹상군을 등용하시고 봉읍을 늘려주어 사례하심이 어떨지요. 맹상군은 기뻐하며 받을 것입니다. 진이 강대국이지만 무슨 수로 남의 나라 재상을 청하여 모시겠습니까? 진의 의도를 끊어 패권의 책략을 꺾으십시오."

제왕은 응낙하고 사신을 국경에 보내 진나라 사신의 동향을 살피게 했다. 진나라 사신의 수레가 마침 제나라 국경으로 들어오고 있어 사신은 급히 돌아와 보고했다. 제왕은 맹상군을 불러 다시 재상을 삼고 옛 봉읍에 1천 호를 더해 주었다. 진나라 사신은 맹상군이 다시 제나라 재상이 되었다는 소식을 듣고 수레를 돌려 돌아갔다.

지난날 맹상군이 폐위되자 빈객들은 모두 떠나 갔었다. 뒤에 다시 재상의 자리에 오르니 풍환이 빈객들을 영접했다. 빈객들이 돌아오기 전에 맹상군이 한숨을 쉬며 말했다.

"내가 빈객을 좋아하여 만나는 분마다 잃은 적이 없으니 식객이 3천 명이 넘었음은 선생께서도 아시는 바입니다. 그런데 그들은 내가 하루아침에 폐위되자 모두 뒤도 안 돌아보고 떠나 버렸습니다. 이제 선생의 덕으로 다시 재상이 되니 그들이 무슨 면목으로 저를 다시 보겠습니까? 다시 저를 보러 온다면 얼굴에 침을 뱉어 주려고 합니다."

풍환은 말고삐를 매어 두고 말에서 내려 절을 했다. 맹상군도 수레에서 내려 맞절을 하며 말했다.

"선생께서는 저들을 위해 사죄하시는 겁니까?"

풍환이 말했다.

"그게 아니라, 주군의 실언 때문입니다. 세상에는 피하지 못할 일과 그럴 수밖에 없는 일이 있는데, 주군께선 알고 계신지요?"

맹상군이 모른다고 하자 다시 말했다.

"태어난 사람은 반드시 죽는 게 피하지 못할 일이고, 부귀한 이에게는 따르는 자가 많고 빈천하면 벗이 적은 것이 그럴 수밖에 없는 일입니다. 주군께서는 아침이면 시장으로 몰려드는 사람들을 보신 적이 있는지요. 날이 밝으면 어깨를 부딪치며 다투어 들어가지만, 해가 저물고 나면 휘휘 떠나가며 거들떠도 안 봅니다. 그들이 아침엔 좋아하고 저녁에는 싫어해서가 아니라 원하는 물건이 그 안에 없기 때문입니다. 주군께서 자리를 잃었을 때 빈객들이 떠나간 것을 원망하여 빈객이 찾아오는 길을 끊음은 어리석은 일입니다. 주군께서는 예전처럼 빈객들을 대우해 주십시오."

맹상군은 두 번 절하고 말했다.

"삼가 따르겠습니다. 선생의 말씀을 듣고 어찌 받들지 않을 수 있겠습니까!"

태사공은 말한다. 내 일찍이 설읍을 지나는데, 그 풍속이 민간에 사납고 거친 자제들이 많아 추나 노와는 달랐다. 그 까닭을 물으니, 맹상군이 천하의 임협을 부르니, 간사한 이들이 고을에 모여들어 6만 호가 넘었다고 했다. 세상에는 맹상군이 빈객을 좋아하고 자신도 호협했다고 전해지는데 그 명성이 빈말이 아니다.

이야기의 마법

팀 버튼이 만든 영화 〈빅 피쉬〉는 '이야기'의 속성과 기능에 관한 이 야기다. 아버지는 아들에게 여러 편의 같은 이야기를 되풀이해서 들 려주었다. 자라서 신문기자가 된 아들은, 그 이야기의 허황됨에 진 저리를 치며 아버지와 반목한다. 아들은 위독한 아버지와 며칠을 보 내게 된다. 아내의 뱃속에는 아기가 자라고 있었다. 아들은 아버지가 자기에게 들려주었던 이야기의 맥락에서 이야기를 지어 아버지에게 들려준다. 아들의 이야기 속에서 아버지는, 평생 자신이 했던 이야기 속 인물들의 전송을 받으며, 애쉬튼 강의 큰 물고기가 되어 유유히 사라진다. 이야기를 통해 평범하고 초라한 삶과 죽음은 고양되고, 아 버지와 아들과 뱃속의 아이는 강물처럼 이어져 흐른다.

「맹상군 열전」은 여러 층위에서 이야기의 다양한 속성을 지니고 있는 글이다. 천첩의 아들로 태어나 죽을 위기를 넘기고 어미에 의해 양육되며 끝내 아버지의 인정을 받고 능력을 발휘한다는 점에서는 『홍길동전』과 닮았다. '살부'殺父의 운명을 띠고 태어나 아버지에 의 해 버려진다는 점에서는 『오이디푸스 왕』과 비슷하다. 운명이 신탁 대신 속신으로 제시되고, 그 속신을 부정하고 극복하는 차이를 보이 지만, 끝내는 멸족으로 귀결된다는 점을 보면 큰 틀에서는 같은 계열 인 셈이다. 비춰보기에 따라 맹상군이 홍길동도 되고 오이디푸스 왕 도 될 수 있다니 흥미로운 일이다. 그럼에도 그는 맹상군이고, 풍환으로 그 삶의 가치를 입증하는 방식은 사마천의 독창이다.

계명구도鷄鳴狗盜의 사례도 인상적인 소재다. 조금만 상식적으로 생각하면 있을 수 없는 일이지만, 세상의 많은 이야기는 이 '불가능성'으로 만들어진다. 관우가 81근 청룡언월도를 휘둘렀다고 하는데, 1근을 400g으로만 셈해도 대략 32kg나 된다. 이를 조금 줄여 노지심은 62근짜리 선장禪杖을 만들어 들고 다니며 위용을 떨친다. 그 무거운 걸 한 손으로 자유자재 휘두른다는 건 있을 수 없는 일이다. 하지만 사람들은 가능성 여부를 따지지 않고 거기에 매료된다. 사람들이 이야기에서 바라는 건 정확한 사실이 아니기 때문이다. 계명구도 또한 사실이 되기에는 터무니없지만, 맹상군이라는 인물의 형상화에 있어 진실이 되기에는 부족함이 없다.

대량의 이문吏門으로
수레를 몰아가다

위공자 열전魏公子列傳

        이 글은 기원전 273년 위나라가 진나라의 공격을 받아 위기에 처하는 사실로 시작한다. 위나라 공자公子 신릉군信陵君이 죽은 해가 기원전 243년이다. 그 사이 30년이 이 이야기의 시간 배경인 셈이다. 이로부터 위나라가 멸망한 기원전 225년까지의 18년은 여백이다. 서사 단락은 크게 ①시대 배경, 진나라의 압박과 위나라의 위기 상황, ②위공자의 인품과 능력, 이웃 나라의 정보 탐지와 후영侯嬴을 얻는 과정, ③위기에 처한 조나라 구원, 후영과 주해朱亥의 도움, ④귀국과 위나라에서의 활약, 조나라에서 얻은 모씨毛氏와 설씨薛氏의 도움, ⑤진나라의 반간계와 신릉군의 몰락, ⑥논평, 여섯 부분으로 나눌 수 있다. ①과 ⑤는 역사의 큰 흐름이고, ②~④는 신릉군 본전本傳인데 후영·주해·모씨·설씨와의 관계가 서사의 숨은 줄기이다.

자화자복自畫自服
자기 그림 앞에 엎드리다

신릉군을 좋아하여 그의 일생을 입전했는데, 자기가 그려 낸 그의 형상이 눈부시
도록 아름다워 그만 자기도 모르게 그 앞에서 무릎을 꿇고 경배했다.

부귀한 몸으로 빈천한 자에게 몸을 낮추고, 현명하고 능력이 있으면
서 부족한 사람에게 몸을 굽히는 것은, 신릉군만이 실천할 수 있었다.
열일곱 번째로 「위공자 열전」을 지었다.

위나라 공자 무기無忌는 소왕昭王 자소子少의 아들이자 안리왕安釐
王(재위 BC.276~BC.243)의 배다른 아우이다. 소왕이 죽고 안리왕이 즉
위하여 공자를 신릉군으로 봉했다. 이때 범수范雎가 위나라에서 망명
하여 진秦나라의 재상이 되었는데, 위나라 재상 위제魏齊에 대한 원망
이 깊었다. 이에 진나라 군대가 대량을 포위하고 화양華陽(하남성 신정
시新鄭市 북쪽)에 주둔한 위나라 군대를 격파하여 장수 망묘芒卯를 달
아나게 했다. 위나라 왕과 공자가 시름에 젖었다. 기원전 273년의 일
이다. 진나라는 압도적인 힘으로 이웃 나라들을 압박했다. 그중에서
지리적으로 인접한 한韓과 조趙와 위魏가 우선 타격 대상이 되었다.

공자는 사람됨이 어질고 선비들에게 자신을 낮추었다. 선비라면 그 자
질을 막론하고 겸허하게 예를 갖춰 사귀었으며, 자기 부귀를 믿어 함부로
대하지 않았다. 이리하여 사방 수천 리 밖에서 선비들이 다투어 찾아와 몸
을 맡겼으니, 식객이 3천 명이나 되었다. 공자의 현명함과 많은 문객들
때문에 10여 년이나 제후들은 감히 위나라를 공격하지 못했다. 신릉

군에 대한 종합적 논평인데, 간추리면 이런 뜻이 된다. "신릉군은 개인적으로나 사회에 있어서나 더할 나위 없이 훌륭한 인물이다." 주제는 정해졌다. 하지만 설명뿐인 주제는 너무 공허하다. 하여 그것을 입증하는 서사가 뒤따른다. 주제는 장수요, 서사는 본진이라, 장수가 앞장서면 본진이 뒤따른다.

공자가 왕과 바둑을 두고 있었는데, 북쪽 변경에서 올린 봉화와 함께 조나라가 쳐들어와 국경을 넘었다는 급보가 이르렀다. 왕은 바둑 두기를 그만두고 대신들을 불러 논의하려고 했다. 그러자 공자가 말리며 말했다.

"조나라 왕은 사냥하러 나왔을 뿐 쳐들어오는 것이 아닙니다."

다시 바둑에 열중했다. 왕은 걱정에 사로잡혀 바둑판에서 마음이 떠났다. 얼마 뒤에 북쪽으로부터, 조나라 왕은 사냥만 할 뿐 쳐들어온 것이 아니라는 보고가 들어왔다. 왕은 깜짝 놀라 물었다.

"공자는 어떻게 알았는가?"

공자가 말했다.

"신의 문객 중 조나라 왕의 은밀한 사정을 깊이 알고 있는 자가 있습니다. 조왕이 하는 일마다 저에게 알려줍니다." 이 뒤로 왕은 공자의 능력이 두려워 국정을 맡기지 않았다. 본진 1. 신릉군의 정보력. 왕은 이런 신릉군을 견제했다.

위나라 은사 중에 후영侯嬴이란 사람이 있었다. 나이가 70인데 집이 가난하여 대량大梁 도성의 동쪽 이문夷門을 지키는 일을 했다. 공자가 그 사실을 알고 가서 뵙고 많은 예물을 보내려 했다. 그는 고사하며 말했다.

"신이 몸가짐을 닦고 깨끗하게 행동한 지 수십 년입니다. 도성 문을 지키는 삶이 곤궁하다 하여 공자의 재물을 받을 수는 없습니다."

공자는 성대한 술자리를 베풀어 손님들을 초청했다. 자리가 정해지자 공자는 수레를 내어 왼쪽 자리를 비운 채 몸소 이문으로 후생을 맞으러 갔다. 후생은 해진 의관을 한번 털더니 주저 없이 수레에 올라 공자의 상석에 앉으면서 공자의 기색을 살폈다. 공자는 고삐를 쥐고 더욱 공손하게 행동했다. 후생은 또 공자에게, 수레를 돌려 저자에서 도살 일을 하는 지인에게 들러 줄 것을 요구했다. 공자가 수레를 몰아 저자로 들어갔다. 후생은 수레에서 내려 지인 주해朱亥를 만나 두리번거리며 짐짓 한참을 서서 얘기하면서 슬쩍 공자의 태도를 관찰했다. 공자는 안색을 더 온화하게 했다.

이때 위나라의 장수와 재상과 종실 등 손님들이 집에 가득 모여 공자가 술잔을 들기만을 기다리고 있었다. 저자의 사람들은 모두 공자가 말고삐를 쥐고 있는 모습을 보았고, 공자의 수행원들은 은근히 후생을 욕했다. 후생이 살펴보니 공자의 낯빛이 조금도 변하지 않았다. 이에 지인에게 인사를 하고 수레로 돌아왔다. 집에 이르자 공자는 후생을 이끌어 상석에 앉히고 빈객들에게 두루 소개했다. 빈객들이 모두 놀랐다. 술자리가 무르익자 공자가 일어나 후생의 앞으로 가 그를 위해 축수했다. 후생이 공자에게 말했다.

"오늘 저도 공자를 위해 많은 일을 했지요. 저는 이문의 빗장을 맡은 문지기에 지나지 않는데 공자께서 몸소 수레를 몰고 찾아오셨고, 귀한 손님들이 가득한 자리에서 저를 맞아 주셨습니다. 다른 곳을 들러 달라는 저의 요구가 부당했지만, 오늘 공자께서는 일부러 들러 주셨습니다. 저는 공자의 명성을 높이고자 한 까닭에 저잣거리에 공자의 수레를 오래도록 세워 두고, 지인에게 들러 공자의 기색을 살폈다니, 공자께선 더욱 낯빛을 공손하게 하셨지요. 저자의 사람들은 모두 저를 소인이라 욕하고 공자를 선비에게 자신을 낮출 줄 아는 장자로 여겼을 것입니다."

술자리가 끝나고, 후생은 공자의 상객上客이 되었다. 후생이 공자에게 말했다.

"신이 만난 주해는 현자입니다. 세상에서 알아주지 않아 푸줏간에 숨어 있을 뿐입니다."

공자가 가서 몇 번이나 청했지만, 주해는 짐짓 이에 사례하지도 않았다. 공자는 이상하게 생각했다. 본진 2. 인재를 중시하고 후대하여 모으는 신릉군의 능력. 신릉군은 후영을 찾아 직접 저자로 갔고, 마음을 다해 자신을 낮추었다. 삼고초려 이야기는 이 고사의 변형이다. 후영이 신릉군을 시험했던 것처럼, 제갈량도 유비의 진심을 살폈다. 한 인재를 얻는 것은 그의 경험과 식견, 안목과 관계를 모두 가져오는 것이니, 그저 한 사람을 얻는 것에 그치지 않는다. 후영을 얻으면서 함께 얻은, 후영의 선물은 주해이다. 인재를 얻었으니 이제 이들의 쓰임새를 이야기할 차례다. 의문으로 남겨 놓음은 뒤에 따로 말할 자리가 있기 때문이다.

안리왕 20년(BC.257) 진나라 소왕은 장평長平에서 조나라의 군대를 격파하고 진격하여 한단邯鄲을 포위했다. 공자의 손위 누이는 조나라 혜문왕惠文王의 아우 평원군平原君의 부인이었다. 평원군은 위나라 왕과 공자에게 여러 차례 편지를 보내 구원을 요청했다. 위나라 왕은 진비晉鄙 장군으로 하여금 10만 군사를 거느리고 조나라를 구원하게 했다. 진나라에서는 위나라에 사신을 보내 말했다.

"나는 오늘내일 사이에 조나라를 함락할 것이다. 혹 구원하는 제후가 있다면, 조나라를 함락한 뒤 군사를 옮겨 제일 먼저 칠 것이다.”

겁먹은 위왕은 진비 장군에게 사람을 보내 진군을 멈추고 벽업壁鄴(하북성 임장현臨漳縣 서쪽, 한단시 남쪽)에 주둔하게 했다. 조나라를 구한다는 명분을 내세우되, 양쪽 사정을 보며 추이를 관망하게 한 것이다.

평원군이 보낸 사자의 수레가 위나라에 잇달았다. 공자를 원망하며 말했다.

“제가 이 몸을 맡겨 혼인한 것은 공자의 의리가 높아 남의 위급한 상황을 구해 줄 수 있다고 여겼기 때문입니다. 지금 한단성이 아침저녁 사이 진나라 수중에 떨어질 참인데도 위나라 구원병이 이르지 않으니, 공자의 높은 의리는 어디에 있단 말입니까! 공자께서 저를 대수롭지 않게 여겨 진나라에 항복하게 둔다 해도, 누이가 가엾지 않습니까!”

공자도 근심에 싸여 누차 왕에게 청했고, 문객 중의 변사들도 온갖 방법으로 왕을 설득했다. 하지만 왕은 진나라를 두려워하여 끝내 공자의 말을 듣지 않았다. 공자는 왕의 마음을 움직일 수 없음을 알았다. 그렇다고 자기 혼자만 살고 조나라를 망하게 둘 수 없다고 생각했다. 이에 빈객들에게 요청하여 수레 100여 승을 모아 진나라 진영으로 나아가 조나라와 운명을 함께하리라 마음먹었다.

가는 길에 이문夷門에 들러 후생을 만나 자기 계획을 말한 뒤 마지막 이별 인사를 나누고 출발했다. 후생이 말했다.

“공자께서는 잘해 보십시오. 노신은 따라갈 수가 없군요.”

공자는 몇 리를 가는 내내 마음이 못내 언짢았다.

‘내가 마음을 나해 후생을 내우한 것은 천하가 아는 사실이거늘,

오늘 내가 죽으러 가는데도 후생은 한마디 배웅의 인사가 없으니, 내가 뭐 실수라도 했던 것이냐?'

수레를 돌려 후생을 찾았다. 후생은 웃으며 말했다.

"공자께서 돌아오실 줄 알았습니다. 공자께서는 선비를 좋아하시기로 천하에 유명하지요. 이제 난관에 부딪혀 뾰족한 수 없이 진나라 군대로 가려 하시니, 이는 고깃덩어리를 주린 범에게 던지는 격으로 무슨 공이 있겠습니까? (그리고 빈객들의 쓸모를 생각하셨을 겝니다.) 공자께서 평소 신을 후대하셨는데, 지금 떠나는 마당에 신이 인사 말씀도 아니 드렸지요. 이런 까닭에 공자께서 서운한 마음에 다시 돌아오실 줄 알았습니다."

공자는 두 번 절하고 이어 방책을 물었다. 후생은 사람들을 물리치고 소리를 죽여 말했다.

"진비의 병부兵符가 임금의 침실에 있는데 여희如姬가 총애를 받아 침실을 드나든다고 하니, 그녀라면 손에 넣을 수 있을 것입니다. 알아 보니 여희의 아비가 누군가에게 죽임을 당했더군요. 그녀는 3년 간이나 힘을 쏟아 왕 이하 여러 사람이 아비의 원수를 갚으려 했으나 실패했습지요. 그러다가 공자에게 눈물로 읍소하자 공자께서 빈객들을 풀어 그 원수의 머리를 베어 여희에게 받들어 올렸다고 들었습니다. 여희는 공자를 위해 죽는 것도 사양하지 않을 터인데 그 방법을 찾지 못하고 있을 것입니다. 공자께서 여희에게 요청하면 반드시 허락할 것입니다. 병부를 얻어 진비의 군대를 빼앗아 북쪽의 조나라를 구하고 서쪽으로 진나라를 물리친다면 이야말로 5패霸의 공적입니다."

공자가 그 계책을 따라 여희에게 청했다. 여희는 과연 진비의 병부를 훔쳐 공자에게 주었다. 후생의 활약.

위공자 열전

공자가 떠나갈 제 후생이 말했다.

"장수는 전장에서 군주의 명을 받지 않고 국가의 편리를 도모할 수 있습니다. 공자의 병부가 맞는다 해도 진비가 공자에게 군사를 내어 주지 않고 조정에 문의하게 되면 일이 위태로워집니다. 신의 백정 친구인 주해를 데려가십시오. 이 사람은 장사입니다. 진비가 받아들이면 더할 나위 없이 좋지만, 그게 아니면 그를 시켜 죽이십시오."

이에 공자가 눈물을 흘렸다. 후생이 말했다.

"공자께서는 죽음이 두려우신가요?"

공자가 말했다.

"진비는 용맹무쌍한 노장입니다. 내 말을 곧이듣지 않으면 그를 죽일 수밖에 없는 까닭에 눈물을 흘린 것입니다. 죽음이 두렵겠습니까?"

공자가 주해에게 요청하자 주해는 웃으며 말했다.

"신은 시정에서 도축이나 하는 처지임에도 공자께서 몸소 찾아 안부를 물어 주셨는데, 사례하지 않은 것은 작은 예법은 아무짝에도 쓸모가 없다고 생각했기 때문입니다. 지금 공자께서 위급한 일을 당하셨으니 신이 목숨을 바칠 때인가 합니다."

공자와 함께했다. 공자가 후생에게 들러 사례하자 후생이 말했다.

"신도 마땅히 좇아야 하나 늙어 그럴 수가 없습니다. 공자의 일정을 헤아려 진비의 군문에 이르는 날 북쪽을 향해 스스로 목숨을 끊음으로써 공자를 전송하겠습니다."

공자가 드디어 출발했다. 후생의 활약.

업 땅에 이르러 위왕의 명령을 가칭하여 진비를 대신하려 했다. 진비는 병부를 맞춰 보고도 의심이 들어, 손을 들어 공자를 불끄러미 보면서 말했다.

"지금 내가 10만의 군사를 거느리고 국경에 주둔하고 있소. 이러한 국가의 중대한 임무를 이제 수레 한 대로 와서 대신한다니 어찌된 일입니까?"

듣지 않으려 했다. 주해가 소매에서 40근 철퇴를 꺼내 진비를 쳐죽였다. 주해의 활약. 공자는 진비의 군대를 장악한 뒤 전열을 정비하고 군령을 내렸다.

"아비와 아들이 군중에 있으면 아비는 돌아간다. 형과 아우가 군중에 있으면 형은 돌아간다. 형제 없는 외아들은 돌아가서 부모님을 봉양한다."

군사 8만을 추려 진격하여 진나라 군사를 치자, 진나라 군사는 포위를 풀고 돌아갔다. 드디어 한단을 구원하여 조나라를 살려냈다. 조나라 왕과 평원군이 국경에서 공자를 맞이했다. 평원군은 동개를 맨채 앞에서 공자를 인도했다. 조나라 왕이 두 번 절하며 말했다.

"예로부터 현인들 중에도 공자만 한 분은 없습니다."

당시 평원군도 감히 공자에게 자신을 견주지 못했다.

공자가 후생과 헤어지고 진비의 군문에 이르렀을 무렵, 후생은 북쪽을 바라보며 목숨을 끊었다.

위나라 왕은 공자가 자기 병부를 훔치고 진비까지 죽인 사실에 격노했는데, 공자 또한 그 사실을 잘 알고 있었다. 진나라를 물리치고 조나라를 구한 뒤 다른 장수에게 위나라 군사를 거느리고 돌아가게 하고 자신은 주해와 함께 조나라에 남았다. 조나라 효성왕孝成王은 공자가 진비를 죽이고 그 군사를 빼앗아 조나라를 구해 준 은덕을 생각하여 평원군과 의논해 다섯 성읍城邑을 공자에게 주고자 했다. 공자가 듣고는 우쭐하여 뽐내는 기색이 나타나니, 주해가 공자에게 말했다.

"세상에는 잊지 말아야 할 것과 잊어야 할 것이 있습니다. 누군가 공자에게 덕을 베풀었다면 공자께서는 이를 잊으시면 안 됩니다. 공자가 누군가에게 덕을 베풀었다면 바라건대 공자께서는 그것을 잊으십시오. 위왕의 명령을 가칭하여 진비의 군사를 탈취해 조나라를 구원했으니, 조나라에는 공이 있지만 위나라의 충신은 되지 못하십니다. 그런데 공자께서 큰 공을 세운 듯 우쭐하고 계십니다. 아무리 생각해도 공자께서 하실 행동이 아닙니다." 공자의 예방을 받고도 주해가 사례하지 않은 이유이다. 이만한 인물이 시정에서 가축을 죽여 팔며 숨어 있다는 상상만으로도 우리 마음은 생동한다. 세상에는 또 이렇게 쓰이지 못한 인물이 얼마나 많은가 생각하면 마음이 쓸쓸해진다.

이 말에 공자는 바로 자책하는데 마치 용서받지 못할 듯이 했다. 조나라 왕이 섬돌을 쓸고 몸소 맞이하여 주인의 예법으로 공자를 서쪽 섬돌로 안내했다. 공자는 옆걸음으로 사양하며 동쪽 섬돌 위에 섰다. 위나라를 저버리고 조나라에도 공이 없다며 자신의 허물을 자책했다. 조왕은 저물녘까지 함께 술잔을 나누면서도 차마 다섯 고을 이야기를 꺼내지 못했으니, 공자가 자신을 낮추며 괴로워했기 때문이다. 인재의 발탁과 경청. 허영으로 사람을 기른 것이 아니다.

공자는 끝내 조나라에 머물렀다. 조나라 왕은 호鄗(한단과 석가장石家庄 사이 백향현柏鄕縣) 지역을 식읍으로 주었고, 위나라에서도 신릉信陵 땅을 다시 공자에게 주었는데, 공자는 계속 조나라에 머물렀다.

공자는 조나라에 모씨毛氏 처사가 노름꾼 속에, 설씨薛氏 처사가 술도가에 숨어 있다는 말을 들었다. 공자는 이들을 만나고 싶었지만, 두 사람은 몸을 감춰 공자를 보려 하지 않았다. 공자가 이들의 소재지를 듣고 몰래 찾아가 함께 노닐고는 매우 즐거워했다. 평원군이 그 사실을 알고 자기 부인에게 말했다.

"부인의 아우 공자가 천하에 둘도 없는 인물인 줄 알았는데, 노름꾼 술집애비랑 어울린다니 형편없는 사람입니다그려."

부인이 공자에게 이 말을 전하자, 공자는 부인에게 떠나는 인사를 했다.

"나는 평원군이 현자인 줄 알고 위왕을 저버리면서까지 조나라를 구원하여 그의 뜻에 부합했습니다. 그런데 평원군의 사귐이란 겉만 떠들썩하지 선비를 찾지는 않는군요. 나는 대량에 있을 때부터 이 두 사람이 현명하다는 말을 들었으니, 조나라에 와서는 이들을 만나지 못할까 걱정했답니다. 그래서 내가 먼저 이들을 좇아 노닐었으니, 아직도 난 그들이 나와 어울려 주지 않을까 걱정입니다. 그런데 평원군은 이를 창피하게 여기니, 함께 어울릴 만한 사람이 못 되는군요."

짐을 꾸려 떠났다. 부인이 이 말을 평원군에게 전하자, 평원군은 관을 벗고 사죄하며 공자를 만류했다. 평원군 집안 사람들이 이 말을 듣고 반이나 평원군을 떠나 공자에게 몸을 맡겼다. 천하의 선비들이 공자를 찾아가 귀의하자, 평원군 집안 문객들의 마음도 크게 기울었다.

공자가 조나라에 10년을 머물며 돌아가지 않았다. 진나라에서는 공자가 조나라에 있다는 사실을 알고 밤낮으로 군사를 보내 위나라를 쳤다. 위왕이 걱정에 사로잡혀 사신을 보내 공자를 청했다. 공자는 위왕의 노여움을 만날까 두려워 집안사람들에게 단단히 일렀다.

"감히 위왕의 사신과 내통하는 자가 있으면 죽음을 면치 못하리라."

빈객들 모두 위나라를 떠나 조나라에 와 있는 신세인지라 감히 공자로 하여금 돌아가라고 권하지 못했다. 모공과 설공이 공자를 찾아 가 말했다.

"공자가 조나라에서 귀한 대접을 받고 이름이 제후에게 알려진 것은 오직 위나라가 있기 때문입니다. 지금 진나라가 위나라를 공격하여, 위나라 사정이 위급한데도 구원하지 않아 진나라로 하여금 대량을 깨뜨려 선왕의 정묘를 없애 버리게 한다면, 공자께서는 무슨 면목으로 천하에 서시겠습니까?"

말이 끝나기도 전에 공자의 낯빛이 변하더니, 수레를 내어 타고 돌아가 위나라를 구원했다. 신릉군은 후영과 주해의 도움으로 조나라에 왔다가, 모공과 설공의 조언을 듣고 위나라로 돌아간다. 모공과 설공을 등장시킨 이유이다.

위왕은 공자와 만나 함께 눈물을 흘리고는 상장군의 인끈을 공자에게 주었다. 공자는 상장군을 맡았다. 안리왕 30년(BC.247), 공자는 제후들에게 사신을 두루 보내 자신의 복귀 사실을 알렸다. 제후들은 공자가 상장군이 되었다는 소식을 듣고 각자 군대를 보내 위나라를 구원했다. 천하의 제후들은 신릉군이 상장군이라는 이유로 군대를 보냈으니, 천하의 신뢰가 그의 한 몸에 있었던 것이다.

공자는 다섯 나라의 군사를 이끌고 황하 서쪽에서 진나라 장수 몽오蒙鰲의 군대를 격파해 물리쳤다. 이에 승기를 타고 진나라 군대를 추격하여 함곡관에 이르렀다. 계속 압박을 가하자 진나라 군사들이 나올 생각을 못했다. 당시 공자의 위세가 천하에 떨쳤다. 제후의 빈객들이 공자에게 병법을 올렸는데, 공자가 거기마다 이름을 붙인 까닭에 세속에서 이를 위공자병법魏公子兵法이라 일컬었다.

진왕은 고민 끝에 황금 1만 근을 써서 진비晉鄙의 옛 문객을 찾아 위왕에게 공자를 참소하게 했다.

"공자는 외국에서 망명 생활을 한 지 10년인데, 지금은 위나라의 상장군이 되었습니다. 제후의 장수들이 모두 그에게 복속하니, 제후들은 위나라의 공자를 알 뿐 왕을 알지 못합니다. 공자도 이 기회를 이용해 왕이 될 생각을 하고 있습니다. 제후들은 공자의 위세를 두려워하여 힘을 모아 그를 세우려 합니다."

진나라는 자주 간자를 보내 거짓으로 공자가 아직 왕이 되지 않았는가 알아보며 축하하게 했다. 위왕도 날마다 그런 말을 듣자 믿지 않을 수 없게 되어, 다른 사람으로 공자의 자리를 대신하게 했다. 안리왕이 공자의 능력을 두려워하여 국정을 맡기지 않았다는 서술에 대한 조응이다.

공자도 다시 비방의 말로 쫓겨날 줄 헤아려 병을 핑계로 조회에 참여하지 않은 채 빈객들과 밤새도록 술을 마셨다. 향기로운 술을 마시면 부녀자를 가까이했다. 밤낮으로 술에 빠져 즐긴 지 네 해 만에 술병이 들어 죽었다. 아이러니. 신릉군은 인재를 품었지만, 그 자신은 안리왕에게 쓰이지 못했다. 그 해(BC.243)에 안리왕도 죽었다.

진나라에서 공자의 죽음을 알고 몽오를 보내 위나라를 공격하게 했다. 20개 성을 함락시키고 처음으로 동군東郡을 설치했다. 그 뒤 진나라는 조금씩 위나라를 잠식하여 18년 만에 위나라 왕을 사로잡고 대량을 도륙했다. 기원전 225년, 신릉군이 죽은 지 18년 만의 일이다. 신릉군이 죽었기 때문에 위나라가 망한 것은 아니겠지만, 사마천은 신릉군 같은 인재가 죽자 위나라가 망한 것처럼 구성했다.

우리 고조께서 아직 제위에 오르기 전 여러 차례 공자의 현명함을

위공자 열전

들었다. 천자가 되신 이후에는 대량을 지날 때마다 공자에게 제사를 지냈다. 고조 12년(BC.195) 경포黥布를 격파하고 돌아오는 길에 공자를 위해 묘지기 다섯 집을 배치하여 대대로 해마다 네 철 공자를 제사 지내게 했다. 차양조지借陽照地, 달은 태양빛을 받아 지구를 비추어 준다. 자기가 숭앙했던 신릉군을 찬양하기 위해 고조를 빌려온 것이다.

태사공은 말한다. 나는 대량의 옛 터를 지날 때마다 이문이란 곳을 탐문했다. 이문은 성의 동문이었다. 천하의 여러 공자 중에도 선비를 좋아한 자가 있었다. 하지만 신릉군이 암혈의 은자를 대접하고 신분이 낮은 사람과의 사귐을 부끄러워하지 않음에는 까닭이 있었다. 이름이 제후들 사이에 높았음도 실속 없는 것이 아니었다. 고조는 이곳을 지날 때마다 백성들에게 제사를 받들게 하여 아직도 이어지고 있다.

수레 세우고 남은 자취를 찾아 서성거리다

조나라가 망하기 직전에는 인상여藺相如와 염파廉頗, 조괄趙括과 이목李牧이 있었다. 위나라의 멸망 직전에는 신릉군信陵君이 있었다. 인상여의 말을 들었더라면, 신릉군에게 정사를 맡겼더라면 조趙와 위魏가 망하지 않았을까? 그건 아닐 것이다. 역사의 큰 흐름을 어찌 한두 사람이 막거나 방향을 틀 수 있으랴!

대량大梁은 개봉시開封市의 옛 이름이다. 혜왕 6년(BC.364) 위나라는 진나라의 압박을 못 견뎌 안읍安邑(운성시運城市 동쪽 하현夏縣)에서 300km 성도 동쪽에 있는 내량으로 전도했나. 사마천은 내량을 시날 때마다 사람들에게 옛 이문吏門 자리를 탐문하곤 했다. 신릉군이 후영을 만났던 지점을 되밟아 보고 싶었기 때문이다. 나도 이 글을 읽을 때면 사마천이 되어 대량의 이문을 찾아 헤매곤 한다.

이 글에는 신릉군과 후영과 주해와 설공, 모공이 등장한다. 신릉군의 힘이 닿지 않는 곳에 안리왕이 있다. 식객이 3천 명이었다는데 이 숫자만으로는 그 의미가 다가오지 않는다. 그렇다고 3천 명을 일일이 들 수도 없다. 사마천은 그중에서 후영, 주해, 설공 모공을 선택하여, 인재를 얻고 대하고 쓰는 방식을 보여준다. 사마천은 신릉군을 사랑하여 그려 냈고, 그 형상 앞에 부복한 피그말리온이다.

물러나는
지혜와 용기

범수채택 열전范睢蔡澤列傳

사람들은 나아가는 용기는 배우지만 물러나
는 법은 배우지 않으니, 대부분의 사람들은 물러날 만한 자리에 이르
지 못하기 때문이다. 사람들은 오르는 법은 배우지만 내려오는 법은
배우지 않으니, 어디가 정점인지를 판단하지 못하기 때문이다. 곤액
을 이겨 내고 많은 것을 성취하면, 흔히 고생하던 시절에 대한 보상
심리 때문에 성취한 것에 더 집착하고, 그 과정에서 소박한 뜻을 잃
고 판단력이 흐려진다. 성공을 거듭하면 자기 생각은 모두 옳다는 확
신이 강해지고, 확신은 고집이 되면서 눈과 귀가 흐려진다. 범수范睢
는 자칫 모든 것을 잃을 위기에 처했지만 채택蔡澤의 말을 들어 화를
벗어났고, 채택 또한 자리에 집착하지 않아 말로를 보전할 수 있었
다. 사마천은 이를 흔치 않은 사례로 보았다.

　사마천은 이 두 사람에게 의외로 많은 지면을 할애했다. 채택이
진秦 소왕昭王을 설득하는 과정, 진나라에서 수가須賈를 다시 만난 사
연, 그리고 채택이 범수를 설득하는 변설 등이 장황하게 소개되었다.

하지만 사마천이 보기에 두 사람이 특별한 이유는 두 가지였다. 하나는 곤액을 잘 참고 이겨 낸 것, 다른 하나는 자리에 연연하지 않고 때에 맞게 물러난 것. 그래서 이 글에서는 두 장면을 빼고 모두 생략했다. 두 사람이 진나라 재상으로 있던 시기의 국제 정세는 다른 세가와 열전에서도 충분히 다루어졌기 때문이다.

일락월출 日落月出
서산에 해가 지자 동산에 달이 뜨다

범수의 영화가 시들해지자 채택의 시대가 펼쳐지는데, 그 과정이 마치 고리로 이어진 듯하다.

위나라와 제나라에서 치욕을 참고, 강대국 진에서 위엄을 떨쳤다. 현자를 추대하여 자기 자리를 내놓은 미덕을 두 사람이 보여준다. 열아홉 번째로 범수와 채택의 열전을 지었다.

　범수는 위나라 사람으로 자는 숙叔이다. 제후에게 유세하여 위나라 왕을 섬기고자 했으나, 집안이 가난하여 비용을 마련할 수 없어 먼저 중대부 수가須賈를 모셨다.

　수가가 위나라 소왕을 위해 제齊나라에 사신으로 갔는데, 범수도 따라갔다. 몇 달을 머물렀으나 내세울 만한 결과를 얻지 못했다. 제나라 양왕襄王이 범수의 재주를 듣고 사람을 시켜 황금 열 근과 소고기 및 술을 내렸는데, 범수는 사례만 하고 받지 않으려 했다. 수가가 이 사실을 알고 크게 노했다. 범수가 위나라의 비밀을 제나라에 알려준 까닭에 이러한 대접을 받은 것이라 여긴 것이다. 그는 범수에게 소고기와 술은 받되 황금은 돌려주게 하였다. 귀국해서도 범수에 대한 노여움이 풀리지 않아 재상에게 알렸다.

재상은 위나라의 여러 공자 중 하나로 이름이 위제魏齊였다. 위제는 매우 화를 내며 집안사람을 시켜 태형을 가해 범수의 갈비뼈와 이빨을 부러뜨렸다. 범수가 죽은 체하자, 대자리에 넣고 말아 측간에 두었다. 빈객 중 술에 취한 이들이 범수에게 오줌을 누었다. 일부러 욕을 보임은 뒷날을 징계하여 허튼소리가 안 나오게 하려 한 것이다. 범수는 대자리 속에서 간수에게 말했다.

"내보내 주면 반드시 크게 보답하겠소."

간수는 대자리 속의 시신을 내다 버릴 것을 요청했다. 위제는 술에 취해 그러라고 했다. 범수는 빠져나올 수 있었다. 위제가 후회하여 다시 범수를 찾아오라고 했다. 위나라 사람 정안평鄭安平이 그 말을 듣고는 범수를 데리고 달아나 숨었다. 범수는 성명도 장록張祿으로 바꾸었다.

이 무렵 진 소왕이 알자謁者 왕계王稽를 위나라에 사신으로 보냈다. 정안평이 신분을 속이고 시종이 되어 왕계를 모셨다. 왕계가 물었다.

"위나라에 서쪽으로 모시고 갈 만한 현자가 있소?"

정안평이 말했다.

"저희 마을에 장록 선생이라고 계십니다. 주군을 뵙고 천하의 일을 이야기하고 싶은데, 원수진 사람이 있어 낮에는 뵐 수가 없습니다."

왕계가 말했다.

"밤에 함께 오시오."

정안평이 밤에 장록과 함께 왕계를 만났다. 대화가 끝나기도 전에 왕계는 범수의 능력을 알아차리고 말했다.

"선생께선 삼정강三亭岡(개봉開封 서남쪽 30km) 남쪽에서 기다려 주십시오."

은밀히 약속하고 갔다.

왕계는 위나라를 떠나 약속 장소에 들러 범수를 태워 진나라로 들어갔다. 함곡관 서쪽의 호읍湖邑에 이르자 멀리 서쪽에서 수레가 오는 것이 보였다. 범수가 누구냐고 묻자, 왕계는 재상 양후穰侯가 동쪽 고을들을 순행 중이라고 했다. 범수가 말했다.

"양후는 진나라의 권력을 꽉 잡고 있으면서 세객 들이기를 싫어한다고 들었습니다. 저를 욕보이기 십상이니 차라리 수레 안에 있겠습니다."

잠시 후 양후가 이르러 왕계를 위로하고는 수레를 세운 채 말했다.

"관동에 변고라도 있습니까?"

없다고 하자 또 물었다.

"알군謁君께서는 혹 세객과 함께 오지 않았겠지요! 그들은 아무런 도움도 못 되며 남의 나라만 어지럽힐 뿐입니다."

왕계가 말했다.

"감히 그럴 리가요."

곧 헤어졌다. 범수가 말했다.

"양후는 꾀가 많은 분이라 들었는데 일처리가 총민하지 못하군요. 아까 수레 안에 사람이 있을까 의심하면서도 깜빡 수색을 잊었던 것입니다."

수레에서 내려 걸으면서 말했다.

"그는 후회할 게 분명합니다."

10여 리를 가자 과연 기병을 돌려보내 수레 안을 수색했다. 아무도 없자 그쳤다.

진왕은 범수에게 응성應城(낙양성 남쪽 100km 지점 노산현魯山縣)을 봉하고 응후應侯라 했다. 진나라 소왕 41년(BC.266)의 일이다.

5년 뒤(BC.259) 소왕은 응후의 계책을 써 반간계로 조나라를 속였다. 조나라는 이에 넘어가 마복군馬服君 조사趙奢의 아들 조괄趙括을 염파廉頗 장군의 자리에 앉혔다. 진나라는 장평에서 조나라를 격파하고 한단을 포위했다. 얼마 안 있어 응후는 무안군武安君 백기白起와 사이가 틀어지자, 소왕에게 상소하여 그를 죽이게 했다. 정안평을 천거하여 조나라를 치게 했다. 정안평은 조나라 군대에게 포위되어 위험해지자 2만의 군사를 데리고 투항하고 말았다. 응후는 멍석 위에 앉아 죄를 청했다. 진나라 법에 사람을 천거했는데 그가 제대로 일을 하지 못하면 천거한 사람이 그 죄를 받게 되어 있었다. 응후의 죄는 멸족에 해당되는 것이었다. 소왕은 응후의 마음이 다칠까 두려워 나라 안에 영을 내렸다.

"정안평의 일을 말하는 자는 그의 죄를 대신 물을 것이다."

응후에게는 날로 대접을 더욱 극진하게 하여 그의 뜻을 좇았다. 2년 뒤 하동 태수 왕계가 외국과 내통하다가 법에 걸려 처형당했다. 응후의 마음은 날로 불안해졌다. ……응후의 마음은 위축되어 어떤 계책을 내야 할 바를 몰랐다. 채택이 이 소식을 듣고 진나라로 갔다. 권력을 차지한 범수는 이를 유지·확대하기 위해 정적을 물리치고 자기 사람을 주변에 배치했다. 그러면서 판단력이 흐려지고, 이에 따라

나라 사정이 어려워졌으며, 자연 그의 처지도 곤란해졌다.

채택蔡澤은 연燕나라 사람이다. 외국에 유학하며 크건 작건 간에 여러 차례 제후들에게 유세했으나 인정받지 못했다. 당거唐擧라는 사람에게 자기 얼굴을 보여주며 말했다.

"선생께서 이태李兌의 상을 보고 100일 안에 권력을 잡는다고 말했다는데, 그런 일이 있었습니까?"

당거가 그렇다고 하자, 자기도 봐달라고 했다. 당거가 물끄러미 바라보더니 웃으며 말했다.

"선생은 들창코에다 등이 솟았고, 튀어나온 이마에 안짱다리로군요. 성인은 관상이 안 통한다고 하는데, 선생이 거의 그 수준입니다."

채택은 당거가 놀리는 걸 알고 말했다.

"부귀는 충분하오. 알고 싶은 건 수명입니다."

당거가 말했다.

"선생의 수명은 앞으로 43년이 남았습니다."

채택은 웃으며 사례하고 떠나가며, 자기 마부에게 말했다.

"쌀밥에 고기반찬을 먹고, 마음껏 말을 달리고, 황금 인끈을 품고 자주색 관대를 두르고 군주의 앞에서 읍양하며 부귀를 누린다면 43년으로 충분하지."

조나라로 갔으나 쫓겨났다. 한韓과 위魏에 갔다가 길에서 짐을 빼앗겼다. 자기가 추천한 정안평과 왕계가 진나라에 죄를 지어 응후의 처지가 곤란하다는 소식을 듣고는 서쪽으로 진나라에 들어갔다.

소왕을 만나기 전에 사람들을 시켜 이런 말을 퍼뜨렸다.

"연나라 빈객 채택은 천하의 호걸이자 지혜로운 선비로, 그가 진왕을 만나기만 하면 진왕은 틀림없이 응후를 내치고 그 지위를 거둘 것이다."

응후를 격동시키려 한 것이다. 응후가 듣고 말했다.

"5제와 3대의 사적과 제자백가의 학설들을 내 다 알고 있어, 수많은 사람들의 변설을 내 모두 꺾었거늘, 제깟 놈이 어찌 내 자리를 빼앗는단 말이냐?"

채택을 불러오게 했다. 채택은 들어와 응후에게 허리를 굽혀 인사했다. 응후는 기분이 언짢았던 터라 그를 보고도 고개를 숙이지 않고 눈을 내리뜬 채 따져 물었다.

"그대가 나 대신 진나라 재상이 되겠다고 큰소리쳤다는데 사실이오?"

채택이 그렇다고 하자, 응후가 그 까닭을 물었다. 채택이 말했다.

"허, 어찌 이리 생각이 더디십니까? 공을 이루면 떠나는 것이 사계절의 질서입니다. 사람으로 태어나 온 몸이 건강하고 손과 발이 자유롭고 이목이 총명하고 마음이 지혜로운 것은 모두 선비의 소원이 아니겠습니까?"

"그렇지요."

채택이 다시 말했다.

"인仁을 닦고 의義를 지으며 도道를 베풀고 덕德을 실천하여 천하에 그 뜻을 펼쳐, 천하 사람들의 사랑과 존경을 한 몸에 받다 군왕으로 추대되는 것이야말로 총명하고 지혜로운 선비의 바람이 아닐까요?"

응후가 그렇다고 하자, 채택이 다시 말했다.

"부귀로 영예를 누리면서 이치대로 만물을 이루어 모든 것을 있어야 할 자리에 두고, 수명이 길어 천수를 다 누리고, 천하가 그의 정통을 잇고 그의 공업을 지켜 무궁토록 후세에 전하고, 명예와 실질이 들어맞아 그 은택이 천리 밖까지 흐르고, 대대로 그를 칭송하는 소리가 영원토록 이어지는 것, 이야말로 도덕의 부절이자 성인이 이른바 상서로운 좋은 일이지요?"

"그렇습니다."

채택이 말했다.

"상군商君은 세운 공이 이러저러했지만 거열형에 처해졌습니다. 백기白起는 세운 공이 막대했지만 끝내는 군주가 내려준 검으로 두우杜郵에서 죽고 말았습니다. 오기吳起는 대단한 공을 세웠지만 사지가 찢기는 형벌을 당했습니다. 대부大夫 종種은 그 공이 천하에 드러나 신망이 두터웠지만, 구천은 끝내 그를 저버려 죽이고 말았습니다. 이 네 분은 공이 이루어졌는데 떠나지 않아 이러한 화를 당한 것이지요. 이야말로 '펴기만 하고 굽힐 줄 모르며, 가기만 하고 돌아올 줄 몰랐던' 셈이지요. 하지만 범려范蠡는 달랐습니다. 공명에 연연하지 않고 세상을 피해 오래도록 도주공陶朱公으로 살았지요. 도박꾼들 아시죠? 그들은 한 번에 다 걸기도 하고, 나누어 걸기도 하는데, 이를 잘 아셔야 합니다. 지금 천하로 하여금 진나라를 두려워하게 하고 진나라가 원하는 바를 얻게 된 것은 누가 뭐래도 당신의 지극한 공입니다. 그러니 지금이야말로 진나라에서 공적을 나눌 시점입니다. 물에 비추는 자는 얼굴을 보지만, 사람에게 비추는 자는 길흉을 안다고 합니다. 『서경』에는 '공을 이룬 자리에 오래 머물면 안 된다'고 하였습니다. 저 네 분의 재앙을 당신은 어째서 자처하려 하십니까? 바로 지금 재상의 인끈을 반납하고, 현자를 천거하여 그에게 주게 하시고 자연으로 물러나십시오. 아까워 떠나지 못하고 혹시나 하여 머뭇거린다면 저 네 분의 화가 닥칠 겁니다. 『역경』에 '항룡유회'亢龍有悔라 했는데, 이는 올라가기만 하여 내려올 줄 모르고, 펴기만 하고 접을 줄 모르며, 앞으로만 가서 돌아올 줄 모르는 행위를 말함입니다. 잘 생각해 보십시오."

응후가 말했다.

"옳은 말씀이군요! 욕심이 그칠 줄 모르면 원하는 것을 얻지 못하고, 이미 지닌 것에 만족할 줄 모르면 그마저 잃는다고 들었습니다. 선생께서는 가르쳐 주십시오. 삼가 명대로 따르겠습니다."

채택을 끌어 앉혀 상객上客으로 삼았다.

응후는 며칠 뒤 조정에 들어가 진 소왕에게 아뢰었다.

"저의 문객 중 산동에서 새로 온 자가 있는데 채택이라고 합니다. 변론에 능한 선비로, 3왕의 사적과 5패의 공업, 세속의 변화에 밝아 진나라의 정사를 맡길 만합니다. 신이 많은 사람을 보아 왔으나 그만한 자가 없었고, 신도 그만 못합니다. 감히 아뢰옵니다."

진 소왕이 불러 이야기를 나눠 보고는 크게 기뻐하여 객경客卿으로 임명했다. 응후는 병을 핑계로 재상의 인끈을 반납할 것을 요청했다. 소왕은 굳이 응후를 잡아 두려 했지만, 응후는 병이 위중하다는 핑계를 댔다. 범수가 재상에서 물러나자 소왕은 채택의 계획이 마음에 들어 그를 재상으로 삼았다. 동쪽으로 군사를 내어 주나라를 흡수했다.

채택이 재상이 되고 몇 달이 지나자 그를 싫어하는 사람이 생겼다. 처형당할까 두려워 병을 핑계로 재상의 인끈을 반납했는데, 강성군綱成君이란 징호를 받았다. 진나라에 10여 년을 살며 소왕과 효문왕孝文

王과 장양왕莊襄王을 섬겼다. 마지막에는 시황제를 섬겼는데, 연나라에 사신으로 가서 3년 만에 태자 단丹을 인질로 들여보냈다.

태사공은 말한다. 한비자는 "소매가 길면 춤추기 좋고, 밑천이 충분하면 장사가 수월하다"고 했는데, 참으로 옳은 말이다. 범수와 채택은 세상에서 말하는 한 시대의 변사이다. 하지만 제후에게 유세하면서 늙도록 인정받지 못하는 것은, 그 계책이 어설퍼서가 아니라 그 나라의 힘이 약하기 때문이다. 두 사람은 나그네로 진나라에 들어가 잇달아 경상卿相의 자리에 올라 천하에 공을 드리울 수 있었다. 그 차이는 바로 국력의 강약에서 온 것이다. 그러나 선비와 군주의 만남에는 우연이 작용하니, 이 두 사람만 한 현자로서 그 뜻을 펼치지 못한 사람이 또 얼마나 많겠는가! 하지만 두 사람이 곤액을 겪지 않았다면 어찌 그 뜻이 격동될 수 있었으랴! 짧은 논평에 세 차례나 역접을 나타내는 '연'然(그러나)자를 사용했다. 사람의 일을 보편적인 원리를 적용하여 일괄 평가할 수 없음을, 확정지어 말할 수 있는 하나의 명제는 없다는 사실을 나타낸 것이다. 개인의 능력이나 의지는 한계가 있음을, 그것을 초월하는 거대한 힘에 의해 역사가 움직여 간다는 사실을, 그럼에도 불구하고 개인의 특수성을 고려하지 않을 수 없음을 말했다.

일국의 용인用人과 한 몸의 진퇴

안을 건강하게 유지하기 위해서는 밖에서 필요한 것들을 잘 섭취해야 한다. 우리 몸이 그렇고, 실내의 공기가 그렇고, 사회가 그렇고, 문화도 그러하다. 얼마나 잘 받아들이고 또 잘 내보내는가는 발전적 지속의 제일 관건이다. 범수는 위나라에서 반송장의 몸으로 진나라에 들어왔다. 기원전 266년 응후가 되었고, 261년 조나라 격파에 큰 공을 세웠다. 채택은 연나라 출신으로, 진나라에 들어와 범수에 이어 재상의 자리에 올랐으며, 시황제까지 네 명의 왕을 섬겼다. 확인되는 바 그의 마지막 행적은 연나라에 사신으로 갔다가 태자 단을 볼모로 들여보낸 일이다. 기원전 231년의 일이다. 범수와 채택이 재상의 자리에 있었던 세월이 30년이 넘고, 그 사이에 진은 천하일통의 대업을 차근차근 진척시켰다. 두 사람은 숨 가쁘게 진행된 역사의 큰 행보 속에서 제 몫을 다했고, 게다가 자기 한 몸도 온전하게 지켰으니 가상한 일이다. 현귀한 몸이 되었는데 사람들의 시선이 곱지 않으면, 내가 미워서라기보단 현귀한 자리가 맞지 않아서이니, 서둘러 거기서 내려와 낮은 곳에서 자신을 돌아보아야 한다.

군자는 사귐이 끊어져도
허물하지 않는다

악의 열전樂毅列傳

연나라 소왕昭王과 악의樂毅의 만남은, 이후 명주明主와 현신賢臣의 아름다운 만남으로 널리 전해졌다. 사마천은 악의가 한나라 초기의 명상 조참曹參의 정신적 혈통임을 세가와 열전 모두에서 굳이 밝혀 놓았다. 악의가 명재상의 시조라는 뜻을 숨긴 것이다. 그 전에는 고조가 옛 조나라 땅에서 애써 악의의 후손을 찾고, 악의의 후손이라는 이유만으로 벼슬을 주었다는 이야기를 배치했다. 고조와 조참의 관계는 자연스럽게 소왕과 악의의 명군 현상 조합에 조응한다.

악의가 연나라 혜왕에게 보낸 편지를 읽고 나면 은은한 울림이 쉽게 진정되지 않는다. 준엄하게 질책하고 경계하는 내용이지만 소리는 작고 태도는 낮은지라, 처음엔 그저 고개나 끄덕이고 말지만 잠자리에 누우면 마음이 불안해지고 불편해지는 글이다. 혜왕은 이 편지를 받은 날 밤, 잠을 청하려다 벌떡 일어나 앉아 곰곰 생각하다가, 급기야는 일어나 침실을 거닐며 불편한 마음의 정체가 뭘까 의문에 사로잡혔고, 이내 악의의 얼굴을 떠올리며 비참한 수치와 굴욕적인 분노를 함께 느꼈을 것이다.

죽림호안竹林虎眼
대숲에서 빛나는 범의 눈동자

「악의 열전」속에 인용된 악의의 글은 마치 대숲 속에서 빛나는 범의 눈동자와 같아서, 대숲을 떠난 뒤에도 두근거림이 가라앉지 않는다.

계책을 실행하여 다섯 나라의 군사를 연합하고, 약소국 연燕을 위해 강대국 제齊에 복수하고 그 선군의 치욕을 씻어 주었다. 스무 번째로 악의樂毅의 열전을 지었다.

　악의의 선조 중에 악양樂羊이 있었다. 악양은 위魏 문후文侯의 장수로서 중산국中山國(하북성 정주시定州市, 보정保定과 석가장石家庄 사이)을 쳐서 빼앗았다. 문후는 악양에게 영수靈壽(석가장시 북쪽 영수현) 지역을 주었다. 악양은 죽어 영수에 묻혔고, 그의 자손들은 대대로 이곳에 터를 잡고 살았다. 중산국이 다시 일어났지만 조나라 무령왕武靈王에게 멸망했다. 악씨 가문에서 악의가 나왔다.

　악의는 현명했고 군사에 밝아, 조나라 사람이 그를 천거했다. 무령왕(재위 BC.325~BC.295) 때 사구沙丘의 난[1]이 일어나자, 조나라를 떠

1　기원전 295년, 형제 다툼의 와중에서 무령왕이 사구沙丘(하북성 광종현廣宗縣

나 위나라로 갔다. 위나라에서 연나라 소왕昭王(재위 BC.312~BC.279)에 관한 소문을 들었다. 황금대黃金臺를 설치하여 천하의 인재를 모셔 왔다. 조선 시대의 연행사들은 북경에서 현군 소왕昭王을 기억하며 이 황금대 터를 수소문하곤 했다. 또 그는 북경 동쪽의 옥전玉田 무종산無終山에 묻혔다고 한다. 박지원은 이러한 사실을 상기하며 이곳을 배경으로 「호질」을 지었다.

그 즈음 제나라는 자지子之의 난으로 어지러운 연나라를 공격하여 크게 깨뜨렸다. 소왕은 하루도 빠짐없이 제나라에 대한 복수를 다짐했으나, 나라가 작은 데다 먼 곳에 치우쳐 있어 힘으로 제압할 형편이 못 되었다. 이에 먼저 곽외郭隗를 예우하여 현사들을 초빙했다. 악의도 위나라 사신으로 연나라에 갔다. 곽외가 죽은 천리마의 뼈라면, 악의는 팔팔한 천리마였다.

연 소왕은 악의를 극빈으로 대우했다. 악의는 겸손하게 사양했지만, 끝내는 몸을 맡겨 신하가 되었다. 연왕은 악의를 아경亞卿(경卿에 버금가는 지위)으로 삼아 오래도록 그 지위에 있게 했다.

당시 민왕潛王이 다스린 제나라는 강성하여 남쪽 중구重丘(산동성 하택시荷澤市 거야현巨野縣 일대)에서 초나라 재상 당매唐昧를 격파했고, 서쪽 관진觀津에서 삼진三晉의 세력을 꺾고는 그들과 힘을 합쳐 진晉나라를 공격했다. 조나라를 도와 중산국을 없앴고, 송나라를 쳐서 영토를 1천여 리나 넓혔다. 진秦나라 소왕昭王과 다투어 자신을 높여 제帝로 일컬었다가 이윽고 원래의 호칭을 사용했다. 그러자 제후들이 모두 진秦나라에서 돌아서 제나라를 좇았다. 그러자 민왕은 지

대평대촌大平臺村)에서 희생된 사건.

악의 열전

나치게 오만해졌으며, 백성들은 이를 감당하기 어려워졌다. 연 소왕이 악의를 불러 제나라 공격에 대해 물었다.

악의가 대답했다.

"제나라에는 아직 패자의 힘이 남아 있습니다. 땅이 넓고 인구도 많아, 혼자의 힘만으로는 공격하기 어렵습니다. 제나라를 꼭 치고 싶으시면 조趙, 초楚, 위魏와 함께해야 합니다."

연왕은 악의를 보내 조나라 혜문왕惠文王과 조약을 맺게 하였고, 따로 사신을 보내 초·위와 연대했으며, 조나라로 하여금 진나라에 제나라 공격의 이익을 설득하게 했다. 제후들은 제나라 민왕의 교만과 독선을 미워하던 터라, 모두 힘을 모아 연나라와 함께 제나라를 공격하기로 했다. 악의가 돌아와 보고하자, 소왕은 군대를 총동원하여 악의를 상장군으로 삼았다. 조나라 혜문왕도 재상의 인끈을 악의에게 주었다. 악의는 조·초·한·위·연 다섯 나라의 군대를 통솔하여 제수濟水 서쪽(제남濟南 서북쪽)에서 제나라 군대를 격파했다. 제후들은 모두 군사를 거둬 돌아갔지만, 악의가 이끄는 연나라 군대는 추격을 계속하여 수도 임치까지 몰아붙였다. 제나라 민왕은 제수 서쪽에서 패하고 달아나 거읍莒邑(산동성 일조시日照市 거현莒縣)에 들어앉아 지켰다. 악의는 제나라의 여러 점령 지역들을 순행했는데, 제나라에서는 모두 성을 지키고 나오지 않았다. 악의는 임치를 집중 공격하여, 제나라의 온갖 보물과 제기들을 연나라로 보냈다. 연 소왕은 몹시 기뻐하며 몸소 제수 가에 이르러 군공을 치하하고, 상을 주고 군사들을 대접했다. 악의를 창국昌國(산동성 치박시淄博市 창국현)에 봉하고, 창국군으로 불렀다. 제나라에서 노획한 것을 거두어 돌아가면서, 악의로 하여금 아직 남아 있는 제나라 성들을 평정하게 했다. 기원전 284년 소왕昭王

시절 동북쪽 변방의 약소국 연燕은 국세를 크게 떨쳤으니, 인재가 모였던 덕분이다.

악의가 제나라에 머물면서 함락한 성만 70여 곳으로 모두 군현으로 만들어 연나라에 속하게 했는데, 거莒와 즉묵卽墨(청도青島 북쪽)만이 항복하지 않았다. 그 무렵 소왕이 죽고 아들이 즉위하여 혜왕惠王이 되었다. 혜왕은 태자 시절부터 악의를 탐탁지 않게 여겼다. 아버지도 어려워했던, 큰아버지 같은 이를, 신하로 두는 것은 쉽지 않은 일이다. 반대로 철부지 조카 같은 신왕을 군주로 섬기는 것도 썩 내키는 일은 아니다. 하여 선왕의 현신賢臣과 신왕의 관계는 대개 원만하지 않다.

혜왕의 즉위 소식을 들은 제나라 전단田單은 연나라에 둘을 이간하는 소문을 퍼뜨렸다. 제나라는 전단의 힘으로 겨우 다시 일어난다.

"제나라에서 함락되지 않은 성은 둘 뿐인데, 그 이유는 악의가 새 왕과 사이가 안 좋아 계속 머물다가 제나라의 왕이 되려 하기 때문이다. 제나라에서는 혹 다른 장수가 오지 않을까 걱정할 뿐이다."

혜왕은 본디 악의를 의심했던 데다 제나라의 이간술에 넘어가 기겁騎劫을 대신 파견하고 악의를 소환했다.

악의는 혜왕이 자기를 싫어하여 교체한 줄 알고 처형될까 두려워 조나라에 항복했다. 조나라에서는 악의에게 관진觀津(형수시衡水市 무읍현武邑縣 동남쪽 심파진審坡鎭) 지역을 주고 망저군望諸君(하남성 휴현睢縣과 산동성 하택시菏澤市 사이)이라 불렀다. 악의를 존중하여 연燕과 제齊를 견제했다. 제나라 전단은 뒤에 기겁과 싸웠는데, 속임수를 사용하여 즉묵 아래서 그의 군대를 격파했다. 전투를 거듭하여 연나라를 쫓아내 북쪽으로 황하 가에까지 이르렀다. 잃었던 제나라 성을 모두 되찾고 거莒에서 양왕襄王을 맞이하여 임치로 입성했다.

연나라 혜왕은 기겁으로 악의를 대체하여 전쟁은 지고 장수는 죽고 제나라 땅을 잃게 된 것을 후회했다. 또 악의가 조나라에 항복함에 따라, 조나라가 연나라의 위기를 틈타 악의를 앞세워 공격해 올까 두려웠다. 이에 사람을 보내 악의를 질책하는 한편 좋은 말로 사과했다.

"선왕께서 국정을 장군께 맡기셨고, 장군은 제나라를 격파하여 선왕의 원수를 갚아 주시니, 온 천하가 진동했습니다. 과인이 하루인들 장군의 공을 잊었겠습니까! 하필 그때 선왕께서 돌아가시고 과인이 새로 즉위했는데, 주변 사람들이 저를 그르쳤습니다. 과인이 기겁을 보내 장군을 대신케 한 것은, 장군의 풍찬노숙 생활이 너무 오래 되어 불러 쉬시게 하는 한편 국사를 의논하고 싶었기 때문입니다. 그런데 유감스럽게도 장군께서는 과인과의 사이에 문제가 있는 걸로 오해하여 연나라를 버리고 조나라로 가셨습니다. 이것이 장군의 선택이라면 도리가 없지만, 선왕께서 장군을 대우한 뜻을 무엇으로 보답할 수 있을지요?"

악의는 혜왕에게 답서를 보냈다.

어리석은 신은 왕명을 받들어 주변 사람들의 마음을 따르지 못했기에, 선왕의 명철을 상하게 하고 족하의 의리를 해칠까 두려워한 까닭에 달아나 조나라로 온 것입니다. 그런데 지금 족하께서는 사람을 보내 질책하시니, 신은 왕의 측신들이 선왕께서 행신幸臣[2]을 기르신 뜻을 살피지 못할까 우려되고, 또

2   총신寵臣. 임금의 총애를 받는 신하.

신이 선왕을 섬긴 마음을 말씀드릴 수도 없어, 이렇게 감히 서신으로 답변합니다.

성군과 현주는 사사로이 친하다고 하여 녹봉을 주지 않고, 공이 많은 자에게 상을 주며, 능력이 있는 자에게 일을 맡긴다고 합니다. 그러므로 능력을 살펴 관직을 주는 사람은 공을 이룰 군주요, 행실을 따져 벗을 사귀는 사람은 이름을 세울 선비이지요. 신이 적이 옛날 선왕께서 하신 일을 살펴보니 세상 보통의 군주를 능가하려는 마음이 있음을 알았습니다. 하여 위나라 사신의 자격을 빌려 연나라에서 직접 눈에 들 기회를 얻었습니다. 선왕께서는 과분하게 저를 발탁하시어 빈객 속에 두시고 뭇 신하들 위에 세우셨습니다. 부형과도 의논하지 않고 아경亞卿으로 삼으셨지요. 신은 분에 넘치는 줄 알면서도 명령을 잘 받들면 다행히 죄는 짓지 않을 것이라고 생각하여 사양 않고 받아들였습니다.

선왕께서는 이렇게 명하셨습니다. "나에게는 제나라에 대한 원망과 분노가 쌓여 있어 강약을 떠나 제나라를 응징하려 합니다." 신은 대답했습니다. "제나라에는 최강 패자의 제도와 규모가 남아 있습니다. 군사들은 잘 훈련되어 전쟁에도 익숙합니다. 왕께서 제나라를 치고 싶다면, 반드시 천하와 더불어 도모하셔야 합니다. 먼저 조나라와 맹약을 맺으십시오. 또 회수淮水 북쪽 지역은 옛날 송나라 땅인데, 초와 위가 군침을 흘리는 곳이지요. 조나라가 허락하여 네 나라와 약속하여 공격한다면, 제나라를 크게 깰 수 있습니다." 선왕께선 고개를 끄덕이시고, 부절을 갖춰 저를 남쪽 조나라로 사신 보내셨고, 저

악의 열전

는 돌아가 성과를 보고하고 군사를 일으켜 제나라를 쳤습니다.

하늘이 도와 선왕의 영험으로, 하북의 조나라와 위나라 군대가 선왕을 따라 제수濟水 가에 진출했습니다. 제수 가의 군대는 명을 받고 제나라를 쳐 큰 승리를 거두었습니다. 정예 병사들이 제나라 수도까지 진격하자, 제왕은 거읍莒邑으로 달아나 겨우 목숨을 구했습니다. 이에 제나라 궁궐의 값진 보배들을 모두 거둬 연나라로 들였습니다. 제나라 제기들은 연나라 궁궐 안 영대寧臺에 진열했고, 대려종大呂鍾은 원영궁元英宮에 설치했습니다. 옛날부터 내려온 제나라 솥은 역실궁磨室宮에 들였고, 제나라 문수汶水 가에 있던 대나무를 연나라 계구薊丘 일대에 옮겨 심었습니다. 5패覇 이래로 선왕에 필적하는 공을 세운 사람은 없습니다. 선왕께선 그것도 마음에 차지 않았기에, 제나라 땅을 갈라 저에게 주셨으니 저는 소국의 제후와 어깨를 나란히 하게 되었습니다. 신은 잘 모르긴 해도, 명령을 잘 받들면 죄를 짓지 않을 수 있다고 생각하여 사양하지 않았습니다.

성군 현주는 세운 공을 폐기하지 않아 『춘추』에 드러났고, 지혜가 밝은 선비는 이루어진 이름을 훼손치 않아 후세에 일컬어진다고 합니다. 선왕께서는 복수설치하고 만승의 강대국을 정벌하여 800년 동안 쌓인 보물을 거두셨습니다. 돌아가시는 날까지도 교시를 그치지 않으셨으니, 정사를 맡은 신하들에게 법령을 닦고 서얼들을 신중하게 대하며 은혜가 백성들에게 미치도록 하라고 당부하셨습니다. 이는 모두 후세에 영원한 가르침이 될 민힌 내용입니다.

하지만 시작이 좋다고 끝까지 좋은 법은 없으며, 일을 잘 벌인다고 마무리까지 아름다운 것은 아니라고 합니다. 옛날 오자서가 합려의 마음을 사로잡자 오나라는 세력을 초나라의 수도까지 뻗칠 수 있었습니다. 하지만 합려의 아들 부차는 오자서를 마땅치 않게 보았으니, 그를 죽여 시신을 말가죽 부대에 담아 강물에 띄워 버렸습니다. 부차는 오자서의 지혜로운 의견을 들으면 공을 세울 수 있다는 사실을 까마득히 몰랐으니, 그를 물에 버리고도 후회하지 않았습니다. 오자서는 주군의 깜냥이 선왕과 같지 않음을 헤아리지 못한 까닭에, 강물에 버려져서도 눈을 감지 못했던 것입니다. 아버지가 훌륭하다고 아들까지 그런 것은 아니다. 맥락 속에서 혜왕은 부차의 자리에 놓인다.

재앙을 피하면서 공적을 세워 선왕의 자취를 밝히는 것이 저의 으뜸 계획입니다. 모욕적인 헐뜯음을 당해 선왕의 명성을 떨어뜨리는 것은 저의 큰 두려움이지요. 측량할 수 없는 큰 죄를 지으면서까지, 겨우 화를 벗어난 제 처지를 돌아보지 않고 고국이나 다름없는 연나라를 쳐서 작은 이익을 노리는 것은 의리상 하지 못할 일입니다. 옛날의 군자는 사귐이 끊어져도 나쁜 소리를 내지 않고, 충신은 조국을 떠나 자기 이름만 고결하게 하지 않는다고 합니다. 관대한 도량, 온후한 태도. 몇 마디 구절로 악의는 나의 스승이 되기에 충분하다.

신이 비록 어리석지만 옛 군자들에게서 그렇게 배웠습니다. 측신들이 주변 사람들의 말만 믿고 멀리 쫓겨난 자의 행동을 살피지 못할까 저어하여 감히 글을 올려 아뢰오니, 군왕께서는 잘 헤아려 주십시오.

연왕은 악의의 아들 악간樂間을 다시 창국군으로 봉했다. 악의도 다시 연나라를 오갔다. 연과 조에서는 그를 객경客卿으로 삼았다. 악의와 악간이 있는 동안 두 나라는 평화로울 수 있었다. 악의는 조나라에서 죽었다.

고조가 옛 조나라 땅에 들러 물었다. "악의에게 후손이 있는가?" 사실이라면 고조가 얼마나 악의라는 인물에 매료되었는지, 사실이 아니라면 사마천이 얼마나 악의를 좋아했는지 알 수 있다. 사마천은 고조를 빌려 악의에 대한 자신의 애호를 드러냈고, 악의를 이용하여 고조를 은근히 높였다.

악숙樂叔이 있다고 하자, 그를 악경樂卿에 봉하고 화성군華成君이라 불렀다. 화성군은 악의의 후손이다. 악씨의 집안에 악가樂瑕와 악신樂臣이 있었는데, 조나라가 진나라에게 멸망되자 제나라 고밀高密로 달아났다. 악신은 황제와 노자의 학문에 밝아 제나라에서 유명하여 현사賢師로 일컬어졌다.

태사공은 말한다. 제나라의 괴통蒯通과 한나라의 주보언主父偃(사마천 당대의 대신)은 악의가 연왕에게 보낸 답서를 읽을 때마다 책을 덮고 눈물을 흘렸다. 악신은 황제와 노자의 학술을 배웠는데, 본래 그의 스승은 하상장인河上丈人으로 어디 사람인지 알려지지 않았다. 하상장인이 안기생安期生을 가르쳤고, 안기생은 모흡공毛翕公을 가르쳤고, 모흡공은 악하공樂瑕公을 가르쳤고, 악하공은 악신공樂臣公을 가르쳤으며, 악신공은 개공蓋公을 가르쳤다. 개공은 제나라 고밀과 교서

膠西 지역에서 가르쳐 한나라 초의 재상 조참의 스승이 되었다. 천하가 정해지고 제나라의 상국이 된 조참이 교서의 개공을 스승으로 섬겨 나라를 크게 안정시킨 이야기는 「조상국 세가」에 조금 더 자세하게 실려 있다.

북경의 금대석조비

소왕과 악의가 공존하던 시기는 연나라의 처음이자 마지막인 전성기였다. 이후 소왕은 연나라의 수도였던 곳, 즉 지금의 북경을 대표하는 역사 인물이 되었다. 북경에는 예로부터 8경이 유명했다. 그중의 하나로 꼽힌 금대석조金臺夕照(황금대의 석양빛)는 문헌상 금金나라 장종章宗 명창明昌 연간(1190~1196)에 처음 나타난다. 하지만 그 뒤로 황금대의 실제 위치는 오리무중이었다. 북경에는 여남은 곳이 황금대 터로 전해졌지만, 이는 그 위치가 분명치 않다는 반증이었다. 청나라의 건륭제는 1751년에 「금대석조」金臺夕照 시를 짓고, 이 시를 빗돌에 새겨 조양문朝陽門 밖 동관점東關店 묘가지苗家地 교장教場에 세우게 했다. 그런데 어쩐 일인지 이 빗돌의 행방이 묘연해졌다. 1935년에 간행된『구도문물략』舊都文物略 사진 속에 누워 있던 빗돌은 2002년 12월 건설 현장에서 발견되었고, 조양구朝陽區 동삼환중로東三環中路 23호號, 재부중심대하財富中心大廈 안에 다시 세워졌다. 10호선 전철 금대석조참金臺夕照站 D출구로 나오면 100m가 채 안되는 지점이다. 황금대 터는 북경을 찾았던 조선 지식인들에게도 흥미로운 관심사였던지라, 박지원을 비롯한 많은 사람이 수소문하여

악의 열전

찾아 나서곤 했다. 그런데 어떻게 된 일인지, 연행사들의 경로에서 500m밖에 떨어지지 않은 곳에 있었던 이 빗돌의 소재에 대한 언급이 없다.

조나라 멸망 직전의
장엄한 노을

염파인상여 열전廉頗藺相如列傳

꽃은 떨어지는 향기가 아름답습니다
해는 지는 빛이 곱습니다
노래는 목맺힌 가락이 묘합니다
님은 떠날 때의 얼굴이 더욱 어여쁩니다.

한용운, 「떠날 때의 님의 얼굴」

멸망하기 전, 초나라에는 굴원이, 위나라에는 신릉군이, 연나라에는 악의가 있었다. 역사의 거대한 수레바퀴가 굴러가는 것을 한두 사람의 힘으로 막거나 돌릴 수야 없었지만, 그 사라짐이 그저 맥없고 김빠진 것은 아니었다. 사마천은 떨어지는 꽃의 향기와 석양의 고운 빛을 무척 사랑했다. 조나라 혜문왕惠文王 재위 시절(재위 BC.298~BC.266)에는 염파廉頗와 인상여藺相如 외에도 마복군馬服君 조사趙奢가 있었으니, 조나라는 진나라에 맞서고 제후국 사이에서 국위를 떨칠 수 있었다. 하지만 이 뒤로 조사는 죽고, 인상여는 병들어 누웠으며,

늙은 염파는 위나라로 쫓겨나 돌아오지 못했다. 최후의 요새로 이목
李牧이란 장수가 있었는데, 조나라 권력층은 진나라의 반간계에 넘어
가 그를 처형했다. 조나라를 막아 줄 방파제가 모두 무너졌다. 기원
전 229년, 조나라는 드디어 멸망하고 만다. 염파와 인상여는 조나라
의 마지막을 장엄하게 장식한 저녁노을이었다.

서산채하 西山彩霞
저물녘 서산의 노을

서산 너머로 해가 가라앉을 때면 그 마지막 빛으로 노을의 자태가 서럽도록 곱다.
염파와 인상여는 조나라가 사라지기 직전의 노을이다.

인상여는 뜻을 강대국 진秦에 실어 펼쳤으면서도 염파에게 몸을 굽힘
으로써 군주를 따랐으며, 모두 제후들의 존중을 받았다. 스물한 번째
로 염파와 인상여의 열전을 지었다.

염파는 조나라의 훌륭한 장수다. 혜문왕 16년(BC.283), 염파는 조
나라의 장수가 되어 제나라를 쳐 크게 깨뜨리고 양진陽晉(산동성 하택
시荷澤市 서북쪽) 땅을 빼앗고 상경上卿에 제수되었다. 용맹하고 기개
넘치는 장수로 제후들에게 알려졌다. 인상여 또한 조나라 사람으로,
환관 중 지위가 가장 높은 무현繆賢의 문객이었다.

혜문왕 때 초나라 화씨和氏의 벽璧을 얻었다. 진나라 소왕昭王이 그
소식을 듣고 사신 편에 국서를 보내 15개 고을과 화씨벽을 바꾸기를

청했다. 열다섯 고을의 백성들을 구슬 하나와 바꾸자는 뜻이니, 발상 자체가 불미하다.

왕은 대장군 염파 및 여러 대신들과 상의했다. 화씨벽을 진나라에 주자니 진나라 고을을 얻지 못하고 속기만 할 듯하고, 안 주자니 진 나라의 공격을 받을까 걱정이었다. 결정도 내리지 못하고, 진나라에 사신으로 보낼 만한 마땅한 사람도 찾지 못했다. 무현이 말했다.

"신의 문객 중 인상여를 보낼 만합니다."

왕이 물었다.

"어떻게 아오?"

"신이 일찍이 죄를 지어 연나라로 도망갈까 몰래 저울질하고 있었 는데, 그가 저를 말리며 연나라 왕을 잘 아느냐고 물었습니다. 저는 예전에 대왕을 모시고 연나라 왕과 국경에서 만났을 때 그가 은근히 제 손을 잡고 사귀고 싶다고 했던 사연을 이야기해 주었지요. 그러자 그는, 조나라는 강하고 연나라는 약한데 제가 대왕을 가까이서 모시 고 있기 때문에 연왕이 사귀고 싶다고 한 것이지, 만약 제가 죄를 지 은 몸으로 달아난다면 연나라에서는 조나라를 겁내 저를 묶어 돌려 보낼 것이라고 하였습니다. 그러면서 차라리 어깨를 드러내고 도끼 위에 엎드린 채 벌을 청하여 살아날 수를 찾으라고 권하더군요. 신은 그의 의견을 좇았고, 다행히 대왕의 용서를 받을 수 있었습니다. 신 의 생각에 그는 용감하고 지모가 있는 인물이오니 사신으로 보낼 만 합니다." 적국에 사신으로 가기 위해서는 담력과 지모와 식견을 두 루 갖추어야 한다. 자국의 이익과 체면을 지켜 내면서 상대국과의 관 계를 악화시키지 말아야 한다. 외교관은 적국에 사신으로 갈 수 있는 인물이 감당해야 하는 직업이다.

염파인상여 열전

왕이 인상여를 불러 물었다.

"진나라에서 열다섯 성과 과인의 벽璧을 바꾸자고 하는데, 보내야 할까 말아야 할까?"

인상여가 말했다.

"진은 강하고 우리 조는 약하니 거부할 수는 없습니다."

왕이 말했다.

"우리 벽璧만 챙기고 성을 주지 않으면 어쩐다?"

인상여가 말했다.

"진나라에서 성과 벽璧을 바꾸자고 했는데 받아들이지 않으면 허물이 우리 조나라에 있게 됩니다. 우리가 벽을 넘겼는데 진나라가 성을 주지 않으면 그쪽 잘못이 됩니다. 두 경우를 셈해 보면, 허물을 저쪽에 지우는 게 좋겠습니다." 명분의 확보.

왕이 말했다.

"누구를 보내면 될까?"

인상여가 말했다.

"대왕께는 그럴 만한 인물이 없습니다. 신이 벽璧을 받들고 사신으로 가겠습니다. 성이 조나라로 넘어오면 벽을 남겨 두겠지만, 성이 우리 차지가 안 된다면 벽을 고스란히 하여 되가져 오겠습니다."

왕은 인상여에게 벽을 받들고 진나라로 가게 했다.

진나라 소왕이 장대章臺[1]에 앉아 인상여를 접견했다. 인상여는 벽을 받들어 진왕에게 바쳤다. 진왕은 크게 기뻐하며 궁녀 및 측신들에게 전해 주며 보게 했다. 좌우의 사람들이 모두 만세를 불렀다. 인상

---

[1]   이궁離宮의 관대觀臺 이름. 장안 서남쪽에 옛 터가 있다.

여는 진왕에게 대가로 성을 내줄 뜻이 없음을 보고 다가가며 말했다.

"벽에 티가 있어 보여드리고자 합니다."

왕이 벽을 건네주자 인상여가 들고 물러나 기둥에 등을 기대서는데, 성난 머리카락이 관을 뚫고 일어설 정도였다. 진왕에게 말했다.

"대왕께서는 이 벽을 얻고자 국서를 보내셨습니다. 이에 조나라 왕께서는 뭇 신료들을 불러 의논하셨지요. 신료들은 모두 진나라는 탐욕스러운데 자기의 힘만 믿고 빈말로 벽璧을 구하니 그 보상으로 성을 받지 못할 것이라고 입을 모았습니다. 의논 끝에 벽을 넘겨주지 않기로 했지요. 하지만 제 생각은 달랐습니다. 포의의 선비들이 사귀면서도 서로를 속이지 않거늘 대국이 그럴 리가 없으니, 겨우 벽 하나로 강대국 진을 거슬러서는 안 된다고 했지요. 이에 조왕께서는 닷새 동안 목욕재계하시고 신으로 하여금 벽을 받들게 한 다음, 궁궐 뜰에서 엎드려 국서를 보내셨습니다. 왜 그러셨겠습니까? 대국의 위의가 엄중하니 공경하는 태도를 보이신 것이지요. 그런데 오늘 신이 이르니, 대왕께서는 연희나 베푸는 관대觀臺에서 신을 접견하시니 그 예가 너무 교만하십니다. 또 벽을 얻자마자 궁녀들에게 돌려 저를 희롱하셨습니다. 신이 보건대 대왕께는 조나라에 성읍을 주실 뜻이 없습니다. 하여 신이 다시 벽을 제 손에 넣었습니다. 대왕께서 신을 몰아붙이시면 제 머리통과 이 벽은 기둥에 부딪혀 박살날 것입니다." 기회를 엿보았고, 기회를 놓치지 않았으며, 한 번에 강하고 분명하게 말했다.

인상여는 벽을 쥐고 기둥을 노려보며 금방이라도 몸을 날릴 듯했다. 진왕은 벽이 깨질까 걱정되어 부드러운 말로 사과하며 말리고는, 관리를 불러 지도의 한 지점을 가리키며 거기부터 열다섯 개 고을을 조나라에 넘기라고 지시했다. 인상여는 진왕이 그저 속임수로 하는 말임을 알고 말했다.

"화씨벽은 천하 공동의 보물인지라, 조왕께서도 차지하기가 두려워 바치지 않을 수 없었던 것입니다. 조왕께서 이 보물을 보내실 때 닷새를 목욕재계하셨으니, 이제 대왕께서도 또한 닷새를 재계하시고 궁궐 뜰에 최고의 외교 의전을 펼치시면, 신이 받들어 올리겠나이다."

진왕이 생각해 보니 힘으로 빼앗을 수는 없을 듯하여 그렇게 하기로 약속하고 인상여를 빈관에서 묵게 했다. 인상여의 생각에 진왕은 재계를 해도 약속을 지킬 사람이 아닌지라, 수행원에게 평범한 복장을 입혀 벽을 품고 샛길을 따라 조나라로 돌려보냈다.

진왕이 닷새를 목욕재계하고 궁정에 구빈九賓을 베풀어 조나라 사신 인상여를 인도했다. 인상여는 자리에 이르러 진왕에게 말했다.

"진나라는 목공 이래 20여 군주 중 약속을 굳게 지킨 분이 없었습니다. 신은 대왕께 속아 조나라의 믿음을 저버릴까 두려워 사람을 시켜 샛길로 벽을 조나라로 돌려보냈습니다. 진나라는 강하고 조나라는 약한데, 대왕께서 사신 한 사람을 조나라에 보내니, 조나라에서는 지체 않고 벽을 보내왔습니다. 지금 강대국 진나라가 먼저 15개 성읍을 잘라 조나라에게 내어준다면, 조나라가 어찌 그깟 벽을 지키려 대왕에게 죄를 짓겠습니까? 대왕을 속인 죄 죽어 마땅한 줄 아오니, 신은 물 끓는 가마솥으로 들어가고자 합니다. 대왕께서는 여러 신료들과 숙의하여 주십시오." 괜히 모양으로 한 말이 아니다.

진왕과 신료들은 서로 보면서 쓴웃음을 지었다. 좌우의 사람들이 인상여를 끌고 가려 하자, 진왕이 밀했다.

"지금 저 사람을 죽이면 끝내 벽을 얻지 못할 것이고, 조나라와의 우호도 끊어질 것이니, 잘 대우하여 돌려보내는 게 좋겠다. 조왕이 이깟 벽 하나로 우리 진나라를 속이겠는가!"

인상여를 맞아들여 예를 갖춘 뒤에 돌려보냈다. 인상여가 돌아오자, 조왕은 현명한 대부가 나라의 체면을 살렸다 하여 그를 상대부로 삼았다. 진나라에서도 성읍을 주지 않았고, 조나라에서도 진나라에 벽을 보내지 않았다. 이 사건만 본다면 조말과 함께「자객 열전」에 들어갈 인물처럼 보인다. 하지만 그는 일국의 명운을 좌우하는 인물이었다.

그 뒤에 진나라가 조나라를 쳐서 석성石城(하남성 임주林州 서남쪽)을 함락했다. 그 이듬해 다시 조나라를 공격하여 2만 명을 죽였다. 진왕은 조나라에 사신을 보내, 우호조약을 맺고 싶으니 서하西河 밖의 민지澠池(하남성 민지현)에서 만나자고 했다. 조왕은 무서워 가지 않으려 했다. 염파와 인상여가 의논하여 아뢰었다.

"왕께서 가지 않으시면 조나라를 우습게 볼 것입니다."

할 수 없이 조왕이 길을 나섰고 인상여가 수행했다. 염파는 국경에서 전송하며 왕에게 말했다.

"왕께서 지금 떠나시니, 진왕을 만나 회담을 마치고 돌아오시기까지의 일정을 가늠하면 30일을 지나지 않을 것입니다. 30일이 지나도 돌아오시지 않으면 태자를 왕으로 옹립하여 진나라에게 빌미를 주지 않겠습니다."

왕이 허락했다. 한 사람은 뒷일을 책임지고, 한 사람은 일선에서 목숨을 걸고 위험한 일을 수행한다. 최소한 두 사람의 인재가 필요하다.

진왕과 민지에서 만났다. 진왕은 술기운이 오르자 말했다.

"조왕께서 음악을 좋아한다고 들었습니다. 한번 슬瑟을 연주해 주시지요."

조왕이 슬을 타자, 진나라 어사禦史가 기록했다.

"모년 모월 모일 진왕이 조왕을 만나 술을 마시다가 조왕에게 슬을 연주하게 하다."

인상여가 나서서 말했다.

"우리 왕께서도 진왕이 진나라 음악에 능하다고 들었습니다. 진왕께서 질장구를 연주하여 분위기를 띄워 주시기를 청합니다."

진왕은 성내며 허락하지 않았다. 이에 인상여는 질장구를 올리며 무릎 꿇고 청했다. 진왕이 거부하자 인상여가 말했다.

"다섯 걸음 안에 제 목의 피를 대왕께 뿌리겠습니다!"

호위 무사들이 칼을 빼어들자 인상여가 눈을 부라리며 호통 치니 모두 움찔했다. 진왕은 마지못해 질장구를 연주했다. 인상여는 고개를 돌려 조나라 어사를 불러 적게 했다.

"모년 모월 모일 진왕이 조왕을 위해 질장구를 연주하다."

진나라의 신하들이 말했다.

"조나라 15개 성으로 진왕을 위해 축수해 주십시오!"

그러자 인상여도 말했다.

"진나라의 함양 땅을 걸고 조왕을 위해 축수해 주십시오!"

진나라 왕은 술자리가 끝날 때까지 조나라에서 어떤 이익도 얻지 못했다. 조나라도 군사를 크게 배치하여 대비했기 때문에 진나라도 군대를 움직이지 못했다. 민지연澠池宴. 인상여는 장량의 지모와 번쾌의 용기를 구비했다.

회담을 마치고 귀국한 뒤 인상여는 큰 공을 인정받아 상경上卿이 되었다. 그 지위는 염파의 윗자리였다. 염파가 말했다.

"나는 조나라의 장수로 야전의 공이 크지만, 인상여야 한갓 입을 놀린 수고로움밖에 없거늘 그 지위가 나보다 높다니! 또 인상여는 천한 신분이 아니냐! 창피하게 어찌 그의 아랫자리에 있는담!"

그러고는 인상여를 만나기만 하면 그를 욕보이리라 공언했다. 인상여가 그 말을 듣고 염파와 마주치려 하지 않았다. 인상여는 조회 때마다 병을 핑계하여 염파와 서열을 다투는 일을 만들지 않았다. 얼마 안 있어 인상여가 외출했다가 멀리 염파를 보고는 수레를 이끌어 몸을 숨겼다. 그러자 그의 문객들이 간언했다.

"신들이 친척을 멀리하고 주군을 섬기는 것은, 오로지 주군의 높은 의리를 사모하는 까닭입니다. 지금 주군께서 염파와 반열이 같은데, 염파는 공공연히 악담을 하고 주군께서는 두려움이 지나쳐 몸을 피하시기까지 하니, 세속 사람들도 이를 창피한 일로 여기거늘 조정의 장상將相들은 어떻게 생각하겠습니까! 신들이 어리석기는 하지만 이젠 떠나고자 합니다."

인상여는 굳게 만류하며 말했다.

"공들이 보기에 염파 장군과 진나라 왕을 비교하면 누가 더 낫습니까?"

대답했다.

"진왕보다야 못하지요."

인상여가 말했다.

"저 진왕의 위세로도 이 인상여는 그 나라 궁중에서 그를 꾸짖고 그 신하들을 욕보였습니다. 제가 아무리 어리석은들 유독 염파 장군만을 두려워하겠습니까? 곰곰 생각해 보면 강대한 진나라가 함부로 우리 조나라를 치지 못하는 것은 나와 염파 장군 두 사람이 있기 때문입니다. 이제 두 마리 범이 다투면 형세상 모두 살기는 어렵습니다. 제가 이처럼 행동하는 것은 국가의 위급함이 더 중요하고 사사로운 관계는 그다음이기 때문입니다."

염파가 이 소문을 듣고는 어깨를 드러내고 회초리를 진 채 그 집 문객에게 다리를 놓게 하여 인상여의 집 문에 이르러 사죄했다.

"비천한 사람이 장군의 큰 뜻을 몰랐습니다."

드디어 서로 마음을 나누며 문경지교刎頸之交를 맺었다. 사마천이 힘주어 소개하고 싶었던 일화는 이것이다. 앞의 두 예화는 이 산에 오르기 전에 지나는 낮은 언덕에 지나지 않는다. 인상여는 식견과 담력뿐만 아니라, 국가 운영 전모를 헤아리는 혜안과 자신을 낮춰 전체의 조화를 이끌어 내는 국량을 갖추었다. 염파와 인상여의 사연은 공동체의 이익을 위해 개인의 감정을 묻어 둔 정적 사이의 미담이 되어 후세에 수많은 자손을 낳았다. 조선 시대 김상헌과 윤지완, 송시열과 허목, 박문수와 조관빈 등의 이야기는 염파와 인상여 이야기의 후손이다.

이해에 염파는 동쪽으로 제나라를 공격하여 그 군대를 격파했다. 2년이 지나 염파가 다시 제나라의 기읍幾邑을 공격하여 함락시켰다. 3년 뒤에는 위魏나라의 방릉防陵(하북성 보정시保定市 서수현徐水縣 대인진大因鎭)과 안양安陽 두 고을을 탈취했다. 4년 뒤에 인상여가 군사를 이끌고 제나라를 공격하여 평읍平邑까지 갔다가 돌아왔다. 그 이듬해 조사가 진나라 군대를 관여關與에서 격파했다. 염파와 인상여가 힘을 모으자 조나라가 국위를 크게 떨쳤다.

태사공은 말한다. 죽음을 각오하면 용감해진다. 죽는 것이 어려운 게 아니라 어떻게 죽는가를 결정하는 게 어려운 일이다. 인상여가 진나라 궁중에서 벽璧을 지니고 기둥을 노려보고, 민지에서 진왕과 좌우의 측신들을 꾸짖은 일은 그 형세상 처형감에 지나지 않는다. 하지만 선비들은 나약하고 겁에 질려 그렇게 행동하지 못한다. 인상여는 한번 자기 기운을 떨쳐 적국에 위신을 세웠고 돌아와서는 염파에게 몸을 낮췄다. 그 이름이 태산처럼 무겁고, 지혜로운 처신과 용감한 행동을 모두 갖추었다고 이를 만하다.

일언일행의 무게

염파는 이미 혁혁한 공을 세워 제후들에게까지 용맹한 장수로 이름이 났으며 그 지위는 상경上卿이었다. 이에 반해 인상여는 환관의 개인 집사에 지나지 않았으니, 그 출신이나 가문이 대단치 않았음을 알 수 있다. 이야기의 출발선에서 두 사람의 명망과 지위는 비교조차 되지 않는다. 서사가 시작되면서 이 급격한 기울기는 역전된다. 인상여는 화씨和氏의 벽옥璧玉을 들고 진나라에 다녀왔고, 또 민지澠池의 회합에 혜문왕을 수행했다. 그 과정에서 자기 목숨을 내놓고 조나라의 존엄과 이익을 지켜냈다. 그 사이 염파의 활약상은 그려지지 않았다. 인상여의 지위는 염파보다 높아졌다. 두 사람 사이의 기울기가 평형을 지나 반대로 된 것이다.

이것이 염파의 자존심을 크게 손상시켰다. 기분을 망친 염파는 인상여를 미워했고, 한번 크게 망신을 주리라 공언하곤 했다. 기분이란

게 때로는 합리적 판단을 마비시키고, 나아가 대국大局에 눈멀게 한다. 인상여는 거기에 맞불을 놓지도 않았고, 그 잘못을 가르치려 하지도 않았으며, 물러나 숨지도 않았다. 그저 피했을 뿐이니, 자기 어깨 위 조나라의 운명을 감당하려 했고, 그러기 위해서는 자기 못지않게 염파가 중요함을 알았기 때문이다. '나와 그'는 나라를 지탱하는 두 다리인데, 어떻게 우리가 다툴 수 있겠는가! 인상여는 이 말이 염파의 귀에 들어가기를 바랐을 것이다. 다행히 염파는 인상여의 마음을 알았다. 그리고 이 글에서 염파의 짧고 강렬한 활약이 펼쳐진다.

염파는 어깨를 드러낸 채 회초리를 지고 인상여의 집을 찾아갔다. '죄인'을 자처한 것이다. 무릎 꿇고 고개를 숙이며 벌을 청했다. 자존심 강한 명문가의 장수가 능력 하나만으로 입신한 사람을 찾아가는 발걸음은, 위급존망의 즈음에 3군을 이끌고 전장에 나서는 장수의 그것보다 더 무거웠다. 더구나 그의 앞에서 고개를 숙이고 벌을 청하기는 전투에서 패하여 적장 앞에 무릎 꿇는 것보다 힘들었을 것이다. 사마천은 염파의 이 행위가, 인상여가 진나라에 맞서면서 보여준 활약만큼이나 의미 있다고 본 것이다. 그러니 이 글에서 드러난 주인공이 인상여라면 숨은 주인공은 염파인 셈이고, 인상여가 관중이라면 염파는 포숙이다. 서사의 분량과 상관없이 두 사람은 똑같은 비중을 나눠 지니는 셈이다.

이로부터 입장이나 당파를 달리하는 정적 사이의, 작은 이해관계나 자존심에 얽매이지 않고 대국적으로 서로를 신뢰하는 미담들이 만들어졌다. 이를테면 앓아누운 송시열이 비상이 들어간 허목의 처방대로 약을 지어 먹고 나왔다든가, 조관빈이 죽었을 때 박문수가 찾아가 관에 박힌 못을 뽑아 주었다든가, 최명길과 김상헌이 심양에 끌려가 서로의 마음을 확인하고 화해했다는 이야기가 그런 유형이다. 이들 이야기 중에는 사실도 있고 허구도 있을 터인데, 하나 분명한 건 그러한 이야기를 향유하고 전승했던 사람들의 간절한 바람이 거기에 짙게 배어 있다는 사실이다.

전통에 빛나는
제나라의 저력

전단 열전田單列傳

　　연나라는 소왕昭王과 악의樂毅가 힘을 모아 국세를 키우고 제나라를 공격하여 멸망 직전까지 몰아갔다. 사마천은 악의의 열전으로 저간의 사정을 그려 냈다. 그럼에도 제나라는 멸망하지 않고 존속했으니, 제나라의 입장에서 그 존속 이유를 이야기하지 않을 수 없었다. 하여 선택된 인물이 전단田單이고, 전단만으로 부족하여 왕촉王蠋을 끌어왔다. 전단과 왕촉은 하급 관리에 포의의 선비일 뿐이지만, 왕촉은 죽음을 선택하여 제나라 민심을 격동시켰고 전단은 뛰어난 전술 전략으로 연나라 군대를 쫓아냈다. 제나라를 구한 것은 지배층의 정치력이 아니라 오랜 전통의 나라만이 가진 민간의 저력이었다. 전단과 왕촉은 제나라 저력의 표상인 셈이다. 하지만 지배층이 무능할 때 나타나는 이 하층의 저력은 언제나 눈물겹다. 우리 역사에는 그러한 아픔이 뼛속 깊이 새겨져 있다.

고가문신古家門神
낡은 집 문 위의 빛바랜 수호신

전단의 활약과 왕촉의 죽음은 제나라의 저력이다. 하지만 지배층이 지도력을 상실한 나라에서 이들은 오래된 집의 수문신守門神에 지나지 않는다.

민왕湣王이 임치를 잃고 거성莒城으로 달아났을 때 전단田單만이 즉묵성卽墨城을 지키며 연나라의 기겁騎劫을 물리쳐 끝내 제나라의 사직을 지켜냈다. 스물두 번째로 전단의 열전을 지었다.

　전단은 제나라 왕족 전씨의 먼 분파이다. 민왕 시절 임치臨淄의 아전이 되었는데 별로 인정받지 못했다. 혈통이나 신분 모두 하층 주변부의 인물이다.

　연나라의 장수 악의가 제나라를 공격하여 격파하자, 민왕은 도성에서 달아나 거성을 지켰다. 연나라 군대가 제나라를 휩쓸고 다니니 전단도 안평安平(치박시 임치구臨淄區 황성진皇城鎭 영가장榮家莊 남쪽)으로 달아났다. 집안사람들에게 일러 수레의 굴대 끝을 잘라내고 쇠테를 단단히 동여매게 했다. 얼마 안 있어 연나라 군대가 안평을 공격하여 성이 무너졌다. 제나라 사람들은 다투어 달아나느라 굴대가 부러지고 수레가 뒤집혀 사로잡혔지만, 전단의 종족만은 쇠테 덕분에 달아날 수 있었다.

　동쪽으로 가서 즉묵을 지켰다. 연나라는 제나라의 모든 성들을 함락시켰는데, 거莒와 즉묵 두 곳은 무너지지 않았다. 연나라 군영에서는 제왕이 거에 있다는 정보를 입수하고 군사를 모아 그곳을 공격했다. 거에서는 요치淖齒가 민왕을 죽이고, 성을 굳게 지키며 연나라 군대에 저항하니, 몇 년이 지나도록 무너지지 않았다. 연나라는 군대를 이끌고 즉묵성을 포위했다. 즉묵의 대부가 나가 싸우다가 죽었다. 성안의 사람들이, 안평 싸움에서의 쇠테 일을 거론하며 병법에 밝다는 이유로 전단을 추대하여 장군으로 삼았다. 절체절명의 위기가 아니었다면 전단은 중용되지 못했을 것이다. 전단을 알아보고 등용한 것 또한 제나라의 한계이자 저력이었다. 하지만 위기에 닥쳐서야 숨은 인재를 찾는 나라는 오래가지 못한다. 전단은 즉묵을 거점으로 연나라 군대에 저항했다.

얼마 안 있어 연나라 소왕이 죽고 혜왕惠王이 즉위했는데, 악의와 사이가 안 좋았다. 전단이 그 사실을 알고 연나라에 둘 사이를 이간하는 소문을 퍼뜨렸다.

"제나라 왕은 죽고 겨우 성 두 곳만 남아 있을 뿐이다. 악의는 처형될까 두려워 돌아가지 못하고 있다. 제나라 정벌을 내세우지만, 속마음은 군사를 거느리고 있으면서 제나라를 차지하여 왕이 되려고 한다. 제나라 사람들이 붙지 않자, 일부러 즉묵 공격을 늦추며 일이 무르익기만을 기다리고 있다. 제나라 사람들은 다른 장수가 와서 즉묵이 함락되면 어쩌나 두려워할 뿐이다." 「악의 열전」에서는 연나라의 입장을 이야기했고, 전단 편에서는 제나라의 처지에서 서술했다. 연왕도 그렇다고 여겨 기겁騎劫을 보내 악의를 대신하게 했다.

악의가 이 일로 조나라로 가 버리자 연나라 사졸들이 분개했다. 전단은 성안의 사람들에게 명하여, 밥을 먹을 때마다 마당에서 조상에게 제사를 지내게 했다. 그러자 날아가던 새들이 춤을 추며 성안에 내려앉아 남은 음식을 빅있나. 언나라 사람들이 괴이하게 여겼다. 진딘

은 이 기회를 타고 신이 내려와 자기를 도울 것이라고 호언했으며,
성안의 사람들에게도 "신인神人이 있어 나의 스승이 될 것"이라고 포
고했다. 한 사졸이 "신이 스승이 될 수 있겠습니까?"라고 말하고는
돌아서 달아났다. 전단은 그를 데리고 돌아와 스승을 대하는 예법에
따라 동향으로 앉아 스승으로 섬겼다. 사졸이 말했다. "신이 주군을
속였습니다. 저는 아무 것도 모릅니다." 전단은 "쉿, 말하지 마라!" 하
고는 스승으로 대했다. 군령을 낼 때마다 '신의 군대'를 내세웠다. 또
이렇게 공언했다. "나는 연나라 군대가 제나라 포로들의 코를 벤 뒤
선봉에 세워 싸우게 하면, 우리 즉묵이 사기를 잃어 패하지나 않을까
두렵다!" 연나라 군영에서 소문을 듣고 그 말대로 했다. 성안에서 그
광경을 보고 분노하였고, 저들에게 사로잡히지나 않을까 굳게 지켰
다. 전단은 또 제나라 사람들의 적개심을 돋우기 위해 이런 소문을 퍼
뜨렸다. "연나라 사람들이 성 밖 무덤들을 파헤쳐 조상들을 욕보이면
우리 처지가 얼마나 한심할까!" 연나라 군대는 그 말대로 무덤을 파
헤쳐 시신들을 불태웠다. 즉묵 사람들이 멀리 그 광경을 보고 눈물을
흘리면서 나가 싸우려 하는데 그 기세가 평소보다 열 배는 드셌다.

　전단은 사졸들이 쓸 만하게 되었음을 알았다. 이에 몸소 널과 삽
을 잡아 그들과 일을 나누었고, 처첩들까지 군사의 대오 사이에 편성
했으며, 음식을 모두 흩어 사졸들을 배불리 먹였다. 무장한 군사들은
매복시키고, 노약자와 여인들은 성 위로 올라가게 한 뒤, 사신을 보
내 연나라에 항복한다고 했다. 연나라 군영에서는 모두 만세를 불렀
다. 전단은 또 민가의 금을 거두어 2만 냥을 얻었다. 즉묵의 부호들에
게 이를 연나라 장수에게 보내면서, "즉묵은 곧 항복합니다. 부디 우
리 집안의 처첩들만은 건드리지 말아 주십시오!"라고 애원하게 했다.

전단 열전

연나라 장수들은 크게 기뻐하며 허락했다. 연나라 군사는 이로 말미암아 더욱 해이해졌다.

전단은 이어 성안의 소 1천여 마리를 거두고, 진홍색 옷을 만들어 5색의 용 무늬를 그리게 했다. 소의 뿔에 날카로운 병기를 매고, 꼬리에 갈대를 묶어 기름을 적신 뒤 그 끝에 불을 붙였다. 성 수십 곳에 구멍을 뚫고 밤에 소를 풀어 놓고, 5천의 장사로 그 뒤를 따르게 했다. 소는 꼬리가 뜨거워지자 날뛰면서 연나라 군영으로 달려갔다. 연나라 군영은 한밤중에 크게 놀랐다. 소꼬리의 횃불이 활활 타오르는데, 연나라 군사들이 보니 모두 용 무늬였다. 소에 닿는 자들마다 다치거나 죽었다. 5천의 군사들은 말에 재갈을 물린 채 공격했고, 성안에서도 요란하게 북을 울리며 그 뒤를 좇았으며, 노약자들은 모두 징 등을 두드리며 성원하니 하늘과 땅이 놀라 흔들렸다. 연나라 군대는 패해 달아났다. 제나라 사람들은 연나라 장수 기겁을 죽였다. 연나라 군대가 어지러이 달아나자, 제나라 군대가 추격하여 패배시켰다. 지나는 성읍마다 연나라를 배반하고 전단에게로 돌아가니, 군사는 날로 많아져 승승장구했고, 연나라는 연일 패배하여 황하 가에까지 쫓겨 갔다. 제나라 70여 성이 모두 다시 제나라 차지가 되었다. 이에 거莒에서 양왕襄王을 맞이하여 임치로 들어가 정사를 보게 했다. 양왕은 전단에게 봉토를 내리고 안평군이라 불렀다.

태사공은 말한다. 전쟁은 정공법으로 맞아 싸우고 기이한 계책으로 승리하는 법이다. 이에 능한 사람은 기이한 계책을 냄이 무궁하다. 기이한 계책과 정공법이 서로 맞물리는 것은 연쇄 고리처럼 끝이 없나. 처음에 서너서럼 하넌 석이 분을 널고, 마시박에 날아나는 토끼처럼 하면 적이 미처 대응하지 못한다. 『손자병법』에 나오는 이 말은 아마 전단을 이름이 아닐까! 아주 간결하게 「전단 열전」을 마무리하는 것처럼 보인다. 그런데 여기서 끝내면 마치 제나라가 전단 한 사람의 힘으로 소생한 것으로 비추어진다. 동방의 강대국이자 학술이 발달했던 문명국 제齊가 과연 평지돌출한 장수 한 사람의 힘으로 존속할 수 있었단 말인가? 독자가 허무감과 의심에 사로잡히려는 순간, 사마천은 다른 이야기를 시작한다. 이 글은 논평을 기준으로 전단과 왕촉이라는 두 큰 기둥이 양쪽에서 떠받치는 집이다. 그 사이 양왕襄王이 등극한 이야기는 있으나 없으나 별 상관없는 비중으로 끼워 넣었다.

요치가 민왕을 죽였을 때, 거성 사람들은 민왕의 아들 법장法章을 찾다가 태사교太史嫐의 집에서 발견했다. 당시 법장은 그 집 정원에 물 대는 일을 하고 있었다. 그런데 그 전에 태사교의 딸이 그를 가엾게 여겨 따스하게 대해 주었다. 그 뒤 법장은 살짝 자기 처지를 얘기하자, 여인은 그와 사통했다. 거성 사람들이 법장을 세워 제나라 왕으로 삼아 연나라 군대에 저항하니, 태사씨의 딸은 왕비가 되었고 그가 바로 군왕후君王后이다.

연나라 군대가 처음 제나라 땅에 들어갔을 때, 화읍畫邑[1] 사람 왕촉王蠋이 현자라는 말을 들었다. 이에 군중에 명하기를, 화읍 주변 30리 안으로 들어가지 말라고 했다. 왕촉을 예우하려는 뜻이었다. 그리고 사람을 보내 왕촉에게 말했다.

"제나라의 많은 사람들이 선생의 의리를 존경하고 있더군요. 우리

---

1   해읍澅邑이라고도 하였으며, 임치 서쪽에 있었다.

는 선생을 장수로 삼고, 1만 호의 땅을 드리려고 합니다."

왕촉은 굳이 사양했다. 그러자 연나라 사람이 위협했다.

"선생께서 제안을 받아들이지 않으면, 우리는 3군을 이끌고 이 고을 사람들을 도륙하겠습니다."

왕촉이 말했다.

"충신은 두 임금을 섬기지 않고, 정녀는 지아비를 아니 바꾸는 법입니다. 제나라 왕이 나의 직간을 듣지 않은 까닭에 물러나 들에서 농사를 짓고 있습니다. 나라가 망했으니 나도 살 수가 없거늘, 거기에 군사로 위협하여 당신들의 장수가 되라 하니, 그렇게 한다면 이는 흉포한 이들을 도와 흉포한 일을 저지르는 셈입니다. 의롭지 않게 살기보다는 차라리 삶아져 죽는 게 낫습니다!"

자기 목을 나뭇가지에 매고 격렬하게 몸을 흔들어 목이 끊어져 죽었다. 제나라의 도망간 대부들이 그 소식을 듣고 말했다.

"왕촉은 한낱 포의의 선비인데 의리상 연나라를 섬기지 않았거늘, 하물며 벼슬을 하며 녹봉을 받은 우리들임에랴!"

서로 모여 거성으로 가서는 민왕의 아들을 찾아 양왕襄王으로 세웠다.

역사의 반면교사

제 딴에는 올바른 방향으로 가는 줄만 알았는데 사실은 같은 곳을 빙빙 돌면서 사람을 기만하는 1년이라는 시간의 순환처럼 다시 출발점으로 돌아오는 어리석은 원을 그린 것이나.'

토마스 만의 『마의 산』은 감각을 둔화시키는 산의 마성을 질타함으로써 역사의 진보에 대한 신념을 설파한 작품이다. 인용문은 알프스산의 요양소에 있던 주인공 한스 카스토르프가 스키를 타다가 한시간 길을 잃고 원을 그리며 같은 곳을 헤맸던 체험을 독백하는 장면이다. 이는 산의 마성, 거기서 벗어나지 못하는 인간의 습성, 나아가서 궁극적으로 언제나 같은 잘못을 되풀이하는 역사의 관행을 상징적으로 보여준다.

국력이 허약하여 외침을 받는다. 통치 계급은 달아나고 백성들은 유린된다. 통치 계급은 나라의 운명을 외세에 맡기고 있는데, 뜻밖의 영웅이 나타나 전세를 뒤집고 민간 도처에서 의병이 일어난다. 나라는 풍전등화의 위기에서 기사회생한다. 겨우 국토를 수복했어도, 나라 살림은 이미 파탄 났고 백성들은 도탄에 빠졌다. 위기 상황에서 평소 기르지 않은 전단 같은 인물의 출현을 기대해서도 안 되고, 왕촉 같은 백성의 순국이나 의병의 처절한 활약이 자랑이 될 수는 없다.

전단의 활약과 왕촉의 순국은 우리에게 역사의 반면교사다. 제나라가 제대로 돌아갔다면, 전단은 진작 능력에 걸맞은 지위에 있었을 것이고, 왕촉 같은 서인이 애꿎게 목숨을 끊는 일은 일어나지 않았을 것이다. 나라가 전란에 휩싸이는 풍전등화의 위기에서 의병이 출현하여 항전하는 역사의 패러다임은 이제 폐기해야 한다.

2   토마스만 지음, 홍경호 옮김, 『마의 산』(하), 168쪽, 범우사, 1991.

투영投影과 반조反照, 그리고 공명共鳴

굴원가생 열전屈原賈生列傳

사마천은 굴원屈原과 가의賈誼의 글을 읽었다. 감동, 가슴에서 파도 같은 것이 일었다. 마치 자기 속에서 나온 말인 듯한 착각이 들었다. 맹자의 말이 떠올랐다. "그 글을 읽으며 그 지은이를 알지 못하면 되겠는가?"(讀其書, 不知其人, 可乎?) 사람의 행적을 찾아보았다. 자신의 마음을 그들에게 투영했고, 그들의 처지로 자신의 신세를 비춰 보았으며, 그리고 함께 울면서 경계를 지웠다. 굴원과 가의 이후 얼마나 많은 사람들이 어부의 홀로 깨어 있음(독성獨醒)과 새장에 갇힌 봉황과 깊은 산속에 홀로 핀 유란幽蘭을 탄식했던가! 또 얼마나 많은 사람들이 멱라수를 건너며 굴원을 슬퍼했던가! 또 갑자기 찾아온 올빼미의 말은 얼마나 많은 사람을 체념케 했던가! 문정상생文情相生이라, 글은 정을 낳고 정은 다시 글은 낳는다. 하지만 대가들의 관계는 산과 산의 묵대黙對 같아서 서로를 끊임없이 비춰 보지만 수다스럽지 않고, 존중하고 공명하지만 같은 모습을 짓지 않는나.

급정해갈汲井解渴
우물을 찾아 타는 목을 적시다

우리는 한 편의 시와 한 편의 문장에서 내 삶을 위로 받는다. 천하의 문장가 사마천도 굴원과 가의의 시를 읊조리며 자신의 처지를 달랬다. 목마른 나그네가 우물에서 물을 길어 목을 적시듯.

노래를 지어 풍자하고, 비유로 시비를 쟁론한 것으로 「이소」離騷가 있다. 스물네 번째로 굴원과 가생의 열전을 지었다.

굴원(BC.340~BC.278)의 이름은 평平이고, 성은 초나라 왕실과 같다. 회왕懷王(BC.374~BC.296)의 좌도左徒(초나라 고유의 관직)로 견문이 넓고 기억력이 비상하여 고금 치란의 역사에 밝고 문장 솜씨가 뛰어났다. 조정에 들어가면 왕과 함께 국사를 논의해 호령을 내고, 조정을 나서면 빈객을 접대하고 제후와 응대했으니 왕의 신임이 깊었다. 정점에서의 출발.

상관上官 대부[1]의 반열이 굴원과 같았는데, 왕의 총애를 다퉈 마음으로 그 능력을 질투했다. 회왕이 굴원에게 헌령憲令(나라의 법)을 짓게 했다. 굴원이 초고를 지어 놓은 상태에서 상관 대부가 이 글을 욕심냈지만, 굴원은 양보하지 않았다. 그러자 굴원을 참소했다. 파탄의 시작. 가의의 말을 적용하면, 문사文士는 이름 때문에 죽는다.

"왕께서 굴평에게 헌령을 짓게 하심은 세상에 모르는 사람이 없으

---

1   상관上官은 성이고, 근상靳尙(?~BC.311)이라는 설이 유력하다.

니, 한번 헌령이 나올 때마다 굴평은 자기 아니면 아무도 못할 일이라며 우쭐댑니다."

왕이 노하여 굴평을 멀리했다.

굴평은 왕의 귀가 밝지 않아 아첨하는 말이 밝음을 가리고, 비뚤어진 마음 씀이 공도公道를 방해하여 법도가 바른 사람이 쓰이지 못하는 현실에 상심했다. 이에 깊은 시름에 잠긴 끝에 「이소」離騷를 지었다. '이소'란 시름에 걸렸다는 뜻이다.

무릇 하늘이란 사람의 시초요, 부모는 사람의 근본이다. 사람이 곤궁하면 근본으로 돌아가는 까닭에, 괴로움이 극에 달하면 하늘을 부르짖고, 참을 수 없이 아프거나 슬프면 엄마 아빠를 찾는 법이다. 굴평은 바른 길 위를 똑바로 걸으며 마음과 슬기를 다해 군주를 섬겼건만, 아첨꾼이 그 사이를 벌려 놓으니 처지가 곤궁하다 이를 만하다. 신의를 다했지만 의심을 받았고, 성심을 바쳤지만 비방을 입었으니 원망이 없을 수 있겠는가! 원망, 이 논리를 적용하면 백이도 원망한 것이다. 굴평의 「이소」는 그의 원망에서 태어난 것이다. 체감, 공명!

『시경』의 국풍國風에는 "여색을 좋아하나 넘치지 않는다" 했고, 소아小雅에는 "원망하고 헐뜯어도 문란하지는 않다"고 했는데, 「이소」는 이 두 가지를 겸비했다고 할 만하다. 「이소」에 대한 이해. 위로는 제곡帝嚳을, 아래로는 제환공을, 그 사이로는 탕왕湯王과 무왕武王의 사적을 풀어내어 세상일을 풍자했다. 도덕의 높고 넓음과 치란治亂의 조리를 밝혔으니, 무엇 하나 온전하게 드러나지 않은 것이 없다. 문장은 간약하고 표현은 은미하고 주제는 정갈하며 행실은 맑으니, 제재는 일상의 자잘한 초목이로되 그 함의는 지극히 크다. 비유는 비근하나 드러난 뜻은 멀다. 그 뜻이 징긴 까닭에 구모 광초를 일긴있고,

그 행실이 맑은지라 죽어도 흐트러짐을 용납하지 않았다. 진흙 속에서도 몸을 정갈하게 하고 매미가 껍질을 벗어 버리듯 어지러운 세상에 발을 딛지 않고, 세속 밖을 떠다니며 때를 묻히지 않았으니 희고도 깨끗한 존재였다. 이 뜻을 미루어 보면 해, 달과 빛을 다툴 수도 있을 것이다. 「이소」에 대한 평가.

굴원이 쫓겨난 뒤 진나라가 제나라를 정벌하려고 하자, 제나라는 초나라와 동맹을 맺었다. 일의 차질을 우려한 진 혜왕은 거짓으로 예물 수레를 딸려 장의張儀를 보내 초나라를 섬기게 했다. 장의가 말했다. "진나라는 몹시 제나라를 미워하는데, 제는 초와 맹약을 맺었습니다. 초가 제와의 맹약을 깨면 진은 상商과 오於의 600리 땅을 바치고자 합니다." 초 회왕은 땅 욕심에 장의의 말만 믿고 제와의 맹약을 깨고 사신을 진나라에 보내 땅 관련 장부를 받아 오게 했다. 장의는 약속을 어기고 말했다. "나는 초왕과 6리의 땅을 약속했을 뿐이오. 600리라는 말은 금시초문이외다." 초나라 사신이 화를 삭이며 돌아가 회왕에게 보고했다. 회왕은 격노하여 크게 군사를 일으켜 진나라를 공격했다. 진에서는 이를 맞아 단강丹江과 석수淅水 유역(호북성 단강구시丹江口市 일대)에서 초군을 대파하고 8만 명의 목을 베었다. 또 초나라 장수 굴개를 사로잡고 초나라의 한중漢中 지역을 빼앗았다. 이에 초나라는 전군을 동원하여 진나라 땅 깊숙이 진격해 남전藍田에서 전투를 벌였다. 위魏나라에서 이 소식을 듣고 초나라를 급습하여 등鄧(호북성 양번시襄樊市 북쪽)에 이르렀다. 초나라 군대는 매우 놀라 진나라에서 철수했다. 제나라는 초의 배신에 화가 풀리지 않아 끝내 초를 도와주지 않았고, 초는 큰 곤경에 처했다. 조정에 현신賢臣이 사라지자 나라에 위난이 닥쳤다.

이듬해 진나라는 한중 지역을 돌려주고 초나라와 화친을 맺고자 했다. 초왕이 말했다. "땅은 됐다. 장의만 보내주면 된다." 장의가 이 말을 듣고 말했다. "제 한 몸으로 한중 땅을 대신할 수 있다면, 초나라로 가겠습니다." 초나라로 가서는 정계의 핵심 인물에게 뇌물을 듬뿍 안겨 상관 대부 근상靳尙의 마음을 얻고는, 그로 하여금 궤변으로 회왕의 총희寵姬 정수鄭袖의 마음을 움직이게 했다. 회왕은 정수의 말에 넘어가 다시 장의를 풀어주고 말았다. 당시 굴평은 쫓겨난 채 복직하지 않은 상태였는데, 제나라에 사신으로 갔다가 돌아와 회왕에게 간언했다. 인재를 쫓아냈다가 급하면 서둘러 다시 찾아 쓰는 것은 망국 암주暗主의 행위이다. "어째서 장의를 죽이지 않으셨습니까?" 회왕이 후회하여 장의를 추격하게 했으나 놓치고 말았다.

그 뒤에 제후들이 연합하여 초나라를 공격해 크게 깨뜨리고 당매唐眜 장군을 죽였다. 진나라 소왕昭王은 초와 국혼을 맺으며 회왕과 만나고 싶어 했다. 회왕이 가려고 하자 굴평이 말했다. "진은 이리 같은 나라인지라 믿을 수 없습니다. 가시면 안 됩니다." 그런데 회왕의 어린 아들 자란子蘭이 왕의 등을 떠밀었다. "왜 진나라의 호의를 물리치려 하십니까?" 회왕이 떠났다. 무관武關에 이르자 진나라 복병이 그 배후를 끊고 회왕을 억류한 채 땅을 요구했다. 회왕은 분노하여 요구를 받아들이지 않고 조나라로 달아났으나 조에서 받아주지 않았다. 할 수 없이 다시 진나라에 들어갔다가 거기서 죽어 돌아와 땅에 묻혔다.

회왕의 맏아들 경양왕頃襄王이 즉위하여 아우 자란을 영윤令尹으로 삼았다. 초나라 사람들은 자란 때문에 왕이 진나라에 갔다가 돌아오지 못한 것을 딧했다. 굴평도 그를 싫어하여, 쫓겨나 있으면서도 니라 걱정과 회왕에 대한 그리움이 그치지 않아, 돌아가 군주를 깨우치고 풍속을 일변시킬 마음이 간절했다. 하여 군주를 살리고 나라를 일으킬 마음으로 한 편의 글에 세 번이나 그 뜻을 드러냈다.[2] 하지만 끝내 국운을 돌이키지 못했으니, 이로써 회왕이 끝내 깨우치지 못했다는 사실을 보인 것이다. 군주라면 어리석고 슬기롭고를 떠나 누구라도 충신을 구하여 공업을 세우고 현자를 써서 자기를 보좌하게 하고 싶어 한다. 그러나 집안과 나라를 망친 군주가 이어지고 성군의 치국 사례가 여러 대에 걸쳐 보이지 않았으니, 이는 충신이라는 자가 말로만 충신이었고 현자라는 자는 현자가 아니었기 때문이다.

회왕은 충신의 본분을 몰랐던 까닭에 안으로는 정수에게 이끌리고 밖으로는 장의에게 속은 것이다. 굴평을 멀리하고 상관 대부와 영윤 자란을 믿은 것도 그 때문이다. 전쟁에서 패하여 여섯 고을을 빼앗기고는, 그것도 모자라 진나라 땅에서 객사하여 천하의 웃음거리가 되고 말았다. 이는 사람을 알아보지 못해서 생긴 화이다. 열전을 관류하는 물줄기!

『주역』 「정괘」井卦에 이르기를, "우물을 깨끗하게 쳐 놓았는데 사람들이 이를 마시지 못한다. 내 마음이 서글프다, 물을 얼마든지 길을 수 있는 것을! 왕이 현명하면 백성들이 그 복을 받는다"고 하였다. 왕이 현명하지 않으니 백성들이 어찌 복을 받으랴! 영윤 자란이 굴원이 자신을 싫어함을 알고는, 상관 대부를 시켜 경양왕에게 굴원을 헐뜯게 하였다. 경양왕은 대로하여 굴원을 쫓아냈다. 거듭 쫓거났다.

---

2   초사에서 여러 번 나라와 임금을 걱정하는 뜻을 드러냈다는 정도의 의미. 특정 작품의 세 곳을 적시하기 어렵다.

굴원이 강가에 이르러 머리를 풀어 헤친 채 돌아다니며 노래를 읊조렸다. 낯빛은 파리하고 모습은 부석거렸다. 어부가 그를 보고 물었다.

"당신은 삼려대부三閭大夫³가 아니십니까? 어찌하여 이 지경이 되었습니까?"

굴원이 말했다.

"온 세상이 혼탁한데 나 혼자 맑고, 사람들은 모두 취했는데 나만 깨어 있었습니다. 그래서 쫓겨났지요."

어부가 말했다.

"무릇 성인이란 사물에 엉기거나 막히지 않고 세상과 더불어 옮겨가는 법입니다. 온 세상이 혼탁하거든 왜 그 물결을 따라 물탕을 튀기지 않았습니까? 사람들이 다 취해 있거든 어째서 그 지게미라도 얻어 자시지 않았습니까? 어쩌자고 귀한 보물을 움켜쥔 채 쫓겨난단 말입니까?"

굴원이 말했다.

"머리를 감은 자는 갓을 털고 몸을 씻은 자는 옷을 턴다고 합니다. 사람이라면 어느 누가 깨끗한 몸으로 세상의 더러움을 뒤집어쓰겠습니까? 차라리 강물에 빠져 물고기 밥이 될지언정, 어찌 티 없이 눈부신 흰 빛에 세상의 먼지를 묻힌단 말입니까!" 「어부사」漁父辭의 내용.

이에 「회사부」懷沙賦⁴를 지었다.

3　종묘제사와 초나라의 세 귀족 성씨 자녀들의 교육을 담당한 한직. 굴원이 쫓겨나서 맡았던 직책이다.

4　'회사'懷沙의 의미에 대해서는 대개 세 가지 설이 있다. 문자 그대로 '돌을 품고' 물에 뛰어들었다는 뜻, 초나라 선조의 땅인 '장사長沙를 그리워한다'는 뜻, 그

햇볕 따가운 초여름이라	陶陶孟夏兮
초목도 한창 우거졌구나.	草木莽莽
가슴에 상처 입고 슬퍼하면서	傷懷永哀兮
터덜터덜 남쪽 땅으로 가네.	汨徂南土
산 높고 물도 저리 깊어	眴兮窈窈
사방이 온통 적막하여라.	孔靜幽默
원통함이 맺혀 가슴 아리고	冤結紆軫兮
우울한 심사는 풀리지 않네.	離愍之長鞠
마음은 달래고 뜻은 돌이켜	撫情效志兮
몸 낮춰 스스로 눌러 두노라.	俛詘以自抑

모난 것 깎아 내 둥글게 하되	刓方以爲圜兮
사람의 도리는 지키고 살자.	常度未替
처음 둔 정도를 바꾸는 것은	易初本由兮
군자가 비루하게 여기는 바라.	君子所鄙
굳게 세운 계획 되새겨 보아	章畫職墨兮
예전의 법도를 아니 바꾸리.	前度未改
안이 곧고 바탕이 두터운 것은	內直質重兮
대인이 아름답게 여기는 바라.	大人所盛
훌륭한 목수라도 깎지 않으면	巧匠不斲兮
법도가 바른 줄을 누가 알리오.	孰察其揆正

리고 초나라 몰락의 결정적 계기로 작용한 '수사지전'睡沙之戰(BC.301)에 대한
회한이라는 뜻이 그것이다.

꽃무늬도 어두운 곳에 있으면	玄文幽處兮
청맹과니 화려하지 않다고 하며,	矇謂之不章
이루가 실눈을 감고 있으면	離婁微睇兮
장님은 자기와 같은 줄 아네.	瞽以爲無明
흰빛을 검게 바꿔 버리고	變白而爲黑兮
위와 아래를 뒤집는구나.	倒上以爲下
봉황은 새장 속에 갇히어 있고	鳳皇在笯兮
닭과 꿩이 날면서 춤을 추누나.	雞雉翔舞
옥과 돌이 한군데 섞여 있는데	同糅玉石兮
평미레로 밀어서 고르게 하니,	槩面而相量
저 당인들의 비루한 시샘이여	夫黨人之鄙妒兮
내 가슴속 진심을 알지 못하네.	羌不知吾所臧

임무는 무겁고 능력도 가득한데	任重載盛兮
빠지고 막혀 건너지 못하는도다.	陷滯而不濟
옥돌을 품고 또 쥐고 있지만	懷瑾握瑜兮
궁박하여 보여줄 기회가 없네.	窮不得余所示
마을 개들 떼 지어 짖음은	邑犬之群吠兮
못 보던 것에 놀라서라네.	吠所怪也
준걸을 헐뜯고 의심하는 건	誹駿疑桀兮
참으로 모자란 인간들 작태.	固庸態也
무늬와 바탕이 투박한지라	文質疏內兮
내 이채로움 알지 못하고,	衆不知吾之異采
동나무 한가득 쌓여 있어도	材樸委積兮

내 것인 줄 아는 이 없네.　　　　莫知余之所有

인의가 마음에 겹겹에다가　　　　重仁襲義兮

근실함 순후함이 가득하지만,　　謹厚以爲豐

이제는 순임금 만날 수 없어　　重華不可牾兮

나의 진면목을 뉘라서 알까.　　孰知余之從容

현자의 불우함은 있어 왔으니　　古固有不竝兮

그 까닭 어떻게 알 수 있을까.　　豈知其故也

탕왕 우왕 너무나 멀어진지라　　湯禹久遠兮

사모해도 아득해 좇지 못하네.　　邈不可慕也

어김은 뉘우치고 성냄은 고쳐　　懲違改忿兮

마음 눌러 스스로 노력하리라.　　抑心而自彊

괴로워도 남에게 아니 옮기며　　離湣而不遷兮

바라건대 내 뜻이 이뤄지기를.　　願志之有象

길 나서 북쪽으로 방향을 두나　　進路北次兮

날은 어둑어둑 저물어 가네.　　日昧昧其將暮

시름 품고 슬픔은 즐겨 가면서　　含憂虞哀兮

자연으로 갈 날을 기다리련다.　　限之以大故

앞 말씀 한 번 더 간추리나니,　　亂曰

넘실넘실 드넓은 원수 상수여　　浩浩沅湘兮

두 갈래로 나뉘어 흐르는구나.　　分流汩兮

아득한 길 위에 어둠 내리니　　脩路幽拂兮

찾아갈 곳 멀리서 사라지누나.　　道遠忽兮

노래를 읊조리고 슬퍼하면서　　曾吟恆悲兮

탄식하며 비분을 토해 보지만,	永歎慨兮
세상은 이내 맘을 알지 못하니	世旣莫吳知兮
인정세태 말해서 무엇 하리오.	人心不可謂兮
마음과 자질만 품고 있으니	懷情抱質兮
그저 혼자일 뿐 짝이 없어라.	獨無匹兮
백락은 진즉에 죽고 없으니	伯樂旣歿兮
천리마는 장차 어디로 갈까.	驥將焉程兮
사람은 태어나며 천명 받으니	人生稟命兮
각자의 편안한 곳 있으리로다.	各有所錯兮
마음을 다잡고 뜻을 넓히면	定心廣志
내가 무엇인들 두려워할까.	余何畏懼兮
일찍이 상처 입고 슬퍼하면서	曾傷爰哀
길게 한숨을 내쉬어 보노라.	永歎喟兮
세상은 어지러워 날 몰라주니	世溷不吳知
그 마음 어떻게 해볼 길 없네.	心不可謂兮
더 이상 죽음을 물릴 길 없어	知死不可讓兮
아서라 미련을 두지 말지라.	願勿愛兮
분명히 군자에게 일러두노니	明以告君子兮
나는 장차 하나의 본보기 되리.	吳將以爲類兮

그러고는 돌을 품고 멱라수汨羅水[5]에 빠져 죽었다. 굴원이 죽은 뒤 초나라에는 송옥宋玉, 당륵唐勒, 경차景差의 무리가 있었는데, 모두

---

5   멱라강汨羅江이라고도 한다. 동정호에 유입되는 물줄기로, 남쪽 지류는 멱수汨

사辭 짓기를 좋아하여 그 솜씨로 일컬어졌다. 모두 굴원의 솜씨를 본받았는데, 감히 직간하지는 못했다. 그 뒤로 초나라는 날로 국세가 기울더니 수십 년이 지나 결국 진나라에 의해 멸망했다. 굴원의 진퇴거취는 초나라의 흥망성쇠와 직결되었다.

굴원이 멱라수에 빠져 죽은 뒤 100여 년이 지나 한나라에 가생賈生(BC.200~BC.168)이 있었다. 장사왕長沙王의 태부가 되어 상수湘水⁶를 지나다가 글을 지어 던져 굴원을 조문했다. 굴원과 가의를 이어 주는 고리. 제의와 제문은 산 자와 죽은 자, 현실과 초현실을 이어 주는 매개다. 이 장면은 하나의 전형이 되어, 이후 수많은 문학 작품에서 되풀이된다.

가생의 이름은 의誼로 낙양 사람이다. 열여덟 살에 시와 글을 잘 외고 지어 고을에서 유명했다. 오씨 성의 정위廷尉가 하남 태수로 부임해서는 그 빼어난 재주를 듣고 불러 문하에 두고 매우 아꼈다. 효문 황제는 즉위하자마자 하남 태수 오공의 다스림이 천하의 으뜸인데 옛날 그가 같은 마을 출신의 이사李斯에게서 배웠다는 말을 듣고는 불러들여 정위로 삼았다. 정위는 젊은 나이에 제자백가에 정통한 가생을 천거했다. 효문제는 가의를 불러 박사로 삼았다. 이때 가생의 나이는 스무 살 남짓으로 (박사 중에서) 가장 젊었다. 황제가 신하들

水, 북쪽 지류는 나수羅水라고 했으며, 두 물줄기가 멱라시汨羅市 굴담屈潭 부근에서 합류해 멱라수가 되었다고 한다.

6 상담시湘潭市와 장사시長沙市를 지나 북류하여 동정호洞庭湖로 들어가는 호남성 최대의 물줄기로, 길이는 1,000km에 가깝다. 동정호 근처에서 멱라수를 받아들인다.

굴원가생 열전

을 불러 의논할 때마다 여러 노선생의 말문이 막힌 문제를 가생은 척척 대답하니, 사람들은 저마다 자기가 하고 싶었던 말처럼 여겼다. 여러 박사들은, 자신들은 미치지 못한다며 가의의 능력을 인정했다. 효문제는 기뻐하여 몇 단계 지위를 올리니 1년 만에 태중대부太中大夫가 되었다. 소년입신에 초고속 승진. 굴원처럼 가의도 정점에서 출발한다.

가생은 한나라가 일어나 효문제에 이르는 20여 년 동안 천하가 태평하니, 정삭正朔과 복색을 바꾸고 제도와 관명을 바로 세워 예악을 일으켜야 할 시점이라고 생각했다. 평지풍파! 세상은 변화에 인색하다.

이에 황색을 높이고 숫자 5를 주로 사용하며 관명은 진나라의 것을 모두 바꾸는 사업 규모와 방향의 초안을 잡았다. 효문제는 즉위 초인지라 자세를 낮춰 그 일에 크게 신경을 쓰지 못했다. 그러니 여러 율령의 개정안과 제후들의 봉지 부임 등의 사안들이 모두 가생에게서 발의되었다. 법령과 인사권은 기득권의 역린逆鱗이다.

천자는 대신들과 상의해 가생을 공경으로 삼으려 했다. 이에 주발周勃과 관영灌嬰, 장상여張相如와 풍경馮敬 등 공신들이 못마땅하게 여겨 가생을 헐뜯었다. "낙양 출신 풋내기가 어설픈 학문으로 권력을 농단하려 하여 여러 일들을 어지럽히고 있습니다." 천자의 마음까지는 얻었지만 지배층의 동의는 얻지 못했다. 이에 천자도 가생을 멀리해 그의 견해를 듣지 않았으며, 이윽고 그를 장사왕長沙王의 태부로 삼았다.

가생은 궁성을 떠나 길을 가면서 장사의 풍토가 저습하다는 말을 듣고 오래 살지 못할 것임을 직감했고, 유배를 떠나니 뜻을 이루지 못한 것으로 여겼다. 상수湘水를 건너며 부賦를 지어 굴원을 슬퍼했는데, 그 가사는 다음과 같다. 가의는 굴원에 비분하여 시를 지었고, 사마천은 가의에 공명하여 글을 지었으니, 시와 마음은 호발互發이요 글과 정은 상생相生이다.

공경의 마음으로 황은을 받고	共承嘉惠兮
죗값을 치르려고 장사로 가네.	俟罪長沙
옛날 굴원 선생께서는	側聞屈原兮
멱라수에 몸을 던지셨다지.	自沉汨羅
상강 물결 위에 몸을 맡기고	造托湘流兮
삼가 선생 사연 슬퍼하노라.	敬吊先生
어지럽고 흐린 세상을 만나	遭世罔極兮
애꿎게 목숨을 잃으셨구나.	乃隕厥身
아아 슬퍼라	塢呼哀哉
시절과의 합이 맞지 않았네.	逢時不祥
난새와 봉황이 몸을 숨기자	鸞鳳伏竄兮
부엉이 올빼미가 활개를 쳤네.	鴟梟翱翔
소인들 하나같이 존귀해지니	闒茸尊顯兮
모두가 아첨으로 얻은 것일세.	讒諛得志
성현이 곤경을 만나고 나니	賢聖逆曳兮
옳은 도리 거꾸로 뒤집어졌지.	方正倒植
백이는 탐욕스럽고	世謂伯夷貪兮
도척이 외려 청렴하다고.	謂盗蹠廉
보검의 날은 무디고	莫邪爲頓兮
납 칼이 더 날카롭다고.	鉛刀爲銛

슬프다, 더 이상 뭐라 말하랴 　　於嗟嘿嘿兮

선생의 억울한 사연. 　　生之無故

주나라 솥 버려 둔 채 깨진 그릇을 품고 　　斡棄周鼎兮寶康瓠

지친 소와 절름발이 나귀 전차를 끄니 　　騰駕罷牛兮驂蹇驢

천리마는 풀죽어 소금 수레 끌고 있도다. 　　驥垂兩耳兮服鹽車

유관 儒冠을 짚신처럼 신고 있으니 　　章甫薦屨兮

무슨 수로 오래 갈 수가 있나. 　　漸不可久

아아 고달파라 선생의 삶이여 　　嗟苦先生兮

홀로 이런 재앙 만나셨도다. 　　獨離此咎

그만두자 그만둬 　　訊曰已矣

나라 사람 내 마음 알지 못하니 　　國其莫我知

가슴에 맺힌 사연 뉘게 말하랴. 　　獨堙鬱兮其誰語

봉황은 속세 떠나 저 높이 날아 　　鳳漂漂其高遰兮

스스로 몸을 빼어 멀리 가는 걸. 　　夫固自縮而遠去

아홉 겹 연못 속에 숨은 신룡은 　　襲九淵之神龍兮

깊이 들어 제 몸을 지키고 있네. 　　沕深潛以自珍

빛남을 감추고 숨어 사노니 　　彌融爌以隱處兮

개미 지렁이를 따라 놀리오. 　　夫豈從蟻與蛭螾

귀한 것은 성인의 신령과 은덕 　　所貴聖人之神德兮

세속을 멀리하고 몸을 감추네. 　　遠濁而自藏.

천리마의 입에다 재갈 채우면 　　使騏驥可得系羈兮

저 개 양과 뭐가 다를까. 　　豈云異夫犬羊

머뭇대다 이러한 화를 만나니 　　般紛紛其離此尤兮

그것은 다 선생의 허물이보다. 　　亦夫子之辜也

구주를 살펴 어진 임금을 돕지　　　　　　瞻九州而相君兮

어찌 이 나라만 고집했던가.　　　　　　何必懷此都也

봉황은 천 길 위를 날아가다가　　　　　　鳳皇翔於千仞之上兮

덕이 빛나면 찾아 내려오는데,　　　　　　覽德輝而下之

무덕의 징조가 눈에 보이면　　　　　　　見細德之險徵兮

날갯짓 해 멀리 떠나간다네.　　　　　　搖增翮逝而去之

저 얕고 작은 시냇물로야　　　　　　　彼尋常之汙瀆兮

어떻게 커다란 물고기를 받아들일까.　　豈能容吞舟之魚

호수 가로지르는 큰 물고기가　　　　　橫江湖之鱣鱏兮

땅강아지 개미 밥이 되고 말았네.　　　固將制於蟻螻

　가생이 장사왕의 태부가 된 지 세 해가 되었는데, 부엉이 한 마리가 집 안에 들어 구석에 앉았다. 초나라에서는 이 새를 복조服鳥라고 한다. 가생은 전부터 지대가 낮고 습기가 많은 장사에서 오래 살면 장수하지 못하리라 여겨 슬퍼하던 터였는데, 이 새를 보고는 더욱 낙담하여 부를 지어 애써 마음을 달랬다.

정묘의 해　　　　　　　　　單閼之歲兮

4월 초여름　　　　　　　　四月孟夏

경자일 해가 저물녘　　　　　庚子日施兮

올빼미가 집에 들어와　　　　服集予舍

방구석에 자리 잡았네.　　　止於坐隅

그 모습 매우 한가로운데　　貌甚閑暇

이상한 새가 나타났으니,　　異物來集兮

적이 그 까닭 의아한지라 　　　　私怪其故

역서를 펼쳐 점을 쳤다네. 　　　　發書占之兮

점괘가 그 운수 말하길 　　　　策言其度曰

들새가 들어 자리 잡으니 　　　　野鳥入處兮

주인이 장차 떠나리로다. 　　　　主人將去

이에 올빼미에게 물어보았지 　　　　請問於服兮

내가 어디로 가야 　　　　予去何之

길한지 말을 해다오. 　　　　吉乎告我

흉하면 재앙은 무엇인지 　　　　凶言其災

요절할 운수라면 　　　　淹數之度兮

그때가 언제인지 말을 해다오. 　　　　語予其期

올빼미는 한숨 쉬고는 　　　　鵩乃歎息

머리 들어 날개를 친다. 　　　　舉首奮翼

입으로는 말을 못하니 　　　　口不能言

뜻으로나 대답하리다. 　　　　請對以意

만물은 변화하여 　　　　萬物變化兮

잠시도 쉼이 없다오. 　　　　固無休息

돌고 돌아 옮겨 갔다가 　　　　斡流而遷兮

다시 제자리로 돌아오지. 　　　　或推而還

형체와 기질은 이어져 가나 　　　　形氣轉續兮

변화하여 모습은 달라진다네. 　　　　變化而嬗

그 깊고 먼 변화의 끝을 　　　　沕穆無窮兮

이루 다 말로 할 수 있으랴. 　　　　胡可勝言

화에는 복이 기대어 있고 　　　　禍兮福所倚

복에는 화가 엎드려 있지. 福兮禍所伏

시름과 기쁨은 집에 모이고 憂喜聚門兮

길흉은 떨어져 있지 않다네. 吉凶同域

옛적 오나라는 강대했지만 彼鳴強大兮

부차는 그로써 패망하였고, 夫差以敗

월나라는 회계산에 쫓겨 갔으나 越棲會稽兮

구천은 천하의 패자가 됐지. 句踐霸世

이사는 유세하여 뜻을 이루고 斯遊遂成兮

끝내는 다섯 형벌 받아 죽었지. 卒被伍刑

부열은 죄수로 갇혀 있다가 傅說胥靡兮

무정 황제의 재상 되었네. 乃相武丁

그러니 화와 복의 관계란 夫禍之與福兮

이리저리 얽힌 것 아니겠는가. 何異糾纏

운명이란 말할 수 없는 것이니 命不可說兮

누군들 그 끝을 안단 말인가. 孰知其極

물살은 바위에 부딪혀 급해지고 水激則旱兮

화살은 시위에 튕겨 멀리 나가네. 矢激則遠

만물은 멀리 돌고 도나니 萬物回薄兮

떨치고 끓어올라 자리를 바꾸는구나. 振蕩相轉

구름으로 모였다가 비로 내리듯 雲蒸雨降兮

서로 어지러이 얽혀 있다네. 錯繆相紛

조물주가 만물을 만들어 내니 大專槃物兮

아득하여 그 끝을 알 수가 없네. 坱圠無垠

하늘의 일 더불어 생각 못하고 天不可與慮兮

도의 작용 함께 도모 못하네.　　　　道不可與謀

목숨의 장단이야 하늘의 명인 걸　　　遲數有命兮

어찌 그때를 알 수가 있나.　　　　　惡識其時

천지는 풀무요　　　　　　　　　　　且夫天地爲爐兮

조화는 장인이고,　　　　　　　　　　造化爲工

음양은 숯이며　　　　　　　　　　　陰陽爲炭兮

만물은 구리로,　　　　　　　　　　　萬物爲銅

이합집산하고 생장소멸하거늘　　　　合散消息兮

일정한 법칙이 어디 있으리.　　　　　安有常則

천만번 변화를 거듭하나니　　　　　　千變萬化兮

애초에 끝이란 있지 않다네.　　　　　未始有極

그러다 문득 사람이 된들　　　　　　忽然爲人兮

좋아할 것이 그 무엇이며,　　　　　　何足控搏

스러져 다른 물건이 된들　　　　　　化爲異物兮

또 무엇을 근심하리오.　　　　　　　又何足患

지혜가 좔단 사람 자기에 집착해　　　小知自私兮

다른 건 낮추고 저만 귀한 줄 아네.　賤彼貴我

툭 트인 이는 크게 보나니　　　　　　通人大觀兮

어떤 사물인들 안 될 거 없지.　　　　物無不可

탐부는 재물에 목숨 바치고　　　　　貪夫徇財兮

열사는 이름을 위해서 죽지.　　　　　烈士徇名

뽐내는 자 권력에 목숨을 걸고　　　　誇者死權兮

보통 사람 그러저럭 살아가누나.　　　品庶馮生

이익과 권력에 마음 뺏기는 무리　　　怵迫之徒兮

투영과 반조, 그리고 공명　　　　　　　　　　　　　　　　279

동서로 분주하게 쫓아다니네.　　　或趨西東

대인은 마음이 굽지 않아서　　　大人不曲兮

어떤 변화에도 똑같이 보지.　　　億變齊同

생각 닫힌 선비는 세속에 매여　　　拘士系俗兮

우리에 갇혀 있는 것 같네.　　　攌如囚拘

지인은 외물에 매이지 않고　　　至人遺物兮

오직 도道와 함께한다오.　　　獨與道俱

뭇사람은 의혹이 끊이지 않아　　　衆人或惑兮

좋고 싫은 감정이 가득 쌓였지.　　　好惡積意

진인은 담담하고 고요하여서　　　眞人淡漠兮

도와 호흡을 함께하나니,　　　獨與道息

지혜는 놓고 형체는 버려　　　釋知遺形兮

초연히 자신도 잊어버리니,　　　超然自喪

아득하고도 황홀하도다　　　寥廓忽荒兮

도와 함께 훨훨 날아간다네.　　　與道翶翔

물결을 타면 흘러가고　　　乘流則逝兮

모래톱을 만나면 멈추어 서고,　　　得坻則止

몸 가는대로 운명에 맡겨　　　縱軀委命兮

자신에 집착을 하지 않는다.　　　不私與己

살아감은 물결에 떠가는 듯　　　其生若浮兮

죽음은 들어가 쉬는 것처럼.　　　其死若休

담박하기 깊은 못의 고요함 같고　　　澹乎若深淵之靜

떠감은 매이지 않은 배와 같도다.　　　泛乎若不系之舟

살아 있음 대단케 아니 보고요　　　不以生故自寶兮

텅 빈 성품 길러 떠가는도다.	養空而浮
덕인은 어디에도 매임이 없어	德人無累兮
운명을 알아 근심 않으니,	知命不憂
자잘한 겨자씨나 지푸라기를	細故蔕兮
무어 대수라고 의심할 건가.	何足以疑

그 뒤로 1년여 지나 가생은 효문제를 뵈었다. 효문제는 막 제천祭
天에 올렸던 고기를 받아 미앙궁未央宮 선실전宣室殿에 앉아 있었다.
효문제는 귀신에 감동한 터라 귀신의 본질에 대해 물었다. 가생은 귀
신이 되는 여러 정상을 갖추어 아뢰었다. 밤중이 되자 효문제는 자리
를 당겨 앉았다. 이야기가 끝나자 효문제가 말했다. "내가 오래도록
가생을 보지 못하는 사이 내가 더 낫다고 생각했는데 이제 보니 미치
지 못하는군." 얼마 안 있어 가생을 양회왕梁懷王의 태부로 임명했다.
양회왕은 효문제의 작은아들로 황제의 총애를 받았으며 글을 좋아했
다. 그러므로 가생을 그의 스승으로 삼은 것이다.

효문제가 다시 회남淮南 여왕厲王의 네 아들을 열후列侯로 삼았다.
가생은 이로부터 환난이 일어날 것이라고 간언했다. 가생은 여러 차
례 상소하여 제후가 여러 고을을 식읍으로 소유함은 옛 제도에 부합
하지 않으니 조금씩 줄일 것을 청했지만 효문제는 듣지 않았다.

몇 년 뒤 회왕懷王이 말을 타다가 떨어져 죽었는데 후사가 없었다.
가생은 자기가 태부로 있으면서 별 공적을 세우지 못함을 괴로워하
여 1년이 넘도록 목 놓아 울다가 또한 죽었다. 가생이 죽었을 때 서른
세 살이었다. 효문제가 붕어하고 지금 황제(무제)께서 즉위하여 가생
의 손자 두 사람을 발탁하여 군수에 임명했다. 그중 가기賈嘉는 가장

학문을 좋아하여 가문의 전통을 이었으며 나와 글을 주고받았다.

　　태사공은 말한다. 나는 「이소」離騷, 「천문」天問, 「초혼」招魂, 「애령」哀郢을 읽고 그 뜻을 슬퍼했다. 장사長沙에 가서 굴원이 빠져 죽었다는 연못을 보고 흐르는 눈물을 참지 못하며 그가 어떤 사람이었는가를 상상했다. 가의가 굴원을 조문하는 글을 읽어 보았다. 가의도 굴원이 그의 재주로 제후들에게 유세했다면 어느 나라든 받아들였을 터인데 굳이 그렇게 생애를 마감한 것을 의아하게 여겼지만, 가의 또한 똑같은 길을 가고 말았다. 「복조부」服鳥賦를 읽으며 삶과 죽음을 같이 보고 출처 진퇴를 대수롭지 않게 여기는 장면에서는 나도 모르게 마음이 시원해지고 물아의 경계가 사라지는 느낌이었다.

시의 벽돌로 쌓은 문장의 성

1790년 즈음 박제가는 박지원의 시를 보고 장난을 섞어 이를 축하하는 시를 지었다. 제목은 「연암이 율시를 지으심을 경하하다」(賀燕巖作律詩). 연암이 시를 짓는 일은 좀처럼 보기 어려운 일이었기 때문이다. 시는 다음과 같다.

예로부터 문장 두고 시비가 많았지만	從古文章恨橘鱸
이 세상 몇 사람이 연암 시 보았던가.	幾人看見燕巖詩
우담바라 한 번 피고 하도가 나타난 날	曇花一現龍圖笑
이 바로 선생께서 시를 지은 그때라오.	正是先生覓句時

1구에서 귤치橘鯔는 각각 씨와 가시가 많은 귤과 준치로, 문장에 대해서는 예로부터 좋으니 아니니 하는 시비가 많았음을 가리킨다. 3구의 담화曇花는 불교에서 여래如來나 전륜성왕轉輪聖王이 나타날 때만 핀다는 상상의 꽃인 우담바라를 가리킨다. 용도龍圖는 하도河圖를 가리키는데 『주역』「계사 상」繫辭上에 "황하에서 그림이 나오고 낙수에서 글씨가 나왔으니 성인이 이를 본받았다"(河出圖, 洛出書, 聖人則之)라고 했으니, 용도가 나옴은 드문 일이면서 상서로운 징조이다.

정말로 세상에 경사스러운 날이니 웃음이 날밖에. 박제가는 박지원의 시를 우담바라가 피고 하도가 나온 것에 견주었다. 그만큼 박지원은 시를 즐겨 짓지 않았으며, 남아 있는 시도 몇 편 되지 않는다. 하지만 박지원은 시를 짓지 않았으되 수많은 시를 남겼으니, 이는 사람들의 눈에 잘 띄지 않기 때문이다. 그의 수많은 산문은 대개 시의 벽돌로 지어졌는데, 그 단단하기가 금강석이며 빛나기는 옥돌이다. 대부분의 산문들이 끝내 예사로운 것으로 남고 마는 것은 그 안에 시를 감추지 못했기 때문이다.

"같은 소리는 서로 감응하고, 같은 기운은 서로 찾는다."(同聲相應, 同氣相求.—『주역』「건괘」乾卦) 사마천은 이 말을 약간 바꿔, "같은 빛은 서로 비춰 주고, 같은 부류는 서로 찾는다"(同明相照, 同流相求.—「백이열전」)고 했다. 고수는 고수를 알아보고, 대가와 대가는 서로 마음이 끌린다. 이들은 각자의 세계를 구축하고 고수하지만, 말 없는 가운데 공명하고 서로의 기운을 받는다. 마치 마주 선 두 봉우리처럼. 박지원이 시를 짓지 않은 것은 문장으로 승부하려 했기 때문인데, 그의 스승이 바로 사마천이다.

「굴원가생 열전」은 굴원과 가의 두 사람의 삶에 대한 이야기이면서 이들의 시에 대한 공명이다. 무협지에 나오는 흡마공처럼 사마천은 이들 시의 정수를 모두 자기 것으로 만들었는데, 그 흔적을 남기지 않았다.

천하를 거래한
대고大賈의 오점 하나

여불위 열전呂不韋列傳

「진시황 본기」 외에, 진나라의 천하 통일 시기에 활약한 사람 가운데 단독으로 입전된 인물은 몇 되지 않는다. 사상가로는 이사李斯요, 장수로는 몽염蒙恬과 왕전王翦인데, 여불위呂不韋는 재상으로 그중 한 자리를 차지했다. 여불위는 진나라 통일 이전에 스스로 목숨을 끊었지만, 밀접하기로 따지면 진나라의 천하 통일과 가장 관련이 깊은 인물이다. 그는 장사꾼이지만 예사 장사꾼이 아니었다. 그에게는 특별한 세 가지 능력이 있었다. 첫째, 정치권력을 장사의 거래 품목으로 삼은 점이니, 그는 그저 물건이나 사고파는 장사꾼이 아니었다. 둘째, 사람을 알아보는 안목을 지녔다. 자초子楚가 기화奇貨임을 알아보았으니, 자초에게 그런 자질이 있었거나 아니면 여불위 스스로 그만한 부가가치를 창출할 자신이 있었기 때문이다. 셋째, 학문과 저술의 힘을 간파한 식견이다. 세상은 권력이나 재화만으로 돌아가지 않는다. 경험의 정리와 지식의 생산은 학문의 몫인데, 『여씨춘추』의 간행은 동시대의 신릉군(위魏), 평원군(조趙), 맹상군(제齊), 춘신군(초楚)을 뛰어넘는 성취이다.

의혈궤제蟻穴潰堤
큰 강둑을 무너뜨린 개미구멍 하나

천하를 거래하는 부상대고富商大賈 여불위의 셈은 더할 나위 없이 정확했다. 하지만 그 가운데 통일 제국 진나라 멸망의 화액禍厄인 부도덕성이 잉태되었다.

자초와 친교를 맺어 제후국의 뛰어난 선비들로 하여금 다투어 진나라를 섬기게 하였다. 스물다섯 번째로 여불위의 열전을 지었다.

여불위는 양적陽翟(하남성 우주시禹州市 정주鄭州 남쪽) 출신의 부상대고였다. 인생은 거래의 연속이고 우리는 모두 상인이다. 사마천은 여불위를 큰 장사꾼으로 규정하고 출발한다. 곳곳을 오가며 싸게 사들여 귀하게 팔아 천금의 재물을 모았다.

진 소왕 40년(BC.267), 태자가 죽었다. 42년, 둘째 아들 안국군安國君(뒤의 효문왕孝文王)을 태자로 삼았다. 안국군에게는 스무 명이 넘는 아들이 있었다. 안국군은 아끼는 후비后妃를 정부인으로 세워 화양부인華陽夫人으로 책봉했는데, 그에게는 아들이 없었다. 안국군의 둘째 아들 이름은 자초(뒤의 장양왕莊襄王)인데, 그의 어미 하희夏姬는 남편의 사랑을 받지 못했다. 자초는 조나라에서 볼모로 생활했는데, 진나라가 자주 조나라를 공격하자 조나라에서는 그를 함부로 대했다. 상품 가치의 상실.

여불위 열전

자초는 진나라의 여러 희첩 소생의 하나로 제후국에 볼모로 갔으니 수레를 비롯한 일상의 용품이 넉넉지 않아 곤궁하게 지내며 의기소침했다. 여불위는 한단邯鄲으로 장사하러 갔다가 그 사정을 알고 가엾게 여겨 말했다.

"이 사람이야말로 차지할 만한 진기한 재화로다!" 안목, 상품 가치의 발견. 가서 자초를 만나 말했다. "제가 왕자님의 가문을 키워 드릴 수 있습니다." 자초가 웃으며 말했다. "당신의 집 문이나 키우고 나서 우리 집 문을 해 보구려!" 여불위가 말했다. "왕자님은 모르시는군요. 저희 집 문은 왕자님 문이 커지면 저절로 커집니다." 자초가 그 말뜻을 헤아려 이끌어 함께 앉아 깊은 대화를 나누었다.

여불위가 말했다. "진나라 왕은 이제 늙었는데 안국군께서 태자가 되셨습니다. 안국군께서는 화양부인을 아끼시는데 그분에게는 아들이 없다지요. 그러니 후사를 세울 수 있는 분은 화양부인뿐입니다. 지금 왕자님의 형제 이십여 분 중에, 왕자님은 둘째지만 불행히도 사랑을 받지 못해 오랫동안 남의 나라에서 볼모로 지내고 있습니다. 이제 대왕께서 돌아가시고 안국군께서 보위에 오르시면, 왕자님은 조만간 벌어질 큰아드님 및 여러 형제들과의 태자 책봉 다툼에 참여하실 수가 없습니다." 자초가 말했다. "그렇습니다, 어쩌면 좋지요?" 여불위가 말했다. "왕자님은 가난한데다 이곳에서 볼모 살이를 하고 계시니, 아버님께 바칠 선물도 빈객들과 사귈 밑천도 없습니다. 제가 큰 부자는 아니지만 이제 서쪽 진나라로 가 천금으로 안국군 및 화양부인을 섬겨 왕자님을 후사로 삼도록 힘써 보겠습니다." 자초가 머리를 조아리며 말했다. "계책대로 된다면 진나라를 나누어 드리겠습니다."

여불위는 자초에게 500금을 주어 자신을 위해 쓰고 또 빈객과 사궐 밑천으로 삼게 했다. 또 500금으로는 기이한 보물과 장신구 등을 사서 서쪽으로 진나라에 가 화양부인의 언니를 만나서는, 그 사온 것들을 모두 화양부인에게 바쳤다. 기회를 얻자 자초가 어질고 슬기로우며, 천하의 제후 빈객들과 널리 사귀면서, 늘 말하기를 자신은 화양부인을 하늘처럼 생각하며 밤낮으로 눈물을 흘리며 태자와 부인을 그리워한다고 간언했다. 화양부인은 매우 기뻐했다. 그러자 여불위는 그 언니를 시켜 화양부인을 설득하게 했다.

"외모로 남을 섬기는 사람은, 자색이 시들면 사랑도 느슨해진다는 구려. 지금 부인이 태자를 모셔 총애를 받지만 아들이 없으니, 지금 시점에서 미리 여러 아들 중 어질고 효성스러운 자와 관계를 맺어 그를 세워 적자로 만들고 아들로 삼아야 하우. 지아비가 있으면 더 존중받을 것이고, 백 년 뒤라도 아들로 삼은 자가 왕이 된다면 영원히 권세를 잃지 않을 것이오. 이게 바로 한마디로 만세의 이익을 얻는다는 것이라오. 잘 나갈 때 근본을 세우지 않으면, 자색이 시들고 사랑이 느슨해지면 한마디를 말하고자 한들 그게 되겠소! 지금 자초는 현명하지만 자기가 둘째 아들인지라 적자가 될 수 없다는 사실을 알고 있다오. 그런데 그의 어미마저 총애를 잃었으니 알아서 부인에게 붙는 것이오. 지금 이때 그를 뽑아 적자로 삼는다면, 부인은 죽을 때까지 진나라에서 은혜를 입으리다."

화양부인은 고개를 끄덕였다. 태자가 한가한 틈을 타, 조나라에 인질로 보낸 자초가 매우 현명하여 오가는 이들이 모두 그를 높게 평가한다고 속삭였다. 그 말이 먹히자 이어 눈물을 흘리며 말했다. "첩이 다행히도 후궁이 되었으나 불행히도 아들이 없으니, 자초를 아들 삼아 후사로 세워 이 불쌍한 몸을 맡기고 싶어요." 안국군이 허락했다.

이어 부인과 함께 옥부玉符를 새겨 자초를 후사로 삼는다고 약속했다. 안국군과 부인은 자초를 넉넉하게 지원하며 여불위에게 그를 가르치게 했다. 이 일로 자초는 제후국들 사이에서 이름이 높아졌다.

여불위는 한단에서도 자색과 춤 솜씨가 뛰어난 여인과 함께 살았는데 그녀에게 아기가 생겼다. 자초가 여불위와 함께 술을 마시다가 그녀를 보고 한눈에 반했다. 이에 잔을 들고 일어나 여불위를 위해 축수하며 그녀를 달라고 요청했다. 여불위는 화가 났지만, 이미 전 재산을 기울여 자초를 후원하고 있으니만큼 막대한 이익을 챙겨 보리라 작정하고 그녀를 바쳤다. 그녀는 여불위의 씨를 배태한 사실을 숨긴 채 달이 차자 아들을 낳았으니 그가 정政이다. 시황始皇의 혈통이다. 사마천은 이 엄청난 사실을 어떻게 확신했던가? 자초는 그녀를 정식 부인으로 삼았다.

소왕 50년(BC.257), 왕기王齮를 시켜 한단을 포위하게 했다. 사정이 급박해지자 조나라에서는 자초를 죽이려 했다. 자초는 여불위와 짜고 황금 600근을 지키는 자에게 주고 달아나 진나라 군대로 들어가 귀국했다. 조나라에서는 자초의 처자를 죽이려 했지만, 자초의 부인은 조나라 호족의 딸이라 몸을 숨길 수 있어 모자가 모두 목숨을 구했다. 진 소왕은 즉위 56년 만에 죽었다(BC.251). 태자 안국군이 즉위했다. 화양부인은 왕후가, 자초는 태자가 되었다. 조나라에서도 자초의 부인과 아들 정을 받들어 돌려보냈다.

왕이 즉위한 지 1년 만에 죽으니(BC.250), 시호를 효문왕孝文王이라 했다. 태자 자초가 왕위를 이으니 그가 바로 장양왕莊襄王(BC.281~BC.247)이다. 장양왕이 어머니로 모신 화양후는 화양태후가 되었고, 친어머니인 하희도 존호가 높아져 하태후가 되었다. 장양왕 원년, 여불위를 승상으로 삼고 문신후文信侯에 봉하고, 황하 남쪽의 낙양 땅

10만 호를 식읍食邑으로 주었다.

장양왕도 즉위 3년 만에 죽자, 태자 정政이 왕위에 올랐다. 여불위를 높여 상국으로 삼고, 중부仲父라고 불렀다. 새로 보위에 오른 왕이 아직 어린지라(13세), 태후(조희)는 수시로 여불위와 몰래 정을 통했다. 여불위와 진 황실의 부도덕성. 하지만 사마천은 무엇을 근거로 이 엄청난 일을 사실로 간주하여 버젓이 역사에 올렸을까? 여불위 집의 가동이 만 명이나 되었다.

이 당시 위나라에는 신릉군이, 초나라에는 춘신군이, 조나라에는 평원군이, 제나라에는 맹상군이 있었는데, 모두 자신을 낮춰 다투어 빈객들을 길렀다. 여불위는 최강대국 진나라에 그만한 인물이 없음을 부끄럽게 여겨 천하의 선비들을 불러 후하게 대우하니 식객이 3천 명에 이르렀다. 당시 제후 중에는 유세가가 많아, 순경과 같은 무리는 책을 지어 천하에 퍼뜨렸다. 여불위는 자기 빈객들을 시켜 세상의 일과 주장을 모아 8람覽 6론論 12기紀로 구성된 책을 짓게 했으니 그 분량이 20여만 자나 되었다. 천지만물과 고금의 사적들을 총망라하고 그 이름을 '여씨춘추'呂氏春秋라 했다. 함양 저잣거리에 깔아 놓고는, 각국의 유세가와 학자들을 불러 한 글자를 더하거나 더는 자에게 천금을 걸었다. 물력으로 공자의 역할을 담당하다.

시황제는 날로 장성해 가는데 태후의 음행은 그치지 않았다. 여불위는 이 일이 들통나 화가 자기에게 미칠까 두려워졌다. 남몰래 큰 음경을 지닌 노애嫪毒를 구해 자신의 사인舍人으로 삼고, 수시로 연회를 베풀어 그에게 음경에 동륜桐輪(오동나무 수레바퀴)을 끼고서 걷게 했다. 태후의 귀에 그 소문이 들어가 구미를 당기게 하고 싶었던 것이다. 태후가 그 소식을 듣고는 과연 몰래 찾았다. 여불위는 노애를 바치면서 거짓으로 궁형을 받은 사람이라 고하게 했다. 태후에게도 살짝 말했다. "가짜로 궁형을 받게 하면 궁궐에 두고 심부름을 시킬 수 있습니다." 태후는 비밀리에 궁형 담당 관리에게 많은 선물을 보내 거짓으로 형을 집행하고 수염과 눈썹을 뽑아 환관을 만들게 했다. 이리하여 태후를 모실 수 있게 되었다. 태후는 그와 사통하면서 그를 몹시 아꼈다. 임신을 하자 소문날까 두려워 거주지를 옮겨야 한다는 점괘를 핑계로 궁궐을 옮겨 옹주雍州(함양시 서쪽 봉상현鳳翔縣) 땅에서 살았다. 노애가 늘 태후를 시종했으니 상으로 받은 것이 매우 많았고, 모든 일들이 그의 손에서 처결되니 그 집의 가동이 수천 명이나 되었다. 환관이 되고 싶어 노애 집의 사인이 되려 하는 사람도 천 명을 넘었다. 여불위와 진 황실의 부도덕성은 망국으로 이어진다. 하지만 진나라가 바로 망하지 않았다면 역사의 내용은 달라졌을 것이다.

시황 7년, 장양왕의 어머니 하태후가 죽었다. 효문왕의 왕후 화양태후를 효문왕과 함께 수릉壽陵에 합장했고, 하태후의 아들 장양왕은 지양芷陽에 장사지냈다. 하태후만은 두원杜原 동쪽에 따로 장사 지냈는데, 그녀는 이렇게 유언했다고 한다. "동쪽으로 우리 아들(자초子楚, 장양왕)을 바라보고, 서쪽으로 우리 지아비(안국군, 효문왕)를 보고 싶다. 100년 뒤에 이 옆으로 만 호의 고을이 생길 것이다."

시황 9년, 노애는 사실 고자가 아니며 평소 태후와 어지러이 사통하여 두 아들을 낳아 감추어 두었는데, 태후와 함께 왕이 죽으면 그 아들을 후사로 삼기로 모의했다고 고한 이가 있었다. 진왕이 관리를 보내 알아보자 모두 사실임이 드러났고, 상국 여불위와 관련된 정황도 포착되었다. 9월 노애의 3족을 멸하고, 태후가 낳은 두 아들도 죽였으며, 태후를 옹주로 옮겼다. 노애의 사인들은 모두 가산을 적몰당하고 촉 지역으로 유배 갔다. 시황은 상국도 죽이려 했지만, 선왕을 받든 공적이 크고 여불위를 변호한 빈객과 변사가 많았으므로 차마 법대로 처결하지 못했다. 여불위의 세력. 시황 10년 10월, 상국 여불위를 면직시켰다. 제나라 사람 모초茅焦의 설득으로 시황은 옹주에서 태후를 맞이해 다시 함양으로 돌아오게 했으며, 문신후 여불위를 하남의 봉토로 보냈다.

　1년쯤 지났는데 문신후의 안부를 묻는 제후와 빈객들의 사자가 길에 이어졌다. 여불위의 세력. 시황은 그가 변란이라도 일으킬까 두려워 편지를 보냈다. "그대가 진나라에 무슨 공이 있다고, 진나라가 그대에게 하남 땅 10만 호를 봉토로 주었는가? 그대가 진나라 황실과 무슨 관계가 있다고 중부仲父란 호칭을 받았는가? 가족들을 데리고 촉 땅으로 옮겨 가라!" 여불위는 핍박을 면할 수 없음을 직감하고 처형될까 두려워 독약을 마시고 자살했다. 기원전 235년, 아버지 살해. 시황은 자신을 분노하게 했던 여불위와 노애가 죽자, 촉 땅으로 유배 보낸 노애의 사인들을 다시 돌아오게 했다. 시황 19년에 태후가 죽자, 시호를 제태후帝太後라 하고, 장양왕과 채양薤陽에 합장했다. 시황은 부도덕성으로 잉태되어 태어났고, 태어나서는 어머니를 쫓아냈으며, 자기도 모르게 생부를 살해했다. 역사의 관점에서 그것은 존재의 아이러니고, 신화의 차원에서는 신의 저주다.

　태사공은 말한다. 여불위는 노애와 함께 신분이 귀해져 문신후에 봉해졌다. 누군가 노애의 일을 고해바쳤을 때 노애도 그 소식을 들었다. 시황이 주위 신하를 시켜 조사하게 했지만 아직 밝혀지지 않았다. 시황이 교제郊祭를 지내려 옹주에 갔는데, 노애는 화가 닥칠까 두려워 무리들과 공모하고 태후의 도장을 위조하여 군사를 일으켜 기년

궁蘄年宮에서 반란을 일으켰다. 시황이 군사를 일으켜 진압하자 노애
는 패하여 달아났다. 추격하여 호치好畤(함양시 건현乾縣)에서 참살하
고 그 집안을 없앴다. 여불위도 이 사건으로 말미암아 쫓겨났다. 공자
가 이른바 '소문만 그럴 듯한 자'는 바로 여불위 같은 자를 말하는가!

미언대의微言大義, 『춘추』의 향기

천하를 통일한 지 15년 만에 망한 진나라. 그 나라를 멸망시키고 등
장한 한나라 입장에서 이런 진나라를 좋게 평가할 수 없었다. 사마천
도 이런 대국적 처지에서 자유로울 수 없었다. 진나라의 멸망을 초래
한 치명적 약점은 윤리적인 면에서 찾아졌는데, 「여불위 열전」 또한
그 부분을 집중 공략하고 있다. 먼저 공략한 것은 진시황의 출생이
다. 사마천은 「진시황 본기」에서는 언급하지 않은 진시황 출생의 비
밀을 자세하게 소개했는데, 이는 그 자체로 왕조의 정통성에 대한 부
정이자 진시황이 지닌 태생적 부도덕성의 폭로이다. 여불위는 세 가
지 뛰어난 능력을 가지고 있었지만, 주군을 속여 왕통을 무너뜨렸고,
시황이 등극한 뒤에는 그 어미와 사통했으며, 자신의 위기를 모면하
려고 노애를 이용했는데 그 방법이 몹시 비열했다. 그는 윤리적으로
정당하지 않았는데, 이는 그 자신의 파멸 원인이 되었고, 나아가서는
진나라 멸망의 결정적인 요소로 작용한다. 기술 태도만 놓고 보면,
여불위에 대한 사마천의 호감도는 최악에 가깝다. 사마천은 그의 부
도덕성을 지탄하기 위해 이 글을 지은 것인가? 그렇게만 볼 수는 없
다. 도덕적 평가를 떠나, 사마천에게 있어 여불위는 진나라의 신하

통일 과정을 논하면서 빼놓을 수 없는 인물이었고, 단독으로 입전된 사실 그 자체가 여불위의 역사적 존재감에 대한 증거가 된다. 이 글은 윤리라는 잣대로 역사를 기술하여 대의를 드러내되 은미하게 표현하는 『춘추』의 변주이다.

여불위 열전

망설이는 신념,
위대한 패배

자객 열전刺客列傳

「자객 열전」에는 조말曹沫, 전저專諸, 예양豫讓, 섭정攝政, 형가荊軻 다섯 명의 이야기가 실려 있다. 앞의 네 사람은 행동하는 인간이다. 이들은 신념에 따라 행동하며, 행동에는 머뭇거림이나 망설임이 없다. 형가 또한 신념에 따라 행동하지만, 망설이고 머뭇거리며 동요하고 흥분한다. 자잘한 실수들을 저지르다가, 결국은 실패하여 대사를 그르친다. 그럼에도 뒷세상 사람들은 자객 하면 으레 형가를 떠올린다.

그 이유는 첫째, 형가의 인간적인 면모 때문이다. 그는 자기와 맞지 않으면 지체 없이 떠날 만큼 독선적인데, 이는 냉철하지도 대범하지도 못한 그의 성격을 보여준다. 사마천은 그가 독서인임을 강조했다. 독서는 사유와 번민을 낳는다. 형가는 생각하고 고민하는 인물이다. 형가의 행동에 드러나는 머뭇거림과 동요와 흥분은, 의심과 불안과 두려움 등 내면의 표현이다. 그는 소심하고 실수를 저지르며 결국엔 실패하고 마는 평범한 인간이며, 내면의 나약함을 극복하고 끝내 예정된 파국으로 몸을 던지는 위대한 패배자이다. 역사는 인간의 미세한 내면까지 돌보지 않는다. 행동과 결과만 있을 뿐이다. 이런 점에서 본다면, 형가는 확연히 문학적 인물이다.

둘째, 서사의 비장미 때문이다. 형가 이야기의 배경에는 천하일통을 눈앞에 둔 초강대국 진秦과 풍전등화의 위기에 놓인 변방의 약소국 연燕의 대립이 자리하고 있다. 역사는 진나라 중심으로 전개되지만, 이야기는 그 힘에 의해 사라져 가는 왕국의 마지막에 초점을 맞추었다. 여기서 특유의 긴장감과 비장미가 발생한다. 태자 단丹은 복수를 위해 절치부심하지만, 현명한 신하들은 모두 늙었고, 그들과의 온갖 의론이 무용無用하다. 자객의 비수 끝에 일국의 운명을 걸어야 하는 막다른 골목에 다다른 것이다. 연나라의 멸망은 예정된 것이나 다름없지만 사라지는 것은 종종 장엄하고 강렬한 미감을 낳는다.

이야기에서 많은 사람들은 운명에 대한 저항 의지의 실천으로 죽음을 선택했다. 그것은 연나라 멸망 직전을 장엄하게 장식했으며, 그 정점에 형가의 죽음이 놓여 있다. 이 글은 연나라의 망국담이기도 하다. 거대한 역사의 수레바퀴의 큰 행보와 거기에 딸려 가면서도 저항을 그치지 않는 사마귀 같은 작은 인간의 내면, 이 두 가지의 절묘한 어우러짐이야말로 형가 이야기의 생명이다.

삼군포진三軍布陣
문장에 3군의 진법이 정연하다

조말, 전저, 예양, 섭정으로 전진前陣을 삼고, 고점리를 후진後陣에 배치했다. 형가 이야기야말로 그 사이의 본진本陣이다.

형가는 위衛나라 사람이다. 그의 선조는 제나라 사람인데 위나라로 옮겨 간 것이다. 위나라 사람들은 그를 경경慶卿으로 불렀는데, 연나라로 가자 거기서는 형경荊卿으로 일컬었다. 형가는 독서와 격검을 좋아했으며, 그 능력으로 위나라 원군元君에게 유세했지만 쓰이지 않았다. 그 뒤 진秦나라가 위魏나라를 쳐 동군東郡을 설치하고, 원군元君의 일족을 야왕野王(하남성 초작시焦作市 심양沁陽)으로 옮겼다.

형가가 일찍이 유차楡次(산서성 진중시晉中市 유차구楡次區)에 들러 개섭蓋聶과 검법에 대해 이야기하는데, 개섭이 화를 내며 눈을 부라리자 형가가 나가 버렸다. 누군가 형가를 다시 부르는 게 좋겠다고 말하자 개섭이 말했다. "지난번 그와 함께 검술을 얘기하다 서로 맞지 않는 부분이 있어 눈을 부라렸더니 가 버렸습니다. 그럴 법하여 잡아 두지 않았지요." 그가 묵고 있는 집에 사람을 보냈는데, 형경은 이미 수레를 몰아 유차를 떠났다. 심부름꾼이 돌아와 보고하자 개섭이 말했다. "갔을 걸세. 내가 지난번 눈을 부라린 적이 있다네." 형가가 한단邯鄲에 갔을 때, 노구천魯句踐이 형가와 장기를 두다가 수를 두고 다투었다. 노구천이 화를 내며 꾸짖자, 형가는 말없이 떠나가 다시는 만나지 않았다.

형가는 연나라에 가서, 개백정 및 축筑 연주자 고점리高漸離와 친하게 지냈다. 형가는 술을 좋아하여, 날마다 개백정, 고점리와 함께 저자에서 술을 마셨다. 술기운이 오르면 고점리는 축을 타고 형가는 거기 맞춰 저잣거리에서 노래를 부르며 서로 즐기다가, 이윽고 눈물을 흘리곤 하는데 누구도 아랑곳하지 않았다. 형가가 술꾼들과 어울리기는 했지만, 사려가 깊고 진중했으며 책 읽기를 좋아했다. 돌아다닌 나라에서마다 현인 호걸들과 사귀었다. 연나라에 가자, 처사 전광 田光 선생이 호의로 대접했다. 그가 범상한 인물이 아님을 알았기 때문이다. 알아주는 사람을 만났다. 형가가 연나라에 정착한 이유다. 세 단락으로 빚어낸 형가는 독선적인 독서인이다. 독선은 남다른 신념과 비타협성이다. 그는 또 독서인이다. 독서인은 사유하는 인간이고, 사유하는 인간은 번민하는 인간이다. 번민은 판단과 행동에 있어 망설임으로 드러난다. 독서인의 면모는 『전국책』에는 나오지 않는, 사마천이 부가한 것이다.

얼마 안 있어 마침 연나라 태자 단丹이 진나라에 볼모로 잡혀 있다가 달아나 돌아왔다. 그 이전 태자 단이 조나라에 인질로 있을 적에, 진나라 왕 정政이 조나라에서 태어났던 터라, 두 사람은 어려서 친하게 지냈다. 정이 진나라 왕이 되자 단이 진나라의 볼모가 되었다. 그런데 진왕은 단을 제대로 대우하지 않았다. 그래서 단이 원망을 품고 달아나 돌아온 것이다. 돌아와서는 진왕에게 복수할 방법을 찾았지만 나라는 작고 힘은 미치지 못했다.

그 뒤 진나라가 날로 산동 지역에 군사를 내어 제齊, 초楚, 3진三晉을 공격하여 제후국들을 잠식했다. 그 힘이 장차 연나라에 미치려 하여 나라의 군신들이 두려움에 사로잡혔다. 태자 단도 이를 걱정하여 스승인 국무鞠武에게 물었다. 국무가 대답했다.

"진나라의 땅이 천하에 두루 미쳐 한韓, 위魏, 조趙나라를 위협하고 있습니다. 진나라는 북쪽으로 감천甘泉(섬서성 연안시延安市)과 곡구谷口(섬서성 순화淳化)의 험난한 지형이 있고, 남쪽에는 경하涇河와 위수渭水 가의 비옥한 토지가 있습니다. 파군巴郡과 한중漢中의 풍요를 차지하고, 좌우로 농隴(감숙성甘肅省 일대)과 촉蜀의 높은 산과 함곡관函谷關과 효산郩山의 요새가 있습니다. 백성들은 많고 선비들은 노력을 게을리 하지 않아, 무기와 군사력이 넘칩니다. 한번 마음만 먹으면 장성과 역수易水 사이 지역도 안전하지 않습니다. 어찌 모욕당한 원망을 품어 그 역린을 건드리려고 하십니까?"

단이 말했다. "그럼, 어쩌면 좋단 말이오?" "시간을 주십시오."

얼마 뒤 진나라 장수 번오기樊於期가 죄를 지어 연나라로 망명했다. 태자 단은 그를 받아 주어 살게 했다. 국무가 아뢰었다.

"안 됩니다. 진왕의 분노가 연나라에 쌓이고 있는 것도 소름끼치는 일인데, 하물며 번오기 장군까지 받아 준단 말입니까? 이야말로 굶주린 범이 지키는 골목에 고기를 두는 격이니, 화를 면할 길이 없습니다. 관중이나 안영 같은 인물이 있어도 도리가 없을 것입니다. 태자께서는 빨리 번오기 장군을 흉노로 보내 구실을 없애십시오. 서쪽으로 3진과 화약을 맺고, 남쪽으로 제, 초와 동맹하고, 북쪽으로는 흉노와 친하게 지내십시오. 그런 뒤에야 방법을 찾을 수 있습니다."

태자가 말했다.

"스승님의 계책은 너무 많은 시간을 필요로 합니다. 저는 마음이 어지러워 잠시도 견딜 수가 없습니다. 뿐만 아닙니다. 번오기 장군은 천하의 곤궁한 사람으로 저에게 몸을 맡겼습니다. 진나라의 협박이 무시워 애틋한 시김을 끊을 수는 없습니다. 그를 흉노로 보낸다면 그

건 제 목숨이 다한 것입니다. 스승님께서는 다시 생각해 주십시오."

국무가 말했다.

"위태롭게 행동하면서 편안하기를 구하고, 화를 지으면서 복을 찾으며, 계책은 얕으면서 원망만 깊으시군요. 뒤늦게 한 사람과 사귐을 맺자고 나라의 큰 화는 돌아보지 말자는 것입니까? 이야말로 원한을 조장하여 화를 재촉하는 격입니다. 기러기 털을 석탄 위에 태우는 데 무슨 힘이 들겠습니까. 독수리 같은 진나라가 사나운 분노를 몰아친다면 무슨 말이 필요하겠습니까. 나라 안에 전광田光이란 분이 계십니다. 지모가 깊고 용기를 감추고 있어 더불어 일을 도모할 만합니다."

태자가 말했다. "스승님께서 전 선생을 소개해 주십시오." 국무가 말했다. "어렵지 않습니다." 국무는 나가서 전광을 만나 말했다. "태자께서 선생과 국사를 의논하고 싶어 하십니다." 전광이 말했다. "받들어 모시겠습니다."

전광은 곧 태자를 찾아갔다. 태자가 맞이하여 뒷걸음질로 안내하고는, 무릎 꿇어 자리를 훔치고는 앉기를 청했다. 전광이 자리에 앉는데 좌우에 아무도 없었다. 태자가 자리에서 내려와 가르침을 청하며 말했다.

"연과 진 두 나라는 양립할 수 없습니다. 선생께서는 유념해 주십시오."

전광이 말했다.

"천리마가 한창일 때에는 하루에 천 리를 달리지만, 늙어 몸이 약해지면 노둔한 말보다도 느리다고 합니다. 태자께서는 제가 한창때의 소문만 들으시고, 신이 이제 늙고 병든 몸이라는 사실을 모르고 계시는군요. 제가 감히 국사를 도모할 수는 없어도, 친한 벗 중 형가는 쓸 만합니다." 불쌍한 형가! 살생부에 오를 후보로 거론되다.

태자가 말했다. "형가라는 분을 소개해 주실 수 있는지요?" 전광이 응낙하고 즉시 일어나 서둘러 나가는데, 태자가 문 앞에서 전송하며 경계했다. "저와 선생이 주고받은 말은 나라의 대사입니다. 누설하지 말아 주십시오!" 전광이 고개를 숙여 경의를 표하고 웃으며 대답했다. "알겠습니다."

곱사등이처럼 굽은 허리로 가서는 형가를 만나 말했다. "우리 둘이 친한 사이임을 연나라에서 모르는 사람이 없습니다. 지금 태자께서 저의 젊은 시절 소문만 듣고 이제 죽을 날이 멀지 않았다는 사실은 모르시면서, 연과 진 두 나라는 양립할 수 없으니 유념해 달라고 말씀하셨습니다. 제가 부탁 말씀을 외면하지 못하고 족하를 태자께 말씀드렸습니다. 족하께서는 궁궐로 태자를 찾아가 주십시오." 형가가 말했다. "삼가 받들어 모시겠습니다."

전광이 말했다. "장자는 의심을 사지 않게 행동한다고 하더군요. 오늘 태자께서 제게, 주고받은 말은 나라의 대사이니 발설치 말라고 하셨습니다. 이는 태자가 저를 의심한 것이지요. 행동을 하며 남으로 하여 의심하게 하는 것은 절조 있는 협사俠士가 아닙니다." 자살하여 형경의 의기를 격동시키려 했다. "족하께서는 급히 태자에게 가시어, 전광이 이미 죽어 발설치 않겠다는 뜻을 분명히 했다고 말씀해 주십시오." 기어이 자기 몸을 찔러 죽었다. 아 불쌍한 형가! 살생부에 오를 후보로 강력 추천되다.

형가가 태자를 만나 전광이 죽은 사실과 죽기 전에 남긴 말을 전했다. 태사는 두 번 절하고 무릎 꿇어 기면서 눈물을 흘렸다. 잠시 뒤에 말했다. "제가 전 선생께 누설하지 말라고 말씀드린 것은 대사를 이루자는 뜻이었습니다. 전 선생께서 죽음으로써 누설하지 않겠다는 뜻을 밝히시니, 이것이 어찌 제가 바라던 일이겠습니까!"

형가가 자리에 앉자 태자는 자리에서 내려와 머리를 조아리며 말했다.

"전 선생께서 저의 어리석음을 알지 못하시고 이처럼 제 앞에 이르시게 하였습니다. 감히 말씀드리건대, 이는 하늘이 우리 연나라를 가엾게 여기고 저를 버리지 않은 까닭입니다. 지금 진나라는 이욕을 탐하는 마음이 넘쳐 만족할 줄을 모릅니다. 천하의 땅을 다 차지하고 해내海內의 왕들을 모두 신하로 삼지 않으면 마음에 차지 않을 겁니다. 진나라는 이미 한나라 왕을 사로잡아 그 나라를 통째로 삼켰습니다. 또 군사를 일으켜 남쪽으로 초나라를 치고, 북쪽으로 조나라를 압박하고 있습니다. 왕전王翦은 수십만의 군사를 거느리고 장수漳水와 업현鄴縣(하남성 안양시安養市 북쪽)에 이르렀고, 이신李信은 태원太原과 운중雲中(내몽골 탁극탁현托克托縣 고성향古城鄕)에 진출했습니다. 조나라는 견디지 못하고 복속할 것입니다. 조나라가 복속하면 그 화는 연나라에 미칩니다. 우리 연은 작고 약해 수차례 전쟁을 겪은 터라, 온 국력을 다 동원해도 진을 당해낼 수가 없습니다. 제후들이 진에 복속하면 합종책도 쓸 수가 없습니다.

저는 남몰래 천하의 용사를 얻어 진나라로 보내 귀가 번쩍 뜨일 만한 이익을 보여주게 하는 방법을 생각해 보았습니다. 진왕은 탐욕스러워, 그 형세 상 원하는 것은 반드시 얻어야 합니다. 진왕을 겁박하여 조말이 환공에게 했던 것처럼 제후들에게서 빼앗은 땅을 모조리 돌려주게 한다면 제일 좋고, 그게 아니면 찔러 죽이는 방법이 있습니다. 진나라의 대장은 밖에서 군권을 장악하고 있으므로 만일 안에서 내란이 일어난다면 군신이 서로 의심할 것입니다. 그 사이에 제후들이 합종할 수 있다면 진나라를 격파할 수 있습니다. 이것이 제가 가장 바라는 일이지만, 아직 목숨을 버릴 만한 사람을 알지 못합니다. 형경께서는 유념해 주십시오.”

한참 뒤에 형가가 말했다. 번민하다.

“이는 나라의 대사입니다. 신은 노둔하고 재주가 없어 사신으로 가기에는 부족합니다.”

태자가 다가앉아 머리를 조아리며 사양하지 말 것을 간청한 뒤에야 허락했다. 이에 형경을 상경으로 높이고 최고의 객사에 머물게 했다. 태자는 매일같이 그 처소에 가서 태뢰太牢의 음식을 대접하고, 진기한 물건들을 갖춰 놓았으며, 사이사이 좋은 말과 수레와 미녀를 선물하여 형가가 원하는 바를 충분히 채워 주면서 그의 뜻에 맞추었다. 참으로 불쌍한 형가! 살생부에 이름이 기재되다.

시일이 꽤 지나도록 형가는 떠날 낌새를 보이지 않았다. 머뭇거리다. 진나라 장수 왕전은 조나라를 격파하고 왕을 사로잡았으며 전 국토를 차지했다. 이어 군사를 북쪽으로 진격시켜 연나라의 남쪽 경계에까지 이르렀다. 두려워진 태자 단은 형가를 청해 말했다.

“진나라 군사가 오늘 내일 역수를 건너면 오래도록 족하를 모시고 싶어도 모실 수가 없습니다.”

형가가 말했다.

“태자의 말씀이 아니어도 신이 뵙고자 했습니다. 지금 떠나도 신표가 없으면 진왕에게 접근할 수 없습니다. 번오기 장군은 진왕이 천금과 만 호의 고을을 상금으로 내건 사람입니다. 번 장군의 머리와 연나라 독항督亢[1]의 지도를 얻어 진왕에게 바친다면 진왕은 반드시 기뻐하며 저를 만나 줄 것이고, 신의 보답도 가능해집니다."

태자가 말했다.

"번 장군은 처지가 어려워져서 이 사람을 찾아왔으니, 저는 차마 제 이익을 위해 장자의 뜻을 해칠 수는 없습니다. 다시 한 번 생각해 주십시오."

형가는 태자가 차마 못할 줄 알고 몰래 번오기를 만나 말했다.

"진나라가 장군을 대접함이 너무 가혹합니다. 부모와 친족이 모두 죽거나 관노가 되었는데, 이제 장군에게 황금 천 근과 만 호 고을을 현상금으로 내걸었다고 합니다. 장차 어찌시렵니까?"

번오기는 하늘을 보고 크게 한숨 쉬고 눈물을 흘리며 말했다.

"제가 이 일을 생각할 때마다 아픔이 골수에 사무칩니다. 아무리 생각해도 좋은 방법이 떠오르지 않습니다."

"지금 연나라의 근심을 풀고 장군의 복수도 할 수 있는 한 가지 방법이 있는데 말씀드려도 되겠습니까?"

"어떻게 하면 되나요?"

"장군의 머리를 얻어 진왕에게 바치면, 진왕은 반드시 기뻐하며 저를 만날 것입니다. 그때 신이 왼손으로 그의 소매를 잡고 오른손으로 그의 가슴을 찌르겠습니다. 그러면 장군의 복수도 하고, 연나라가 받은 수치도 씻길 것입니다. 장군께서는 어찌 생각하시는지요?"

번오기는 한쪽 어깨를 드러내고 팔을 잡은 채 나서며 말했다.

---

1   일반명사로는 토지가 비옥한 곳. 여기서는 북경 동남쪽의 탁주시涿州市 일대를 말한다.

"저는 밤낮으로 절치부심했는데, 이제 가르침을 듣고 깨달았습니다."

스스로 목숨을 끊었다. 절망에 빠진 형가! 살생부에서 지워질 기회를 잃다. 태자가 이 소식을 듣고 달려가 시신 위에 엎드려 통곡하며 매우 슬퍼했다. 하지만 이미 어쩔 수 없는 일인지라, 번오기의 머리를 상자에 담아 봉했다.

태자는 앞서 예리한 비수를 널리 구하여 백 금을 들여 조나라 사람 서부인徐夫人의 비수를 사서는, 장인을 시켜 독약을 묻히도록 했다. 이를 사람에게 시험하니, 살짝 피가 비칠 정도의 상처만으로도 즉사하지 않는 사람이 없었다. 아! 역사의 눈길이 머물지 못하는 사람들. 이에 행장을 꾸려 형경을 보내기로 했다.

연나라에 진무양秦舞陽이라는 용사가 있었다. 열세 살에 사람을 죽였는데, 사람들이 감히 똑바로 쳐다보지 못했다. 진무양에게 형가를 수행하도록 했다. 형가는 기다리는 사람이 있어 그와 함께하고자 했는데, 사는 곳이 멀어 아직 이르지 않았다. 채비가 끝났는데도 출발하지 않았다. 머뭇거린다. 승산 없는 무모한 계획. 상황이 변하거나 태자의 마음이 바뀌기를 기대한 것인가? 태자는 더디다고 여겨 혹 마음이 바뀐 것은 아닌지 의심했다. 이에 다시 요청했다.

"기일이 되었습니다. 형경께서는 무슨 생각을 하시는지요? 진무양이라도 먼저 보낼까요?" 가련한 형가! 죽음의 길로 내몰리다.

형가는 화가 나서 태자를 질책했다.

"태자께서는 누구를 보내신다는 것입니까? 돌아오지 못하는 길에 그 꼬마를 보내신다고요? 한 자루 비수를 지니고 앞일을 예측할 수 없는 강대한 진나라로 들어가면서 잠시 지체함은 내 손님을 기다려

동행하려는 것입니다. 누구? 그는 끝내 나타나지 않는다. 이제 태자
께서 더디게 여기시니 지금 인사를 올리겠습니다."

드디어 출발했다.

태자와 이 일의 내막을 아는 빈객들은 흰 옷에 하얀 갓을 쓰고 전
송했다. 장송葬送 의례. 상황의 노출. 역수易水 가에 이르러 노제를 지
내고 길을 나섰다. 고점리가 축을 켜자 형가가 곡에 맞춰 노래했다.
슬픈 곡조의 소리가 울려 퍼지자 선비들은 모두 눈물을 떨어뜨렸다.
또 길을 떠나며 노래를 불렀다.

"바람은 서늘한데 역수는 차다. 장사는 한 번 가면 돌아오지 않으
리!" 내면의 노출.

다시 우조羽調의 소리가 격앙되자 선비들은 모두 눈을 부릅뜨고
머리카락이 쭈뼛 서서 갓을 찔렀다. 형가는 수레에 올라 떠나며 끝내
돌아보지 않았다. 뒷날 진궁陳宮 또한 형장으로 가며 가족의 안전을
보장하는 조조의 말을 듣고도 끝내 돌아보지 않았다.

진나라에 이르러서 천 금의 돈으로 예물을 마련하여 진왕의 총신
인 중서자中庶子 몽가蒙嘉에게 보냈다. 몽가는 먼저 진왕에게 아뢰었
다. 정식으로 온 사신이 왜 뇌물을 써서 왕을 만나는가. 앞뒤가 맞지
않는다.

"연나라 왕이 대왕의 위세에 크게 겁을 먹어 감히 군사를 일으켜
막지 못하고, 온 나라를 들어 신하가 되어 제후의 반열에 서서 지방
의 군현처럼 공물을 바치면서 선왕의 종묘를 받들어 지키겠다고 합
니다. 겁에 질려 감히 스스로 찾아와 아뢰지 못하고, 삼가 번오기의
머리를 자르고 연나라 독항의 지도를 봉함하여, 연왕이 뜰에서 엎드
려 전송하며 사신을 시켜 대왕께 아뢰고자 하니, 대왕께서는 명을 내

려 주십시오."

진왕은 듣고 크게 기뻐 조복朝服을 갖춰 입고 국빈을 맞이하는 의례로 연나라 사자를 함양궁에서 접견했다. 형가는 번오기의 머리가 든 함을 받고 진무양은 지도가 든 갑을 들고 차례로 나아갔다. 섬돌에 이르러 진무양은 겁에 질려 얼굴이 하얗게 변했다. 공포의 노출. 여러 신하들이 괴이하게 여겼다. 형가는 무양을 돌아보며 웃고는 앞에 나아가 사죄했다.

"북쪽 변방 오랑캐의 미천한 사람이 천자를 뵌 적이 없어 잔뜩 얼어 있습니다. 대왕께서는 너그러이 용서하시고 나아가 사신의 임무를 다할 수 있도록 해 주십시오."

진왕이 형가에게 말했다.

"무양이 가지고 있는 지도를 가져와라."

형가가 지도를 가져다 바쳤다. 진왕이 지도를 펼치는데, 지도가 다하자 비수가 보였다. 이에 왼손으로 진왕의 소매를 잡고 오른손으로 비수를 쥐고 찔렀으나, 몸에 닿지 않았다. 진왕은 깜짝 놀라 몸을 일으키자 소매가 끊어졌다. 칼을 빼려는데 너무 길어 칼집만 잡았다. 상황은 다급하고 칼은 꽉 차게 들어 있어 즉시 빼지를 못했다. 형가가 진왕을 쫓아가자, 진왕은 기둥을 돌아 달아났다. 여러 신하들이 놀랐는데 갑자기 당한 일이라 어찌 해야 할 바를 몰랐다. 진나라 법에 궁전 위에서 시위하는 신하들은 짧은 병기도 지닐 수 없었다. 여러 낭중들은 병기를 들고 전각 아래 도열해 있는데, 아무도 부르지 않으니 함부로 올라갈 수가 없었다. 갑자기 당한 일이라 아래 군사를 미처 부르지 못한 까닭에 형가는 진왕을 쫓을 수 있었는데, 창황 중에 형가를 질 부기가 없어 손으로 질 뿐이었다. 이때 시의侍醫 하무저夏無且가

들고 있던 약봉지로 형가를 맞추었다. 진왕은 기둥을 돌아 달아나느라 황급한 까닭에 어찌 할 바를 모르고 있는데, 좌우에서 말했다.

"대왕, 칼을 등에 지십시오."

등에 지고는 드디어 칼을 뽑아 형가를 쳐서 그의 왼쪽 다리를 끊었다. 형가는 쓰러지며 비수를 진왕에게 던졌으나 맞지 않고 구리 기둥을 쳤다. 진왕이 다시 형가를 가격하니, 형가는 여덟 군데에 상처를 입었다. 형가는 일이 그릇되었음을 알고 기둥에 기대어 주저앉아 웃고는 꾸짖었다.

"일이 이루어지지 않은 까닭은 산 채로 겁박하여 약속을 받아내 태자에게 보답하고자 했기 때문이다." 의뢰인의 노출.

좌우의 사람들이 형가를 죽였다. 진왕은 오래도록 기분이 개운치 않았다. 이윽고 논공을 행했다. 여러 신하들에게 상을 주었고, 죄를 받을 사람들도 차등을 두었다. 하무저에게는 황금 200일을 하사하며 말했다. "하무저가 나를 아껴 약봉지로 형가를 맞추었지."

진왕은 크게 노하여 더 많은 군사를 일으켜 조나라로 보내, 왕전으로 하여금 연나라를 치게 했다. 10월 계성薊城을 함락했다. 연왕 희喜와 태자 단丹은 정예병을 이끌고 요동에서 지켰다. 진나라 장수 이신은 급히 연왕을 추격했다. 대왕代王 조가趙嘉가 연왕 희에게 편지를 보냈다.

"진이 이토록 연을 급히 좇는 것은 태자 단 때문입니다. 이제 왕께서 단을 죽여 진왕에게 바치면 진왕은 군사를 풀 것입니다. 그렇게 하면 사직을 보존할 수 있습니다."

그 뒤로 이신은 단을 추격했다. 단은 연수衍水² 가운데 숨었다. 연왕은 사신을 보내 태자 단을 죽여 진왕에게 바치고자 했으나, 진나라는 다시 군사를 진격시켜 공격했다. 5년 뒤에 진나라는 연나라를 멸망시키고 연왕 희를 사로잡았다.

형가의 진시황 암살 시도는 실패로 끝난다. 암살의 실패는 한두 사람의 죽음으로 끝나지 않고, 연나라 전체의 멸망으로 이어진다. 서사의 갑작스런 단절은 심각한 공황감을 일으킨다. 그래서 서사는 바로 끝나지 않고, 형가의 친구 고점리가 온갖 신고 끝에 복수에 나섰다가 실패하는 사건을 이어 놓았다. 이를 두고 모곤茅坤은 "곡조를 끝마치는 연주"라고 평했다. 고점리 삽화는 중심 곡曲인 형가 사건이 여운을 남기며 음미될 수 있도록 도와주면서, 아울러 진시황 암살 사건이 일회적인 해프닝이 아니었음도 알려 주는 등 복합적인 기능을 한다. 김성탄은 이러한 서사 기법을 달미법獺尾法이라 했다. 달미법이란 물속으로 수달이 사라져도 꼬리의 동작 때문에 물결에 여운이 남는 데서 가져온 표현이다. 먹물을 다 쏟아 붓는 대락묵법大落墨法으로 만강의 기염을 토하거나 한바탕 큰 사건을 묘사한 뒤 갑자기 끝내지 않고 남은 물결을 출렁이게 하여 여운을 남기는 방법이다.

그 이듬해 진은 천하를 아우르고 황제를 일컬었다. 진나라가 태자 단과 형가의 빈객들을 추적하자 모두 달아났다. 고점리는 이름과 성을 바꾸고 송자宋子(하북성 석가장시 조현趙縣 송성촌宋城村 일대)에 숨어 남의 집 고용살이를 했다. 시간이 오래되니 일이 고되었다. 주인집

---

2   연수가 어느 물줄기인가에 대해서는 고래로 논란이 많았다. 랴오닝 성 랴오 양遼陽에 흐르는 태자하太子河를 연수로 보는 견해가 있었는데, 이는 후대에 부회된 것이다. 태자하는 만주어의 음차에서 유래한다. 태자하가 연수일 가능성이 없음은 조선의 연행사들에 의해서도 여러 번 지적되었다.

마루 위에서 손님이 축을 타는 소리를 듣고는 서성거리며 떠나지 못했다. 연주를 할 때마다 하나하나 잘잘못을 지적했다. 하인이 이 사실을 주인에게 보고하기를, "저 일꾼이 음률을 압니다. 몰래 옳고 그름을 말하더군요." 집주인이 불러 축을 켜게 하니, 좌중이 모두 칭찬했다. 술을 내리자 고점리는 오래도록 숨어 산들 두렵고 움츠러드는 삶이 끝이 없겠다고 생각했다. 이에 물러나 갑 속에 모셔 둔 축과 좋은 옷을 꺼내고, 용모를 말끔하게 하여 나아갔다. 자리의 모든 손님들이 깜짝 놀라 내려와 동등한 예를 갖추고 상객으로 삼았다. 축을 켜며 노래를 부르자 손님 중에 눈물을 흘리며 가지 않은 사람이 없었다.

고을 사람들이 돌아가며 그를 손님으로 맞이하니, 그 소문이 진시황에게까지 들렸다. 진시황이 불러 보았는데, 그를 알아보는 자가 있어 고점리라고 말했다. 진 황제는 그 솜씨를 아껴 용서했다. 그를 장님으로 만들어 축을 타게 했는데, 그 솜씨에 감탄하지 않은 적이 없었다. 이에 조금씩 가까이 오게 했다. 고점리는 납을 축 안에 감춰 두고, 조금 더 가까이 다가가게 되자 축을 들어 황제를 쳤지만 맞지 않았다. 이에 고점리를 처형하고, 죽을 때가지 제후국 사람들을 가까이하지 않았다.

노구천은 형가가 진왕을 저격했다는 소문을 듣고 남몰래 말했다.

"슬프고 아깝구나, 검술을 제대로 말해 줄 것을! 내가 사람을 알아보지 못함이 심하다. 지난날 내가 꾸짖었을 때 그는 나를 사귈 만한 사람이 못 된다고 여겼을 것이다." 조응照應. 실패의 원인이, 타협하지 않고 그래서 더 배우지 않은 형가의 독선에 있는 것처럼 보이게 한다.

태사공은 말한다. 세상 사람들이 형가를 말하고, 태자 단의 운명을 일컬으며, "하늘에서 곡식 비가 내리고 말에서 뿔이 돋았다"[3]고 하나, 과장이 심하다. 또 형가가 진왕에게 상처를 입혔다고 하지만 모두 잘못된 말이다. 공손계공公孫季功과 동생董生은 하무저와 사귀어 그 사실을 갖춰 알고 있었는데, 나를 위해 이 글의 내용처럼 말해 주었다. 조말에서 형가에 이르기까지 다섯 사람은 그 협의俠義를 이루기도 하고 실패하기도 했다. 하지만 그 뜻이 분명하고, 자기 지기를 속이지 않았으니, 이름이 후세에 드리워지는 게 어찌 터무니없는 일일까!

음미와 저작咀嚼, 그리고 뒷맛

요조은은 『사기정화록』 「형가편」 미평尾評에서 이렇게 지적했다.

> 『전국책』에서 형가가 진왕을 찌르는 이야기는 천고에 절묘한 문장이지만, 형가를 묘사한 곳은 따져볼 것이 많다. ①섭정은 엄중자嚴仲子가 보낸 백 금을 가벼이 받지 않았는데 형가는 처음부터 연 태자가 제공하는 수레와 미녀를 마음껏 누린 것이 하나이다. ②섭정은 기밀이 누설될까 걱정하여 혼자 검에 의지한 채 한韓나라에 갔지만, 형가는 벗이 오면 같이

---

3   사마천 시대에, 태자 단이 진나라에 볼모로 잡혀 있을 때, 진왕은 "까마귀 대가리가 희어지거나 말 머리에서 뿔이 돋으면 보내 주겠다"고 하였는데, 단이 하늘을 보며 탄식하자 그런 일이 일어났기에 할 수 없이 단을 보내 주었다는 이야기가 전승되었던 것으로 보인다. 이 이야기는 뒷날 왕충王充의 『논형』論衡 등에 실린다.

간다 했고, 또 흰옷을 입고 베푼 이별연에 참석하고 축을 치며 슬픈 노래까지 불렀으니, 어찌 일이 샐 것을 생각지 못했단 말인가! 이것이 두 번째 문제점이다. ③섭정은 마지막에 얼굴 가죽을 벗기고 내장을 다 꺼내 형적을 감추었지만, 형가는 앉은 채로 크게 웃고 욕하며 산 채로 겁을 주어 태자 단丹의 말에 보응하려 한 것이 세 번째이다. ④호랑이 같은 진나라로 들어가면서 조말을 본받아 그 약속이 변하지 않을 것이라고 여겼다면, 그 무식하고 어리석음은 말할 것도 없다. 태사공은 그 문장의 기이함을 사랑하여 자기 멋대로 자구를 고치지 않았다. 그러므로 앞뒤에 솜씨를 발휘, 형가의 우유부단한 면모를 묘사함으로써 평범한 흐름을 멀리서 끊어 버렸다. 그리고 고점리의 신중하기 그지없는 모습을 둠으로써, 형가가 너무 거칠고 서툴러 성공하지 못한 것을 대조적으로 드러내, 사람으로 하여금 깊은 탄식을 금치 못하게 했다.

하지만 형가가 노구천에게 검술을 더 배우고 은밀하게 일을 진행했던들 거사가 성공했을까? 맹독을 바른 비수 한 자루로, 연나라의 멸망을 막고 역사의 물줄기를 돌릴 수 있었을까? 형가는 수레에 맞서는 사마귀이고, 그의 비수는 해일을 막는 모래자루 하나에 지나지 않는다. 하지만 사람들은 형가에 몰입하여 탄식을 금치 못하니, 이는 미미하고 무력하다는 점에서 우리 모두의 삶이 그와 닮았기 때문이다.

자객 열전

진나라의 두뇌에 대한
준엄한 질책

이사 열전李斯列傳

　　이사李斯의 말과 글을 그대로 살린 것이 많
아, 성공과 몰락의 전 과정을 그 자신의 글로써 스스로 말하게 했다.
성공의 긴 인생은 4분의 1 분량으로 처리하고, 마지막 몰락의 짧은
과정에 4분의 3을 할애했다. 성공 서사의 주인공은 이사지만, 몰락
서사에서 주역은 조고趙高다. 이사는 자기 삶의 주도력을 상실한 채
조고의 의지에 종속된다. 사마천은 이사의 열전에 조고를 배치하여,
이사의 삶에 드리운 조고의 그늘을, 조고의 유혹을 뿌리치지 못한 이
사의 실책을 보여주려 했다.

　　이사는 부귀영화의 극단에서 몰락을 직감하지만, 그 수레에서 내
릴 용기를 내지 못한다. 조고가 이사의 논리를 이용해 이사를 공략하
자, 이사는 제대로 대응하지도 못한 채 어물어물 설득되어 버린다.
가족의 부귀영화가 약간 위협을 받자 2세에게 독책督責을 권유한다.
이 모두 부귀영화의 안락함이 주는 유혹을 떨쳐 내지 못했기 때문이
나. 이사가 자신과 가족의 부귀영화에 연주하면서, 그가 평생 세운

나라의 기강이 뿌리째 흔들리고 백성들의 삶은 도탄에 빠졌으며, 끝내 진나라는 멸망하고 만다.

이 열전의 시작은 이사의 출신이지만, 그 끝은 진나라의 멸망이다. 진나라가 멸망하면서 이사의 열전도 끝난다. 이 글은 이사의 몰락담인 동시에 진나라의 멸망담이다. 사마천은 열전에서 각국의 멸망을 한 인물의 진퇴 거취와 결부지어 서술했다. 염파와 인상여가 사라지자 조나라가, 태자 단과 형가가 죽자 연나라가, 굴원이 쫓겨나 자살하자 초나라가, 오자서가 저주를 퍼붓고 죽자 오나라가, 신릉군이 실의에 가득 차 죽자 위나라가, 그리고 이사가 조고에게 농락되자 통일대국 진나라가 멸망한다.

이사는 진나라 천하통일의 두뇌이자 심장이었다. 매우 논리적이면서도 냉철한 사람이었다. 인용된 그의 글들이 이 사실을 입증한다. 그중에서도 「간축객서」諫逐客書는 이사의 총명함과 대담함을, 「청독책서」請督責書는 그러한 총명함과 대담함이 올바른 방향을 잃을 때 얼마나 끔찍한 맹독으로 변질되는가를 보여준다. 이 글을 표범에 비유하면, 두 편의 글은 눈동자에 해당한다. 눈동자 하나는 총기로 반짝이고, 다른 하나는 초점을 잃은 채 광기로 희번덕인다.

이사 열전

희롱희화 戲弄羲和
서사 시간이 태양신 희화를 희롱하다

긴 세월 이사의 영화는 서사의 4분의 1인데, 짧은 세월 그의 몰락은 서사의 4분의 3을 차지한다. 고대 그리스인들에게는 시간의 신이 둘이었는데, 서사의 시간을 주관하는 신은 카이로스였다.

계획을 분명하게 세우고 시세를 보아 진나라를 좇았다. 진나라가 천하를 통일함에 있어 모사의 주역은 이사 李斯(BC.284~BC.208)다. 스물일곱 번째로 이사의 열전을 지었다.

이사는 초나라 상채 上蔡(하남성 주마점시 상채현) 출신이다. 젊은 시절, 고을의 낮은 아전이 되었다. 관청 뒷간의 쥐들이 더러운 음식을 먹다가 사람이나 개가 다가오면 화들짝 놀라곤 하는 장면을 보았다. 곳집에 들어갔는데, 그곳 쥐들은 그득 쌓인 낟알을 먹고 큰 처마 아래 살면서 사람이나 개를 아랑곳하지 않았다. 이사는 탄식하며 생각했다. '사람이 어질고 어리석음은 저 쥐들과 같으니, 자기가 처한 환경에 달린 것이로구나!' 자질과 총기.

이에 순경 荀卿(순자)에게 나아가 제왕의 학술을 배웠다. 학문과 성장. 학문이 이루어지자 가늠해 보았다. 초나라 왕은 섬기기에 부족하고 여섯 나라는 모두 약하여 공을 세울 여지가 없다. 이에 서쪽 진나라로 가기로 작정하고 순경을 하직하며 말했다.

"때를 얻으면 머뭇거리지 말라고 들었습니다. 지금은 제왕들이 패권을 다투는 시절로, 유세가들이 일을 주관하고 있습니다. 진나라 왕은 천하를 통째로 삼키려고 황제를 일컬으며 다스리고 있습니다. 지금이야말로 포의의 선비가 능력을 발휘하고 유세할 기회입니다. 비천한 지위에 있으면서 아무 일도 계획하지 않는다면 이는 금수의 고깃덩이가 그저 사람 얼굴을 하고 억지로 두 발 걸음 하는 것에 지나지 않습니다. 비천한 것보다 욕됨은 없고, 빈곤보다 더 슬픈 것은 없습니다. 오래도록 비천한 지위와 곤궁한 처지에 있으면서 세상이나 헐뜯고 이익을 싫어하며 어떤 일도 하지 않는다면, 이는 선비의 본질이 아닙니다. 이런 까닭에 서쪽으로 가 진나라 왕에게 유세하고자 합니다." 통찰과 적용. 첫 번째 발언, 출발.

진나라에 이르렀는데 마침 장양왕莊襄王이 죽었다(BC.247, 이사의 나이 38세). 이사는 재상 문신후文信侯 여불위呂不韋의 사인舍人 자리를 구했다. 안목과 선택. 여불위는 이사를 잘 보아 낭郎으로 임명했다. 이 자리에서 이사는 왕에게 유세할 기회를 얻었다. 두 번째 발언, 입신.

"평범한 사람은 기회를 저버리고, 큰 공을 이루는 사람은 틈을 엿보며 기다릴 줄 압니다. 옛날 목공穆公께서 패업을 이루시고도 끝내 동쪽 여섯 나라를 병합하지 못한 이유가 무엇입니까? 제후는 아직 많고 주周나라의 덕은 쇠하지 않았습니다. 그런 까닭에 5패覇가 번갈아 일어나 다시 주나라 왕실을 높인 것입니다. 효공孝公 이후로 주나라 왕실이 미약해져 제후들이 서로 먹고 먹었으니 함곡관 동쪽에는 여섯 제후국이 남게 되었는데, 진秦나라가 승기를 타고 이들을 부린 것이 여섯 대입니다. 지금 제후국들은 군郡이나 현縣 등의 고을에서 하듯 진을 섬기고 있습니다. 진나라의 국력과 대왕의 현명함이라면 부엌 위의 먼지를 털 듯 제후국들을 멸망시키고 천하를 통일하여 제업帝業을 이룰 수 있습니다. 지금은 만대에 한 번 올까 말까 한 기회입니다. 지금 머뭇거려 급히 해치우지 않는다면, 제후들이 다시 강해져 서로 모여 힘을 합칠 것이니, 그때에는 황제黃帝가 다시 나온다 해도 병합할 도리가 없습니다."

진왕은 이사를 장사長史(일종의 정책 보좌관)에 제수하고 그의 계책을 들어, 몰래 모사謀士들로 하여금 보물을 지니고 제후국에 가서 유세하게 했다. 재물로 마음을 사로잡을 수 있는 명사들에게는 예물을 두터이 보내 사귀게 하고, 호락호락 따르지 않는 이들은 죽이게 했다. 임금과 신하를 이간질하는 계책을 쓰고, 훌륭한 장수는 뒤따르게 했다. 진왕은 이사를 객경客卿으로 임명하였다. 어수계魚水契. 객경은 진나라의 개방성과 포용성을 보여주는 관명이다.

그때 공교롭게 한韓나라 사람 정국鄭國이 수로를 만든다는 명분으로 와서 진나라 사정을 정탐했다. 진나라 종실과 대신들이 모두 건의했다. "제후국 사람들이 와서 진을 섬기는 것은 대개 자기 임금을 위해 진나라의 사정을 엿보는 것입니다. 외국인들을 모두 쫓아내는 게 좋겠습니다." 이사는 추방 대상 외국인 명단에 들어 있었다. 이사는 편지를 올려 직언했다. 세 번째 발언, 「간축객서」諫逐客書. 별의 밝기에 견주면 1등 성좌다.

관리들이 외국인을 쫓아낼 논의를 하는 중이라 들었는데, 잘못된 처사라고 생각합니다. ①옛날 목공繆公[1]께서 인재를 구하시어, 서쪽에서는 융戎의 유여由余를, 동쪽에서는 완宛의

백리해百里奚를 얻으셨고, 송宋에서 건숙蹇叔을 맞이했으며, 진晉나라 출신의 비표丕豹와 공손지公孫支를 부르셨지요. 이 다섯 사람은 진나라 출신이 아닌데도 목공께서는 등용하여 20개국을 아울렀고 서쪽의 융을 물리쳤습니다. ②효공孝公께서 상앙商鞅의 법으로 풍속을 바꾸자, 그 힘으로 백성들이 많아지고 나라는 부강해졌습니다. 백성들은 즐겨 향유하고 제후들은 몸소 찾아와 복속했습니다. 초나라와 위나라의 군사를 거두어 천 리 땅을 넓혀 지금까지도 강력하게 다스리고 있습니다. ③혜왕惠王께선 장의張儀의 계책을 써서 삼천三川 지역을 정복하고 서쪽의 파촉巴蜀, 북쪽의 상군上郡(섬서성 유림楡林), 남쪽의 한중漢中(섬서성 한중)을 접수하여 구이九夷를 모두 품었습니다. 언鄢(호북성 의성현宜城縣 동남쪽. 초 혜왕 시대의 수도)과 영郢(초나라 수도. 호북성 강릉시江陵市 서북쪽 기남성紀南城)을 제압하여 동쪽으로 성고成皐의 험지에 의거해 비옥한 토지를 할양받고 여섯 나라의 합종을 해체하고는 서쪽으로 진나라만을 섬기게 했으니 그 공업의 혜택이 오늘에 이르고 있습니다. ④소왕昭王께서는 범수范雎를 얻자 (진나라 출신의) 양후穰侯를 버리고 화양華陽을 쫓아내 왕실을 강화하고 귀족의 힘을 잘라 제후들을 잠식하여 제업의 기초를 닦으셨습니다. 이 네 분의 군주는 모두 빈객의 힘으로 공을 이루신 것입니다. 이로써 본다면 빈객이 언제 진나라를 저버린 적이 있습니까? 옛날 저 네 분 군주께서 빈객을 쫓아내 들이지 않고, 인재를 멀리해 등용하지 않았다면, 진나라는 부유의 실질과 강대국의 이름을 얻지 못했을 것입니다.

지금 폐하께서는 곤륜산의 옥玉을 이르게 하여 수후隨侯의 구슬과 변화卞和의 옥을 가지셨고, 야광주를 드리우셨고, 태아太阿의 검을 패용하셨고, 섬리纖離의 준마를 타시고, 봉황 깃의 기를 세우셨으며, 영타靈鼉의 가죽으로 만든 북을 설치하셨습니다. 이 몇 가지 보물 중 진나라 산은 하나도 없는데 폐하께서 좋아하시는 것은 어째서인가요? 진나라에서 나온 물건들이라야 된다면, 야광주로 조정을 장식할 수 없고, 물소 뿔과 상아로 만든 그릇을 즐기지 못하고, 멸망한 정鄭나라와 위衛나라의 미녀들을 후궁에 들이지 못하고, 천하의 준마들로 마구간을 채우지 못하고, 강남 땅의 황금과 주석을 사용하지 못하며, 서촉 지역의 단청으로 채색하지도 못할 것입니다. 후궁을 들이고 마음과 이목을 즐기는 일을 진나라 산으로만 제한한다면 완宛(하남성 남양시) 땅의 진주로 만든 비녀, 부傅 땅의 구슬로 만든 귀고리, 동아東阿(산동성 동아현) 땅의 명주로 만든 옷, 온갖 비단 장식을 바칠 수 없으며, 시속을 잘 따르면서도 우아하고 아름다우면서도 정숙한 조나라 미인을 곁에 두고 모시게 할 수가 없습니다. 옹甕과 부缶²를 두드리고 쟁箏을 타며 넓적다리를 쳐 장단을 맞춰 가며 흐느끼는 소리로 노래하고 소리를 지르는 것은 진나라의 음악입니다. 정풍鄭風과 위풍衛風, 상간桑間과 복상濮上 지역의 노래, 상나라 탕임금을 찬양한 소韶와 우虞, 주나라 문왕과 무왕을 기린 무武와 상象은 다른 나라의 음악입니다. 지금 옹과 부를 두드리

---

2   옹과 부는 모두 흙으로 만든 진나라 고유의 타악기.

는 음악을 버리고 정풍과 위풍을 사용하고, 쟁 연주를 물리고 소詔와 우虞를 연주하는 것은 무슨 까닭입니까? 당장 그것이 마음에 들고 보기에 좋기 때문일 뿐입니다. 그런데 이제 사람 쓰기는 그렇지가 않습니다. 가부도 묻지 않고 곡직을 따져 보지도 않은 채 진나라 출신이 아닌 사람들을 쫓아 내려고 합니다. 미인과 음악과 주옥은 중시하면서 백성들은 대수롭지 않게 여기는 것이니, 이는 해내에 걸터앉아 제후들을 제압하는 술책이 못 됩니다.

땅이 넓으면 곡식이 많이 나고 나라가 크면 백성이 많으며, 군사력이 강하면 병사들이 용감하다고 합니다. 태산은 작은 흙덩이도 마다하지 않는 까닭에 거대해질 수 있었고, 하해는 작은 물줄기를 가리지 않기에 그 깊이를 이룬 것입니다. 마찬가지로 제왕은 백성들을 물리치지 않는 까닭에 자신의 덕을 밝힐 수 있었던 것이지요. 땅은 사방 어느 한 구석 버리는 곳이 없고, 백성들의 출신을 따지지 않았으며, 네 철이 풍요롭고 아름다우며 귀신이 복을 내렸으니, 이것이 3왕 5제에게 대적할 자가 없었던 까닭입니다. 이제 백성들을 버려 적국을 보태고 빈객을 내쳐 다른 나라에서 공을 세우게 하여, 천하의 인재들로 하여금 서쪽으로 등을 돌리게 하고 발을 묶어 진나라로 들어오지 못하게 한다면, 이것이 이른바 도적에게 무기를 빌려주고 양식을 대어 준다는 것입니다. 진나라에서 나지 않는 물산에 보배로운 것이 많듯, 진나라 출신이 아닌 선비들 중에서 진실하고 충량한 인재들이 많습니다. 이제 빈객들을 내쫓아 적국에 보태 주고, 백성들을 줄여 원수에게 더해 주어, 안으로는 텅텅 비고 밖으로는 제후에게서 원망을 산다면, 아무리 나라를 위태롭지 않게 하려 한들 가능하겠습니까.

　진왕은 축객령을 취소하고 이사를 복직시켜 그의 계책을 썼다. 이사의 관직이 정위廷尉[3]에 이르렀다. 20여 년 만에 천하를 통일하고 군주의 명칭을 황제로 바꾸었다. 고을들의 성을 허물고 무기들을 녹여 다시는 전쟁을 하지 않을 뜻을 보였다. 한 치의 땅도 분봉하지 않게 했고, 자제를 세워 왕으로 삼거나 공신을 제후로 책봉하는 일들을 금지하여 뒷날 전란의 우환을 없게 했다.

　「간축객서」 다음에는 곧장 진나라 통일이 이어진다. 20년의 세월이 생략된 것이다. 단락의 배치는 그 자체로, 「간축객서」에 나타난 이사의 사상과 이사를 과감하게 채용해 현실에 적용한 시황의 통치력이 합쳐져 진나라가 통일 위업을 성취했음을 말해 준다. 이 글은 20년에 걸친 진나라의 천하통일 사업의 방법과 방향을 간추리고 있는 압축 파일인 셈이다. 진시황의 역할은 본기本紀가 있어 다시 말하지 않은 것이다. 인력의 발탁과 배치만으로 일의 상승 효과가 나도록 하는 것이 지도자의 능력이다. 마찬가지로 사건의 선택과 구성만으로 스스로 주제를 말하게끔 하는 것이 문장가의 능력이다.

　시황 34년(BC.214) 함양궁에 연회를 베풀었는데, 교육과 학문을 맡은 박사이면서, 모든 관리들을 통괄하는 주청신周靑臣 등이 시황의 위덕을 칭송했다. 제나라 사람 순우월淳于越이 나서며 아뢰었다.

3　　진나라 9경卿의 하나로 수사권과 형벌권을 담당한 직책이다.

"은나라와 주나라는 1천여 년 동안 자제와 공신들을 봉토하여 지보支輔로 삼은 걸로 알고 있습니다. 지금 폐하께서는 해내를 차지하셨는데 자제들은 필부에 지나지 않습니다. 혹 전상田常이나 육경六卿의 변고라도 생긴다면 신하 중에 보필輔弼이 없으니 누가 구해 줄 수 있겠습니까? 옛일을 본받지 않고 오래도록 유지했다는 사례를 들어 보지 못했습니다. 지금 청신 등이 아첨하는 말로 폐하의 허물을 가중시키고 있으니 충신이 아닙니다."

시황이 그 주장을 승상에게 검토하게 했다. 승상은 그 주장의 오류를 파악하고 그 말을 물리쳤다. 이에 글월을 올렸다. 네 번째 발언, 자가당착. 변통의 차단과 자기 고착.

옛날에는 천하가 어지러이 흩어져 누구도 통일할 수가 없었습니다. 이에 제후들이 한꺼번에 일어났는데, 모두들 옛일만을 말하여 당대의 일을 해쳤고 빈말을 꾸며 실질을 어지럽혔습니다. 사람들은 각자 사사로이 배운 바를 옳게 여겨 위에서 세운 바를 비난했습니다. 지금 폐하께서는 천하를 모두 차지하시어 흑백을 정하여 하나의 존위를 정하셨나이다. 하지만 사사로운 학자들은 서로 더불어 법교의 제도를 비방하고 있으며, 법령을 시행하면 각자 자기들 관점으로 따져댑니다. 혼자서는 마음으로 비난하고, 나가면 골목에서 떠들어대며, 군주를 비난하는 것으로 명예를 삼고 사상이 다른 것을 높이 치면서, 아랫사람들을 이끌고 비방을 해댑니다. 이를 금하지 않으면 군주의 권세는 위에서 떨어지고 당파는 아래에서 이루어지리니, 이를 금지하는 것이 좋겠습니다. 신은 청컨

이사 열전

대, 문학서나 『시경』, 『서경』, 제자백가의 책을 소지한 자들은 깨끗이 없애도록 하십시오. 명령이 하달되고 30일이 지나도록 버리지 않으면 자자형刺字刑에 처하여 매일 아침 성을 쌓는 노역에 종사케 하십시오. 버리지 말아야 할 것들은 의약서와 점술서, 나무 심는 법을 담은 책들입니다. 이를 배우고자 하는 자가 있으면 관리를 시켜 가르치게 하십시오.

시황은 그 말을 옳게 여겨 『시경』과 『서경』을 비롯한 제자백가의 책들을 수거하여 백성들을 어리숙하게 만들고, 천하 사람들이 옛일을 기준 삼아 오늘 일을 비난하지 못하도록 했다. 법도의 포고와 율령의 제정은 모두 시황으로부터 시작되었다. 문자를 통일하고 이궁과 별관을 지어 천하를 두루 다니도록 했다. 이듬해 또 순수巡狩에 나서 밖으로 사방의 이민족들을 물리쳤다. 이 모든 일에 이사의 힘이 작용했다.

이사의 삶이 정점에 이르는 과정을 세 번의 발언과 두 편의 글로 보여주었다. 정점에서 몰락하는 과정에도 동일한 방법이 사용된다. 정점에 이르는 과정은 전체 분량의 4분의 1밖에 안 된다. 나머지는 모두 몰락의 과정에 할애했다. 진나라의 형세와 이사의 삶이 모두 정점에 이르렀다. 내려갈 차례다.

이사의 장남 유由는 삼천三川의 수령이 되었다. 여러 아들들은 모두 공주와 혼인했고, 딸들은 모두 공자들에게 시집갔다. 삼천 수령 이유가 휴가를 얻어 함양에 오면 이사는 집안에 잔치를 베풀었다. 백관의 우두머리가 모두 앞에 나아가 술을 올리며 만수무강을 기원했고, 문 앞과 뜰에는 수레가 가득 늘어갔다. 부귀영화의 극치. 이사는 깊은 한숨을 쉬며 말했다. 다섯 번째 발언, 예감.

"아, 순경께서는 세상 원리가 지나치게 성대해서는 안 된다(物禁大盛)고 하셨지. 나는 상채의 미천한 사람이자 골목길의 평범한 백성이다. 그런데 황제께서는 보잘것없는 재주를 알지 못하시고 나를 발탁하시어 오늘날에 이르렀다. 지금 신하로서 나보다 윗자리에 있는 자가 없으니, 그야말로 부귀가 극에 이르렀다고 할 만하다. 모든 사물은 극에 이르면 쇠퇴하게 마련이다. 나는 언제 이 수레에서 내릴 수 있을까!" 실행하지 못하면 아는 게 아니다.

시황 37년(BC.210) 회계會稽(절강성 소흥昭興) 지역에 사냥을 나갔다가 바닷가를 따라 북쪽으로 올라가 낭야琅邪(산동성 청도시 낭야산)에 이르렀다. 승상 이사와 중거부령中車府令 조고가 임시로 문서와 황명 관련 일을 맡아 행하니 모두 따랐다. 시황에겐 20여 명의 아들이 있었다. 맏아들 부소扶蘇가 여러 차례 직간한 일로, 황제가 상군上郡에서 군사 감독을 맡게 했다. 그곳의 장수는 몽염이었다. 막내 아들 호해胡亥는 귀염을 받았는데 따라가기를 청하자 황제가 허락했다. 나머지 아들들은 아무도 따라가지 않았다. 그 해 7월 시황제는 사구沙丘(하북성 형대시刑臺市 광종현廣宗縣 태평대촌太平臺村)에 이르러 병이 위중해졌다. 조고에게 명하여 공자 부소에게 내리는 편지를 쓰게 했다. "군사는 몽염에게 맡기고 함양에서 장례를 치르라." 편지를 봉하여 사자에게 채 전하기 전에 시황이 붕어했다. 편지와 옥새는 모두 조고의 처소에 있었다. 아들 호해와 승상 이사, 조고와 측근 환관 등 5, 6명만이 시황제의 붕어 사실을 알았고, 나머지 신료들은 알지 못했다. 이사는 황제가 밖에서 붕어했는데 아직 정식으로 책봉된 태자가 없다고 판단하여 비밀에 부쳤다. 시황의 시신을 온량거轀輬車에 안치하고, 백관이 아뢰고 음식 올리는 일을 평소처럼 하면 환관이 온량거 안에서 여러 일들을 처리했다.

'조고 서사'의 출발. 사마천은 짐짓 이사의 삶의 말로에 조고를 배치했다. 이로부터 이사의 삶은 조고에게 종속된다. 진시황이 죽은 기원전 210년 7월부터 이사가 죽는 기원전 208년 7월까지 2년 간 몰락의 과정은 조고가 주도한다. 이사는 자기 삶의 조역으로 전락한다.

조고는 부소에게 하사한 문서를 가로채 갖고는 공자 호해에게 말했다. "상께서 붕어하시면서, 어떤 왕자도 조서를 내려 책봉하지 않고 장자에게만 유서를 내리셨습니다. 장자께서 이르러 바로 황제가 되면 그대는 한 자 한 치의 땅도 차지하지 못할 것입니다. 어떻게 하시겠습니까?" 호해가 말했다. "그렇군요. 밝은 군주는 신하를 알고, 현명한 아버지는 아들을 안다고 들었습니다. 아버지께서 돌아가시며 여러 아들들을 책봉하지 않았는데 무엇을 말하겠습니까?"

조고가 말했다. "그렇지 않습니다. 지금 천하의 권세를 지니는가 버리는가는 그대와 저와 승상에게 달려 있습니다. 한번 도모해 보시지요. 남을 신하로 삼는 것과 남의 신하가 되는 것, 남을 부리는 것과 남에게 부려지는 것을 어찌 같은 차원에서 말할 수 있겠습니까!" 호해가 말했다. "형을 폐하고 아우를 세우는 것은 불의입니다. 아버지의 조서를 받들지 않고 죽음을 두려워함은 불효입니다. 능력과 재주도 없으면서 억지로 남의 공에 편승하는 것은 무능입니다. 세 가지는 역덕逆德이니 천하 사람들이 따르지 않을 것입니다. 천하가 따르지 않으면 몸이 위태로워지고 사직도 유지되지 못할 것입니다." 실행하지 못하면 아는 게 아니다.

조고가 말했다. "탕왕과 무왕은 그 군주를 시해했지만 천하 사람들이 의롭다고 칭송했으니 불충不忠이 아닙니다. 위衛나라 군주는 자기 아비를 죽였지만 위나라 역사는 그 덕을 높이 평가했으며 공자도 칭찬했으니 불효가 아니지요. 큰일을 하는 자는 작은 일에 매이지 않고, 덕이 성대한 사람은 사양하지 않으니, 향촌에도 사람에 따라 해야 하는 일이 같지 않고 조정 백관들의 업무도 제각각 다릅니다. 그러므로 작은 일을 돌보느라 큰일을 잊으면 뒷날 반드시 손해를 보고, 의심하느라 머뭇거리면 후회하게 마련입니다. 결단하여 용감하게 나아가 귀신들도 피한 뒤에야 성공하는 법입니다. 그대가 한번 이루어 보시지요!" 이사의 두 번째 발언과 비슷하다. 말의 의미는 정해진 것이 아니니, 사용 방향이 중요할 뿐이다.

호해가 탄식하며 말했다. "상례를 어떻게 치러야 할지 준비된 것도 결정된 것도 없습니다. 이 일은 승상과 상의하지 않을 수 없습니다." 조고가 말했다. "때, 때가 중요합니다. 그 사이 계책이 어그러집니다. 양식을 싣고 말을 달림은 때에 늦을까 두렵기 때문입니다." 호해도 조고의 말에 고개를 끄덕였다. 조고가 말했다. "승상과 상의하지 않으면 성공할 수 없습니다. 신이 공자를 위해 승상과 일을 도모하겠습니다." 환관인 조고로서는, 형세와 명분상 승상의 도움이 필요했다.

조고가 승상 이사에게 말했다. "황제께서 붕어하시며 장자에게 편지를 내리셨는데, 함양에서 장례를 치르고 뒤를 이으라 하셨습니다. 편지가 전해지기 전에 황제께서 붕어하셨는데 아직 아는 사람이 없습니다. 장자에게 내린 편지와 옥새는 모두 제게 있습니다. 태자를 정하는 일은 승상과 저의 선택에 달려 있습니다. 어떻게 하면 좋겠습니까?" 이사가 말했다. "어떻게 나라를 망칠 말을 하십니까! 이는 신하로서 입에 올릴 것이 아닙니다."

이사 열전

조고가 말했다. "군후께서 생각하시기에 몽염 장군과 그대를 비교하면 누가 유능한가요? 공은 누가 더 높으며, 원대한 계책의 시행 능력은 누가 낮습니까? 천하 사람들에게 원망을 사지 않기로 누가 더 훌륭합니까? 장자와의 오랜 신뢰는 누가 굳습니까?" 이사가 말했다. "다섯 가지 모두 몽염만 못합니다만, 그걸 왜 굳이 따지는지요?"

조고가 말했다. "저는 보잘것없는 환관에 지나지 않습니다만, 운 좋게도 사무 능력을 인정받아 진나라 궁궐에 들어가 20여 년 일을 처리해 오면서, 승상과 공신의 봉토가 다음 대까지 미치는 것을 본 적이 없습니다. 모두 처형되어 죽었지요. 황제의 20여 명 아들은 모두 아시는 바 그대로입니다. 장자는 굳세고 용맹하여 사람들을 신뢰함으로써 선비들을 떨쳐 일어나게 하는 인물입니다. 즉위하면 몽염을 승상으로 삼을 것입니다. 군후께서는 결국 통후通侯의 인끈을 품지 못한 채 고향으로 돌아갈 것이 분명합니다. 저는 호해를 가르치라는 조서를 받고, 법률을 익히게 한 지 여러 해이지만 아직 과실을 본 적이 없습니다. 인자하고 심지가 도타워 재물을 아끼지 않고 선비를 중시합니다. 마음에 판단이 서도 말은 신중하며, 예를 다하여 선비들을 공경합니다. 여러 공자 중 그에게 미칠 사람이 없으니 후사가 될 만합니다. 그대가 헤아려 결정하십시오." 이사가 말했다. "그대는 황위를 바꿔치기하려는군요. 저는 선주의 조서를 받들고 하늘의 명을 들을 뿐이니 무엇을 생각해 결정하라는 겁니까?"

조고가 말했다. "세상일이란 위태로웠다가 편해지기도 하고, 안정된 상태가 도리어 위태로워지기도 합니다. 위태로움과 안정됨을 결정하지 못한다면 성인인들 뭐가 대수겠습니까?" 이사가 말했다. "저는 상채라는 시골의 평범한 선비였습니다. 황제께서 나행히 승상으로 써 주시고 통후通侯에 봉하셨으니, 자손들은 모두 지위가 높고 봉록이 많아졌습니다. 그러므로 앞으로의 존망과 안위를 제게 맡기셨거늘, 어찌 저버릴 수 있겠습니까? 충신은 죽음을 피하면서 무언가를 바라지 않고, 효자는 애써 고생하면서 위험을 보지 않는 법이니, 신하들은 각자 자기 직분을 지키면 됩니다. 그대는 두 번 다시 말하지 마십시오! 저로 하여금 죄를 짓게 하지 않으셨으면 합니다."

조고가 말했다. "성인은 옮겨 감이 일정치 않으니, 변화와 때를 따라 가지를 살펴 뿌리를 파악하고, 손가락 끝을 보고 귀착점을 가늠하라 들었습니다. 세상 이치 또한 그러하니 변치 않는 법이 어디 있습니까! 지금 천하의 권력은 그 운명이 호해에게 달려 있고 저는 뜻을 얻었습니다. 또 밖의 일로 마음이 구속되는 걸 혹惑이라 하고 아랫사람이 윗사람을 멋대로 함을 적賊이라 합니다. 가을에 서리가 내리면 초목이 시들고, 봄에 얼음이 녹으면 만물이 소생함은 필연의 이치인 것을 왜 이리 보지 못하십니까?" 조고는 이사의 논리를 차용해 이사를 설득한다. 이사가 말했다. "진晉나라에서 태자를 바꾼 뒤로 3대에 걸쳐 정치가 불안정했고, 제 환공의 형제들이 왕위를 다툰 일로 살육이 벌어졌습니다. 주紂왕이 친척들을 죽이며 간언을 듣지 않으니 나라가 황폐해지고 사직이 위태로워졌습니다. 이 세 가지는 하늘의 뜻을 어기자 종묘의 향화가 끊긴 사례입니다. 제가 사람이 되어 어찌 그런 일을 꾀할 수 있겠습니까?" 이사는 자신을 공격하는 자기 논리에 대한 방어책을 마련하지 못했다.

조고가 말했다. "상하가 뜻을 모으면 오래갈 수 있고, 안팎이 힘을 합치면 일에 표리가 없습니다. 그대가 저의 계책을 들으면 영원히 봉후가 되어 대대로 '고'孤를 일컬으며 신선 왕자교王子喬와 적송자赤松

子의 장수를 누리고 공구孔丘와 묵적墨翟의 지혜를 지니게 될 것입니다. 만약 그렇게 하지 않는다면 재앙이 자손에 미치게 되리니 오죽 한심한 일입니까! 뛰어난 사람은 화를 복으로 만들지요. 그대는 어떻세 처신하시려는지요?" 이사는 하늘을 보고 탄식하고는 눈물을 흘리며 말했다. "슬프구나, 어지러운 세상을 만나 진작 죽지 못했으니 이 목숨을 어디에 맡길 것인가!" 조고는 시종 이사의 논리로 이사를 공략했고, 이사는 자기 논리의 공격을 방어하지 못하고 조고에게 굴복했다. 이사의 사유는 진나라의 천하통일과 자신의 부귀영화까지만 매뉴얼이 정해져 있었기 때문에, 그 이후에 일어나는 문제에 대해서는 대응 능력이 취약할 수밖에 없었다.

결국 이사는 조고의 제안을 받아들였다. 조고가 호해에게 보고했다. "신이 태자의 명명을 받들어 승상에게 알리면, 승상 이사는 감히 명을 거역하지 못할 것입니다!" 이에 서로 모의하기를, 거짓으로 승상이 시황제의 조서를 받은 것으로 꾸며 호해를 세워 태자로 삼았다.

그러고는 장자 부소에게 편지를 보냈다. "짐은 천하를 순수하며 명산의 여러 신들에게 수명을 늘여 달라고 기도하고 있거늘, 부소와 장군 몽염은 수십만의 군사를 거느리고 변방에 주둔한 지가 10년이 넘었으나, 진격하여 앞으로 나아가지도 못하고 군사들만 소모하여 조그만 공도 세우지 못했다. 그런데 도리어 여러 차례 직언하여 내가 하는 일을 비방했으며, 태자가 되지 못한 것을 마음에 품어 밤낮으로 원망했다. 부소는 아들이 되어 불효를 저질렀으니, 내가 내리는 칼로 자진하라. 장군 몽염은 부소와 외방에 머물면서 변경을 바로잡지 못했으니 그 지모의 수준을 알 것이다. 신하로서 불충했으니 죽음을 내리노라. 군사는 비장 왕리王離에게 밑기라." 편지를 봉하고 황제의 옥새를 찍어, 호해의 빈객을 보내 상군의 부소에게 전하게 했다.

사자가 와서 편지를 뜯어 본 부소는 눈물을 흘리고는 집안으로 들어가 자살하려고 했다. 몽염이 부소를 말리며 말했다. "황상께서는 도성을 떠나 계시고, 아직 태자를 세우지 않으신 상황입니다. 신으로 하여금 30만 군사를 거느려 변방을 지키게 하셨고, 공자로 하여금 감독하게 하셨으니, 이야말로 천하의 막중한 임무입니다. 지금 사자 한 사람이 왔다고 바로 목숨을 끊으신단 말입니까? 무엇으로 속임수가 아닌 줄 장담할 수 있겠습니까? 다시 사정을 알아보십시오. 그런 다음에 죽어도 늦지 않습니다." 사자가 누차 재촉했다. 사람됨이 어진 부소는 몽염에게 일렀다. "아버지가 아들에게 죽음을 내렸거늘 어찌 다시 요청할 수 있겠습니까!" 바로 목숨을 끊었다. 몽염은 죽을 생각이 없었다. 사자는 몽염을 부속 관리에게 맡겨 양주陽周(섬서성 자장현子長縣)에 가두었다.

사자가 돌아와 보고하자, 호해와 이사와 조고는 크게 기뻐했다. 함양에 이르러 상례를 치렀다. 태자가 즉위하여 2세 황제가 되었다. 조고를 낭중령郎中令으로 삼아 늘 곁에서 일을 처리하도록 했다.

2세가 일없이 지내면서 조고를 불러 의견을 물었다. "인생이라야 여섯 마리 준마가 바늘구멍을 지나는 것과 같습니다. 나는 이미 천하를 차지했습니다. 감각과 정신의 즐거움을 마음껏 누려 종묘와 백성을 편안하게 하고, 오랜 세월 천하를 차지한 채 천수를 다하려 합니다. 괜찮겠습니까?" 조고가 말했다. "이는 현명한 군주라야 행하실 수 있는 것으로, 혼란스러운 군주가 금지하는 것입니다. 신은 처벌을 두려워 않고 말씀드리고자 하오니, 폐하께서는 조금이라도 마음에 담아 주십시오. 사구에서 꾸민 일을 두고 여러 공자와 대신들이 의심

이사 열전

하고 있는데, 공자들은 모두 황제의 형님이시고 대신들도 선제께서 남기신 분들입니다. 지금 폐하께서 즉위하신 초반이니, 이들은 속으로 기뻐하지 않으면서 복종하지 않고 있으니, 혹 변란이라도 일으킬까 두렵습니다. 또 몽염은 이미 죽었지만 몽의가 군사를 거느리고 변방에 있습니다. 신은 소름이 돋을 정도로 두렵습니다. 사정이 이러니 폐하께서 어떻게 즐거움을 누리시겠습니까?"

2세가 말했다. "어떻게 해야 합니까?" 조고가 말했다. "법 집행을 엄격하게 하고 형벌을 잔혹하게 시행하여, 죄를 지으면 관련자들을 엮어 처벌하여 가족들까지 모두 잡아들이게 하십시오. 대신들을 모두 없애고 종친들도 멀리하십시오. 가난한 자들은 부자가 되게 하고 비천한 자들을 귀하게 쓰십시오. 선제의 옛 신하들은 모두 내쫓고, 그 자리에 폐하께서 아끼고 믿는 자들을 두십시오. 이렇게 하면 음덕이 폐하께로 돌아가리니, 폐해는 사라지고 간사한 논의도 막힐 것입니다. 신하들은 모두 그 은택과 덕업을 입게 되니, 폐하께서는 느긋하게 즐기시기만 하면 됩니다. 이보다 좋은 방법은 없습니다." 2세는 조고의 말을 옳게 여겨 법률을 개정했다. 이 과정에서 신하들과 공자들이 죄를 짓게 되자, 조고를 보내 국문하게 했다. 대신 몽의 등을 죽이고, 공자 12명도 함양에서 처형했으며, 열 명의 공주는 거열형에 처했다. 그들의 재물은 황궁으로 거둬들였는데, 연좌되어 처벌받은 이들이 무수히 많았다.

공자 고高가 달아나려 하다가 가족들이 모두 잡힐까 두려워 글을 올렸다. "선제께서 건재하실 때, 신이 들어가면 음식을 내려 주셨고 외출할 때면 수레에 태우셨습니다. 황궁 창고의 옷과 황실 소속의 말을 내려 받았습니다. 신이 마땅히 따라 죽었어야 했으나 그리 하지 못했으니, 자식으로선 불효이고 신하로선 불충입니다. 불충을 저지른 자는 세상에 설 수 있는 명분이 없습니다. 따라 죽고자 하오니 역산酈山[4] 자락에 묻어 주십시오. 바라건대 상께서는 불쌍히 여겨 주십시오." 글이 올라오자 호해는 매우 기뻐하며 조고를 불러 보여주며 말했다. "이게 시급한 일이오?" 조고가 말했다. "신하 된 자가 죽지 못해 안달인데 무슨 수로 변란을 꾀하겠습니까!" 호해는 그 편지가 마음에 들어 10만 전을 하사하여 장사지내게 했다.

법령과 처벌이 날로 심각해졌다. 신료들마다 스스로 위태롭게 여겨 떠나려는 자가 많았다. 또 아방궁을 짓고, 직도直道와 치도馳道[5]를 부설하느라 세금을 더욱 무겁게 거두었으며 군역과 부역이 그치지 않았다. 이에 초나라 땅의 수졸 진승陳勝과 오광吳廣이 반란을 일으켜 산동에서 일어났고, 준걸들이 서로 세워 스스로 제후와 왕을 일컬었다. 진나라에 대한 반란군이 홍문鴻門(섬서성 서안시 임동구臨潼區 신풍진新豐鎭 홍문보촌鴻門堡村)에까지 이르렀다가 물러갔다. 이사는 누차 틈을 보아 사정을 간언하려 했으나 2세가 허락하지 않았다. 오히려 이사를 문책했다.

"나도 할 말이 있소. 한비자가 그랬지요. '요임금은 천하를 차지하고도 마루의 높이는 석 자를 넘지 않게 했고, 서까래에 채색을 하지

---

4   여와女媧가 돌을 다듬어 무너진 하늘을 채웠다는 전설의 무대이자, 시황의 능묘가 자리 잡은 곳으로, 서안西安 동쪽에 있다.

5   직도는 진시황 35년(BC.212) 몽염을 시켜 닦은 길. 북쪽의 구원九原(내몽고 포두시包頭市 서북쪽)에서 남쪽의 운양雲陽(섬서성 순화淳化 서북쪽)에 이르렀는데, 모두 황토를 사용했으며 전체 길이는 736km이다. 치도는 진나라 통일 초기 수도 함양咸陽을 중심으로 전국에 통하도록 닦은 길. 중국 역사상 최초의 국도로 일컬어진다.

않았으며, 띳집의 처마를 가지런하게 자르지 않았으니, 나그네의 숙소라도 이보다 더 검소하지 않았다. 겨울에는 사슴 갖옷을, 여름에는 칡베 옷을 입었다. 기장과 현미밥을 먹었고, 명아주와 콩잎 국을 끓였다. 흙으로 빚은 그릇에 밥을 먹고 국을 마셨다. 문지기의 생활이라도 이보다 각박하지는 않았다. 우임금이 용문龍門의 땅을 뚫어 대하大夏와 통하게 했다. 아홉 하천을 잇고 아홉 개의 제방을 쌓고는 괸 물을 터 바다로 흘러가게 했다. 하지만 허벅지와 정강이에 잔털이 다 없어졌고 손바닥과 발바닥에 굳은살이 박이고 얼굴은 시커멓게 그을렸다. 끝내는 외지에서 죽어 회계會稽 땅에 묻혔다. 포로로 잡혀온 노비의 고생도 이보다 참혹하지 않았다'고. 그렇다면 천하를 차지한 자를 귀하게 여기는 것이, 심신을 힘들게 하고 객사에서 머물고 문지기의 음식을 먹으면서 포로 노예의 일이나 하자는 것이란 말이오? 이는 어리석은 자들이나 하는 짓이지 현자가 힘쓸 바가 아니오. 현자는 천하를 차지하면 천하를 오로지 자기에게만 맞게 할 뿐이니, 이것이야말로 천하의 주인을 높게 평가하는 까닭입니다. 이른바 현자는 천하를 안정시키고 만백성을 다스릴 수 있습니다. 그런데 당장 몸이 고달프면 어떻게 천하를 다스릴 수 있겠습니까! 그러므로 나는 하고 싶은 일들을 실컷 하면서 오래도록 탈 없이 천하를 누리려고 합니다. 어떻게 하면 됩니까?"

이사의 아들 유由가 삼천 고을을 다스리고 있는데, 군도群盜 오광 등이 서쪽 지역을 약탈하는데, 지나가도 막을 재간이 없었다. 장한章邯이 오광 등의 병사를 격파하여 쫓아냈다. 삼천 태수를 조사하는 사자들이 잇달아 와서는, 3공의 지위에 있으면서 도적을 이렇게 내버려두느냐고 이사를 나무랐다. 이사는 몹시 두려웠으나 작록이 또 소중한지라 출로를 찾지 못하고, 2세에게 아부하여 너그러이 용서받을 길을 찾았다. 글을 지어 2세의 질문에 대답했다. 여섯 번째 발언,「청독책서」請督責書. 오류와 몰락. 그는 가족의 안녕을 지키기 위한 목적으로 천하의 안정을 포기했다. 천하의 백성을 살릴 수 있는 무기인 법을, 황제의 향락과 자기 가족의 안정을 위해 휘둘렀다. 그 결과 백성들의 삶이 피폐해졌고, 자기 가족이 몰살되었고, 2세의 비극이 발생했으며, 국가가 사라졌다.

현명한 군주는 어떤 일이 있어도 수단을 다하여 독책督責(가혹한 형벌로 죄를 다스림)의 방법을 시행하는 자입니다. 독책하면 신하는 능력을 다해 자기 주군을 위해 죽지 않을 수 없습니다. 이렇게 되면 군주와 신하가 나뉘어 정해지고 윗사람과 아랫사람의 의리가 분명해져서, 천하의 현자든 바보든 마음과 책임을 다해 군주를 위해 목숨을 바치게 됩니다. 이런 까닭에 군주는 홀로 천하를 다스리며 그 누구의 통제도 받지 않습니다. 향락의 극치를 추구할 수 있어야만 현명한 군주이니, 생각하지 않을 수 있겠습니까!

그러므로 신자申子(신불해)는 "천하를 차지하고도 마음대로 하지 못한다면, 이는 천하를 질곡으로 여기는 것"이라고 말했습니다. 그 이유는 다른 것이 없으니, 독책하지 못하기 때문입니다. 천하의 백성들을 위해 자기 몸을 수고롭게 한 요堯와 우禹 같은 사람이 딱 그러한 예입니다. 신자申子와 한자韓子(한비자)의 밝은 술법을 닦고 독책의 도를 행하여 오로지 천하를 자기에게 맞추지 못하고, 자기 몸과 마음을 힘들

이사 열전

게 하면서 백성을 위해 목숨을 바치는 것은 평범한 백성들의 몫으로 천하를 차지한 자의 일이 아닙니다. 그게 무어 대단한 일입니까! 남들이 나를 위해 목숨을 바치면 내가 귀해지고 그들은 천해집니다. 내가 남을 위해 목숨을 바치면 내가 천해지고 그들이 귀해집니다. 남을 위해 목숨 바치는 자는 비천하고, 남들을 목숨 바치게 하는 자가 고귀한 이치는 고금이 다르지 않습니다. 옛날에 현자를 존숭한 것은 그가 귀하기 때문이고, 못난이를 미워한 것은 그가 비천하기 때문입니다. 요와 순은 천하를 위해 자기 몸을 바친 자인데, 이런 이들을 존숭하면 현자를 존경하는 마음이 갈팡질팡 기준을 잃게 됩니다. 이야말로 큰 잘못입니다. 이들을 일러 천하를 질곡으로 삼았다는 것이 딱 들어맞지 않습니까? 독책을 능히 행하지 못한 허물입니다.

그래서 "자애로운 어머니 아래서 망가진 자식이 생기고 엄격한 집에 대드는 종이 없다"고 한자가 말한 것입니다. (엄격한 집에서는) 잘못을 저지르면 반드시 벌을 주기 때문입니다. 그러므로 상군商君(상앙)의 법은, 길에 재를 버리는 자도 처벌했던 것입니다. 재를 버리는 것이야 대수롭지 않은 죄이지만, 재판에 넘긴 것은 형벌을 무겁게 적용한 것입니다. 현명한 군주라야 가벼운 죄도 엄하게 책임을 물을 수 있지요. 가벼운 죄를 무겁게 처벌하는데, 하물며 중죄를 저지른 자들이겠습니까! 그러므로 백성들이 감히 죄를 저지르지 못합니다. 이런 까닭에 한자韓子는, "몇 자 베나 비단 정도는 보통 사람들도 버려두지 않지만, 100일鎰의 횡금이 떨어져 있으면 도척이라도 가져가지 않는다"고 말했습니다. 보통 사람의 마음이 대담하고 몇 자 포백의 이익이 많고 도척의 욕심이 적어서가 아닙니다. 또 도척의 행동이 100일의 황금을 가볍게 보아서 그렇게 한 것이 아닙니다. 그걸 가져가면 반드시 형벌이 따르기에 도척은 모른 척했을 뿐입니다. 형벌을 가하지 않으면 보통 사람들도 포백 몇 자를 버려두지 않지요. 이런 까닭에 성의 높이는 다섯 자밖에 안 되지만 누계樓季(전국시대 높이 뛰었던 용사)는 함부로 뛰어넘지 않습니다. 반면 태산의 높이는 백 길이나 되지만 절름발이 목동도 꼭대기까지 오릅니다. 누계가 다섯 자 높이를 어려워하고, 절름발이 목동이 백 길 높이를 가벼이 보아 그렇겠습니까? 그 높이의 형세가 다르기 때문입니다. 명주와 성군이 높은 자리에 오래 머물 수 있는 것은 오래도록 무거운 세력을 쥐고 있기 때문입니다. 천하의 이익을 독점하는 것은 다른 게 아니라 독단으로 독책을 시행할 수 있기 때문입니다. 무거운 벌을 주면 천하 사람 누구도 어기지 못합니다. 지금 어기지 못하게 하는 방법을 힘쓰지 않고 자애로운 어머니가 자식 망치는 방법을 일삼는다면 성인의 말씀을 살펴 알지 못하기 때문입니다. 성인의 법술을 시행하지 못한다면 자신의 몸을 버려 천하 사람을 위해 부려지는 것입니다. 슬프지 않겠습니까!

　검소하고 절약하여 인의를 중시하는 사람이 조정에 서면 화려하고 사치스러운 음악이 그칩니다. 윤리를 강조하는 신하가 곁에 있으면 방탕한 마음이 사라집니다. 절의에 목숨을 바치는 열사의 행실이 세상에 드러나면 흐드러지고 재미난 놀이가 없어집니다. 그러므로 밝은 군주는 이 세 가지를 멀리 하고, 오직 군주의 술법만을 잡아 쥐고 신하들을 다스렸습니다. 밝은 법을 닦았기 때문에 몸은 존귀해지고 권세가 무거워진 것이지요. 현명한 군주는 세상의 풍속을 장악하여, 자기가 싫어하는 것은 없애고 원하는 것을 세웁니다. 그러므로 살아서는 높고 무거운 권세를, 죽어서는 현명하다는 시호를 받게 됩니다. 밝은 군주는 홀로 결단하니 권세가 신하에게 있지 않게 됩니다. 그런 뒤에 인의의 길을 없애고, 함부로 놀려대는 입을 막고, 열사의 행실을 곤란하게 하고, 눈과 귀를 막아 자기 눈과 귀로만 보고 듣습니다. 그리하여 밖으로는 인의의 길과 열사의 행실에 마음을 기울이지 않아도 되고, 안으로는 간언하여 다투는 변설에 마음을 빼앗길 필요가 없습니다. 그러므로 거리낌 없이 마음 가는 대로 행동해도 감히 거스르지 못합니다. 이와 같은 뒤에라야 능히 신자와 한자의 술법에 밝고 상군의 법을 닦았다고 할 수 있습니다. 술법을 닦았는데 천하가 어지러워졌다는 말은 들어 보지 못했습니다. "왕도는 간략하여 다루기 쉽다"고 한 이유입니다. 현명한 군주만이 이를 시행할 수 있습니다. 이리하여 독책에 빈틈이 없으면 신하들이 간사한 마음을 먹지 못하고, 신하들이 간사한 마음을 먹지 못하면 천하가 안정되며, 천하가 안정되면 군주의 권위가 높아집니다. 군주의 권위가 높아지면 독책이 시행되고, 독책이 시행되면 원하는 바를 얻게 되고, 원하는 바를 얻으면 나라가 부유해지고, 나라가 부유하면 군수가 향락을 누릴 수 있습니다. 그러므로 독책의 술법이 베풀어지면 원하는 바는 모두 얻을 수 있고, 신하들과 백성들은 허물을 벗어나기에 겨를이 없을 터이니 어찌 변란을 꾀할 수 있겠습니까? 이렇게 되면 황제의 도가 갖춰지고, 군주와 신하 사이의 술법을 밝혔다고 말할 수 있습니다. 신자와 한자가 다시 태어나도 이보다 더할 수는 없을 것입니다. 독재의 옹호와 조장.

상서가 올라오자 2세는 기뻐했다. 이에 독책督責을 더욱 엄격하게 시행하니, 세금을 가혹하게 거두는 자가 유능한 관리 대접을 받았다. 2세가 말했다. "이렇게 하면 제대로 독책한다고 할 수 있겠지." 길에는 형벌 받은 자가 반이고, 죽은 사람이 저자에 쌓였다. 사람을 많이 죽인 자가 충신이 되었다. 2세가 말했다. "이 정도면 독책이라 할 수 있겠지."

집권 초 조고는 낭중령이 되어 사람을 죽이거나 사사로운 원수를 갚는 일이 많았다. 대신들이 조정에 들어 이 일을 거론하며 자신을 헐뜯지나 않을까 걱정되었다. 이에 2세에게 말했다. "천자가 귀한 까닭은 소리로써 들려주어 신하들이 얼굴을 보지 못하기 때문입니다. 그러므로 '짐'朕이라 하는 것입니다. 또 폐하께서는 춘추가 젊으시고 국정 전반을 두루 알지 못하십니다. 지금 조정에 앉아 계시면서 잘못을 꾸짖고 사람을 씀에 부당함이 있게 되면 대신들에게 약점을 잡히시게 되니, 이는 천하에 폐하의 신성명철하심을 보이는 방도가 아닙니다. 앞으로 폐하께서는 궁궐 속에서 가만 계십시오. 신과 시중 등 법에 익숙한 사람들이 일을 대비하고 있다가, 일이 생기면 상의해서 결정하겠습니다. 그러면 대신들도 감히 의심스러운 일들을 아뢰지 못

이사 열전

하고 천하는 훌륭한 군주라고 일컬을 것입니다." 2세가 그 말을 받아들여, 조정에서 대신들을 접견하지 않고, 궁궐 깊은 곳에 머물렀다. 조고가 항상 옆에 있으면서 일을 처리하니, 모든 일들이 그의 손에서 처결되었다.

조고는 이사가 이를 문제 삼는다는 말을 듣고 만나서 말했다. "관동에 도적떼가 창궐하는데, 지금 황제께서는 백성들을 동원하여 아방궁을 짓느라 정신이 없고, 개와 말 등 쓸모없는 것들을 모아들이고 계십니다. 신이 아뢰고자 해도 지위가 비천합니다. 이는 군후의 일이거늘 어찌 말씀을 올리지 않으십니까?" 이사가 말했다. "알고 있습니다. 제가 말씀드리려 한 지 오래입니다. 그런데 상께서 조정에 나오지 않으시고 궁궐 깊이 계시니, 드릴 말씀이 있어도 전할 수 없고, 뵙고자 해도 틈이 없습니다." 조고가 말했다. "말씀을 올리시겠다니, 제가 틈을 엿보아 알려드리겠습니다." 조고는 2세가 막 연락宴樂에 빠져 궁녀들이 모시고 있을 때 사람을 시켜 승상에게 고했다. "황제께서 지금 한가하시니, 말씀을 올리기에 좋습니다." 승상이 궁문 앞에 나아가 뵙기를 청했다. 이러한 일이 세 번 거듭되자 2세가 화를 내며 말했다. "평소 그 허다한 한가한 날에는 오지 않고, 오랜만에 편하게 놀려고 하면 승상이 번번이 와서 주청을 하니, 승상이 나를 젊다고 우습게 보는 것이 아니냐? 아니면 나를 얕본단 말이냐?" 조고가 그 말을 받아 말했다. "사정이 위태롭습니다! 사구에서의 모의에는 승상도 참여했습니다. 그런데 지금 폐하께선 이미 황제가 되셨는데, 승상의 지위는 더 높아지지 않았습니다. 그 사람은 땅을 갈라 왕이 되고자 하는 마음을 품고 있습니다. 또 폐하께서 묻지 않으시기에 신이 감히 말씀드리지 못한 일이 있습니다. 승상의 상남 이유는 삼천의 태수입니다. 초나라 도적 진승 등은 모두 승상 고향 이웃 마을의 자제이지요. 그러므로 그 도적들이 내놓고 날뛰며 삼천을 지나갔지만 태수는 나가 물리치지 않았습니다. 그들 사이에 몰래 문서가 오갔다고 하는데 아직 증거를 얻지 못해 감히 말씀드리지 못했습니다. 또 승상은 궁궐 밖에 있으면서 그 권세는 폐하보다 무겁습니다." 2세는 고개를 끄덕였다. 승상의 죄안을 엮으려 했지만 증거가 확실치 않았다. 이에 사람을 보내 삼천 태수와 도적이 내통한 정황을 조사하게 했다. 이사가 이 소식을 들었다.

당시 2세는 감천궁에서 각저와 광대놀이를 보고 있었다. 이사는 황제를 만나지 못하자 글을 올려 조고의 허물을 말했다. 일곱 번째 발언, 독백.

신하가 임금을 의심하면 나라가 위태로워지고, 아내가 지아비를 의심하면 집안이 위험해진다고 합니다. 지금 폐하에게는 이해를 독단하는 대신이 있어, 그 권위가 폐하와 다름없으니, 이는 매우 불편한 일입니다. 옛날 사성司城의 벼슬을 한 자한子罕은 송宋나라의 재상이 되어 개인적으로 형벌을 행해 위세를 과시하더니, 1년 만에 그 임금의 자리를 빼앗았습니다. 전상田常은 간공簡公의 신하였는데, 작록이 나라 안에 상대가 없었고 사가의 부유함이 국고의 그것과 맞먹었습니다. 그걸로 은혜와 덕을 베풀어 아래로 백성들의 마음을 얻고 위로 여러 신하들의 지지를 얻더니, 몰래 제나라를 취하기 시작하여 조정에서 재여宰予를 죽이고 곧이어 간공을 시해하고는 결국 제나라를 차지했습니다. 이는 천하에 널리 알려진 일입니다. 요즘 조고가 간사한 뜻을 지니고 위태로이 나라를 어지럽히는 행위를 하는 것은 자한이 송나라에서 재상을 할 때와 같습니다. 사가에 부를 축적함은 전씨田氏가 제나라에서 했던 그대로입니다. 전상과 자한의 역도逆道를 함께 행하면서 폐하의 위신을 빼앗고 있으니, 그 뜻은 한기韓玘가 한韓나라 왕 안安의 재상일 때와 판박이입니다. 폐하께서 미리 도모하지 않으시면 그가 변란을 일으킬까 두렵습니다.

2세는 말했다. "무어라고? 조고는 본디 환관이었소. 하지만 편안하다고 하여 뜻을 흐트러뜨리지 않았고, 위태롭다고 하여 마음을 바꾸지 않았습니다. 행동을 깨끗하게 하고 선업을 닦아 스스로 오늘의 지위에 이르렀습니다. 충심으로 나아가고 신의로써 자리를 지켰으니, 짐은 실로 그를 현명하다 생각하는데, 그대가 의심함은 무슨 까닭입니까? 또, 짐은 어려서 선인을 여의어 아는 바가 없어 백성을 다스리기에 익숙하지 않습니다. 그대는 늙은 데다 천하의 일과 동떨어져 있으니, 조군이 아니면 누구에게 일을 맡긴단 말이오! 또 조군은 사람됨이 깨끗하고 부단히 노력하여, 아래로 사람들의 마음을 알고 위로 짐의 뜻을 헤아리니, 그대는 의심하지 마십시오."

이사가 말했다. "그렇지 않습니다. 조고는 비천한 사람으로 세상 이치를 알지 못하며, 탐욕은 끝이 없어 이익 끌어모으기를 그치지 않습니다. 조고의 권세가 군주의 버금인데도 욕심이 끝이 없으니, 그래서 신이 위태롭다 말씀드리는 것입니다." 2세는 앞서 조고를 믿고 있어, 이사가 그를 죽일지도 모른다고 생각하여 몰래 조고에게 이 사실을 일러주었나. 조고가 밀했나. "승상의 격성은 서 한 사람뿐입니나.

제가 죽으면 승상은 전상이 했던 짓을 할 것입니다." 이에 2세는 말했다. "이사를 낭중령에게 넘기시오."

조고는 이사의 죄를 엮었다. 이사는 붙잡혀 포승에 묶인 채 감옥에 갇혀서는 하늘을 보며 탄식했다. 여덟 번째 발언, 탄식.

"아아 슬프구나! 무도한 군주가 무엇을 헤아릴 수 있겠는가! 옛날 걸왕桀王은 관용봉關龍逄을 죽였고, 주왕紂王은 왕자 비간比干을 죽였으며, 오나라 왕 부차夫差는 오자서伍子胥를 죽였지. 이 세 신하가 어찌 충의롭지 않았던가! 하지만 죽음을 면치 못했으니, 자기 몸이 죽어 충의를 다한 것은 잘못이다. 지금 나의 지혜는 저 세 사람에게 미치지 못하고, 2세의 무도함은 걸과 주와 부차보다 심하니, 내가 충의의 이름으로 죽는 것이 마땅하다. 앞으로 2세의 다스림이 어찌 어지러워지지 않으랴! 얼마 전에는 형제들을 죽이고 왕위에 올랐고, 충신을 죽여 천인을 귀히 대접했으며, 아방궁을 짓느라 천하에 세금을 거두었다. 내가 간하지 않은 것이 아니나, 내 말을 들어주지 않았다. 옛날의 성군들은 음식에 절도가 있었고, 수레와 그릇에도 정해진 수가 있었으며, 궁실에는 법도가 있었다. 명령을 내고 일을 시작함에 추가 비용이 발생하여 백성들에게 무익한 것은 하지 않았다. 그러므로 능히 오래도록 안정되게 다스릴 수 있었다. 영令을 거꾸로 형제에게 행하며 자기 허물을 돌아보지 못하고, 충신을 죽이며 자기에게 닥칠 재앙을 생각하지 못하는구나. 궁궐을 크게 짓느라 세금을 무겁게 거두면서 그 경비를 절약하지 않는다. 세 가지 악정惡政이 이미 행해지고 있어 천하 사람들이 그 명을 듣지 않는다. 지금 반심을 품은 자가 천하 사람의 반인데도, 마음은 아직 깨어나질 못하고 있으면서 조고를 보좌로 삼고 있으니, 이제 곧 도적들이 함양에 이르고 텅 빈 궁궐에 사슴과

노루들이 놀게 되리라."

2세는 조고를 시켜 승상의 옥사를 처결하여 죄를 다스리고, 이사와 아들의 모반 책임을 물어 일족과 빈객들을 모두 잡아들였다. 조고가 이사의 옥사를 맡으며 천여 차례나 고문을 했다. 이사는 고통을 이기지 못해 거짓 자복했다. 이사는 자신이 죽지 않을 이유로, 그간 세운 공을 믿었고 실제 반역할 마음이 없었기에, 글을 올려 사정을 잘 말하면 2세가 깨닫고 용서해 주리라고 생각했다. 이에 옥중에서 글을 올렸다. 아홉 번째 발언, 넋두리.

신이 승상이 되어 백성을 다스린 지 30년이 넘습니다. 진나라가 좁을 때 벼슬에 나갔는데, 당시 진나라의 영토는 사방 천 리에 지나지 않았고, 병사의 수도 10만에 불과했습니다. 신은 없는 재주를 다하여 삼가 법령을 받들었고, 몰래 모신謀臣을 파견하여 자금을 밑천으로 제후에게 유세하게 했습니다. 안으로는 병기를 닦고 정교政教를 가다듬고 용맹한 군사에게 벼슬을 주고 공신을 존숭하여 그 작록을 높여 주었습니다. 그러므로 끝내 한韓·위魏를 약화시키고 연燕·조趙를 깨고 제齊·초楚를 평정하여 6국을 통합하여 각국의 왕들을 사로잡은 뒤 진을 천자의 나라로 만들었으니, 이것이 저의 첫 번째 죄입니다. 영토가 넓지 않은 것이 아니지만 북쪽으로 호맥胡貉을 내쫓고 남쪽으로는 백월百越을 평정하여 진나라의 강대함을 보였으니, 이것이 두 번째 죄입니다. 대신을 존숭하여 그 작위를 성대하게 함으로써 친분을 굳게 했으니 세 번째 죄입니다. 사직을 세우고 송묘를 수축하여 군수의 현명함을 밝힌 것이 네 번째 죄입니다. 도량형을 개정하고 문물제도를 통일하여 천하에 펼쳐 진나라의 이름을 세운 것이 다섯 번째 죄입니다. 치도馳道를 닦고 유관遊觀[6]을 일으켜 군주가 뜻을 얻었음을 보인 것이 여섯 번째 죄입니다. 형벌을 완화하고 세금을 낮춰 군주로 하여금 민심을 얻게 하고, 만민이 군주를 떠받들어 죽어도 잊지 않도록 한 것이 일곱 번째 죄입니다. 제가 신하가 되어 지은 죄가 죽기에 족한 지가 오래이나, 상께서 다행히도 그 능력을 다하게 하여 오늘에까지 이를 수 있었습니다. 원컨대 폐하께서는 살펴 주십시오!

글이 올라가자 조고는 관리를 시켜 버리게 하고는 말했다.

"죄인 주제에 상서가 웬 말이냐!"

조고는 자기 사람 10인을 어사御史와 알자謁者와 시중侍中으로 삼아 교대로 오가며 이사를 심문하게 했다. 이사가 태도를 바꿔 사실을 말하면 그때마다 매질하게 했다. 뒤에 2세가 사람을 시켜 이사를 심문하게 하니, 이사는 또 전처럼 매를 맞을까 두려워 감히 바른대로 말하지 못하고 죄를 자인했다. 이 사실이 보고되자 2세는 기뻐하며 말했다. "조군이 아니었으면 승상에게 속을 뻔했군." 2세가 보낸 삼천 태수의 죄를 다스릴 관리가 이르렀는데, 이유는 그 전에 항량에게 죽임을 당했다. 사자가 돌아올 무렵 승상도 형리에게 넘겼다. 조고는 보고서를 모두 허위로 꾸몄다.

2세 즉위 2년 7월, 이사에게 다섯 형벌을 내려, 함양의 저자에서 그

---

6   놀이를 위한 토목공사. 또는 그 건물이나 시설.

죄를 꾸짖고는 요참腰斬에 처했다. 이사가 감옥을 나오면서 둘째 아들과 함께 묶였는데, 돌아보며 말했다. "너와 함께 누렁이를 끌고 상채上蔡의 동문으로 나가 토끼 사냥을 하고 싶구나!" 부자가 서로 보며 통곡했다. 이사의 3족을 멸했다. 마지막 발언, 체념. 뒤늦은 깨달음.

이사가 죽자 2세는 조고를 중승상中丞相에 임명하고, 일은 크고 작고 간에 조고에게 처결하게 했다. 이사가 죽었어도 이사의 열전은 계속된다. 진나라는 표류한다. 이사의 책임을 물은 것이다.

조고는 자신의 권력을 믿고 사슴을 올리며 말이라고 했다. 2세가 좌우에게 사슴이 아닌가 묻자 모두 말이라고 대답했다. 2세는 깜짝 놀라 자기 정신이 이상해진 것이 아닌가 의심했다. 이에 태복太卜을 불러 점을 치게 했다. 태복이 말했다. "폐하께서 봄가을로 교사를 지내고 종묘의 귀신들을 받드심에 있어 몸과 마음을 깨끗이 하지 않았기 때문에 생긴 일입니다. 성덕을 믿고 몸과 마음을 깨끗이 하십시오." 이에 상림上林에 들어가 재계했다. 날마다 사냥을 하는데, 지나가는 사람이 잘못 상림에 들었다가 2세가 쏜 화살에 맞아 죽었다. 조고는 사위인 함양령咸陽令 염락閻樂을 시켜, 누군가 사람을 죽여 상림에 옮겨 놓았다고 탄핵하게 했다. 조고는 2세에게 간하여 말했다. "천자께서 까닭 없이 죄 없는 사람을 죽였으니, 이는 상제께서 금하는 바입니다. 귀신도 제사를 받지 않을 것이고, 하늘은 이제 재앙을 내릴 것입니다. 궁궐에서 먼 곳으로 피해 푸닥거리를 하셔야 합니다." 2세는 궁궐을 나와 망이望夷(경양현涇陽縣 동남쪽) 행궁에 머물렀다.

망이 행궁에 머문 지 사흘 만에 조고는 거짓으로 위사衛士를 불러, 흰 옷을 입고 병기를 든 채 안으로 들어가게 하고는, 들어가 2세에게 말했다. "산동 도적떼들이 몰려오고 있습니다." 2세가 올라가 보고는 겁에 질렸다. 조고는 2세를 몰아붙여 자살하게 하고는, 옥새를 꺼내 찼지만 좌우의 백관들이 아무도 따르지 않았다. 왕위에 오르려 하자 궁전이 세 번이나 무너지려 했다. 조고는 하늘과 신하들이 허락하지 않음을 알고 시황제의 아우를 불러 옥새를 주었다. 자영子嬰(?~BC.206)이 황위에 올랐지만 근심이 가득한지라 아프다는 핑계로 정사를 돌보지 않은 채, 환관 한담韓談 및 자기 아들들과 조고를 죽일 계획을 세웠다. 조고가 올라 병문안을 청하자, 불러들인 다음 한담에게 명하여 찔러 죽이게 하고는 그의 3족을 멸했다. 자영이 즉위한 지 석 달 만에 패공沛公(유방)의 군사가 무관武關을 통해 들어와 함양에 이르렀다. 뭇 신하와 관리들은 모두 마음이 돌아섰기에 저항하지 않았다. 자영과 처자는 스스로 목에 밧줄을 매어 지도軹道 옆에서 항복했다. 패공은 그를 관리에게 맡겼으나, 항왕項王이 들어와서는 죽였다. 드디어 진나라는 천하를 잃었다.

태사공은 말한다. 이사는 시골의 한미한 사람으로 제후를 거쳐 진나라에 들어가 섬기더니, 기회를 보아 시황을 보좌하여 끝내 제업을 이루었다. 이사가 3공이 된 것은 높이 쓰였다 할 만하다. 이사는 6예의 궁극적 목표를 알면서도 정사를 닦아 주상의 결점을 채우는 일에 힘쓰지 않았다. 승상이라는 높은 지위에 있으면서 아부로 따르고 구차하게 영합하면서 위세를 삼엄하게 하고 형벌을 가혹하게 하더니, 조고의 사악한 말에 넘어가 적자를 폐위하고 서자를 세웠다. 제후들이 이미 배반한 뒤 간언하여 잘못을 바로잡으려 했으니 너무 늦었도다. 사람들은 모두 이사가 충심을 다했는데도 다섯 형벌을 받고 죽었다고 생각하지만, 그 근본을 살피면 세속의 여론과는 다르다. 그러지

이사 열전

않았다면 이사의 공은 주공周公, 소공召公의 그것과 어깨를 나란히 했을 것이다.

가을 저녁 밀밭을 보며 한잔 술을 나누고 싶은 사람

사마천의 글을 읽으며, 그 속 인물의 무덤이 어디 있는지 찾아본 경우는 이사가 유일하다. 그의 무덤은 고향 상채현上蔡縣에 있다. 무덤 앞에는 '진승상이사지묘'秦丞相李斯之墓라고 새겨진 비석이 서 있다. 무덤 서북쪽으로 1km쯤 떨어진 곳에는, 그가 말을 달리고 또 말에게 물을 마시게 하던 곳이라 하여, 각각 '이사포마강'李斯跑馬崗과 '이사 음마간'李斯飮馬澗이 새겨진 표석이 서 있다. 상채현 일대는 모두 평원이다. 인터넷에 올라온 사진들을 보니, 그 앞으로 누렇게 펼쳐진 밀밭과 무덤 위에서 뛰어노는 아이들 풍경이 인상적이다. 가을 저녁 독한 술 두 병을 들고 이곳을 찾아, 노을을 보며 그와 잔을 나누면 좋겠다는 생각이 들었다.

아마도 이는 열전의 여러 인물 중에서 이사가 가장 인간적으로 다가왔기 때문이 아닐까! 젊은 시절 뒷간의 쥐를 보며 생각에 잠길 때는 그 눈빛이 반짝이는 것 같고, 학문을 위해 동쪽으로 떠날 때는 그 발자국 소리가 들리는 듯하며, 스승을 하직하며 "비천한 것보다 욕됨은 없고, 빈곤보다 더 슬픈 것은 없습니다"라고 말할 때는 내 심장이 방망이질했다. 극성으로 치닫는 부귀영화의 수레 위에서 내려야 한다고 생각하면서도 끝내 내리지 못하는 장면에서는 욕망의 전차를 타고 파탄이라는 종착역을 향해 가는 인류가 떠올랐으니, 조고에게 휘둘릴 때는 어느 시대 어느 사회에서나 나타나는 지식의 나약함과 비겁함을 생각했다.

시비와 성패를 떠나 사마천의 흉중에 가장 뜨겁게 살아 있던 인물은 이사였으며, 내가 문득 이사의 무덤을 찾아가 술잔을 나누는 상상을 하게 된 것은 그 때문이 아닐까! 상상만 했는데도, 벌써 독주가 목젖을 태우며 내려가 혈관을 타고 온몸에 퍼지고 있으며, 눈앞에는 붉은 석양 아래 누런 밀밭이 물결치고 있다.

이사 열전

역사의 법정에서
사형을 선고받다

몽염 열전蒙恬列傳

          사마천이 보기에 진나라 통일의 양대 공신은 이사李斯(BC.284~BC.208)와 몽염蒙恬(BC.259~BC.210)이었다. 이사는 초나라의 가난한 아전 출신 사상가였고, 몽염은 세족 명문가 출신 장수였다. 두 사람은 진나라가 내부 인사와 외부 인사, 귀족과 평민, 사상가와 군사가 등을 고루 등용하여, 국가 역량을 극대화했음을 보여준다. 이사는 안에서 법치의 이상을 실현했고, 몽염은 밖에서 정복 전쟁을 이끌었다. 이들은 6국이 멸망한 뒤에도 안팎에서 여러 분야의 통일 사업에 박차를 가했다. 똑같이 부귀영화의 극치를 누렸다. 두 사람의 성공과 영화는 시황제의 죽음, 더 정확하게는 조고의 농단이 시작되면서 일거에 몰락한다. 사마천은 두 사람을 나란히 배치했고, 초반부에 이들의 성공을 기술한 뒤에 똑같이 조고를 등장시켰다. 조고가 등장하면서 두 사람은 삶의 주도권을 상실한다. 두 사람에게 조고는 먹구름이었던 셈이다. 사마천은 처음부터 조고에 의해 몰락하는 두 인물의 삶을 구상했고, 조고에 대한 기술은 겹치지 않도록 양 편에 분산했다.

일도벽수 一刀劈水
검광이 번쩍이자 물이 반으로 갈라지다

공과功過가 엇갈리는 지도자에 대한 평가는 언제나 모호하다. 하지만 몽염에 대한 사마천의 평가는 벽수劈水 검법처럼 단호했다.

진나라를 위해 땅을 열고 백성을 늘렸다. 북쪽으로 흉노를 치고 황하에 의거해 요새를 만들었다. 산의 형세대로 성을 쌓고 유중楡中(감숙성 난주시蘭州市 동남쪽)을 건설했다. 스물여덟 번째로 몽염의 열전을 지었다.

몽염의 선조는 제나라 사람이다. 몽염의 할아버지 몽오蒙驁는 제나라에서 와 진나라 소왕昭王을 모셨는데 벼슬이 상경上卿에 이르렀다. 장양왕莊襄王 원년(BC.250) 몽오는 진의 장수가 되어 한韓나라를 공격해 성고成皐와 형양榮陽 두 고을을 빼앗아 삼천군三川郡을 설치했다. 2년에는 조나라를 쳐서 37개 성을 빼앗았다. 시황 3년(BC.244)에는 한나라의 13개 성을 빼앗았고, 5년(BC.242)에는 위나라의 20개 성을 빼앗아 동군東郡을 두었다. 시황 7년(BC.240)에 몽오가 죽었다. 몽오의 아들은 몽무蒙武이고, 무의 아들이 염恬이다. 몽염은 일찍이 서옥書獄과 문헌을 맡는 관리가 되었다. 시황 23년(BC.224), 몽염은 비장군裨將軍이 되어 왕전王剪과 함께 초나라를 공격해 크게 깨뜨리고 항연項燕을 죽였다. 24년(BC.223), 몽무는 초나라를 공격해 왕을 사로잡았다. 몽염의 아우 이름은 의毅이다. 가문과 책임, 전국시대 진나라의 교목세신喬木世臣.

시황 26년(BC.221), 몽염은 누대 집안의 힘으로 진나라 장군이 되었다. 제나라를 쳐서 대파했다. 내사內史에 제수되었다. 진은 천하를 통일하자 몽염에게 30만 군사를 거느리고 북쪽으로 가서 융적戎狄을 쫓아내고 하남을 수복하게 했다. 장성을 쌓으면서 지형을 이용하여 요새를 만들었다. 장성은 임조臨洮(감숙성 정서시定西市 서쪽)에서 요동遼東(하북성 진황도시 무녕현撫寧縣 유관진楡關鎭)에 이르기까지 1만여 리나 뻗어 있다. 황하를 건너 양산陽山(내몽골자치구 바엔나오얼 시巴彦淖爾市의 황하 북안 오원현伍原縣)에 자리를 잡고 구불구불 북쪽으로 올라간다. 10여 년이나 군대를 노숙시키면서 상군上郡(섬서성 유림시楡林市)에 머물렀다. 장기간의 대형 토목공사 강행, 인력의 징발과 세금의 수탈. 이때 몽염의 위세가 흉노에까지 떨쳤다. 시황은 몽씨들을 매우 존중하고 총애하여 믿고 일을 맡겼다. 몽의蒙毅를 가까이하여 그의 지위가 상경에 이르렀다. 나가서는 황제의 수레에 탔고, 들어와서는 황제 앞에 머물렀다. 몽염은 바깥일을 맡고 몽의는 항상 안에서 기획했는데 충성스럽고 신실하기로 이름났다. 그러므로 여러 장수나 재상이라도 감히 이들과 다투려 하지 않았다. 가문과 책임, 통일 이후 진나라 최고의 권문세족.

조고는 옛 조趙나라 왕족인 조씨들이 멀리하는 집안 출신이다. 조고의 형제 몇 명은 은궁隱宮에서 태어났다. 그의 어미가 벌을 받아 대대로 비천했다. 진나라 왕은 조고가 업무 능력이 뛰어나고 옥법獄法에 정통하다는 것을 알고 들어 써서 중거부령中車府令으로 삼았다. 조고는 개인적으로 공자 호해를 섬기면서 법률을 가르쳤다. 조고가 근

죄를 지어, 왕은 몽의로 하여금 법대로 처결하게 했다. 몽의가 정직하게 법을 적용한 결과 조고는 죽을죄에 해당하여 그의 환적宦籍을 박탈했다. 황제는 조고가 업무에 밝은 것을 높이 사 사면하고 관직을 회복시켰다. 몽염의 가문과 성공이 두 단락으로 정리된 직후 조고가 등장한다. 그 책임을 물은 것이다. 「이사 열전」에서 언급하지 않은 조고의 출신과 내력을 여기서 소개한다.

시황이 천하를 순유하기 위해 구원九原(중원 땅 또는 내몽골자치주의 포두시包頭市 일대 구원현)에 길을 닦아 감천궁甘泉宮¹에 닿게 하고자 했다. 이에 몽염을 시켜 길을 내게 했다. 구원으로부터 감천에 이르기까지 산을 파고 골을 메운 것이 1800리였는데 끝내 완공하지 못했다. 몽염이 주도했던 장기간의 대규모 토목사업.

시황 37년 겨울, 궁궐을 나와 회계會稽 지방을 순유하고 바닷가를 따라 북쪽으로 낭야琅邪를 향하는 도중 병이 났다. 몽의로 하여금 돌아가 산천에 기도하게 했다. 돌아오기도 전에 시황은 사구沙丘에 이르러 붕어했다. 이 사실을 비밀로 붙여 여러 신하들은 알지 못했다. 당시 승상 이사와 공자 호해, 중거부령 조고가 늘 수행했다. 조고는 평소 호해의 총애를 받았던 터라 그를 옹립하고자 했다. 또 몽의가 법대로 다스려 자기를 봐주지 않았던 것을 원망해 그를 해칠 마음을 품고 있었다. 이에 승상 이사, 공자 호해와 은밀히 모의하여 호해를 태자로 세웠다. 곧이어 사신을 보내 공자 부소와 몽염에게 죽음을 내렸다. 부소가 죽자 몽염은 의심을 품어 다시 명을 듣기를 청했다. 사신은 몽염을 형리에게 맡기고 그의 자리를 다른 사람으로 채웠다.

---

1   섬서성 순화현淳化縣 서북쪽 감천산에 있던 진시황의 행궁.

호해는 이사의 사인舍人을 호군護軍(최고의 군사 책임자)으로 삼았다. 병권의 장악, 이사의 기회. 사신이 돌아와 보고하자, 호해는 부소가 죽었다는 소식에 즉각 몽염을 석방하고자 했다. 하지만 조고는 몽씨 일족이 다시 귀해지면 권력을 장악할까 두려웠다. 몽의가 돌아오자, 조고는 호해에게 충성하는 척하며 계책을 써서 몽씨 집안을 없애고자 하여 이렇게 말했다. "선제께서는 오래전부터 현명한 점을 들어 태자를 세우고자 하셨습니다. 그런데 몽의가 반대했지요. 현명한 줄 알면서도 태자 옹립을 반대했다면 이는 불충이며 군주를 기망한 것입니다. 신의 생각으로는 이 기회에 제거하는 것이 좋겠습니다." 이 말에 호해는 몽의를 대代(산서성 흔주시忻州市 대현代縣)에 가두었다. 몽염은 이미 양주陽周(섬서성 연안시延安市 자장현子長縣)에 가두어 둔 터였다. 진시황의 상여가 함양咸陽에 도착하여, 장례를 끝낸 뒤 태자가 2세 황제가 되었다. 조고의 측근들은 밤낮으로 몽씨를 비방하며 죄과를 찾아내어 탄핵했다.

자영子嬰[2]이 나아가 간언했다.

"옛날 조나라 왕 천遷은 훌륭한 신하인 이목李牧을 죽이고 안취顔聚를 등용했습니다.[3] 연나라 왕 희喜는 몰래 형가의 계책을 사용해 진나라와의 약속을 어겼습니다.[4] 제나라 왕 건建은 오랜 충신을 죽이고

---

2   자영은 통일 진나라의 3대 왕이다. 2세 호해가 조고에게 피살된 뒤 황위에 올랐다. 자리에 있은 지 46일 만에 함양궁에 입성한 항우에게 죽임을 당한다.

3   진나라가 왕전王翦을 보내 조나라를 공격하자, 조나라에서는 이목과 사마상司馬尙을 보내 막게 했다. 진나라는 곽개郭開를 이용해 이목과 사마상이 모반하려 한다고 하였다. 조왕 천遷은 계략에 걸려 조총趙蔥과 안취를 보내 이목을 대신하게 했다.

4   기원전 241년, 진나라에서는 채택蔡澤을 연나라에 사신으로 보내 진나라는 연

후승后勝의 건의를 받아들였습니다.[5] 이 세 군주는 모두 옛 것을 바꾸었기 때문에 나라를 잃고 목숨을 잃었습니다. 지금 몽씨는 진나라의 대신이자 모사인데, 폐하께서 하루아침에 이들을 버리시면 안 된다고 생각합니다. 경솔한 생각으로는 나라를 다스릴 수 없고, 한 사람의 지혜만으로는 군주를 지켜낼 수 없다고 합니다. 충신을 죽이고 절행이 없는 사람을 세우면, 안으로는 여러 신하들의 신뢰를 잃고 밖으로는 전쟁을 수행하는 군사들의 마음이 떠나게 되니 안 될 일이옵니다.”

조고와 호해는 듣지 않고 어사 곡궁曲宮을 급히 대 땅으로 보내 몽의에게 고하게 했다. “선주先主께서 태자를 세우고자 하셨으나 경이 반대했다. 지금 승상은 경의 불충 죄가 종족에 미칠 만큼 크다고 생각하지만, 짐은 차마 그리 못하여 경에게만 죽음을 내리노니 또한 매우 다행한 일이다. 경은 죽음을 받으라.”

몽의가 대답했다.

“신이 선주의 마음을 헤아리지 못했다고 하시나, 신은 젊어서부터 벼슬길에 나아가 선주께서 돌아가실 때까지 굄을 입었으니 그 뜻을 안다고 자부합니다. 신이 태자의 능력을 알지 못했다고 하시나, 태자께서는 홀로 선주를 수행하여 천하를 두루 다녀 여러 공자들과의 격차를 멀리 벌린 것을 신은 잘 알고 있습니다. 선주께서 태자를 들

나라를 속이지 않을 뜻을 밝혔다. 그로부터 3년 뒤 연나라에서는 태자 단을 진나라에 볼모로 보내 연도 진을 속일 뜻이 없음을 분명히 했다. 하지만 기원전 232년, 태자 단은 진나라로부터 돌아와 진왕 암살 계획을 세운다.

5 기원전 221년. 진나라가 제나라를 쳤다. 제왕 건建은 재상 후승의 의견을 듣고 진나라에 투항한다. 「전경중완 세가」田敬仲完世家.

몽염 열전

어 쓰신 것은 여러 해에 걸쳐 쌓인 것인데, 신이 감히 무엇을 간언하고 무엇을 꾀했겠습니까! 이는 언사를 꾸며 죽음을 피하려 함이 아니요 선주의 이름에 누를 끼침을 수치스럽게 여기기 때문입니다. 대부께서는 깊이 생각하시어, 신으로 하여금 바르게 죽을 수 있도록 해주십시오. 무릇 이루어 주고 온전하게 함은 도의 귀한 것이요, 벌주어 죽임은 도의 끝자락입니다. 옛날 목공穆公은 어진 세 사람―엄식奄息, 중항仲行, 침호鍼虎―을 순장하게 했고, 잘못이 없는 백리해를 벌주었기에 시호를 '무'繆[6]라 했습니다. 소양왕昭襄王은 무안군武安君 백기白起를 죽였고, 초나라 평왕平王은 오사伍奢를 죽였으며, 오나라 왕 부차夫差는 오자서伍子胥를 죽였습니다. 이 네 군주는 모두 큰 실수를 저질러 천하 사람들의 비난을 받았습니다. 백성들은 자기 임금을 현명하지 않다 여겼고, 그러한 불명예가 제후들 사이에 퍼졌습니다. 그러므로 '도道로써 다스리는 사람은 죄 없는 이를 죽이지 않고, 허물없는 사람에게 형벌을 가하지 않는다'고 한 것입니다. 대부께서는 유념해 주십시오." 몽의의 최후 진술.

사신은 호해의 뜻을 알았기에 몽의의 말을 듣지 않고 죽였다.

2세는 또 사자를 양주에 보내 몽염에게 고하게 했다. "그대의 잘못이 많은데다가 경의 아우 몽의의 죄가 커 법이 내사內史(몽염)에까지 미치게 되었다." 몽염이 말했다.

"우리 선조로부터 자손에 이르기까지 진나라에 공을 쌓고 신뢰를 얻은 지 3대가 되었습니다. 지금 신은 30여만의 군사를 거느리고 있

으니, 몸이 비록 갇혀 있지만 그 세력은 배반을 하기에 충분합니다. 하지만 죽을 줄 알면서 의를 지키는 것은 조상의 가르침을 욕되게 하면서 선주를 잊을 수 없기 때문입니다. 옛날 주나라 성왕이 왕위에 올랐을 때 아직 강보를 떠나지 않았으나, 주공周公 단旦은 왕을 업고 조회를 열어 마침내 천하를 바로잡았습니다. 성왕의 병이 위중하자 주공 단은 자기 손톱을 잘라 황하에 빠뜨리며, '왕께서는 아직 아무 것도 아시지 못하여, 저 단이 나랏일을 맡고 있습니다. 잘못이 있다면 단이 그 벌을 받겠습니다'라 하고는, 이를 글로 적어 기부記府에 간직하게 했으니 참으로 신의가 있었습니다. 왕이 자라서 능히 나라를 다스리게 되었는데 간사한 신하가 있어 이렇게 말했습니다. '주공 단이 반란을 일으키려 한 지 오랩니다. 왕께서 대비하지 않으시면 큰일이 벌어질 것입니다.' 이에 왕이 크게 노하자, 주공 단은 초나라 땅으로 달아났습니다. 성왕이 기부를 살피다가 주공 단이 손톱을 빠뜨린 글을 얻고는 눈물을 흘리며 말했습니다. '누가 주공 단이 반란을 일으키려 한다고 했는가?' 그렇게 말한 자를 죽이고 주공 단을 돌아오게 했습니다. 그러므로 『주서』周書에 '반드시 이리저리 들어보고 다각도로 검토하라'고 한 것입니다. 몽염의 종족이 대대로 두 마음을 품지 않았는데 일이 이렇게 된 것은, 얼신孼臣이 역란逆亂을 일으켜 군주를 능멸하기 때문입니다. 성왕은 실수했지만 다시 떨쳐 끝내는 창성했습니다. 걸왕桀王은 관용봉關龍逢을, 주왕紂王은 왕자 비간比干을 죽이고도 후회하지 않아 자신도 죽고 나라도 망했습니다. 그러므로 신은, 허물은 고칠 수 있고 간언을 들으면 깨달아야 한다고 생각합니다. 수많은 경우의 수를 살피는 것은 상대 성군의 법입니다. 죄를 면하고자 드리는 말씀이 아닙니다. 신은 이제 이 말씀을 드리면서 죽으려 하니,

바라건대 폐하께서는 만백성을 위해 도를 좇을 생각을 하십시오." 몽염의 최후 진술.

사자가 말했다. "신은 조칙을 받들어 법을 집행하고자 합니다. 장군의 말씀을 황제께 올릴 수 없습니다." 몽염이 크게 탄식하며 말했다. "내가 하늘에 무슨 죄를 지었기에, 잘못도 없이 죽는가!" 한참 있다가 천천히 말했다. "몽염의 죄는 죽어 마땅하도다. 임조臨洮에서 요동遼東까지 만여 리의 성을 쌓았는데, 그 가운데 지맥을 끊은 것이 왜 없겠는가! 이것이 몽염의 죄로구나!" 사약을 삼키고 죽었다.

태사공은 말한다. 북쪽 변방에 갔다가 직도直道로 돌아온 적이 있다. 가면서 몽염이 쌓은 장성과 보루를 보았다. 산을 파고 골을 메워 곧게 뻗은 길을 내었으니 참으로 백성들의 노고를 가볍게 생각한 것이다. 진나라가 여러 제후국을 멸망시킨 직후 천하의 민심이 아직 안정되지 않았으며 전쟁의 상처가 아직 아물지 않았다. 몽염은 명성 높은 장수의 몸으로 강하게 간언하여 백성들의 위급한 처지를 구제하고 노약자들을 보살펴 백성들의 평화로운 삶을 닦는 데 힘쓰지 않고, 군주의 마음에 영합하여 거대한 토목공사를 일으켰으니 그 형제가 형장에서 죽은 것이 또한 마땅치 아니한가! 어찌 지맥을 끊은 일에 죄를 돌렸던고!

역사 법정의 판결

역사의 법정이 개회되었다. 피고석에는 몽념과 몽의 형제가, 재판석에는 법복을 입은 사마천이 앉았다. 과거의 역사인 검찰은 두 사람을 기소하면서 사형을 구형했다. 현재의 도덕인 변호인은 두 사람의 무죄를 주장했다. 변호인은 몽씨 집안의 활약과 위상을 소개했다. 진나라의 천하통일 사업에서 이들이 세운 공적은 으뜸이었고, 사회적 지위 또한 황실이 부럽지 않았다. 변호인의 변론을 듣는 두 사람의 자세가 자못 의연하다. 변호인은 화제를 조고로 바꾸었고, 조고가 얼마나 도덕적으로 부당하게 황통을 바꿔치기하고 두 사람을 죽음으로 몰아갔는가를 설명했다. 형제의 표정은 더욱 당당해졌다. 재판석의 사마천은 주의 깊게 들었다. 변호인의 변론이 끝나자 사마천은 몽의와 몽염을 차례로 호명하여 최후 진술의 기회를 주었다. 몽의는 자신이 얼마나 선주先主(시황)와의 의리에 충실했는가를 강조했다. 몽염 또한 선주에 대한 깊은 충성심을 강조하며 자신의 도덕적 정당성을 주장했다. 덧붙여 자신이 법정에서 심판을 받을 만큼 지은 죄라면, 장성을 쌓으면서 산천의 지맥을 끊은 것 정도라고 밝혔다. 하지만 이는 자백이라기보다는 자부심의 표현이었다. 사마천은 묵묵히 경청했으며, 몇 번 고개를 끄덕였다. 재판의 진행 과정을 지켜본 방청객들은 대개 무죄를 추정했다. 공적은 크고 죽음은 억울했으며, 법관의 표정에서 호의를 읽었기 때문이다. 사마천은 무거운 표정으로 생각을 정리하더니, 이윽고 판결을 내렸다.

"몽염과 몽의 형제는 누대 세족 장문將門 출신으로 진나라의 천하통일 과정에서 으뜸가는 공적을 세웠으며, 통일 뒤에는 황실에 부럽지 않은 부귀영화를 누렸으니, 나라의 운명으로부터 촌보도 자유로울 수 없음이 분명하다. 두 사람은 선주와의 의리에 충실했던 점을 내세워 무죄를 주장하지만, 그것은 자기 이익의 옹호 행위에 지나지

몽염 열전

않으며, 진나라 멸망의 책임에 대한 면죄부가 될 수는 없다. 두 사람은 선주와의 의리를 생각하고 선주의 뜻에 영합하기 전에 천하 백성들의 안위를 살피고 나라의 앞일을 도모했어야 마땅하다. 선주의 표정은 그토록 예민하게 살폈으면서 어찌 백성들의 고초는 보지 못하고, 나라의 동량이 썩는 소리를 듣지 못했단 말인가! 또한 불의의 변란이 발생했을 때, 정확하게 사태를 판단하여 과감하게 일처리의 방향을 결정하지 못한 채, 우물쭈물 좌고우면하여 천하가 조고의 손에 농락되게끔 한 것이, 당장의 부귀에 탐닉하고 목전의 영화에 집착한 때문이 아니고 무엇인가! 그것이 교목세신의 도리이며 백전노장의 태도인가! 선주와의 의리를 천하의 의리로 착각하여, 부귀영화에 대한 집착을 신중과 도덕으로 분식하여, 백성들의 삶을 피폐하게 하고 국체를 사라지게 한 죄는 어떤 저울로도 달 수 없을 만큼 막중하고, 어떤 이유로도 경감될 수 없을 만큼 죄질이 나쁘니, 형장의 이슬로 사라진 것은 그에 합당한 결과라고 생각한다. 더구나 본인들의 죄를 알지 못하고 있으니, 그 죄가 더욱 무겁다 하겠다."

두 사람은 묵묵히 고개를 떨어뜨렸고, 방청석에서는 무거운 탄식이 흘러나왔다. 사마천도 결연한 표정으로 퇴장했다.

몇 해 전 산해관 북쪽의 각산角山에 올라 장성을 굽어보며 몽염을 떠올린 적이 있다. (물론 이 성은 명대에 축조된 것이니 몽염과 직접 상관은 없다.) 관련하여 두 편의 글이 생각난다. 하나는 1780년 산해관을 지난 박지원이 지은 글이고, 또 하나는 1832년과 1834년 북경을 다녀온 홍경모의 글이다. 몽염에 대한 사마천의 판결과 관련하여 우리에게 생각할 것을 던져 준다.

아아 슬프다! 몽염이 장성을 쌓아서 되놈을 막으려 했거늘 진秦을 망칠 호胡는 집안에서 자라났으며, 서중산이 이 관을 쌓아 되놈을 막고자 했으나 오삼계는 관문을 열고서 적을 맞아들이기에 급급했으니, 천하가 일이 없을 때 부질없이 지나는 상인과 나그네들을 기찰하며 세금이나 받고 있으니 내 이 관에 대하여 다시 무어라고 족히 말할 것이 있으리오.

박지원, 「산해관기」山海關記

청인淸人이 북경에 들었을 때, 사람들은 관외의 성지를 수축할 것을 건의했다. 구왕九王 도르곤은, "명나라가 백성들의 고혈을 뽑아 성지를 쌓는 데 소모한 것은 우리를 막기 위해서였지만 결국 우리에게 빼앗기고 말았다. 우리들은 백성들을 잘 보살펴야 하는데 어찌 아무 쓸모없는 그런 일에 힘을 쏟겠는가?"라고 하여 결국 그 의견은 사그라들고 말았다고 한다. 그 견식의 탁월함이 이와 같으니 참으로 바른 처사라 할 만하다. 홍경모, 「연대기」烟臺記

몽염 열전

마지막 대화의
잔향과 여운

회음후 열전淮陰侯列傳

　　　　　　　　한신은 뒷날 군사와 봉지를 빼앗기고 손발
이 묶인 신세가 되었는데, 번쾌 등 출신이 미천하고 무식한 장수들과
같은 열에 서는 것을 견디지 못했다. 그는 왕가의 후손이었다. 출신
으로만 따지면 한나라 초기의 공신들 어느 누구도 한신에 미치지 못
했다. 유방도 예외가 아니었다. 고귀한 혈통과 순결한 자존감을 지닌
한신에게는 밑바닥의 질긴 생명력이 없었다. 그는 난세의 혼탁함을
감당하지 못하고 비극적인 파국을 맞이한다.

대락묵수大落墨水
한 동이 먹물을 아끼지 않다

수많은 고사성어가 이 열전에서 빚어졌다. 사마천은 이 글을 쓰기 위해 전날부터 먹을 갈았다. 그리고 한 동이의 먹물을 모두 쏟아 부었다.

초나라 군대가 경삭京索(하남성 형양시榮陽市 남쪽)을 몰아칠 때, 한신은 위魏나라와 조趙나라를 함락하고 연燕나라와 제齊나라를 평정하여, 한나라로 하여금 천하를 셋으로 나누고 그중 둘을 차지하게 해서 항적을 멸망시켰다. 서른두 번째로 회음후의 열전을 지었다.

  회음후 한신은 회음淮陰(강소성 회안시淮安市 회음구淮陰區) 사람이다. 포의로 지낼 적에 너무 가난하여 볼만한 행적이 없는지라 누군가의 천거를 받아 관리가 되지도 못했다. 그렇다고 장사를 할 줄 아는 것도 아니어서, 늘 남의 집에서 얻어먹곤 했으니 그를 싫어하는 사람이 많았다. 아래 고을 남창南昌의 정장亭長 집에 가서 자주 얻어먹었는데, 몇 달이 지나자 정장의 아내가 그를 꺼려 새벽 이부자리 속에서 밥을 먹었다. 끼니때 한신이 갔는데도 상을 차려 주지 않았다. 한신이 그 속마음을 알고 화를 내고는 사귐을 끊고 떠나갔다. 성공한 뒤 한신은 이 남창 정장을 소인이라고 나무란다. 하지만 한신은 종리매에게서 똑같은 비난을 받는다.

  한신이 성 아래에서 낚시질을 하는데 여러 빨래 어멈들 중 하나가 한신이 굶주리는 것을 알고 밥을 주었다. 빨래를 마치도록 수십 일이나 그렇게 했다. 한신이 고마워하면서 말했다. "아주머니 은혜는 꼭 단단히 갚겠습니다!" 이에 아낙이 화를 내며 말했다. "대장부가 자기 밥벌이도 못하니, 내 왕손의 처지가 딱해 밥을 주었을 뿐 무슨 보답을 바라겠수!" 빨래 어넘의 동정과 몰락한 왕손의 한심한 저지. 때와 형세를 만나지 못한 영웅호걸이다.

회음의 백정들 중 한신을 업신여기는 젊은이가 있어 말했다. "너는 멀쩡한 허우대로 칼 차고 다니기를 좋아하지만 실은 겁쟁이 칠푼이일 뿐이다." 여럿이 어울려 모욕을 주었다. "죽일 수 있다면 나를 찔러 봐라. 그게 아니면 내 가랑이 아래로 지나가고." 한신은 물끄러미 그를 바라보다가 엎드려 그의 가랑이 아래로 기어갔다. 저잣거리의 사람들이 모두 한신을 비웃으며 덜떨어진 놈으로 여겼다. 작은 수모를 참다.

한신의 성격과 기질을 보여주기 위해 세 개의 일화를 선택했다. 세 일화는 차례로 한신의 오기와 발분, 신분의 자각, 그리고 인내와 냉정한 판단을 보여준다.

항량項梁이 회수淮水를 건너오자 한신은 칼을 잡고 그를 좇아 휘하에 머물렀지만 이름이 알려지진 못했다. 항량이 패하자 항우의 군대에 속했다. 항우는 그를 낭중郞中으로 삼았다. 한신이 여러 차례 항우에게 계책을 올렸지만 항우는 쓰지 않았다. 한漢나라 왕이 촉蜀 땅으로 들어가자 한신은 초楚를 버리고 한漢으로 갔다. 하지만 여전히 이름이 알려지지 않아 연오連敖라는 직책에 머무르다가 법에 연루되어 참형에 처해지게 되었다. 그의 무리 13명이 모두 처형되고 한신 차례가 되었다. 한신은 하늘을 보다가 마침 등공滕公 하후영夏侯嬰을 발견하고는 말했다. "당신은 천하를 얻고 싶지 않소? 어찌하여 장사를 죽이려 하오!" 등공이 그 말을 기이하게 보고 용모를 장하게 여겨 풀어 주었다.

더불어 말을 나눠 보고는 무척 기뻐하며 왕에게 천거했다. 왕에게 아뢰니 치속도위治粟都尉(군량미 담당 군관)에 임명했다. 왕은 아직 그를 대단하게 보지 않은 것이다. 사형수를 사면하고 천거한 하후영.

몇 차례 대화 끝에 소하蕭何는 한신이 대단한 인물임을 알았다. 한나라 군대가 남정南鄭(섬서성 한중시漢中市 남정현)에 이르렀는데, 도중에 달아난 장수가 수십 명이나 되었다. 한신도 소하 등이 이미 여러 차례 자기를 천거했지만 결국은 쓰이지 않는가 보다 하여 달아났다. 소하는 한신이 달아났다는 소식에 보고도 하지 않고 몸소 그를 좇아갔다. 어떤 이가 왕에게, 승상 소하가 달아났다고 보고했다. 왕은 양손을 잃은 듯 크게 성내었다.

하루 이틀이 지난 뒤 소하가 와서 왕을 뵈었다. 왕은 화를 내는 한편 기뻐하면서 소하를 꾸짖었다. "왜 달아났소?" 소하가 말했다. "감히 달아나다니요. 달아난 자를 좇아갔습니다." "좇아간 자가 대체 누구요?" "한신입니다." "달아난 장수가 열 명이 넘어도 좇아가지 않았거늘, 한신을 좇아갔다니 그걸 어찌 믿겠소?" "그런 장수들이야 쉽게 얻을 수 있지만, 한신 같은 사람은 나라에 다시없는 인재입니다. 왕께서 한중漢中(서안西安 서남쪽 200km 지점)에나 눌러앉으려 하신다면 한신을 쓰지 않으셔도 됩니다. 허나 천하를 다투고자 하신다면, 한신이 아니고는 더불어 일을 도모할 사람이 없습니다. 이는 폐하의 생각에 달려 있습니다." "나도 동쪽을 도모하려 하오. 어찌 답답하게 여기에 오래 머물 수 있겠소?" "왕께서 동쪽으로 가려 하신다면 한신을 잘 쓰십시오. 그렇게 하면 머물겠지만, 제대로 쓰지 않으신다면 끝내는 달아날 것입니다." "내 공을 위해 그를 장수로 삼겠소." "장수로 삼아도 한신은 머물지 않을 것입니다." "대장으로 삼겠소." "그럼 다행입

회음후 열전

니다." 도망자를 데려와 대장군으로 천거한 소하. 그는 뒷날 한신을 죽음의 길로 이끄는 역할도 맡는다.

왕은 바로 한신을 불러 대장의 직책을 주려고 했다. 소하가 말했다. "왕께선 평소 오만하고 무례하시더니, 지금도 어린아이 부르듯 대장의 직책을 주려 하시는군요. 이야말로 한신이 떠나는 까닭입니다. 왕께서 꼭 그를 대장으로 삼으려 하신다면 좋은 날을 가려 목욕재계하고 넓은 마당에 단을 설치하고 예를 갖추셔야 합니다." 사람을 쓰는 방법. 왕이 그렇게 하기로 했다. 여러 장수들은 하나같이 기뻐하며 자신이 대장이 될 줄 알았다. 대장을 임명하는 자리에 가 보니 곧 한신인지라, 모두 놀랐다.

한신이 배례를 마치고 올라가 앉자 왕이 말했다. "승상이 여러 번 장군을 말했는데, 장군은 과인에게 어떤 계책을 가르치려 하오?" 한신이 사은하고 이어 왕에게 물었다. "지금 동쪽으로 가서 천하의 권력을 다툴 자는 항왕項王이 아니겠습니까?" 왕이 말했다. "그렇소." "대왕께선 굳센 용기와 어진 마음이 항왕과 견주어 어떻다고 생각하십니까?" 왕이 말없이 한참을 있다가 말했다. "그만 못하오." 한신이 재배하고 하례하며 말했다.

"제 생각에도 대왕께선 그만 못한 듯합니다. 그러나 신이 일찍이 그를 섬겨 보았으니, 항왕의 사람됨을 말씀드려 보겠습니다. 항왕이 성내어 꾸짖으면 천 명의 사람이 모두 엎드립니다. 하지만 어진 장수를 믿어 쓰지 못하니 이는 필부의 용기에 지나지 않습니다. 항왕은 사람을 대함에 공경을 다하고 말투는 부드럽습니다. 아픈 사람이 있으면 눈물을 흘리며 음식을 나눠 주지만, 공을 세운 사람을 봉작함에 있어서는 인印이 닳도록 만지작거리며 아까워 차마 주지를 못하니, 이는 이른바 아낙의 인仁입니다. 항왕이 천하를 제패하여 제후들을 신하로 삼고 있지만, 관중關中[1]에 머물지 않고 팽성彭城(하남성 서주시徐州市)을 도읍으로 삼았습니다. 초나라 의제義帝와의 약속을 저버렸으며, 개인적인 친분으로 왕을 삼으니 제후들이 불평합니다. 항왕이 의제를 쫓아내 강남에 버려 둔 것을 알게 된 제후들도 섬기던 주인을 쫓아내고 스스로 좋은 땅을 골라 왕위에 올랐습니다. 항왕은 지나는 곳마다 잔인하게 멸망시키지 않은 적이 없으니 천하에 원망이 가득합니다. 백성들은 친애하여 그에게 붙은 것이 아니라 그의 위력을 두려워할 뿐입니다. 이름은 패자지만 실은 천하의 인심을 잃어버렸지요. 그러므로 그 강성함은 쉽게 약해지리라고 말들 합니다. 이제 대왕께서 그와 반대로, 천하의 유능하고 용맹한 인재를 쓰신다면 어딘들 평정하지 못하겠으며, 천하의 성읍을 공신들에게 나눠 주신다면 어딘들 복속시키지 못하겠습니까! 의로운 병사들을 데리고 동쪽으로 돌아가고 싶어 하는 군사를 쫓는다면 무엇인들 흩어 버리지 못하겠습니까! 또 항우가 삼진三秦[2]에 분봉한 세 왕은 본디 진나라의 장수였습니다. 그들이 진나라의 자제들을 거느린 지 몇 해 동안 그 휘하에서 죽어 간 병사들의 수를 헤아릴 수 없습니다. 끝내는 장졸들을 속이고 항왕에게 항복하여 신안新安(낙양시洛陽市 신안현)에 이르렀습니다. 그런데 항왕은 항복한 진나라 군사 20여만 명을 속여 산 채로 땅에 묻었습니다. 겨우 장한章邯, 사마흔司馬欣, 동예董翳만이 화를 모면

---

1   대산관大散關(보계시寶鷄市 남쪽), 함곡관函谷關(영보시靈寶市 북쪽), 소관蕭
     關(영하시寧夏市 고원현固原縣), 무관武關(서안 동남쪽 100km 상낙시商洛市
     단봉현丹鳳縣) 사이의 평야 지역.
2   관중關中 일대, 초나라에 항복한 장한, 사마흔, 동예의 봉지가 이곳에 있었다.

했으니, 진나라 부형들에겐 이 세 사람을 원망하는 마음이 뼛속 깊이 스며 있습니다. 지금 초나라는 억지로 위세를 부려 이 세 사람을 왕으로 삼았으니, 진나라 백성 중에 이들을 사랑하는 자가 없습니다. 대왕께서는 무관武關에 들어가 터럭만큼도 해친 일이 없고, 진나라의 가혹한 법을 없앴으며, 진나라 백성들과 약법3장約法三章을 약속했을 뿐이니, 진나라 백성들은 모두 대왕을 왕으로 모시고자 합니다. 제후들과 약속한 대로라면 대왕께선 마땅히 관중의 왕이 되셨어야 하니, 관중의 백성들도 모두 이 사실을 알고 있습니다. 대왕께서 왕위를 잃고 한중으로 들어가시자 진나라 백성 중에 안타까워하지 않는 이가 없습니다. 이제 대왕께서 군사를 일으켜 동쪽으로 가신다면 삼진三秦은 격문만으로도 평정할 수 있습니다."

이 말을 들은 한왕은 크게 기뻐하며 한신을 너무 늦게 얻었다고 생각했다. 드디어 한신의 계책대로 여러 장수들의 공격 임무를 분담시켰다. 한신의 능력, 천하의 판세를 읽어 내는 안목.

8월, 한왕이 군사를 일으켜 동쪽 진창陳倉(서안시 서쪽 보계시 진창구)으로 진출하여 삼진을 평정했다. 한漢 2년, 함곡관을 나가 위魏와 하남 땅을 수복하자 한韓나라와 은殷나라 왕이 모두 항복했다. 제齊·조趙와 함께 초나라를 공격했다. 4월에 팽성彭城에 이르렀는데, 한나라 군사가 패하여 흩어져 돌아왔다. 한신은 다시 군사를 거둬 한왕과 형양滎陽(정주시鄭州市 서쪽 15km 지점의 형양시)에서 만나, 경京(형양시 남쪽 예룡진豫龍鎭 경양성촌京襄城村)과 삭索(형양시 서쪽을 남북으로 흐르는 삭하索河)의 사이에서 다시 초나라를 격파했다. 이 뒤로 초나라 군대가 끝내 서쪽으로 진출하지 못했다.

한나라 군대가 팽성에서 패하여 물러나자 새왕塞王 사마흔과 적왕

翟王 동예가 한을 버리고 초나라에 붙었으며, 제나라와 조나라도 한을 배반하고 초와 연대했다. 6월에는 위왕魏王 위표魏豹가 어버이의 병을 보살피겠다는 핑계로 돌아가더니 하관河關을 끊고 초나라와 화약했다. 한왕은 역이기酈食其를 시켜 위표를 달래게 했지만 설득하지 못했다. 이 해 8월, 한신을 좌승상으로 삼아 위를 공격하게 했다. 위왕은 포판蒲阪[3]에 군대를 집결시키고 임진臨晉[4]에 전선을 펼쳤다. 한신은 많은 군사들이 임진에서 배로 황하를 건너는 것처럼 가장하고는, 군사를 숨겨 하양夏陽(낙양시 한성진韓城鎭 남쪽)으로부터 나무로 만든 동이로 군대를 건너게 하여 안읍安邑(산서성 운성시 염호구鹽湖區)을 기습하게 했다. 위왕 표는 깜짝 놀라 군대를 이끌고 한신을 맞아 싸웠지만, 한신은 결국 그를 사로잡고 위를 하동군河東郡으로 삼았다. 한왕은 장이와 한신을 보내 함께 군대를 이끌고 동북쪽으로 조와 대代를 치게 했다. 그 뒤 9월에 대나라의 군대를 격파하고 연여閼與(산서성 진중시晉中市 화순현和順縣)에서 하열夏說을 사로잡았다. 한신이 잇달아 위와 대를 무너뜨리자 한왕은 곧 사람을 보내 그의 정병을 거두고는 형양滎陽으로 옮겨 초나라를 막게 했다. 유방의 의심과 견제.

한신은 장이와 함께 군사 수만을 이끌고 동쪽으로 가서 정형井陘(하북성 석가장시 정형현)을 깨고 조나라를 치고자 하였다. 조왕과 성안군成安君 진여陳餘는 그 소식을 듣고 정형 어구에 군사를 집중 배치하고는 그 숫자를 20만이라고 소문냈다. 광무군廣武君 이좌거李左車가 성안군에게 말했다.

---

3   황하 동쪽에 있던 위나라의 서쪽 관문. 산서성山西省 운성시運城市와 영제시永濟市 일대.
4   포판 맞은편. 황하 서쪽의 대려현大荔縣 일대.

"한나라 장수 한신이 서하를 건너 위왕과 하열을 사로잡고는 연여에서 한바탕 전투를 치렀는데, 지금은 장이와 힘을 모아 조나라를 공격한다고 합니다. 이처럼 승세를 타고 나라를 떠나 멀리서 싸우는 군대의 예봉은 당해 내기가 어렵습니다. 신이 듣자하니 천리에 군량미를 조달하면 병졸들에게 주린 빛이 나타나고, 끼니때마다 나무와 풀을 베어 밥을 지으면 군사들이 배불리 먹지 못한다고 합니다. 지금 정형 길은 수레가 다닐 수 없고 기마가 나란히 갈 수 없는지라 군대의 행렬이 수백 리 이어져 있으니, 형세상 군량미는 그 후미에 있을 수밖에 없습니다. 바라건대 족하께서는 제게 기병 3만을 내어 주십시오. 샛길로 나가 그 보급을 끊어 놓겠습니다. 족하께서는 방벽을 두터이 하여 군진만 지키고 맞아 싸우지 마십시오. 저들이 싸우고 싶어도 싸우지 못하고 무르려 해도 돌아가지 못하게 되면, 저의 기병이 그 후방을 차단하여 들에서 아무 것도 약탈하지 못하게 한 뒤, 열흘이 못 되어 두 장수의 머리를 휘하에 갖다 바치겠습니다. 주군께서는 신의 계책을 유념해 주십시오. 그렇지 않으면 반드시 저 두 사람에게 사로잡히는 신세가 될 것입니다."

성안군은 유자儒者인지라, 평소 의로운 군사는 속임수와 기계를 쓰지 않는다는 말을 입에 달고 다녔다.

"병법에 군사의 수가 10배면 에워싸고, 두 배면 맞아 싸운다고 했소. 지금 한신의 군대가 수만이라고 하나 실은 수천에 지나지 않소. 더구나 천리를 달려와 우리를 공격하니 또한 극도로 지쳤음에 틀림없소. 사정이 이런데도 피하여 싸우지 않는다면, 만약 그 뒤에 대군이 몰려온다면 어떻게 맞아 싸울 수 있겠소! 또 제후들은 우리를 겁쟁이라고 여겨 스스럼없이 우리를 치러 올 것입니다."

끝내 광무군의 계책을 받아들이지 않았다.

한신이 사람을 보내 조나라 사정을 정탐했는데, 광무군의 계책이 받아들여지지 않았다는 소식을 듣고는 몹시 기뻐하여 군사를 이끌고 나아갔다. 정형 어구에서 30리 떨어진 곳에 군대를 주둔시켰다. 한밤중에 군중에 전령을 내려 경기병 2천 명을 선발하여 각각 붉은 깃발을 들고 사잇길로 가 산속에 숨어 조나라 군영을 주시하게 하고는 경계하여 말했다.

"조나라 군영에서는 내가 달아나는 걸 보면 반드시 성을 비우고 나를 쫓아올 것이다. 그때 너희들은 재빨리 조나라 성 안으로 들어가 조나라 깃발을 뽑고 우리 한나라의 붉은 기(적치赤幟)를 세워야 한다."

비장에게 명하여 식량을 보급하게 하고는 말했다.

"오늘 조나라를 격파하고 푸짐하게 회식한다!"

여러 장수들은 모두 믿기지 않았지만 건성으로 알겠다고 대답했다. 한신은 군리軍吏들에게도 일렀다.

"조나라는 이미 유리한 곳을 잡아 진을 치고 있으니, 저들은 우리 대장의 군기軍旗와 전고戰鼓가 보이지 않으면 나와 싸우려 하지 않을 것이다. 우리가 험난한 곳에 이르러 돌아가 버릴까 우려하기 때문이다."

한신은 이에 1만의 군대를 먼저 보내 배수진을 치게 했다. 조나라 군대가 멀리서 이를 보고 낄낄거리며 비웃었다. 새벽이 되자 한신은 대장의 기旗를 세우고 북을 치며 행군하여 정형 입구로 다가갔다. 조나라에서도 방어벽을 열고 나와 맞아 싸우니 공방이 오래 이어졌다. 이에 한신과 장이는 거짓으로 대장의 깃발과 북을 버리고 물가의 군대로 달아났다. 물가의 군대는 진영을 열어 이들을 들이고는 다시 격전을 벌였다. 조나라 진영에서는 과연 성을 비우고 한나라의 깃발과 북을 차지하려고 다투는 한편 한신과 장이를 추격했다. 한신과 장이는 달아나 물가의 군대로 들어갔다. 물가의 군대는 죽기로 싸워 패퇴하지 않았다. 한신이 보낸 2천의 기병은 조나라 군대가 유인에 넘어가 성을 비울 때를 살피다가 성으로 들어가 조나라 깃발을 다 뽑아내고 한나라 적치 2천 개를 세웠다. 조나라 군대는 싸움에 이기지도 못하고 한신 등을 잡지도 못한지라 이제 그만 성으로 철수하려고 했는데, 성안이 온통 한나라 적치로 펄럭이는 것을 보고는 얼이 빠졌다. 조나라 장수들이 모두 한나라 군대에 사로잡힌 것이라고 여긴 이들은 혼란에 빠져 달아나기 시작했다. 조나라 장수가 달아나는 군사의 목을 벴지만 막지 못했다. 한나라 군대는 마구 몰아쳐 조나라 군대를 크게 격파하고 사로잡았으며, 지수泜水(지하泜河, 형대시刑臺市 북쪽) 가에서 성안군의 목을 베고 조왕 헐歇을 사로잡았다. 유자의 무능과 실패, 사마천의 자기비판.

한신은 군중에 명을 내려 광무군을 죽이지 말라고 했으며, 그를 사로잡는 자에게 천금을 걸었다. 광무군을 묶어 휘하에 데리고 온 자가 있었다. 한신은 곧 포박을 풀어 준 뒤 그를 서쪽에 앉히고 자신은 동쪽에 앉아 스승으로 예우했다. 한신의 능력. 적을 포용하여, 스승으로 섬긴 뒤 신하로 삼다. "탕왕은 이윤에게 배운 뒤에 신하로 삼았기 때문에 힘들이지 않고 왕 노릇할 수 있었고, 환공도 관중에게 배운 뒤에 신하로 삼았던 까닭에 힘들지 않게 패자가 될 수 있었다."(湯之於伊尹, 學焉而後臣之, 故不勞而王; 桓公之於管仲, 學焉而後臣之, 故不勞而霸. ─『맹자』 「공손추 하」) 『수호전』에서 송강은 이런 식으로 관군의 장수를 모두 양산박으로 끌어들인다. 스승이 서쪽에 앉는 게 고대의 예법이었다. 「항우 본기」의 홍문연鴻門宴에서 항우는 범증에게 서쪽 자리를 권했다.

여러 장수들이 적의 수급과 포로를 바치고 승리를 경하한 뒤 물었다.

"병법에 산이나 언덕을 오른쪽이나 뒤에 두고, 앞이나 왼쪽에는 강이나 못을 두라고 했습니다. 그런데 장군께서는 저희들에게 반대로 물을 등지고 진을 치게 하시고는, 조나라 군대를 격파한 뒤 회식을 하자고 하셨습니다. 저희들은 믿지를 않았지요. 하지만 끝내 이 진법으로 승리를 거두었는데 이것이 무슨 병법입니까?"

한신이 말했다.

"이것은 병서에 있지만 제군이 살피지 않았을 뿐이네. 병법에, '죽을 곳에 빠뜨린 뒤에야 살아나고, 망할 곳에 둔 뒤에야 생존한다' 하지 않았던가! 또 나는 평소 차분하게 군사들을 훈련시킬 기회가 없었으니, 이야말로 이른바 저잣거리 사람들을 데리고 전장에 나가는 것 아닌가. 그 형세가 죽을 곳에 두어 알아서 싸우도록 하지 않고 살 곳을 주었다면 모두 달아나고 말았을 테니, 그 힘을 어떻게 쓸 수 있었겠는가!"

여러 장수가 모두 감복하여 말했다.

"훌륭하십니다! 저희 생각이 미칠 바가 아닙니다." 한신의 능력. 과감하고 창의적인 전술 구사.

한신이 광무군에게 말했다.

"저는 북쪽으로는 연나라를 동쪽으로는 제나라를 치고자 합니다. 어떻게 해야 성공할 수 있을까요?"

광무군이 사양하며 말했다.

"패군의 장수는 용맹을 말해선 안 되고, 망국의 대부는 살기를 꾀

회음후 열전

할 수 없다고 합니다. 저는 패망한 나라의 포로이니 무슨 면목으로 대사를 저울질할 수 있겠습니까!"

한신이 말했다.

"백리해가 우虞에 살 땐 우나라가 망했지만, 진나라에 머물자 진은 천하의 패자가 되었습니다. 우에서 어리석었다가 진에 가서 똑똑해진 것이 아니라, 능력을 제대로 썼는가 아닌가, 계책을 귀담아 들었는가 아닌가에 따라 달라진 것입니다. 만약 성안군이 족하의 계책을 들었다면 오히려 제가 사로잡히는 몸이 되었을 것입니다. 그가 족하를 쓰지 않은 덕분에 제가 모실 수 있게 된 것이지요."

이어 간곡하게 물었다.

"마음을 다해 계책을 따를 것이오니, 부디 사양하지 말아 주십시오."

광무군이 말했다.

"지혜로운 자도 천 번 생각에 한 번 실수할 때가 있고, 어리석은 이도 천 번을 생각하면 한 번 맞아떨어질 때가 있습니다. 하여 미친놈 말이라도 성인은 가려서 들었다고 한 것이지요. 저의 생각은 별 게 아니지만 미욱한 충정을 말씀이나 드려 볼까 합니다. 성안군은 백전백승의 계책이 있었지만 하루아침의 실수로 군대는 호성鄗城(하북성 형대시 백향현柏鄕縣 일대) 아래에서 패하고 몸은 지수泜水 가에서 죽고 말았습니다. 지금 장군께서는 서하를 건너 위왕을 사로잡고 연여에서 하열을 사로잡은 뒤, 여세를 몰아 정형을 무너뜨리고 내친김에 조나라 20만 군대를 격파하고 성안군의 목을 베었습니다. 그 이름이 해내에 들리고 위세가 천하에 진동하니, 농부들은 일손을 놓은 채 좋은 옷에 맛난 음식을 먹으며 장군의 명이 떨어지기만을 기다리고 있습니다. 이것이 바로 장군의 뛰어난 능력입니다. 하지만 군사들은 피로에 젖어 사실은 쓰기 어려운 지경입니다. 그런데 장군께서는 저 피로에 찌든 군사들을 데리고 연나라의 견고한 성 아래로 가려 하시는군요. 마음이야 속히 결판을 내고 싶으시겠지만 싸움은 늘어질 게 뻔합니다. 함락시키기에는 힘이 모자란데 아군의 사기 저하는 눈에 보이고 군량마저 떨어져 가면 약한 연나라도 항복하지 않을 것이고, 제나라는 그 틈에 국경을 지키며 국력을 키우겠지요. 연나라와 제나라가 서로 의지하며 버티면 한나라와 초나라의 세력도 나뉘지 않게 됩니다. 이러한 것들이 장군의 불리한 점입니다. 저의 어리석은 소견으로는, 군사를 몰아 연과 제를 치는 것은 악수입니다. 군사를 잘 쓰는 이라면 단점으로 장점을 치지 않고 장점으로 단점을 치는 법입니다."

한신이 말했다.

"그렇다면 어떻게 해야 합니까?"

광무군이 대답했다.

"지금 장군을 위한 계책으로는 싸움을 그만두고 군사들을 쉬게 하며 조나라의 민심을 가라앉혀 신세 고단한 이들을 위무하는 것이 제일 좋습니다. 사방 100리 안에 날마다 소를 잡고 술을 마련하여 사대부들과 군사들을 대접한 뒤 북쪽으로 길을 잡으십시오. 말솜씨 좋은 신하에게 국서를 받들고 가서 우리의 강점을 알리게 하면 연나라로서는 따르지 않기가 어렵습니다. 연나라가 복종하면 다시 변사를 제나라에 보내십시오. 제나라는 바람결을 따라 복종하게 되어 있습니다. 그렇게 되면 아무리 똑똑한 자라도 제나라를 위할 계책을 낼 수가 없습니다. 이렇게 되면 천하의 일을 도모할 수 있습니다. 용병에, 먼저 소리를 내고 군사는 뒤에 낸다는 것은 이를 두고 한 말입니다."

한신이 말했다.

회음후 열전

"좋습니다!"

그 계책을 따라, 사신을 뽑아 연나라에 보내니, 연은 소문만으로 고개를 숙였다. 이에 한나라에 사신을 보내 장이를 조나라 왕으로 책봉하여 안정시킬 수 있도록 요청했다. 한왕이 허락하여 장이를 조왕으로 삼았다. 한신의 능력. 적장의 능력을 내 것으로 만드는 도량.

초나라 군대가 자주 황하를 건너 조나라를 기습했다. 조나라 왕 장이와 한신은 그때마다 오가면서 조나라를 구원했고 내친 김에 조나라의 여러 성읍을 평정했으며 군사를 뽑아 한나라로 보냈다. 초나라가 군대를 몰아쳐 형양에서 한왕을 포위했다. 한왕은 남쪽으로 벗어나 완宛(하남성 남양시南陽市)과 섭葉(하남성 평정산시平頂山市 섭현) 사이로 가 경포黥布(한나라 개국공신 영포)를 얻어 성고成皐로 들어갔다. 초나라 군대가 또 그곳을 포위했다. 6월, 한왕은 성고를 나와 동쪽으로 황하를 건넜다. 등공滕公(하후영)만을 대동하고 장이를 쫓아 수무脩武에 주둔했다. 수무에 이르러 전사에서 하루를 묵고는 새벽에 한나라 사신이라 일컬으며 말을 달려 조나라 성으로 들어갔다. 장이와 한신이 아직 잠에서 깨지 않았는데, 곧장 그들의 침실로 들어가 인부를 빼앗고는 여러 장수들을 불러 장소를 바꿔 배치했다. 장이와 한신은 잠에서 깨어 한왕이 온 것을 알고는 깜짝 놀랐다. 한왕은 두 사람의 군대를 빼앗고, 장이에게는 조나라 땅을 지키게 하고 한신을 상국으로 삼았다. 아직 징발되지 않은 조나라 군대를 모아 제나라를 쳤다. 유방의 의심과 견제.

한신도 군대를 이끌고 동쪽으로 출발했다. 아직 평원진平原津[5]을

---

5   산동성 덕주시德州市 평원현平原縣 남쪽, 황하 가에 있던 나루.

건너기 전에, 한왕이 역이기를 보내 제나라를 설득해서 복속시켰다는 소식을 듣고는 군대를 멈추었다. 범양范陽(하북성 보정시 북쪽)의 변사辯士 괴통蒯通이 한신을 설득했다.

"장군께서 조칙을 받고 제나라를 치러 가는데, 한왕이 제나라를 복속시키기 위해 별도로 밀사를 보내면서 장군의 군대를 멈추라는 조서가 있었습니까? 어째서 군대를 멈추십니까? 또 역이기는 한낱 변사에 지나지 않습니다. 수레의 가로대에 엎드려 세 치 혀를 놀려 제나라 70여 성을 복속시켰지요. 장군께서는 수만의 군대를 거느리고 1년이 넘도록 겨우 조나라 50여 성을 거두었을 뿐입니다. 장수의 여러 해 공이 저 하찮은 유생의 공만 못하단 말입니까!"

한신은 그 말을 옳게 여겨 평원진을 건넜다. 제나라는 이미 역이기와 화약을 맺은지라 술자리를 베풀고는 한나라 군대에 대한 수비를 거두었다. 한신은 그 틈을 타 제나라 역성歷城(산동성 제남시濟南市 역성구歷城區)을 격파하고 수도 임치臨淄(산동성 치박시淄博市)에 이르렀다. 제나라 왕 전광은 역이기가 속였다고 여겨 그를 삶아 죽이고는 고밀高密(산동성 고밀시)로 달아나, 초나라에 사신을 보내 구원을 요청했다. 한신은 임치를 접수하자 동쪽으로 전광을 추격하여 고밀 서쪽에 이르렀다. 초나라에서도 용저龍且로 하여금 20만 군사를 거느리고 제나라를 구원하게 했다.

제나라 왕 전광은 용저의 군대와 함께 한신과 일전을 준비했다. 싸움이 벌어지기 전에 누군가 용저에게 이렇게 말했다.

"한나라 군대는 먼 길을 와서 사력을 다할 것이니 그 예봉을 당해내기 어렵습니다. 제나라와 초나라는 자기 땅에서 싸우니 군사들이 패해 흩어지기 쉽습니다. 차라리 방어를 굳게 하고, 제나라 왕으로 하여금 믿을 만한 신하를 보내 함락된 성을 끌어들이게 하는 게 낫습니다. 함락된 성에서도 자기들 왕이 여기 있고 초나라 군대가 구원하러 왔나는 걸 알면 반드시 한날에 반기를 들 것입니다. 한나라 군대는 2천 리를 원정 와 있는데 제나라 성읍들이 모두 배반하면 형세상 식량이 떨어질 수밖에 없고, 그렇게 되면 굳이 싸우지 않고도 이길 수 있습니다."

용저가 말했다.

"내가 한신이란 인간을 잘 아니 상대하기가 쉽습니다. 또 제나라를 구원하러 와서 싸우지 않고 항복을 받는다면 내게 무슨 공이 있겠소? 지금 싸워 이기면 제나라 땅 반을 얻을 수 있는데 어찌 멈춘단 말이오!"

기어이 맞아 싸우기로 하여, 한신과 함께 유수濰水[6]를 사이에 두고 진을 쳤다. (기원전 204년 11월) 한신은 밤에 몰래 만여 개의 자루를 만들어 모래를 가득 채워 유수의 상류를 막게 했다. 군대를 이끌고 반쯤 건너 용저를 습격했다가 거짓으로 이기지 못하는 척 달아났다. 용저는 예상대로 기뻐하며 말했다.

"한신은 과연 겁쟁이로다!"

한신을 추격하여 물을 건너기 시작했다. 한신이 상류의 모래자루를 터뜨리게 하여 물이 갑자기 불었다. 용저의 군대는 반 넘어 건너지 못했다. 한신은 기회를 놓치지 않고 몰아쳐 용저를 죽였다. 용저의 군대는 흩어져 달아났고, 제나라 왕 전광도 도망쳤다. 한신은 이들을 추격하여 북쪽으로 성양城陽에 이르러 초나라 군사를 모두 사로잡았다.

---

6   산동성山東省 유방시維坊市 동쪽을 남북으로 흐른다.

한漢 4년(BC.203), 드디어 모두 항복하여 제나라를 평정했다. 사람을 보내 한왕에게 말했다. "제나라는 거짓을 일삼아 변란이 많으니 믿을 수 없는 나라입니다. 게다가 남쪽으로 초나라와 국경을 맞대고 있습니다. 임시로 제가 왕이 되어 진무하지 않으면 형세를 안정시키기 어렵습니다. 편의상 임시 왕이 되고자 합니다." 이때는 초나라 군대가 형양에서 한왕을 에워싼 채 압박하고 있는 즈음이었다. 한신의 사자가 와서 편지 내용이 밝혀지자 유방은 크게 노해 욕설을 내뱉었다. "나는 여기서 이 고생을 하며 와서 날 구해 주기만을 아침저녁으로 바라고 있는데, 자기는 왕이 되겠다고!" 이에 장량과 진평이 왕의 발을 지그시 밟고는 귓속말을 했다. "지금 우리 처지가 불리한데 한신이 왕이 되는 걸 무슨 수로 막겠습니까! 차라리 왕으로 세워 주고 잘 대해 주어 그 나라를 잘 지키게 하십시오. 그렇지 않으면 변고가 일어날 것입니다." 왕 또한 깨달은 바가 있어 다시 반대로 호기를 부렸다. "임시는 무슨 얼어 죽을! 대장부를 제후로 정하면 진짜 왕이 되는 거지." 장량을 보내 한신을 제나라 왕으로 임명하고, 그곳의 군사를 뽑아 초나라를 치게 했다.

용저가 패전 끝에 달아나자 항왕은 두려워졌다. 이에 우이盱眙(강소성 회안시淮安市 우이현) 사람 무섭武涉을 보내 한신을 설득하게 했다. 무섭이 말했다.

"천하 사람들이 진나라 때문에 고통을 당한 지 오래되더니, 서로 힘을 모아 진나라를 쳤습니다. 진나라가 깨지자, 공을 헤아려 땅을 나누어 왕이 되어 병사들을 쉬게 하고 있지요. 이제 한나라 왕이 다시 군사를 일으켜 동쪽으로 진출하여, 남의 땅을 침략하고 빼앗고 있습니다. 삼진三秦을 격파하고는 함곡관을 나서 제후국의 군사를 거두어 동쪽으로 초나라를 공격하고 있습니다. 그의 욕심은 천하를 통째로 삼키는 것인지라, 만족을 모름이 이처럼 심합니다. 또 한나라 왕은 살아남기를 기약할 수 없을 정도로 항왕의 수중에 떨어진 적이 여러 번인데, 항왕은 가엾게 여겨 살려주곤 했습니다. 하지만 벗어나면 번번이 약속을 어기고 다시 항왕을 공격하니, 그 미덥지 못함이 또 이와 같습니다. 지금 족하께선 한나라 왕과의 교분을 남다르게 여겨 그를 위해 사력을 다해 싸워 왔지만 결국은 그에게 사로잡히는 신세가 되고 말았습니다. 족하께서 짧은 시간에 지금의 위치에 이른 것은 항왕이 건재하기 때문이지요. 지금 두 왕의 관계에 있어 저울추는 족하에게 있습니다. 족하께서 오른쪽으로 기울면 한왕이 이길 것이요, 왼쪽에 힘을 보태 주면 항왕이 이길 것입니다. 만약 항왕이 오늘 망하면, 그다음엔 족하를 집어삼킬 것이 뻔합니다. 족하께선 항왕과 오랜 인연이 있는데, 어찌 초나라와 힘을 모아 천하를 셋으로 나누고 왕이 되려 하시지 않는지요? 지금 이때를 놓치고, 한나라 편에서 초나라를 치려고 하신다면, 지혜로운 처사가 아닙니다."

한신이 사례하며 말했다.

"신이 항왕을 섬길 적에 관직은 낭중에 지나지 않았고 지위는 집극랑執戟郞(창잡이)에 그쳤습니다. 말을 해도 듣지 않았고, 계책은 채용되지 않았습니다. 하여 초나라를 떠나 한나라로 갔던 것입니다. 한왕께서는 나에게 장군의 인끈을 주었고, 또 수만 명의 군사를 지휘하게 했습니다. 자신의 옷을 벗어 나에게 입혀 주었고, 자신의 음식을 내밀어 나를 먹게 했습니다. 말을 하면 귀담아들었고 계책을 말하면 채용했습니다. 그 덕분에 저의 오늘날이 있게 된 것입니다. 남이 나를 친애하고 믿어 주는데, 내가 그길 배신하는 짓은 상서로운 일이 아닙니다. 죽어도 뜻을 바꾸지 않겠습니다. 저를 위하여 항왕께 사례의 말씀을 드려 주십시오."

무섭이 떠나갔다.

제나라 사람 괴통도 천하의 저울추가 한신에게 있음을 간파하고, 기이한 계책을 내어 그의 마음을 움직여 보려, 관상을 잘 본다고 하여 한신을 설득했다. "저는 관상의 술법을 익혔습니다." 한신이 말했다. "선생께선 어떻게 사람의 얼굴을 보시는지요?" 대답했다. "귀천은 골법骨法에 있고 근심과 기쁨은 낯빛에 나타나며, 성패는 결단에 달려 있습니다. 이 이치를 참작하시어 만일의 실수를 하지 마십시오." 한신이 말했다. "훌륭하군요! 선생이 보기에 과인의 얼굴은 어떻소?" 대답했다. "잠깐 짬을 내주십시오." 한신은 주변을 물리쳤다.

괴통이 말했다. "주군의 얼굴을 보면 제후에 지나지 않고 위태로워 불안합니다. 하지만 주군의 뒷모습을 보면 그 귀하기가 이루 말로 다 할 수 없습니다." 한신이 말했다. "무슨 뜻이오?" 괴통이 말했다.

"천하가 처음 어지러워지자 영웅과 호걸들이 나라를 세워 왕을 칭하니, 천하의 선비들이 구름처럼 몰려오고 물고기 비늘처럼 모여 불길이 치솟고 바람이 몰아치는 듯했습니다. 이 시절 공통의 고민은 진나라를 멸망시키는 일뿐이었습니다. 지금은 초와 한이 권력을 다투고 있어, 천하의 죄 없는 사람들의 삶을 도탄에 빠뜨리고 있으니, 들판에는 아비와 아들의 시신이 수없이 뒹굴고 있습니다. 초나라는 팽성에서부터 싸움을 거듭하면서 북쪽으로 진격하여 형양에 이르렀는데, 기세가 자리를 말아가는 듯하니 그 위엄이 천하에 진동했습니다. 하지만 경京과 삭索의 사이에서 곤경에 처하더니, 서산西山에 막혀 한 발짝도 나가지 못한 지가 3년입니다. 한왕漢王은 수십만의 군사를 거느리고 공鞏(하남성 공의시鞏義市)과 낙雒(낙양洛陽)에 주둔한 채 산하의 험고함에 의지하여 하루에도 몇 차례씩 싸웠지만 손톱만한 공도 세우지 못했지요. 구원도 받지 못한 채 꺾이고 지기를 거듭했습니다. 형양에서 패하고 성고에서 큰 손실을 입어 완宛과 섭葉 사이로 달아났으니, 이는 머리도 나쁘면서 용기도 없는 자라 하겠습니다. 날카로운 기운은 험벽한 요새에서 꺾이고, 양식은 천자의 곳간에서부터 고갈되었으며, 삶이 피폐해진 백성들마저 원망하고 있으니 어디에도 기댈 곳이 없습니다. 형세로 보아 천하의 현성賢聖이 아니면 천하의 화액을 그칠 수 없다, 저는 이렇게 생각합니다. 지금 초와 한 두 나라 주인의 목숨은 족하에게 달려 있습니다. 족하가 한나라에 힘을 실어 주면 한이 이길 것이요, 초나라와 함께하면 초나라가 이깁니다. 소신은 배를 가르고 간담을 꺼내 바치면서 어리석은 계책이나마 올리고자 하는데, 족하께서 써 주실 수 있을는지요! 소신의 생각으로는 초와 한 두 나라에서 모두 이익을 얻으면서 천하를 셋으로 나누어 솥발처럼 정립하는 것이 제일 좋습니다. 천하삼분계의 시원. 그런 형세에서는 누구도 감히 먼저 움직일 수 없습니다. 족하께선 현성의 자질을 갖추셨고, 수많은 군사를 거느리고 계십니다. 제나라 땅을 거점으로 연燕과 조趙의 옛 땅을 거쳐 임자 없는 땅으로 나아가 그들의 배후를 제압하십시오. 백성들의 바람대로 서쪽에 가서 백성들의 목숨을 내세워 전쟁을 종식시키자고 하면, 천하의 응답은 바람을 타고 올 것이니 누가 감히 그 명을 듣지 않겠습니까! 큰 것은 잘라내 강자의 힘을 약화시켜 제후들을 세우십시오. 제후들이 서면 천하는 엎드려 명을 받으며 모든 덕을 제나라로 돌릴 것입니다. 제나라의 옛 땅을 잘 다스리면서, 교수膠水와 사수泗水 일내의 병을 차시하고, 딕으로 제후를 품이 예로써 대우한다면 천하의 군왕들은 서로 이끌며 제나라에 조회할 것입니다. 하늘이 주는데 받지 않으면 반대로 화를 입고, 때가 이르렀는데 행하지 않으면 도리어 재앙을 받는다지요. 족하께서는 깊이 생각하십시오."

한신이 말했다.

"한왕께선 나를 매우 두터이 대우하셨습니다. 자기 수레에 태우고, 자기 옷을 주었으며, 자기 음식을 먹게 했습니다. 남의 수레를 타는 것은 그의 우환을 싣는 일이요, 남의 옷을 입음은 그의 시름을 품는 것이며, 남의 음식을 먹는다는 건 그의 일에 목숨을 바치는 것이라고 합니다. 내 어찌 이익을 좇아 의리를 저버릴 수 있겠습니까!"

괴생이 말했다.

"족하께선 한왕을 잘 섬겨 만세의 업적을 세우고자 하시지만, 소신 생각에 그건 불가능한 일입니다. 상산왕常山王 장이張耳와 성안군成安君 진여陳餘는 포의 시절 서로를 위해 목숨을 내어줄 만큼 우정이 깊었지만, 뒤에 장염張黶과 진택陳澤의 일을 다투면서 서로 원망하게 되었습니다. 상산왕은 항왕을 배반하고 머리를 숙여 목을 움츠리고 달아나 한왕에게로 갔습니다. 한왕이 군사를 내주어 동쪽을 공략하게 하자, 지수泜水의 남쪽에서 성안군을 죽여 시신을 토막 냈으니, 천하의 웃음거리로 떨어지고 말았습니다. 가깝기로 소문났던 두 사람의 우정이 서로 잡아먹는 사이가 된 것은 왜일까요? 우환은 과욕에서 생기고 사람 마음은 헤아리기가 어렵기 때문입니다. 지금 족하께선 충성과 신의로 한왕과의 관계를 이어가려고 하십니다. 하지만 그 의리는 상산왕과 성안군의 그것보다 굳지 않고, 그 사이 사업의 크기는 장염과 진택의 그것보다 훨씬 큽니다. 그렇기에, 한왕은 족하를 배

신하지 않을 것이다, 이렇게 생각하시는 건 오산입니다. 대부 문종과 범려는 다 망한 월나라를 살리고 구천을 패자로 만들었습니다. 하지만 공명을 세웠으되 몸은 죽어 없어졌지요. 들짐승이 없어지면 사냥개는 삶겨져 먹히는 게 운명입니다. 족하와 한왕의 교우는 장이와 성안군의 그것만 못하고, 한왕에 대한 족하의 충심과 의리는 구천에 대한 대부 종과 범려의 그것에 미치지 못합니다. 두 가지 사례는 교훈이 되기에 충분하니 깊이 생각하셔야 합니다. 용기와 책략이 주군을 두렵게 하는 자는 몸이 위태롭고, 공적이 천하를 덮는 자는 상을 받지 못한다는 말도 있습니다. 소신이 대왕의 공적을 말씀드려 볼까요. 족하께선 서하를 건너 위왕과 하열을 사로잡았고, 정형을 함락시켰으며, 성안군을 죽였습니다. 조나라의 항복을 받고 연나라를 위협했고, 제나라를 평정한 뒤 초나라 군사 20만을 깨뜨렸습니다. 동쪽으로 가서 용저를 죽인 뒤 서쪽으로 돌아가 경과를 보고했습니다. 이것이 이른바 천하에 둘도 없는 공적이요 세상에 나기 힘든 위략이라는 겁니다. 지금 족하께서 군주를 떨게 할 만한 위세를 머리에 이고 포상받기 어려울 만큼의 큰 공을 팔에 끼고 계십니다. 이 상태로 초나라에 가면 초나라 사람이 믿지 않을 것이요, 한나라에 돌아가면 한나라 사람들이 두려워할 것입니다. 족하께선 이 몸으로 어디를 가시려 하는지요? 신하의 자리에 있지만 군주를 떨게 하는 위력을 지녔고 명성이 천하에 드높습니다. 족하께선 몹시 위태로운 처지에 계십니다."

한신이 말했다.

"무슨 말씀인지 알겠습니다, 여기까지 하시지요. 앞으로 생각해 보겠습니다."

며칠 뒤 괴통이 다시 설득했다.

"남의 말을 듣는 것은 사업의 징후이고, 셈을 하는 것은 사업의 기미입니다. 잘못 듣고 셈이 틀리면서 오래도록 유지되는 것은 드뭅니다. 남의 말을 들으면서 한두 개를 놓치지 않는 사람을 말로 어지럽힐 수 없고, 셈을 하면서 본말을 잃지 않는 사람은 글로 흐트러뜨릴 수 없습니다. 땔나무나 하고 말이나 기르는 일을 선택하면 만승의 권력을 얻을 수 없고, 몇 푼 녹봉에 집착하는 이는 경상의 지위에 이르지 못합니다. 그러므로 명확하게 아는 자는 결단하지만, 의심하는 사람은 일을 그르칩니다. 작은 셈에 집착하는 이는 천하의 큰 운수를 흘리곤 합니다. 분명히 알면서도 결행하지 못하는 것은 모든 일의 화근입니다. 또, 맹호라도 망설이면 벌이 날아가 쏨만 못하고, 천리마인들 머뭇거리고 말면 나귀가 성큼성큼 걸어가느니만 못하며, 장사 맹분孟賁의 멈칫거림보다는 보통 사람이 뚜벅뚜벅 가서 이르는 게 낫다고 말입니다. 순임금과 우임금의 지혜를 가지고 우물우물 입 밖에 내지 않는 것보다는 벙어리가 손가락으로 분명하게 가리키는 게 속이 시원한 법입니다. 모두 실천을 귀하게 여기는 말들입니다. 공업이란 이루기는 어려워도 망가지기는 잠깐이고, 때란 얻기는 어려우나 잃기는 쉬운 법입니다. 지금이 적기입니다. 때는 다시 오지 않으니 잘 헤아려 보십시오."

한신은 머뭇거리면서 차마 한나라를 배신하지 못했다. 또 워낙 세운 공적이 많으니 자기에게서 제나라를 빼앗지는 않을 거라고 믿었다. 하여 괴통에게 사례만 하고 말았다. 괴통은 자기 말이 채용되지 않자 미친 척 무당이 되었다.

한왕은 고릉固陵(하남성 주구시周口市 태강현太康縣)에서 곤경에 처했으나 장량의 계책을 써서 제나라 왕 한신을 소환하고는, 군사를 이끌고 해하성垓下城(안휘성 숙주시宿州市 영벽현靈壁縣 동남쪽 타하沱河 북쪽 기슭) 아래 다다랐다. 항우가 제거되자, 고조는 제나라를 기습하여 한신의 군사를 거두었다. 한나라 5년(BC.202) 정월, 제나라 왕 한신을 초나라 왕으로 옮기고 하비下邳(강소성 서주시 휴녕현睢寧縣 고비진古邳鎮)에 도읍하게 했다. 유방의 의심과 견제.

한신은 고향에 돌아가자 자신을 도와준 이들과 욕보인 이들에게 일일이 보답했다. 자기에게 밥을 먹여준 빨래 어멈을 불러 천금을 주었다. 남창 정장을 불러서는 백전을 주며 말했다. "그대는 소인이오. 끝까지 덕을 베풀지 못했으니……." 자신을 욕보인 백정에게 중위中尉 벼슬을 주며 장수들에게 말했다. "이 사람은 장사다. 나를 욕보였을 때 내가 어찌 그를 죽이지 못했겠는가? 죽이면 이름을 이룰 수 없었기에 참고 오늘날에 이른 것이다." 아침에 풀어놓고 저녁에 거두다.

항왕의 장수 종리매鍾離眛의 집이 이려伊廬[7]에 있었다. 평소 한신과 친분이 있던지라 항우 사후 한신에게 몸을 맡긴 것이다. 한왕은 종리매에 대한 원한이 깊어, 그가 초나라에 있다는 소식을 듣고는 그를 잡아오라 했다. 한신이 처음 초나라에 와서 고을을 다닐 때에는 호위 군사를 세워 놓고 드나들었다. 한나라 6년, 누군가 초왕 한신이 모반을 꾀한다고 글을 올려 아뢰었다. 고조는 진평陳平의 계책을 따라, 천자가 천하를 순수巡狩하니 제후들을 모이게 했다. 남방에 운몽雲夢이라는 호수가 있는데, 사신을 여러 제후들에게 보내 진陳(하남성 주구시 회양현)에 모이도록 했다. "나는 장차 운몽에서 노닐 것이다." 사실은

---

7   지금의 강소성 연운항시連運港市 서남쪽의 해주구海州區로 알려져 있다. 진나라 때에는 구현朐縣이었다. 한신의 고향인 회안淮安과의 거리는 100km로 멀지 않다.

한신을 잡고자 함이었는데, 한신은 눈치 채지 못했다. 고조의 행차가
초나라에 가까워졌다. 한신은 군사를 일으켜 맞설까 했지만 아무리
생각해도 지은 죄가 없고, 나아가서 뵐까 했지만 그러다가 잡히지나
않을까 걱정되었다. 누군가가 한신에게 말했다. "종리매의 목을 베어
황상을 뵈면, 아무 탈이 없을 것입니다."

한신이 종리매를 만나 은근히 그 일을 상의하자, 종리매가 말했다.
"한나라가 초나라를 치지 못하는 것은 내가 공의 곁에 있기 때문입니
다. 나를 잡아 한나라에게 잘 보이고자 한다면, 오늘 나는 죽겠지만,
공도 곧 망할 것이오." 이어 "그대는 장자가 아니구려!" 한마디로 한
신을 꾸짖고는 스스로 목숨을 끊었다. 한신이 남창 정장에게 "그대는
소인이다"라고 나무란 단락에 이어, 한신으로 하여금 종리매에게서
"그대는 장자가 아니다"라는 질책을 받게 했다. 이 배치 속에서 한신
은 자기도 모르게 "나는 장자가 못 된다"고 탄식한다. 한신의 실패 원
인이 한 치 부족한 도량임을 구도만으로 드러낸 것이다.

한신은 종리매의 목을 가지고 진陳으로 가서 고조를 알현했다. 고
조는 무사들에게 한신을 결박하게 하고는 수레 뒤에 실었다. 한신이
탄식했다. "약삭빠른 토끼가 죽으면 날렵한 사냥개를 삶아 먹고, 높
이 나는 새를 다 잡으면 좋은 활은 감춰지고, 적국이 깨지면 계책을
낸 신하는 망한다는 말이 틀리지 않구나! 천하의 형세가 정해졌으니
내가 삶길 차례로다." 고조가 말했다. "공이 모반한다고 말한 사람이
있었네." 한신의 손과 발에 수갑과 차꼬를 채웠다. 낙양에 이르자 한
신을 용서하고는 회음후로 삼았다. 급락. 하지만 영웅의 삶을 풍선에
바람 빠지듯 버려둘 수는 없다. 여기서부터 사마천은 짐짓 붓질의 속
도를 늦춘다.

회음후 열전

한신은 왕이 자신의 능력을 두려워하여 꺼린다는 것을 알고, 늘 아프다는 핑계를 대고 조회에 참여하지 않았다. 이로부터 한신의 마음에는 원망이 떠나지 않아 일상이 모두 즐겁지 않았다. 또 조정에서 강후絳侯 주발周勃이나 관영灌嬰과 같은 반열에 서는 것도 참지 못할 노릇이었다. 한번은 번쾌 장군 집에 들른 적이 있었다. 번쾌는 무릎 꿇고 절하며 맞이하고 배웅했으며, 자신을 신臣으로 일컬으며 말했다. "대왕께서 신의 집을 다 찾아 주셨습니다!" 한신은 문을 나서면서 쓴웃음을 지으며 말했다. "살아서 번쾌 같은 무리와 어울리게 되다니!" 한신의 위상과 자존심.

고조가 조용한 자리에서 여러 장수들의 능력 차이에 대해 한신과 이야기를 나눈 적이 있다. 고조가 물었다. "내가 얼마의 군사를 거느릴 수 있겠소?" 한신이 말했다. "폐하께선 기껏해야 10만 정도입니다." 고조가 말했다. "그대는 어떻소?" 한신이 말했다. "소신이야 많을수록 좋습니다." 고조가 말했다. "그런데 어찌 내게 잡혔소?" 한신이 말했다. "폐하께선 병사를 거느리지 못하지만 장수를 잘 거느리십니다. 소신이 사로잡힌 까닭입니다. 폐하의 자질은 하늘이 내린 것이니 보통 사람의 능력이 아닙니다."

진희陳豨가 거록鉅鹿(하북성 형대시刑臺市 거록현) 태수에 임명되어 회음후에게 작별 인사를 하러 왔다. 회음후는 그의 손을 잡고 좌우를 물리치고는 뜰을 거닐다가 하늘을 보고 탄식하며 말했다. "자네와는 속을 터놓을 수 있겠지! 자네와 하고 싶은 말이 있네." 진희가 말했다. "장군, 명령만 내리십시오." 회음후가 말했다. "공의 임지는 천하의 정병이 모인 곳이고, 공은 폐하가 믿는 신하일세. 만약 공이 배반했다고 사람들이 말하면 폐하는 믿지 않겠지만, 두 번 그런 말이 들려오면 의심할 것이고, 세 번에 이르면 반드시 분노하여 군사를 이끌고 나설 것일세. 그때 내가 도성에서 거사를 일으키면 천하를 도모할 수 있을 걸세." 진희는 평소 한신의 능력을 알고 있던지라 머뭇거리지 않고 말했다. "삼가 분부대로 하겠습니다!"

한나라 10년, 진희가 과연 돌아섰다. 고조는 군사를 이끌고 나섰지만, 한신은 병을 핑계로 따라가지 않았다. 몰래 사람을 진희에게 보내 말했다. "아우가 군사를 일으키면 내 여기서 아우를 돕겠네." 한신은 가신들과 모의하여, 거짓 조서를 내려 관노들을 사면하고, 그들을 동원하여 여후와 태자를 습격하기로 했다. 임무와 역할이 정해지고 진희의 소식만을 기다렸다. 그런데 사인舍人 중 한신에게 죄를 지은 자가 있었다. 한신은 그를 가둬 놓고 죽일 작정이었는데, 그의 아우가 여후에게 한신의 계획을 고해바쳤다. 여후는 한신을 부르고 싶었지만 그의 무리가 응하지 않을까 염려했다. 이에 상국 소하와 모의하여 고조가 보낸 사람인 것처럼 꾸미며, 진희는 이미 죽었으니 제후들과 신료들은 모두 축하연에 참석하라고 영을 내렸다. 상국 소하가 한신을 속여 말했다. "몸이 조금 불편하셔도 들어와 축하하시지요." 소하는 한신을 살렸고, 또 죽였다. 한신이 입궐하자, 여후는 무사들을 시켜 한신을 결박하게 하고는 장락궁長樂宮 종실鍾室에서 그의 목을 베었다. 한신은 죽기 직전 탄식했다. "괴통의 말을 듣지 않았다가, 아녀자의 잔꾀에 걸려들었구나! 이 어찌 하늘의 뜻이 아니랴!" 한신의 3족을 없앴다.

고조는 진희를 정벌하고 돌아와 한신이 죽은 사실을 알았다. 기쁘기도 하고 가엾기도 했다. "한신이 죽으면서 뭐라고 했소?" 여후가 말했다. "괴통의 계책을 쓰지 않은 것을 후회하더이다." 고조가 말했

　　　　　　　　　　　　　　　　　　회음후 열전

다. "제나라 변사, 그 작자로군." 조서를 내려 괴통을 잡아 오게 했다. 괴통이 이르자 물었다. "네가 회음후에게 반역을 꼬드겼느냐?" 대답했다. "그렇습니다. 신이 방도를 알려 주었건만, 바보 같은 인간이 신의 계책을 쓰지 않아 스스로 이 지경에 이르고 말았습니다. 그 작자가 제 말대로 했다면 폐하도 어쩔 도리가 없었을 것이외다." 고조가 노하여 괴통을 삶아 죽이라고 했다. 괴통이 탄식했다. "아, 억울하게 죽는구나!" 고조가 말했다. "네놈은 한신에게 모반을 교사하고도 무엇이 억울하다는 것이냐?" 괴통이 말했다. "진나라의 기강이 느슨해지니 산동이 크게 흔들렸고 여러 성씨의 인물이 동시에 일어나 영웅과 준걸들이 새처럼 모여들었습니다. 진나라가 사슴을 잃자 천하가 함께 그것을 쫓았는데, 재주 많고 발 빠른 자가 그것을 먼저 얻었습니다. 도척의 개가 요임금을 보고 짖는 것은 요임금이 어질지 않아서가 아니라, 다만 자기 주인이 아니었기 때문입니다. 그 시절 신은 오직 한신만을 알았고 폐하를 알지 못했습니다. 또 천하에는 예리한 칼을 들고 폐하와 똑같은 일을 하고자 하는 사람이 매우 많았습니다. 힘이 모자라 이루지 못했을 뿐이지요. 그렇다면 그들도 다 삶아 죽이시겠습니까?" 고조가 말했다. "멈추어라!" 이어 괴통을 풀어 주었다. 여운餘韻, 여파餘波.

태사공은 말한다. 내가 회음에 갔을 때, 회음 사람들이 나를 위해 말해 주었다. 한신은 포의 시절에도 그 뜻이 남들과 달랐다. 그의 어머니가 죽었을 때 가난하여 장사를 지내지 못했다. 하지만 이윽고 높고 널찍한 땅에 무덤을 조성하고, 그 곁에 수묘인의 집 만 채를 짓도록 했다. 내가 그의 어머니 무덤을 보았는데 실제로 그러했다. 기령 한신이 도를 배우고 자신을 낮춰 자기 공덕을 내세우고 능력을 자랑하지 않았다면, 한나라에 세운 공훈이 아마 주공 소공 태공에 견주어져 후세에 제향을 받았을 것이다. 그런데 여기에 힘쓰지 않고 천하가 이미 정해진 다음에 역모를 꾀하다 멸족을 당했으니 또한 마땅치 않은가!

아직도 살아서 파닥이는 언어의 활어들

사마천은 논평에서 한신의 과오를 분명하게 단죄했다. 한 왕조의 신민이었던 사마천은 공개적으로 한신을 두둔하거나 옹호할 수 없었다. 그런데 한신의 이야기는 어쩌면 이렇게도 곡진하고 풍성한가! 『사기』 130편 중에서도, 역사의 파랑 속을 역영하는 개인의 일생과, 관계와 행동에서 생동하는 인물의 성격이 입체적으로 그려지기로는 「회음후 열전」이 압권이다. 이는 평가를 뛰어넘는 애정이자 호감이다. 사마천은 먹물을 아끼지 않았다. 기술된 사건들은 모두 역사상의 명장면으로 남았고, 그 와중에 오간 말들은 고사성어가 되어 지금도 일상의 언어생활에서 활어처럼 파닥거리고 있다. 한신이 패장인 광무군을 자기편으로 만드는 장면은 뒷날 『수호전』에서 송강이 호걸들을 하나하나 포섭하는 장면들로 발전했고, 괴통의 천하삼분계는 『삼국지연의』에서 제갈량이 제시한 그것의 전범이다.

글 안에서 한신의 실패 요인은 크게 두 가지다. 하나는 자기에게 몸을 의탁한 종리매를 희생양으로 삼아 자기의 안전을 지키고자 했던 것이다. 제나라를 빼앗기고 초나라의 제후가 된 한신은 어려울 때

신세졌던 남창 정장을 찾아가 서운함을 감추지 못하며, "그대는 소인일세"라고 한마디 한다. 그다음 단락에서 한신은 종리매로부터 "그대는 장자가 아닙니다"라는 비난을 듣는다. 한신으로 하여금, "나는 소인입니다"라고 스스로 말하게 한 것이다. 두 번째는 괴통의 말을 듣지 않은 것이다. 사마천은 한신의 서사 끝에, 고조와 괴통의 대화를 배치했고, 모든 서사를 고조의 말로 종결지었다. 괴통을 삶아 죽이려 했던 고조마저도 그의 의견에 수긍하고 그를 방면했다. 이는 고조 또한 괴통의 말을 인정했다는 반증이다. 사마천은 서사의 방식으로 한신의 삶을 동정하고 그의 처지에 공명했다.

수성守成의 기틀을 세운
제나라 출신의 학자들

유경숙손통 열전劉敬叔孫通列傳

교수들이 행정부의 수반이 되고, 율사들이 국회에 입성한다. 학문과 정치는 별개가 아니니, 지식인이 정치에 참여하는 건 조금도 이상한 일이 아니다. 공자도 말하지 않았던가! "벼슬하며 힘이 남으면 배우고, 배우다가 지식이 넉넉하면 벼슬에 나아간다"(仕而優則學, 學而優則仕)고. 문제는 그들의 식견과 자세다. 학문의 미덕이란, 적어도 지식의 힘으로 법을 농단하고 협잡을 일삼으며 자기 배를 채우는 것은 아니다. 권력을 이용해 가진 자의 편에서 갈등을 조장하고, 역사를 왜곡하고, 적대감과 전쟁의 불안감을 조성하여, 국가의 미래와 국민의 안전은 내팽개치면서까지 자기 권력에 도취하고 집착하는 것이 아니다. 넓게 살피고, 깊이 통찰하며, 멀리 내다보는 것. 말 한마디에 태산의 무게를 담고, 글 한 줄에 강하의 유장함을 싣는 것이 학문의 미덕이 아닐까! 유경劉敬과 숙손통叔孫通은 문약한 학자 출신에 지나지 않지만, 최소한 전한前漢 200년 기틀은 이들의 손에서 만들어졌다. 유경과 숙손통을 잘 배운 사람 중의 하나가 정도전鄭道傳(1342~1398)이다. 유경과 숙손통은 모두 제齊나라 출신의 학자다. 제나라는 학문이 발달한 나라였는데, 그 원동력은 직하학궁稷下學宮이라는 대학이었다.

초재영당招才迎堂
인재를 초빙하여 마루 위로 맞이하다

유경과 숙손통은 한나라 창업의 주역은 아니지만, 역사는 이런 인물과 사건들로 이루어진다. 사마천은 두 사람을 역사의 마루 위로 모셨다.

권문세족을 이주시켜 관중에 도읍하고, 흉노와의 화약을 이끌었다. 조정의 법도를 밝히고, 종묘의 의례를 만들었다. 서른아홉 번째로 유경과 숙손통의 열전을 지었다.

유경은 제나라 출신이다. 한 고조 5년, 농서隴西 지역으로 수자리를 살러 가다가 낙양洛陽을 지났다. 딱히 소개할 것 없는 한미한 출신.

마침 고조도 낙양에 있었다. 누경婁敬(유경)은 수레에서 뛰어내려 양가죽 옷을 입은 채 제나라 출신 우虞 장군에게 말했다. "황상을 뵙고 도움 말씀을 드리고자 합니다." 우 장군이 깨끗한 옷을 주려 하자 누경이 말했다. "비단옷을 입었으면 그 차림으로 뵙고, 베옷을 입었어도 그 행색으로 뵈올 것이니, 옷을 바꿔 입지 않겠습니다." 제잡설. 단도직입. 서사도 군더더기 없이 본류로 직입하고, 유경도 속이 여물었으니 겉을 꾸미지 않는다. 인물과 서사가 한 몸으로 움직인다.

우 장군이 들어가 말씀을 아뢰자, 황상은 불러 보고는 음식을 내려주었다. 이윽고 찾아온 이유를 묻자 누경이 말했다. "폐하께서 낙양에 도읍하시려 함은 주나라 왕실의 융성함을 마음에 두고 계심이겠지요." 그렇다고 하자, 이어 말했다.

"폐하께서 천하를 차지하심은 주나라 왕실과는 다릅니다. 주나라 왕실의 시조인 후직后稷은 요임금에 의해 태邰(섬서성 함양시咸陽市 무공현武功縣 일대)에 봉해졌는데, 10여 대에 걸쳐 선행과 공덕을 쌓았습니다. 공류公劉(문왕의 조상)는 걸왕桀王을 피해 빈豳(함양시 북쪽 순읍현旬邑縣 일대) 땅에 살았지요. 태왕太王은 융적戎狄의 공격으로 고향 빈豳을 떠나 말채찍을 짚고 가 기읍岐邑(함양시 서쪽 부풍현扶風縣과 기산현岐山縣의 경계 지역)에 자리를 잡았는데 나라 사람들이 다투어 그를 좇았습니다. 문왕이 서백西伯으로 우虞와 예芮의 다툼을 잘 해결하고 비로소 천명을 받으니, 여망呂望과 백이伯夷가 동쪽 바닷가에서 찾아왔습니다. 무왕이 주왕紂王을 치러 나서는데, 약속을 하지 않고도 맹진孟津(낙양시 북쪽의 맹진현 일대)에 모인 제후의 수가 800을 넘었습니다. 그들은 입을 모아 주왕紂王을 쳐야 한다고 말했으니, 그 힘으로 은殷나라를 없앨 수 있었습니다.

성왕이 즉위하자 주공 등이 잘 보좌하여 낙양에 도읍을 건설하여 천하의 중심으로 삼았던 것입니다. 낙양은 사방의 제후들이 공물을 바치기에 거리가 비슷하니, 덕이 있으면 왕업을 펼치기 쉽지만 덕이 없으면 망하기 좋은 곳입니다. 주나라가 여기에 도읍을 세운 것은 정사를 잘 펼쳐 덕으로써 백성들의 마음을 얻으려 함이지, 험한 지형에 기대 교만과 사치로 백성들을 괴롭히려 한 것이 아닙니다. 주나라가 성대하던 시절 천하가 화목했으니, 사방의 이민족들은 주나라 풍속을 따랐고 그 군주의 의리와 덕업을 사모했습니다. 모두 마음으로 의지하여 천자를 섬겼으니 군사 하나라도 수비를 세우거나 전장에 보내지 않았습니다. 팔방의 대국 백성들은 모두 복종하여 공물과 세금을 바쳐 왔습니다. 주나라가 쇠퇴하여 동주와 서주로 나뉘자 누구도 조회하지 않았고 주나라로서도 어쩌지를 못했습니다. 덕이 엷어져서가 아니라 형세가 약해졌기 때문이지요.

이제 폐하께서는 풍패豊沛에서 일어나 사졸 3천으로 질러 가 촉한을 석권하고 삼진三秦을 평정하셨습니다. 형양에서는 항우와 격전을 치러 성고成皐의 어귀를 다투셨으니, 지금까지 치른 큰 전투가 70차례나 되고 국지전도 40번이나 있었지요. 하여 땅에 뒹구는 시신과 들판에 버려진 유골의 수를 이루 헤아릴 수 없을 정도입니다. 사방에 곡소리는 끊이지 않고 다친 이들은 일어나지 못하고 있습니다. 지금의 이 상황을 주나라 성강시절成康時節(주나라 초기 성왕과 강왕의 재위 시절)의 융성함에 견주려 하신다면 번지수가 한참 틀렸습니다. 그런데 진나라 땅은 산과 강으로 둘러싸여 있고 사방의 요새가 험고한데다, 위급한 일이 생기면 백만의 군사를 동원할 수 있습니다. 진나라 옛 터에서 비옥한 땅을 발판으로 삼는다면 그곳이야말로 천부天府의 요지입니다. 폐하께서 함곡관 안으로 들어가 도읍을 세우십시오. 산동이 어지러워도 진나라 고토는 온전하게 차지할 수 있습니다. 싸울 때 상대방의 목을 움켜잡거나 등을 치지 않으면 완벽하게 이기지 못합니다. 지금 폐하께서 함곡관 안에 도읍을 세워 진나라 옛 땅을 앞세운다면, 이 또한 천하의 목을 움켜쥐고 그 등을 치는 격이 됩니다.”

고조가 측신들에게 의견을 묻자 이들은 모두 산동 출신인지라, 다투어 주나라 왕조 수백 년과 긴니리기 두 대만에 망힌 시실을 들어 낙양이 더 낫다고 말했다. 고조는 머뭇거리며 결정하지 못하다가 유후留侯 장량張良의 의견을 듣고서야 당일로 수레를 몰아 서쪽으로 가 관중에 도읍했다. 장량의 역할과 위상. 고조가 말했다. "애초 진나라 땅에 도읍하라고 한 사람은 누경婁敬이다. 누婁(lóu)나 유劉(liú)가 뭐가 다른가." 그에게 자기와 같은 유劉씨 성을 하사하고, 낭중郎中으로 임명하여 봉춘군奉春君이라 불렀다.

고조 7년(BC.200), 한왕韓王 신信이 반란을 일으켰다. 고조는 직접 토벌군을 이끌었다. 진양晉陽(산서성 태원시 진원구晉源區 일대)에 이르러 신信이 흉노와 힘을 모아 한을 공격한다는 말을 들었다. 고조는 대로하여 흉노에 사신을 보냈다. 흉노는 장사와 기름진 소와 말을 모두 감추고 노약자들과 비루먹은 가축들만 보여주었다. 사신 열 명은 모두 공격해도 좋겠다고 보고했다. 황제는 다시 유경을 보냈다. 유경은 돌아와 보고했다.

"두 나라가 강하게 부딪치려 하는 상황에서는 자기의 힘을 과시하는 것이 보통입니다. 신이 가 보니 비루먹은 말이나 노약자들밖에는 보이지 않더군요. 이는 부러 약점을 보이고 기병을 숨겨 이익을 얻으려는 속셈입니다. 치지 않는 게 좋겠습니다."

당시 한나라 군대는 이미 구주산句注山(대주代州 안문현鴈門縣 서북쪽)을 넘었고, 20여만의 군대가 출정을 한 상태였다. 황제는 펄펄 뛰며 유경에게 욕을 퍼부었다.

"산동 촌놈이 말 몇 마디로 벼슬을 얻더니, 이제 엉뚱한 말로 우리 군대의 앞길을 막아!"

유경을 형틀에 묶어 광무廣武(구주산 남쪽 고을)에 두고는 진군했다. 평성平城(산서성 대동시大同市)에 이르렀는데, 흉노는 과연 기병을 내

유경숙손통 열전

어 고조를 백등산白登山(산서성 대동시 마포산馬鋪山)에 둔 채 포위했다. 고조는 이레 만에야 풀려날 수 있었다. 고조는 광무로 돌아와 유경을 풀어 주며 말했다.

"내 공의 말을 듣지 않았다가 평성에서 죽을 고비를 넘겼소. 먼저 사신으로 갔다가 공격을 주장했던 사신 열 명을 모두 참했다오."

유경에게 2천 호의 식읍을 주고 관내후關內侯로 삼고 건신후建信侯라 불렀다. 실수를 자인하고 존숭의 마음을 표현한 제왕의 도량. 뒷날 당 태종은 645년 요동정벌에 실패하고 돌아온 뒤, 평소 이 전쟁의 무익함을 주장하던 위징魏徵의 비석을—위징 사후 그가 추천한 인물이 역모에 연루되자 친히 세워 준 위징의 비석을 쓰러뜨리게 했다—다시 세워 준다.

고조가 평성에서 군대를 돌려 돌아오자 한왕 신은 북쪽 초원으로 달아났다. 당시 묵돌冒頓이 칸(선우單于)이 되어 군사를 키웠으니, 30만의 군대가 자주 북쪽 변경을 괴롭혔다. 황제는 이를 근심하여 유경에게 물었다. 유경이 말했다.

"천하가 이제 막 정해져 군사들이 전쟁에 지친지라, 무력으로 복종시키는 것은 마땅치 않습니다. 묵돌은 아버지를 죽이고 왕위에 올라 선왕의 후비들을 부인으로 삼고 힘을 과시하는 중이니 인의仁義로 설득해 봐야 소용이 없습니다. 대대로 그 자손들을 신하로 삼을 수 있는 계책이 한 가지 있사온데 폐하께서는 시행하시지 못할 듯합니다."

고조가 말했다. "그럴 수만 있다면 무얼 못하겠소! 그게 무엇이오?" 유경이 대답했다.

"폐하께서는 맏공주님을 그에게 시집보내실 수 있습니까? 귀하게 대우해서 보내시면, 저들도 우리가 하는 양을 보고 연씨閼氏로 심을 것입니다. 공주님께서 아들을 낳으시면, 그분을 태자로 삼고 칸을 대신하게 할 것입니다. 우리 한나라의 푸짐한 예물에 마음이 있기 때문이지요. 폐하께서는 철마다 우리에겐 넘치지만 저들에게는 드문 선물을 두터이 보내 안부를 묻고, 그 편에 변사들을 보내 은근히 예절을 가르치시면 됩니다. 묵돌이 있으면 사위가 될 것이요, 그가 죽으면 외손이 칸이 될 것입니다. 외손주가 할아버지와 맞섰다는 말을 들어보셨는지요? 그렇게 되면 굳이 군사를 내어 싸우지 않고도 그들을 차츰 신하로 만들 수가 있습니다. 하지만 만약에 폐하께서 차마 맏공주님을 보내지 못하시고 종실의 딸이나 후궁의 소생을 공주로 속여 보내면, 저들도 낌새를 알아채고 귀하게 대우하지 않을 터이니 아무 소용이 없습니다." 풍부한 물력과 정교한 예법으로 천년 외교의 방향을 제시하다.

고조가 응낙하고 맏공주를 보내려 했지만, 여후呂后는 밤낮으로 울며 하소연했다. "첩의 소생이라야 태자와 그 아이 둘뿐인데, 그 아이를 어찌 흉노로 보낸단 말입니까!" 고조는 끝내 맏공주를 보내지 못하고 다른 집 딸을 맏공주로 속여 칸에게 시집보내면서, 유경으로 하여금 가서 화친을 맺게 했다. 유경은 흉노에서 돌아와 보고했다.

"하남 지역 흉노인 백양白羊, 누번樓煩 두 나라와 장안 사이의 거리는 가까우면 700리에 지나지 않으니, 잘 달리는 말이면 하루 만에 관중 땅 한복판에 도달할 수 있습니다. 우리 땅은 전쟁을 겪은 직후라 백성은 적은데 땅은 비옥하니 더 많은 사람들로 채워야 합니다. 제후들이 막 일어날 때 제나라의 여러 전씨田氏, 초나라의 소昭·굴屈·경景 세 귀족이 아니면 그 나라는 흥성하지 못했을 것입니다. 이제 폐하께선 관중에 도읍하고는 있지만 백성은 적습니다. 북쪽으로는 흉노와 인접해 있고, 동쪽에는 예전 여섯 제후국의 종족들이 있으니 이들이 강성해져 어느 날 갑자기 변고라도 일으키면 폐하는 다리 뻗고 누우실 수가 없습니다. 제나라의 여러 전씨, 초나라의 소·굴·경 세 성씨, 연과 조와 한과 위의 왕족 후예들, 그리고 여러 호걸과 명문가들을 관중으로 이주시키십시오. 천하에 일이 없으면 이들로 흉노를 대비하고, 혹 동쪽에서 변고라도 일어나면 이들을 이끌고 정벌에 나설 수 있습니다. 이것이 바로 뿌리는 강화하고 가지는 약화시키는 책략입니다." 분열의 싹을 없애고 수도의 역량을 강화하여 백년 내치의 토대를 마련하다.

고조는 이 말을 수용하여, 유경으로 하여금 10여 만의 인구를 관중으로 이주시키게 했다.

숙손통은 설薛(산동성 등현滕縣 동남쪽 50km 설성薛城, 곡부 남쪽) 출신이다. 진나라 시절 문학 능력을 인정받아 박사에 임명되었다. 몇 해지나 진승이 산동에서 군사를 일으키자, 사자가 와서 보고했다. 2세는 박사와 여러 유생을 불러 물었다. "초나라 수졸들이 기蘄(안휘성 숙주시宿州市)를 공격하여 진陳(개봉開封 남쪽 주구시周口市 회양현淮陽縣)에 들어왔다는데 공들은 어떻게 생각하는가?" 박사와 유생 30여 명이 앞에 나가며 말했다. "신하는 함부로 군사를 모을 수 없는데 군사를 모아 거느리고 있으니 반란입니다. 죽음으로 다스려야 합니다. 폐하께옵서는 급히 군대를 내어 치십시오." 2세는 분노하여 낯빛이 변했다.

숙손통이 나아가 말했다. 지시知時. 나서서 말해야 할 때를 알다.

"여러 유생들의 말은 모두 틀렸습니다. 지금 천하는 통일되어 한 집안이 되어, 각 고을의 성을 무너뜨리고 병기를 녹여 다시는 전쟁을 일으키지 않을 뜻을 보였습니다. 또 현명하신 군주가 위에 계시고 법령이 아래에까지 두루 적용되고 있습니다. 백성들로 하여금 모두 자기 할 일에 전념케 하니 사방에서 사람들이 몰려오고 있거늘, 어찌 감히 반란을 꾀할 수 있겠습니까! 이들은 좀도둑 떼거리에 지나지 않으니 입에 올릴 것도 못 되는 자들입니다. 각 고을의 관리들이 이들을 잡을 대책을 세우고 있으니 걱정하지 마십시오."

2세의 기분이 대번에 좋아졌다. 유생 모두에게 물으니, 반역이라고 말하는 자도 있었고 도둑일 뿐이라고 말하는 자도 있었다. 2세는 어사에게 반역이라고 말한 유생을 조사하여 처벌하도록 했다. 하지 말아야 할 말을 했기 때문이다. 도둑일 뿐이라고 말한 유생은 모두 돌려보냈다. 숙손통에게는 비단 스무 필과 의복 한 벌을 하사하고 박사에 제수했다.

숙손통이 궁궐을 나와 숙소로 돌아가자 유생들이 말했다. "어쩜 그렇게 입의 혀처럼 아부를 잘하십니까!" 숙손통이 말했다. "그대들은 모를 걸세. 나는 범 아가리에서 빠져나오지 못할 뻔했네!" 곧바로 달아나 설읍薛邑으로 갔는데, 이곳은 이미 초나라 군에 항복한 터였다. 항량이 설읍에 오자, 숙손통은 그를 따랐다. 항량이 정도定陶(산동성 하택시菏澤市 정도현)에서 패하자 회왕懷王을 좇았다. 회왕이 의제가 되어 장사長沙로 옮겨지자, 숙손통은 그대로 남아 항왕을 모셨다. 한나라 2년, 한왕이 다섯 제후를 거느리고 팽성으로 들어가자, 숙손통은 한왕에게 항복했다. 한왕이 패해 서쪽으로 가자 끝까지 뒤를 따랐다. 한왕이 숙손통이 입은 유복을 싫어하자, 곧 복식을 바꿔 초나라 법제에 따라 짧은 옷을 착용하니 한왕이 좋아했다. 유연한 자세와 기민한 대응. 하나의 생각에 갇히지 않아 변화를 두려워하지 않았다.

유경숙손통 열전

숙손통은 모든 걸 바꿀 수 있는 사람이었다.

숙손통이 한에 항복했을 때 그를 따르는 유생 제자가 100명이 넘었다. 하지만 숙손통은 이들을 추천하지 않았고, 오로지 예전 도적떼만 천거했다. 제자들이 뒤에서 수군거렸다. "선생을 모신 지 여러 해 만에 다행히 한나라에 항복했지만, 우리들에 대해서는 일언반구 없이 교활한 인간들만을 추천하니, 이게 무슨 일이람!" 아, 학맥과 정파! 숙손통이 이 말을 듣고 말했다. "한왕은 지금 시석矢石을 무릅쓰고 천하를 다투는데, 여러분이 그런 일을 감당할 수 있겠는가? 하여 먼저 장수를 베고 적기를 빼 올 군사들을 추천하는 걸세. 그대들은 나를 믿고 기다리게. 잊지 않고 있으니." 한왕은 그를 박사로 삼고 직사군稷嗣君[1]이라 일컬었다.

한나라 5년, 천하를 통일했다. 제후들이 정도定陶에서 한왕을 높여 황제로 옹립하는데 숙손통은 그 의례를 맡았다. 고조가 진나라의 가혹한 의례와 법제를 버려 간결하게 하자, 신하들은 술을 마시고 공을 다투는데, 술에 취해 어지러이 소리를 질러대거나 칼을 뽑아 기둥을 치기도 했다. 고조는 고민에 사로잡혔다. 숙손통은 고조가 이런 상황에 염증이 난 것을 알고 말했다. 지시知時.

"유자들을 데리고 전장에 나가 싸워 이길 수는 없지만, 성취한 것을 그들과 함께 잘 지켜낼 수는 있습니다. 신이 노나라 땅의 유생들을 불러와 저의 제자들과 함께 조정의 의례를 만들까 하옵니다."

고조가 말했다. "어렵지 않겠소?" 숙손통이 말했다.

"5제 시절의 음악은 각기 달랐고 3왕 시대의 예법은 같지 않았습

---

1   제나라 직하학궁稷下學宮의 전통을 이어받은 후예라는 뜻이다.

니다. 예禮라는 것은 시세時世와 인정人情에 따라 절문節文을 만드는 일이지요. 그러므로 하夏·은殷·주周의 예법이 옛것을 근거로 덜거나 더한 것임을 아는 자는 중복되지 않았다고 말합니다. 신이 고례를 바탕으로 진나라의 의례를 섞어 새로 만들어 보겠습니다."

고조가 말했다. "한번 만들어 보시오. 다만 알기 쉽게 하고, 내가 시행할 수 있는 것을 가늠하여 만들어야 하오."

숙손통은 사람을 보내 노 땅의 유생 30여 명을 불렀다. 노 땅의 유생 둘이 동참을 거부하며 말했다. "공이 섬긴 임금이 열 명인데, 모두 낯빛으로 아첨하여 총애를 얻은 것입니다. 이제 겨우 천하가 정해져 죽은 자를 다 묻지 못하고 다친 자도 낫지 않았거늘 또 예악을 일으키려 하는군요. 예악이 일어나려면 100년 덕을 쌓은 이후에야 가능합니다. 우리는 공을 위해 그 일을 할 수가 없습니다. 공이 하는 일은 옛 법도에 맞지 않습니다. 우리는 가지 않을 테니, 공은 어서 가 우리를 욕되게 하지 마십시오!" 숙손통이 웃으며 말했다. "너희들은 정말 비루한 유자로다. 시변時變을 알지 못하는구나!" 어렵고도 어려운 일. 누군가는 시변을 알지 못해 비유鄙儒가 되고, 누군가는 시변에 휩쓸려 부유腐儒가 된다.

뜻을 같이하는 30명과 함께 서쪽으로 떠났다. 황제 주위의 학자 및 자신의 제자 100여 명과 함께 야외에 상하의 위차를 나타내는 표목을 세워 놓고 한 달 이상을 훈련했다. 숙손통이 말했다. "폐하 한번 시험해 보십시오." 황제는 예법을 살펴보고 시행해 보게 한 뒤에 말했다. "나도 할 수 있겠군." 여러 신하들에게도 이를 익히게 하고는 10월에 군신을 모았다.

한나라 7년, 장락궁長樂宮이 낙성되어, 제후와 신하들이 모두 10월에 조회했다. 의례는 다음과 같았다.

날이 밝기 전 알자謁者가 의례를 주관하기 시작하여 신하들을 차례대로 궁전 안으로 들이오게 했다. 뜰 가운데 선차와 기병과 보병과 위병衛兵을 줄지어 세우고 각종 병기와 깃발을 설치했다. 들어오면 큰소리로 '추'趨(종종걸음으로 삼가는 마음을 보이는 것)라고 전언했다. 전각 아래 낭중들이 섬돌을 끼고 섰는데 계단마다 수백 명씩 되었다. 공신과 열후, 장군과 군리들은 서열에 따라 서쪽에 줄지어 서서 동쪽을 바라보게 했다. 승상 이하 문관들은 동쪽에 줄지어 서서 서쪽을 향하게 했다. 대행大行에는 구빈九賓을 배설하여 차례로 말이 아래로 전해지게 했다. 이에 황제가 탄 가마가 방에서 나오면, 모든 관리는 깃발을 잡고 차례로 그 사실을 복창하여 전달되도록 했고, 제후와 왕이하 600석 봉록을 받는 관리들을 차례대로 이끌어 하례를 올리게 했다. 제후와 왕 이하 두려운 마음으로 숙연하게 공경하지 않는 자가 없었다. 하례가 끝난 뒤 법주法酒(법식을 갖춘 주연酒宴)를 거행했다. 전각 위에서 모시고 앉았던 사람들은 모두 엎드려 머리를 조아리고 있다가, 관직의 품계에 따라 차례로 일어나 술잔을 올려 축수했다. 술잔이 아홉 번 돌면, 알자가 큰소리로 '파주'罷酒라고 말했다. 어사는 예법을 집행하다가 법도를 지키지 못하는 이가 있으면 바로 끌고 갔다. 의례의 광경이 눈앞에 펼쳐진다. 이 궁중 의례는 대대로 이어져 역대 왕조의 조정에서 준용되었다. 의례는 집단과 사회를 결속시키고 지속시키는 힘이다.

조회가 끝나 술자리를 열었는데 감히 어지러이 떠들어대며 예를 잃는 자가 없었다. 이에 고조가 말했다. "내 오늘에야 황제가 존귀한 줄 알았도다." 의례의 힘. 수손통을 태상太常에 배수하고, 황금 500근을 하사했다. 숙손통은 기회를 놓치지 않고 나아가 아뢰었다. 지시知時. "제자와 유생들이 저를 따른 지가 오래인데, 이번에 저와 함께 의례를 만들었습니다. 바라옵건대 이들에게도 벼슬을 내려 주십시오." 고조는 그들 모두를 낭郞으로 삼았다. 숙손통은 물러나와 황금 500근을 제자들에게 나눠 주었다. 아! 배우고 싶지만 배울 수 없고, 배워선 안 되지만 배우고 싶은! 제자들이 모두 기뻐하며 말했다. "숙 선생님이야말로 진짜 성인이시다. 이 시대에 뭘 해야 할지를 알고 계시지 않은가!"

한나라 9년, 고조는 숙손통의 자리를 태자 태부로 옮겼다. 한나라 12년, 고조가 조왕 여의로 태자를 바꾸려 하자 숙손통이 간언했다.

"옛날 진晉 헌공은 여희驪姬의 말을 듣고 태자를 폐위하고 해제奚齊를 새로 세웠다가 나라가 수십 년이나 어지러워져 천하의 웃음거리가 되었습니다. 진秦은 진작 부소扶蘇를 태자로 정하지 않아 조고에게 속임수로 호해를 옹립하게 하는 빌미를 주어 스스로 종사를 사라지게 했으니 이는 모두 폐하께서 직접 보신 일입니다. 지금 태자의 인자함과 효성은 천하 사람들이 모두 알고 있습니다. 여후께서는 폐하와 온갖 고난을 함께하셨는데 그걸 저버리시면 되겠습니까! 폐하께서 꼭 태자를 폐위하고 둘째 아드님을 세우고자 하신다면, 신이 먼저 형장에서 죽어 목의 피로 땅을 적시도록 해 주십시오." 의례는 시변을 아는 데서 나오고, 시변은 원칙 위에서 힘을 발휘한다. 이 말은 2세에게 마음에 없는 달콤한 말을 술술 해대고 거침없이 열 명의 군주를 바꾼 숙손통의, 원칙에 입각한 단호함과 결연함을 보여준다.

고조가 말했다. "알겠소, 그만두시오. 농담을 해 봤을 뿐이오." 숙손통이 말했다. "태자는 천하의 근본이니, 근본이 한번 흔들리면 천하가 진동합니다. 천하를 가지고 농을 하시다니요!" 고조가 말했다. "알겠소, 공의 말대로 하리다." 얼마 뒤 주연에서 고조는 유후 장량이 초대한 빈객들이 태자를 좇아 들어와 알현함을 보고 태자를 바꿀 뜻을 접었다. 장량의 위상. 고조는 자리를 뜨며 말했다. "내 그대의 말대로 태자를 바꾸지 않기로 했소."

고조가 붕어하고 효혜제가 즉위했다. 숙손통을 태상으로 옮겨 종묘의 의례를 정하게 했다. 선제의 원릉園陵과 침묘寢廟에 대한 의례를 다른 신하들은 잘 알지 못한다고 생각했기 때문이다. 한나라의 의례가 어느 정도 정돈되었는데, 이 모든 것은 숙손통이 태상이 되어 한 일이다.

효혜제가 동쪽의 장락궁에 가서 여후를 알현하는데, 자잘한 행차에도 통행을 막아 사람들을 번거롭게 했다. 그래서 따로 두 건물을 잇는 복도復道를 내기로 하고 무고武庫의 남쪽에서부터 공사를 시작했다. 숙손통이 업무에 대해 보고하다가 한가한 틈을 타 아뢰었다. 지시知時. "폐하께서는 어찌하여 한 달에 한 번씩 고조 능침의 의관을 고조 사당으로 모셔 가는 길 위에 복도를 쌓고자 하십니까? 고묘高廟는 한나라 태조를 모신 곳인데, 후세의 자손들에게 종묘 가는 길 위를 오가게 하시려는 겁니까?" 효혜제가 크게 두려워 말했다. "어서 허물어 버리시오." 숙손통이 말했다. "군주에게는 허물이 있어서는 안 됩니다. 공사가 시작된 것을 백성들이 모두 알고 있는데, 이제 그걸 허문다면 허물이 있음을 보이는 꼴입니다. 위수渭水 북쪽에 똑같은 사당을 세우시고, 한 달에 한 번 의관은 그곳으로 모셔 가게 하십시오. 종묘를 많이 세움은 큰 효도의 근본입니다." 이에 담당 관리를 불러 똑같은 사당을 세우게 했다. 똑같은 사당이 지어진 것은 복도 때문이다.

효혜제가 어느 해 봄에 이궁離宮에 가서 노니는데 숙손통이 말했다. 지시知時. "옛날 봄이 되면 햇과일을 맛보시게 하는 의례가 있었습니다. 지금 막 앵두가 익어 올릴 만합니다. 행차하시게 되면 앵두를 종묘에 올리십시오." 상이 허락했다. 종묘에 햇과일을 올리는 의례가 이로부터 생겨났다.

태사공은 말한다. 속담에 이르기를, "천금의 갖옷이란 여우 한 마리 겨드랑이 가죽으론 어림도 없고, 누정의 서까래는 한 그루 나무의 가지로는 되지 않으며, 옛날 3대의 다스림도 한 선비의 지혜로 이루어진 것이 아니다"라고 했으니, 참으로 그렇다! 고조가 한미한 신분에서 일어나 천하를 평정함에 온갖 계책과 군사를 모두 썼다고 하겠다. 하지만 유경이 수레 가로대를 밀어내고 나아가 한 번의 변설로 만세의 반석을 놓았으니, 지혜가 어찌 몇몇 사람의 전유이겠는가! 숙손통은 시대에 맞춰 급무를 헤아려 예법을 제정하고, 나아가고 물러나기를 때에 따라 변화하여 끝내 한나라의 유종儒宗이 되었으니, "정말 곧은 것은 굽어 보이고, 길은 본디 구불구불하다"는 말이 그에 해당되지 않는가! 유경과 숙손통은 한나라라는 천금 갖옷, 누정 지붕에서 거꾸로 해체 복원된 원래의 여우와 재목이다.

필첨생동筆尖生動, 물물답지物物踏紙

유경과 숙손통은 모두 한나라 초기의 공신이다. 같은 시기에 장량,

소하, 조참, 진평 등 수많은 인물들이 활약했다. 하지만 숙손통 열전을 보면 숙손통의 활약이 독보적으로 그려지고, 장량 열전을 보면 장량의 특출한 역할이 두드러지며, 소상국 세가를 보면 소하가 아니면 한나라 창업이 불가능했을 것으로 보인다. 사마천은 이들 인물들의 능력과 개성과 역할을 모두 독자적으로 그려 냈다. 한 사람의 열전에는 어설프게 다른 인물이 등장하지 않는다. 흔히 한나라 초기에 유달리 인물이 많았다는 말들을 많이 하는데, 이는 이 시기에 유독 인재가 많았던 것이 아니라, 사마천이 이들의 성격과 재능과 역할을 제각각 도드라지게 그려 냈기 때문이다. 어느 시대엔들 인재가 많지 않았으랴! 쓰이지 못하는 게 문제고, 기록되어 전하지 않는 게 문제일 뿐.

죽지 않을 용기와
죽음에 나아가는 용기

계포난포 열전季布欒布列傳

사마천은 궁형 선고를 받고, 또 형을 당한 뒤로 끝없이 죽음을 생각했다. 그는 죽고 싶었지만 죽을 수 없었다. 『사기』의 저술을 끝내야 한다는 대의명분이 있었지만, 그것은 무엇보다도 삶에 대한 애착이었다. 그 명분이 다였다면 그는 『사기』를 탈고하면서 죽었어야 했다. 살아남는 것을 선택했지만, 그는 자괴감과 수치심에 시달려야 했으며, 그 과정에서 끝없이 죽음을 생각했다. 사마천은 계포季布의 삶에서 자신의 처지를 읽었고, 난포欒布의 비장한 태도에 자기 내면의 죽음 충동을 투영했다. 계포의 삶에서는 약간이나마 위안을 얻었고, 난포의 이야기에서는 내면 깊은 곳에 숨어서 자신을 괴롭히는 비장한 죽음에 대한 충동을 해소할 수 있었다.

이사서정 以事抒情
남의 일로 자기 마음을 드러내다

계포는 수모를 견디면서 목숨을 부지하여 영화를 누렸다. 난포는 죽음을 각오했지만 살아나 사후까지 칭송을 받았다. 사마천은 두 사람의 태도로 죽음에 근접했던 자신의 심정을 그려 냈다.

계포는 단단한 것을 꺾고 부드러워질 줄 알아 공신의 반열에 들었다. 난포는 권세에 주눅 들지 않고 죽기를 자청했다. 마흔 번째로 계포와 난포의 열전을 지었다.

계포는 초나라 사람이다. 임협任俠의 기운으로 초나라에서 유명했다. 항적項籍이 군사를 거느리게 하니, 여러 차례 한왕을 괴롭혔다. 항우가 죽자 고조는 계포에게 천금을 내걸었으며, 그를 숨겨 주면 3족을 멸할 것이라고 공표했다.

계포는 복양濮陽(하남성 복양시)의 주씨周氏 집에 숨었다. 주씨가 말했다. "한나라에서 상금을 걸고 장군을 찾고 있습니다. 머잖아 추적의 발길이 저희 집에 이를 것입니다. 장군께서 제 말씀을 들어주신다면 제가 감히 계책을 올리겠습니다만, 그리 못하시겠다면 제가 먼저 목숨을 끊겠습니다." 계포가 말을 따르기로 했다. 이에 그의 머리를 깎아 칼을 씌우고는 갈옷을 입혀 상여 수레에 실어 가동 수십 명을 시켜 끌고 노나라 땅 주가朱家의 집에 가서 팔았다. 계포를 알아준 사람 1 주씨.

주가는 그가 계포임을 눈치 채고 그를 사서 장원에 두었다. 그리고 아들에게 다짐해 두었다. "농사에 대해서는 이자 말을 듣도록 하고, 밥은 반드시 함께 먹어라." 주가는 곧 가벼운 수레를 타고 낙양으로 가서, 여음후汝陰侯 등공滕公 하후영夏侯嬰을 만났다. 등공은 주가를 며칠 머물게 했다. 주가는 기회를 보아 등공에게 말했다. "계포가 무슨 큰 죄를 지었기에 황상께서 저리 급하게 찾으십니까?" 등공이 말했다. "계포는 여러 차례 항우를 도와 황상을 핍박한지라, 황상께서 그를 미워하여 찾으시는 것입니다." 주가가 말했다. "그대가 보기에 계포는 어떤 사람인가요?" 등공이 계포를 현자라고 하자 주가가 또 말했다. "신하는 각자 자기 주인을 위해 능력을 발휘합니다. 계포가 항적을 위해 능력을 발휘한 것은 직분을 다했을 뿐이지요. 항씨의 신하들을 다 죽일 수 있겠습니까? 이제 황상께서 막 천하를 얻고, 사사로운 원한으로 한 사람을 죽어라 찾으심은, 그 천하가 넓지 않음을 보여주시는 것 아닙니까! 또 계포와 같은 현자를 이토록 다급하게 찾는다면, 그가 갈 곳은 북호北胡나 남월南越밖에 더 있겠습니까! 장사를 꺼려 적국에 보태 주는 일은, 오자서가 외국으로 망명한 뒤에 돌아와 평왕平王의 시신을 매질한 사건이 발생한 까닭입니다. 공께서는 남들이 눈치 채지 못하게 황상께 아뢰어 주십시오." 계포를 알아준 사람 2 주가 주가가 대협임을 알고 있던 하후영은 그가 계포를 숨겨 주고 있음을 짐작하여 그 뜻을 받아들였다. "알겠습니다!" 기회를 보아 주가가 일러준 대로 아뢰었다. 계포를 알아준 사람 3 하후영. 황상은 계포를 사면했다. 이때 많은 사람들은 강직함을 버리고 유연하게 처신한 계포를 높이 평가했다. 주가 또한 이 일로 이름이 높아졌다. 계포가 불려 가 사죄하자, 황상은 그를 낭중郎中[1]으로 삼았다. 계포를

---

1   황제를 시종하는 관리의 통칭으로, 승상 아래 단계의 고위직이다.

써 준 사람, 고조.

효혜제 시절에는 중랑장中郞將[2]이 되었다. 흉노의 선우가 편지를 보내 여후를 모욕했다. 여후는 격노하여 여러 장수들을 불러 대책을 논의했다. 상장군 번쾌가 말했다. "신에게 10만의 군사를 주시면 흉노의 땅을 짓밟겠습니다." 여러 장수들은 모두 여후의 마음에 들기 위해 그 의견에 동조하는 가운데 계포가 말했다. "번쾌의 목을 베어야 합니다. 고조께서는 40만의 군사를 거느리시고도 평성平城(산서성 대동시)에서 곤욕을 치르셨습니다. 그런데 지금 번쾌가 겨우 10만의 군사로 흉노 땅을 짓밟는다고 하니 이는 태후를 눈앞에서 속이는 것입니다. 또 진나라가 호胡와 다투는 사이 진승陳勝 등이 일어났습니다. 지금 전란의 상처가 아직 아물지 않았는데, 번쾌가 또 태후의 환심을 사기 위해 천하에 혼란을 일으키려 합니다." 당시 무슨 일이 벌어질지 몰라 궁전이 모두 두려움에 떨었다. 태후는 조회를 끝냈고, 다시는 흉노와의 전쟁을 거론하지 않았다. 계포의 능력과 활약 1.

계포는 하동河東(황하 동쪽 산서성 서남부) 태수가 되었다. 효문제 시절 그의 현명함을 아뢴 사람이 있었다. 효문제는 그를 불러들여 어사대부御史大夫[3]로 삼고자 했다. 그런데 또 계포는 용감하지만 술을 마시면 사나워져 가까이하기 어렵다고 말한 사람이 있었다. 계포는 궁궐에 한 달을 머물다가 파직되었다. 이에 계포가 나아가 아뢰었다. "신은 아무런 공도 세우지 못했는데 황상의 총애를 훔쳤기로 하동에서 대죄하고 있었습니다. 그런데 폐하께서 까닭 없이 소신을 부르시

2　　황제 시위의 책임을 맡은 장수이다.

3　　관리 감찰 책임사도 승상丞相, 태위太尉와 함께 삼공三公으로 일컬어졌다.

니, 누군가 소신을 가지고 폐하를 속였기 때문입니다. 하여 소신이 도성에 이르렀지만 아무런 일도 받지 못한 채 쫓겨났습니다. 누군가 소신을 헐뜯었기 때문입니다. 폐하께서 한 사람의 기림으로 소신을 부르시고, 또 한 사람의 헐뜯음으로 소신을 버리시니, 천하의 식자들이 이 소문을 듣고 폐하의 마음을 엿보지나 않을까 두렵습니다." 황상은 부끄러운 마음에 한참을 말없이 있다가 말했다. "하동은 내 수족 같은 고을이기에 그대를 불렀을 뿐이오." 계포는 하직하고 임지로 돌아갔다. 계포의 능력과 활약 2.

초나라 사람 조구생曹丘生은 변사辯士였다. 재물에 마음을 두고 권세가를 자주 초청했다. 조동趙同 등의 귀인을 섬겼으며, 두장군竇長君과 사이가 좋았다. 계포가 그 사실을 알고 두장군에게 편지를 보냈다. "제가 알기로 조구생은 장자長者가 아닙니다. 그와 사귀지 않으시는 게 좋습니다." 도덕적 판단. 조구생이 초나라로 돌아와 두장군에게 소개서를 얻어 계포를 만나려고 했다. 두장군이 말했다. "계 장군은 족하를 좋아하지 않습니다. 가지 않는 게 좋습니다." 굳이 소개서를 얻어 찾아갔다. 사람을 시켜 먼저 소개서를 보냈다. 계포는 과연 크게 화를 내며 조구생을 기다렸다. 조구생이 이르러 읍을 하고는 말했다. "초나라 속담에 '황금 백 근이 계포의 한마디 말만 못하다'고 합니다. 족하는 어떻게 양梁과 초楚 사이에서 이런 명성을 얻으셨는지요? 저는 초나라 사람이고 족하 또한 초나라 사람입니다. 제가 천하를 돌아다니며 족하의 이름을 드날린다면 그 공이 무겁지 않을까요! 어찌 족하께선 저를 이리도 내치시는지요!" 계포는 매우 기뻐하며 그를 끌어들여 몇 달 동안을 머물게 하며 상객으로 대우하고는 두터운 예물로 전송했다. 실리적 판단. 계포의 이름이 더욱 널리 알려진 것은 조구생

계포난포 열전

의 힘이다. 실리적 선택.

난포는 양梁나라 출신이다. 양왕 팽월彭越이 남의집살이할 때 난포
와 사귀었다. 팽월은 집안 형편이 어려워 제나라 땅에서 품을 팔았으
며 술집에서 일을 하기도 했다. 몇 년이 지나 팽월은 거야巨野(산동성
하택시荷澤市 거야현)에 가서 도적이 되었다. 난포는 인신매매 되어 연
나라 땅에서 노예가 되었다. 주인을 위해 복수를 해 준 덕에 연나라
장수 장도臧荼에게 발탁되어 도위都尉⁴가 되었다. 장도가 뒷날 연나라
왕이 되자 난포를 장수로 삼았다. 장도가 반란을 일으키니 한나라가
연을 쳐서 난포를 사로잡았다. 양왕 팽월이 그 사실을 알고 황상에게
난포를 속량하여 양나라의 대부로 삼게 해 주기를 청했다. 난포를 알
아준 사람, 팽월.

난포가 제나라에 사신으로 가서 아직 귀국하지 않았는데, 그 사이
모반의 죄명으로 팽월의 삼족이 처형당했다(BC.196). 고조는 팽월의
목을 낙양에 효수하고 조서를 내렸다. "감히 시신을 거두는 자가 있
으면 체포하라." 난포가 제나라에서 돌아와 팽월의 머리 아래에서 사
정을 말하고 제사를 지내며 통곡했다. 관리가 난포를 체포하고 보고
했다.

황상이 난포를 불러 꾸짖었다. "네가 팽월과 함께 모반한 것이더
냐? 내 분명히 시신을 수습하지 말라 했거늘, 네가 제사를 지내고 곡
을 하였으니 함께 모반한 것이 틀림없다. 어서 삶아라." 팽형에 처하
기 위해 끌고 나가는데 난포가 돌아보며 말했다. "한마디만 하고 죽

---

4   태수를 도와 군사를 맡은 군관이다.

겠습니다." 황상이 말했다. "무슨 말이냐?" 난포가 말했다. "황상께서 팽성에서 곤욕을 치르고, 형양과 성고 사이에서 패하셨을 때, 항왕이 서쪽으로 진군하지 못한 것은 팽월이 양 땅에 버티면서 한군漢軍과 힘을 모아 초군을 괴롭혔기 때문입니다. 당시 팽월이 한번 마음을 돌려 먹어 초에 붙었다면 한나라가 망했을 텐데, 한과 끝까지 함께하여 초나라를 깨뜨릴 수 있었습니다. 또 해하성垓下城 전투에서 팽월이 아니었다면 항씨는 망하지 않았을 것입니다. 이제 천하의 형세가 이미 정해져 팽월이 부절을 갈라 봉토를 받았으니 만세에 길이 전하려 함입니다. 그런데 폐하께서 양나라에서 군사를 징발했을 때 팽월이 병이 나서 가지 못하자 폐하께선 모반으로 의심하였습니다. 반란의 형적이 드러나지도 않았는데, 자잘한 의혹에 가혹한 형벌로 삼족을 멸하였으니, 이를 본 공신들이 위태로움을 느끼지 않을까 두렵습니다. 이제 팽월이 죽었으니, 신은 살아도 죽은 것만 못합니다. 팽형으로 죽여 주십시오." 사마천의 마음을 부끄럽게 하다. 이에 황상은 난포의 죄를 용서하고 도위都尉로 삼았다.

효문제 시절 연나라 재상이 되었고 장군에 이르렀다. 난포는 이렇게 말한 적이 있다. "곤궁한 시절 몸을 욕스럽게 하고 뜻을 낮추지 못한다면 사람이 아니다. 사마천의 마음을 격앙시키다. 부귀를 시원하게 누리지 못하면 현자가 아니다." 덕을 입었으면 반드시 보답했고, 원한을 품었으면 반드시 법의 힘으로 처형했다. 오나라가 배반했을 때 군공을 세워 유후俞侯에 봉해졌고, 다시 연나라 재상이 되었다. 연燕과 제齊 사이의 땅에서는 모두 난포를 위해 사당을 세웠는데 그 이름을 난공사欒公社라 했다. 사람들의 마음을 움직여 사후에까지 기려지다.

태사공은 말한다. 항우의 기세가 천하를 뒤덮을 때도 계포는 용맹함으로 초나라에서 이름났다. 몸소 적진을 짓밟고 군기를 뽑은 것이 여러 차례이니 장사라 할 만하다. 그러나 처형될 위기에 처하자 남의 노예가 되어 죽음을 모면했으니 얼마나 그 자신을 낮춘 것인가! 자기 재주를 자부한 까닭에 모욕을 당하면서도 부끄럽게 여기지 않았으니, 충분히 발휘하지 못한 능력을 쓰고자 했던 것이다. 그러므로 끝내는 한나라의 명장이 되었다. 현자는 참으로 죽음을 무겁게 여긴다. 비첩이나 천인이 분개하여 스스로 목숨을 끊는 것은 용기가 아니니, 다시 일어설 생각이 없기 때문이다. 난포가 팽월을 위해 호곡하고, 귀가하듯 끓는 가마솥으로 나아간 것은 자신이 처할 바를 알아 죽음을 대단치 않게 여긴 것이다. 옛날의 열사인들 그에 더할 수 있으랴!

다양한 삶, 끊이지 않는 의문과 경이

계포는 적국의 장수 출신이고, 난포는 모반국의 포로 출신이다. 유방이 천하의 패권을 차지한 뒤, 그의 여러 측신들이 유방의 의심을 받아 끝내 처형되었음에 반해, 초나라 출신의 장수 계포가 끝까지 영화를 누린 것은 역사의 아이러니다. 마찬가지로 개국공신 팽월은 역적으로 몰려 죽었음에 반해, 죽음의 위기에서 팽월의 천거로 겨우 목숨을 구한 난포가 승승장구하며 천수를 누린 것 또한 역설이다.

난포는 황명을 정면으로 거스르면서까지 팽월에 대한 의리를 지켰고, 펄펄 끓는 가마솥에 들어갈 각오로 고조에게 직언했다. 고조는 그를 용서했고, 난포는 죽이시까지 백성들의 기림을 받을 성노도

신망과 명성이 높았다. 계포는 주씨周氏와 주가朱家와 하후영의 잇단 도움으로 목숨을 부지하며 기회를 엿보았고, 고조는 누차 자신을 궁지로 몰았던 그를 과감에게 발탁하여 중용했다. 계포는 기대에 걸맞은 능력을 발휘하여 그에 보답한다.

두 사람은 도덕의 원칙에 얽매이지 않았다. 도덕의 기준에서 조구생을 맹비난했다가, 실리적 판단 아래 그를 수용하여 천하에 이름을 떨쳤다는 일화는 계포의 성격을 잘 보여준다. 난포도 마찬가지, 부귀영화를 시원하게 누리지 못하면 현자가 아니라는 말과, 미워하는 자는 반드시 법으로 얽어 죽였다는 증언은 예사롭지 않다. 세상은 하나의 원칙이나 도덕률로 돌아가지 않는다. 사마천은 이들의 삶을 기술하면서 은연중 그러한 사실이 드러나도록 했다.

계포난포 열전

고대사와 당대사
기술 태도의 차이

흉노 열전匈奴列傳

그들의 풍속에 대한 기술에서는 거리낄 것이 없었다. 묵돌冒頓 선우單于의 영웅적인 행적과 영명한 통치에 대해서도 똑 부러지게 기술했다. 사마천 당대로부터 대략 100년 전의 일이다. 노상老上 선우 시절은, 연나라 출신 귀부자인 중항열中行說을 내세웠다. 중항열은 흉노匈奴 문명의 독자성과 정당성을 기반으로 대한對漢 관계의 방향을 설정했고, 한나라 중심 논리의 허위와 가식을 통렬하게 설파했다. 중항열의 입을 통해 흉노의 국력과 문명은 눈부신 광채를 내뿜는다. 물론 그 논리와 언명의 발원지는 사마천이다. 사마천 시대로부터 대략 80년 전의 일이다. 이 대목에서는 잠시 책을 덮고 마음속으로 사마천에게 경의를 표할 만하다. 하지만 시대가 사마천 당대로 접어들면서 문장은 지지부진해진다. 이것저것을 기술하지만 그 사이에 조리가 분명치 않고, 이정표는 물론 목적지도 사라진다. 왜 여기에 이르러 사마천의 붓은 길을 잃었을까?

식경조금 拭鏡照今
옛 거울을 닦아 오늘을 비춰 보다

흉노의 고대사 서술은 시원시원한데, 사마천 당대사 기술에는 맥박이 미약하다. 역사는 당대를 정확히 비추지 못한다. 그래서 우리는 수시로 옛 거울을 닦는다.

3대 이래로 흉노는 언제나 중국의 골칫거리였다. 이에 그들의 강약과 허실을 파악하여 때로는 방비하고 때로는 정벌했다. 쉰 번째로 흉노의 열전을 지었다.

흉노의 선조는 하夏나라 왕족의 후손으로 순유淳維라고 했다. 요순 이전 시대에는 산융山戎과 험윤獫狁과 훈육葷粥이 있었는데, 그들은 가축을 따라 옮겨 다니며 살았다. 그들이 많이 기르는 가축은 말과 소와 양이다. 특별한 가축으로는 낙타와 노새와 버새, 몇 종류의 길들인 야생말이 있으며, 수초를 따라 이동한다. 성곽은 물론 일정한 거처가 없으며 농사를 짓지 않는다. 하지만 각자에게 자기 몫의 땅이 있다. 문자가 없는지라 약속은 입말로 한다. 걸음마를 시작한 아이들도 양을 타고 활을 당겨 새와 쥐 등을 쏠 줄 안다. 조금 자라면 여우와 토끼를 사냥하여 음식으로 삼는다. 활을 쏠 힘이 있는 남성은 모두 갑옷을 입고 기병이 된다.

평소에는 가축을 따라 이동하면서 사냥으로 생업을 삼고, 전시에는 전투를 익혀 침략을 일삼는 것이 그들의 풍속인데, 이는 타고난 것이기도 하다. 원거리 무기는 활과 화살이고, 접전용 병기는 칼과 창이다. 이익이 있으면 나아가고 이익이 없으면 물러나는데, 달아나는 것을 부끄러워하지 않는다. 이익이 있는 곳이면 예의를 차릴 줄 모른다. 군왕 이하 모두 가축의 고기를 먹고, 그 가죽으로 옷을 만들어 입으며, 털 담요를 두른다. 젊은이는 좋은 음식을 먹으며, 그 나머지를 늙은이가 먹는다. 건장한 젊은이를 귀하게 여기고, 노약자들은 중시하지 않는다. 아비가 죽으면 그 후처를 아내로 삼고, 형제가 죽으면 그의 부인 전부를 자기 아내로 삼는다. 이름 부르는 걸 꺼려하지 않으며, 성씨나 자字는 따로 없다.

(진秦나라 시기) 두만頭曼 선우에게 태자가 있었으니 이름이 묵돌冒頓(BC.234~BC.174)이다. 선우가 뒤늦게 사랑한 여인 연씨閼氏(황후라는 뜻)가 막내아들을 낳았다. 선우는 태자를 폐위하고 막내아들을 세우기 위해 태자인 묵돌을 월지국月氏國에 볼모로 보내고 그 나라를 갑자기 공격했다. 월지국에서 묵돌을 죽이려 했지만, 묵돌은 그들의 좋은 말을 훔쳐 타고 달아나 돌아왔다. 두만은 이를 장하게 여겨 1만의 기병을 거느리게 했다.

묵돌은 울고도리(鳴鏑)를 만들어 자신의 기병에게 이를 익히게 하고는 군령을 내렸다. "울고도리가 향하는 곳에 활을 쏘지 않는 자는 모두 목을 벨 것이다." 이윽고 묵돌은 울고도리로 자신의 애마를 쏘았다. 좌우의 몇몇 군사가 감히 활을 쏘지 못하자, 묵돌은 그들 모두를 즉각 참수했다. 얼마 뒤 울고도리로 자기의 사랑하는 아내를 쏘았다. 주위의 몇몇 사람이 또 두려운 마음에 감히 쏘지를 못했다. 묵돌은 또 그들을 참수했다. 다시 얼마가 지나 묵돌은 사냥을 나갔다가 울고도리로 선우의 말을 쏘았다. 이번에는 좌우의 사람들이 모두 쏘았다. 묵돌은 좌우의 사람들이 모두 쏠 만하다고 확신했다. 부왕을 따라 사냥을 나갔다가 울고도리로 부왕을 쏘았다. 좌우 모두 따라 쏘아 두만 선우를 죽였다. 자신의 후모後母와 이복동생, 그리고 자신을 따르지 않는 신하들을 모두 죽이고 스스로 선우가 되었다(BC.209).

묵돌이 즉위했을 때 동호東胡의 세력이 강성했다. 동호에서는 묵돌이 스스로 선우가 되었다는 소식을 듣고 사신을 보내 두만 선우 시절부터 있던 천리마를 요구했다. 묵돌이 여러 신하들에게 묻자 신하들은 이구동성으로 대답했다. "천리마는 우리의 보물입니다. 줄 수 없습니다." 묵돌이 말했다. "나라를 이웃하고 있으면서 말 한 마리를 아까워해서야 쓰나?" 천리마를 내주었다. 동호는 묵돌이 자신들을 두려워한다고 여겼다. 얼마 뒤 다시 사신을 보내 연씨 한 명을 요구했다. 묵돌은 또 좌우의 신하들에게 물었다. 신하들은 모두 화를 삭이며 말했다. "동호는 버릇이 없습니다, 연씨를 요구하다니요! 군사를 일으켜 치시지요." 묵돌이 말했다. "나라를 이웃하고 있으면서 여인 하나를 아까워해서야." 자기가 사랑하는 연씨를 동호에 보냈다. 동호의 왕은 더욱 교만해져 흉노를 침략했다.

동호와 흉노 사이에는 사람이 살지 않아 버려진 천여 리의 땅이 있었다. 동호에서 사신을 보내 묵돌에게 말했다. "우리 두 나라 사이에는 버려진 땅이 있습니다. 귀국에서 이를 수 있는 곳이 아니니 우리가 갖고자 합니다." 묵돌이 신하들에게 물었다. 신하 중에 이렇게 말하는 자가 있었다. "이곳은 버려진 땅입니다. 주어도 그만이고 주지 않아도 좋습니다." 이에 묵돌이 대로하여 말했다. "땅이란 나라의 근본인데 어찌 내준단 말인가!" 내주자고 말한 신하들을 모두 참수했다. 묵돌은 말에 올라 뒤처진 자는 모두 참수한다고 나라 안에 군령을 내렸다. 동쪽으로 동호를 공격했다.

동호에서는 애초 묵돌을 경시하여 대비하지 않았다. 맞아 싸웠지만 묵돌은 동호의 군사를 크게 깨트리고 왕을 죽였다. 그리고 백성들과 가축들을 잡아갔다. 귀국해서는 서쪽으로 가 월지국을 치고, 남쪽으로 하남河南의 누번樓煩과 백양白羊의 왕의 토지를 병합했다. 또 진나라 몽염이 빼앗아 간 땅 모두와, 한나라의 관문인 옛 하남의 요새를 수복했다. 조나朝那(서한 때 설치한, 영하寧夏 고원 동남쪽에 있던 현)와 부시膚施(연안시延安市 일대) 고을에까지 진출했으며, 대代와 연燕 지역을 침범했다. 당시 중국은 한나라와 항우의 오랜 싸움으로 국력이 피폐해진 터라, 묵돌이 그 틈을 이용해 세력을 키울 수 있었으니 그 군사의 수가 30여만에 이르렀다.

순유로부터 두만에 이르기까지 1천여 년 동안 이합집산을 반복하면서 시대에 따라 세력이 커지기도 하고 작아지기도 한 지가 오래되었다. 대를 이어 내려온 그 계통을 차례차례 기술할 수는 없다. 하지만 묵돌 시대에 이르러 흉노의 세력이 가장 강대해져 북쪽으로 여러 종족들을 모두 복종시키고 남쪽으로 중국과 어깨를 나란히 하며 맞서게 되었다.

그 뒤로 얼마 지나지 않아 묵돌이 죽고(BC.174), 아들 계육稽粥이 즉위했으니 그가 노상老上 선우다. 노상계육老上稽粥 선우가 즉위하자마자 효문제는 종실의 공주를 선우의 연씨로 보내며 연燕 출신의 환관 중항열을 함께 보내 공주를 보좌하게 했다. 중항열은 가지 않으려 했지만 한나라에서는 강제로 보냈다. 중항열이 말했다. "내가 가면 한나라의 우환이 될 것입니다." 중항열은 그 땅에 이르자 선우에게 복속했고, 선우는 그를 매우 친애했다.

중항열이 와 보니 흉노 사람들이 한나라의 비단과 음식을 매우 좋아했다. 그가 말했다. "흉노의 백성은 기껏해야 한나라 한 고을의 백성 수에도 미치지 못합니다. 그럼에도 세력이 이토록 강대한 것은 의복과 음식이 달라 의식을 한나라에 의존하지 않기 때문입니다. 그런데 지금 선우께서 풍속을 바꿔 한나라의 물건을 좋아하신다면, 백성들의 일용 중 한나라 물건이 열에 둘이 되기도 전에 흉노는 모두 한나라의 차지가 되고 말 것입니다. 사람들의 기호와 경제적 의존과 정치적 종속 사이의 함수관계에 대한 통찰. 한나라의 솜과 비단으로 옷을 지어 입고 초원의 가시덤불 속을 달려 그 옷이 금방 찢기거나 해어지는 것으로 우리 가죽옷의 완벽함만 못하다는 것을 보여주십시오. 한나라의 음식과 물건이 생기면 모두 버려 우리의 유락이 훨씬 더 편리하고 맛있다는 사실을 입증하십시오." 중항열은 또 선우의 측신들에게 기록하는 법을 가르쳐 백성과 가축과 물품의 수를 계산하게 했다. 문명의 편리는 전파.

한나라에서 선우에게 보낸 편지의 규격은 한 자 한 치였고, 인사는 "황제는 삼가 여쭙니다. 흉노의 대선우께서는 무고하십니까?"라 하고, 보내는 물품과 제안하는 말을 적었다. 중항열은 선우가 한나라에 보내는 국서의 규격을 한 자 두 치로 하고, 봉인의 크기 또한 더 넓고 길게 하도록 했다. 인사말도 자신을 높여, "천지가 생겨나고 일월이 머무는 곳의 흉노 대선우는 삼가 여쭙니다. 한나라 황제는 무고하십니까?"라 했고, 보내는 물건과 할 말은 이러이러하다고 했다.

한나라 사신 중 이런 말을 한 사람이 있었다. "흉노의 풍속은 노인을 천시한다지요!" 그러자 중항열이 그 사신을 추궁하여 말했다. "너희 한나라 풍속에도, 변방에 수자리 살기 위해 군대를 따라 떠나는

흉노 열전

아들을 위해 늙은 부모가 따뜻한 옷을 벗어 주고 기름진 음식을 먹이며 전송하지 않는가?" 사신이 대답했다. "그렇습지요." 중항열이 말했다. "흉노는 대놓고 전쟁을 일삼는데, 늙고 약한 사람은 싸울 수 없다. 그러므로 젊고 건장한 사람에게 기름지고 맛있는 음식을 먹여 자신을 지키는 것이다. 이렇게 아비와 아들이 각자 오래도록 서로를 지켜 주는데, 흉노가 노인을 경시한다는 게 웬 말인가?"

사신이 말했다. "흉노는 아비와 아들이 같은 궁려穹廬[1]에서 잔다지요. 아비가 죽으면 후모를 아내로 삼고, 형제가 죽으면 그 아내를 모두 자기 아내로 들인다고 들었습니다. 관복의 격식이라곤 찾아볼 수 없으며, 조정에서는 군신 간 예의범절도 없습니다."

중항열이 말했다.

"흉노의 풍속에 사람들은 가축의 고기를 먹고, 거기서 나온 젖을 마시며, 그 가죽으로 옷을 해 입는다. 가축은 풀을 먹고 물을 마시니 계절에 따라 이동하며 산다. 그러므로 위급한 상황에는 말타기와 활쏘기를 익히고, 평소에는 일 없음을 즐긴다. 약속이 복잡하지 않으니 실행하기 쉽고, 군신 간의 예의가 간결하니 한 나라의 정사가 한 몸을 다스리는 것과 같다. 부자 형제가 죽었을 때 그 아내를 거두어 아내로 삼는 것은 종성種姓을 잃지 않으려 함이다. 그런 까닭에 흉노에서는 비록 변란이 일어나도 예외 없이 같은 혈통을 세운다.

지금 중국은 대놓고 부형의 아내를 취하지는 않지만 친속은 더욱 멀어져 서로 죽이거나 심지어는 성을 바꾸기까지 하니, 이는 모두 그러한 풍속에서 생기는 것이다. 또 예의의 폐단으로 윗사람과 아랫사

---

1   만원형 천막십. 유르트 또는 게르.

람이 서로를 원망하며, 궁궐을 호화롭게 짓는 데 동원되어 살아가는 힘이 모두 꺾이고 만다. 백성들은 힘써 농사를 지어 의식을 마련하고, 나아가 성곽을 쌓아 수비까지 맡아야 하니, 막상 위급한 상황이 닥치면 전투를 익힌 적이 없으니 답답하고, 일이 없을 때에는 농사에 부역에 피로에서 벗어나지 못한다. 쯧쯧, 흙집에 사는 이들이여, 자신의 처지를 돌아보고 여러 말 하지 말라. 아무리 떠들어대고 소곤댄들 한나라의 관대冠帶 따위로 무엇을 할 수 있단 말인가?" 전통문화의 미덕을 발견하다.

그 뒤로 한나라 사신이 변론하려고 할 때마다 중항열이 말했다. "한나라 사신은 여러 말 말라. 한나라에서 보내오는 비단과 솜, 쌀과 누룩 등을 잘 살펴 수량을 맞추고 그 품질에만 신경 쓰면 되는데 쓸데없이 무슨 말을 하려는 것인가? 보내오는 물품이 제대로 갖추어지면 그만이로되, 수량이 부족하거나 품질이 떨어지면 가을 곡식이 익기를 기다려 말을 달려 너희 밭을 짓밟을 뿐이다." 이런 인물을 만나 말없이 열 냥 술을 대작하고 싶다! 중항열은 밤낮으로 선우에게 군사를 움직이는 시기와 방향 등을 가르쳤다.

구리호呴犁湖 선우가 즉위한 지 1년 만에 죽었다. 흉노에서는 그의 아우 좌대도위左大都尉 저제후且鞮侯를 선우로 세웠다. 당시 한나라는 대완大宛의 왕을 죽이고 위엄이 외국에 진동했다. 천자는 이참에 흉노의 세력도 꺾고 싶었다. 이에 조서를 내려 말했다. "고조 황제께서 짐에게 평성平城의 근심을 남기셨다. 고 태후 시절 선우의 국서는 패역이 그지없었다. 옛날 제나라 양공襄公이 아홉 세대 이전의 복수를 갚으니 『춘추』에서 이를 높이 평가했다."² 태초太初 4년(BC.101)의 일이다.

저제후 선우가 즉위하자 한나라 사신 중에 굽히지 않았던 자들을 모두 돌려보냈다. (기원전 107년부터 억류되었던) 노충국路充國 등노 돌아올 수 있었다. 선우는 권좌에 오르자 한나라의 습격을 받을까 걱정했다. 이에, "나는 아직 어린아이인데 어찌 감히 한나라 천자의 위망을 바랄 수 있나? 천자는 나의 장인 항렬이다"라고 말했다. 그런데 한나라에서 중랑장 소무蘇武를 통해 값비싼 선물을 보내자, 선우는 기고만장하여 겸손하게 예의를 갖추지 않았다. 이는 한나라에서 기대했던 것이 아니었다. 이듬해 착야후浞野侯 조파노趙破奴(?~BC.91)가 달아나 한나라로 돌아왔다.

그 이듬해(BC.99), 한나라는 이사장군貳師將軍 이광리李廣利에게 3만 기를 거느리고 주천酒泉(감숙성甘肅省 서북부 주천시)을 출발하여 천산天山에서 흉노의 우현왕右賢王을 치게 하니, 죽이고 사로잡은 흉노의 수가 1만이 넘었다. 이광리의 한나라 군대는 돌아오다가 흉노에게 포위당했는데, 빠져나오지 못하고 죽은 이가 열에 예닐곱이나 되었다. 한나라에서는 다시 인우장군因杅將軍 오출敖出로 하여금 군사를 거느리고 서하西河를 출발하여 탁도산涿塗山(몽골 체체아르크車車爾勒格 남쪽)에서 강노도위強弩都尉의 군대와 합세하게 했지만 소득이 없었다. 한나라에서는 또 기도위騎都尉 이릉李陵으로 하여금 보병과 기병 5천을 거느리고 거연居延(내몽골자치구 서쪽 끝 어지나치額濟納旗)을 출발하게 했다. 이릉의 군대는 북쪽으로 1천여 리를 진군한 끝에 선

2   『춘추공양전』春秋公羊傳 장공莊公 4년조에 "제齊 양공襄公 9대조인 애공哀公이 기후紀侯의 모함을 받아 주周에 피살당했는데, 기원전 690년 양공이 기紀를 멸했다"라고 기록되어 있다.

우의 군대와 만나 싸워 1만이 넘는 흉노 군사를 살상했다. 무기와 식량이 떨어져 싸움을 풀고 물러나려 했지만, 흉노의 군사가 에워쌌다. 이릉은 흉노에게 투항했고, 군사는 전멸하다시피 했으니 겨우 400명만이 돌아왔다. 선우는 이릉을 귀하게 대접하여 자기 딸을 아내로 삼게 했다.

2년 뒤(BC.97), 또 이광리에게 6만의 기병과 10만 보병을 이끌고 삭방군朔方郡(내몽골자치구 바옌나오얼 시巴彦淖爾市 등구현蹬口縣)에서 출전하게 했다. 강노도위 노박덕路博德도 1만여 군사를 거느리고 이광리의 군대에 합세하게 했다. 유격장군遊擊將軍 열설說에게는 3만의 보병과 기병을 거느리고 오원伍原(바옌나오얼 시 오원현)에서 출발하게 했다. 인우장군 오출은 1만 기병과 3만 보병을 지휘하여 안문雁門에서 나가게 했다. 이 소식을 감지한 흉노는 가족들을 여오수餘吳水(몽골 올란바트르 서남쪽의 톨 강) 북쪽 멀리 피신시키고, 선우는 10만의 기병으로 강 남쪽에서 기다렸다가 이광리 장군의 군대와 접전했다. 이광리 장군은 군진을 풀고 돌아오면서 10여 일을 쉬지 않고 선우와 싸우다가, 무고巫蠱의 화禍로 자기 집안이 멸족되었다는 소식을 듣고는 군대와 함께 흉노에 투항했으니,[3] 살아 돌아온 군사는 1천 명에 하나둘뿐이었다. 유격장군 열도 소득이 없었다. 인우장군 오출은 좌현왕과 싸웠지만 전세가 불리해 군사를 이끌고 돌아왔다. 이해에 한나라 군대가 흉노를 공격한 일에 대해서는 그 공의 많고 적음 자체를 말하기가 어렵고, 공을 세운 이는 그에 상응하는 보상을 받지 못했다.

3   『한서』「흉노전 상」의 '이광리 본전'에 따르면, 이광리가 흉노에 투항한 해는 정화征和 3년, 기원전 90년이다. 사마천은 7년 뒤에 일어난 일을 여기에 묶어 다루었는데, 이는 착오라기보다는 의도적 구성으로 보인다.

조서를 내려 태의령太醫令 수단隨但을 체포하게 했다. 이광리 장군 집안의 멸족 사실을 발설하여, 이광리 장군으로 하여금 흉노에 투항하게 하는 원인을 제공했다고 보았던 것이다.

태사공은 말한다. 공자는 『춘추』를 지으면서 은공隱公[4]과 환공桓公 시대에 대해서는 시비 평가를 분명히 했다. 반면 정공定公과 애공哀公[5] 시대의 일에 대해서는 숨기고 감추어 기술했다. 자신이 살았던 시대의 정치 사안에 대한 글인지라 대략 칭송하고 말았으니, 꺼리어 감춘 말이다. 세속에서 흉노에 대해 발언하는 자들은 한때의 자기 권세를 걱정하느라 말을 꾸며 아첨하기에만 힘쓴다. 그러다보니 편향된 견해에 편승하여 피차의 정황을 살펴 고려하지 않는다. 장수들이 중국의 광대함만 믿어 기고만장하면, 군주는 거기 편승하여 정책을 결정하곤 한다. 이런 까닭에 공업이 변변치 않다. 요임금은 성현이었지만 사업을 일으켜 성공하지 못하다가 우를 얻고서야 천하가 편안해졌다. 그러니 성왕聖王의 전통을 일으키려 한다면 관건은 오로지 장수와 재상을 가려 맡김에 달렸을 뿐이다. 장수와 재상을 가려 맡김에 달렸을 뿐이다. 거듭 말하여, 당대에 실현되지 않고 있다는 뜻을 숨겼다.

---

4   『춘추』는 은공 원년인 기원전 722년부터 시작한다.
5   애공 14년인 기원전 401년에서 『춘추』가 끝난다.

권력의 눈치를 보는 사가의 붓

사마천은 『춘추』에서, 기술 시대에 따라 공자의 붓질에도 힘의 강약이 있다는 사실을 발견했다. 공자는 먼 시대의 일에 대해서는 과감하고 분명하게 포폄을 가했지만, 공자 당대에 이르면 슬쩍 자신을 감추거나 붓질에 힘을 뺐다. 조심스러웠던 것이다. 무제武帝는 패권 정책으로 주변 이민족과 무리한 전쟁을 자주 일으켰다. 이광리와 이릉은 흉노 정벌의 군사 지휘관이었는데, 이 사건들의 와중에서 사마천은 돌이킬 수 없는 화를 입었다. 당시 흉노와의 관계에서 발생한 이 사건들은 사마천 개인의 삶에도, 다시 들추기 어려운 트라우마로 남았다. 그는 주체적 서사 구성을 포기하고, 이런 저런 사건들을 덤덤하게 열거하는 방법을 선택했다. 하지만 논평에 이르면 깊은 속내를 감추지 못한다. 사마천은, 흉노에 대한 강경책이 흉노에 대한 한나라의 무지와 오만, 그리고 관료들의 사리사욕과 군주의 불찰이 합쳐진 결과라고 단언한다. 본문 속 중항열의 발언에 대한 조응인 셈이다. 또 한나라가 요임금의 성세를 일으키려 한다면, 장수와 재상을 제대로 가려 써야 한다고 탄식을 거듭한다. 이는 당시 대對 흉노 정책의 잘못에 대한 비판인 동시에 방향 전환에 대한 암묵적 촉구다. 우리는 국가가 역사를 통제하지 않고, 사가史家의 붓이 권력의 눈치를 보지 않는 세상을 지향한다.

패수浿水를 찾아
떠나는 여행

조선 열전朝鮮列傳

한나라는 조선을 공격했고, 조선은 격렬하게 저항했다. 당시 두 나라의 국경선은 패수浿水였다. 이 글에는 '패수'라는 단어가 일곱 차례나 등장한다. 패수의 물줄기를 밝히는 것은 당시 조선의 위치와 강역을 규명하는 데 결정적인 단서가 된다. 패수의 위치가 고대사의 강역 문제를 푸는 첫 번째 열쇠라고 한 박지원의 말은 정확하다(『열하일기』「도강록」). 그런데 6세기 초 역도원酈道元은 『수경주』水經注를 편찬하면서 고구려 사신의 말―평양 대동강의 다른 이름이 패수라는 말―만 믿고, "패수는 낙랑군 누방현에서 나와 동남쪽으로 흐르다가 임패현을 지나 동쪽으로 흘러 바다에 들어간다"는 『수경』의 기록을 오류라고 단정했다. 이후 '대동강패수설'이 통설로 자리 잡았다.

1년여에 걸친 격렬한 싸움 끝에 조선은 끝내 망하고 말았다. 기원전 108년의 일이다. 『한서』漢書에 따르면, 한나라는 조선 땅에 진번眞番·임둔臨屯·낙랑樂浪·현도玄菟 4군郡을 설치했다(천도는 1년 늦은 기원전 107년에 설치). 기원전 82년에는 진번과 임둔이 폐지되었다. 조선이 망한 자리에 설치된 4군의 위치, 그중에서도 낙랑은 고대사 강역 문제의 핵심 논제가 되었다. 패수가 낙랑에서 나왔다는 위 『수경주』의 기록, 대동강의 다른 이름이 패수(강)라는 사실, 평양에서 출토된 다량의 낙랑 유물, 일제의 관변 사학자들은 이 세 가지를 엮어 평양낙랑설을 주장했다. 이는 여전히 한국 역사학계의 통설이다. 평양낙랑설은 중국으로서도 나쁠 것이 없으니, 그들도 이를 적극 지지한다.

일연一然(1206~1289)은 『삼국유사』를 저술하면서, 「기이」紀異 편을 '고조선'으로 시작하고 그다음에 '위만조선'을 편차했다. 그다음은 '마한'이다. 여기에는 위만조선이 고조선을 잇는 동시에 마한의 전신이 된다는, 일연의 국가 계통 인식이 작용한다. 『삼국유사』의 '위만조선'은 『사기』 「조선 열전」을 반 정도로 축약한 것이다. 그 과정에서 조선을 이적夷狄으로 간주하거나, 중국의 내부 현실에 대한 내용 등은 삭제했다. 하지만 고대사 강역에 대한 일연의 이해는 한반도 안에 국한되었다. 조선과 한나라의 자연 국경이었던 패수는 지금의 어느 물줄기일까? 이 글에 중요한 단서가 들어 있다.

조선 열전

수견수문隨見隨聞
보이는 대로 들리는 대로

사마천 당시 한나라의 외교는 북쪽 흉노에 집중되었다. 사마천에게 조선은 가본 적도 없을뿐더러 소식도 뜸한 먼 변방이었다.

연나라 태자 단의 무리가 요동遼東 사이로 어지러이 흩어지자 위만衛滿이 그 유민들을 거두었다. 그들은 해동에 모여 진번眞蕃[1] 땅에 이르렀고, 요새를 쌓아 외신外臣이 되었다. 쉰다섯 번째로 「조선 열전」을 지었다.

조선 왕 만滿은 옛 연나라 사람이다. 연나라가 강성하던 시절 일찍이 진번과 조선을 복속시켜 관리를 두고 요새를 쌓았다. 진나라가 연을 멸망시켜 요동 외요外徼에 속하게 했다(BC.222). 새로 일어난 한나라는 너무 멀어 지키기가 어렵다고 판단하여 다시 요동 옛 요새를 수축하고 ①패수를 경계로 삼아 연燕에 복속시켰다(BC.206). 당시 연의 동쪽 경계는 패수.

연왕 노관盧綰이 반란을 일으켜 흉노 땅으로 들어가자 만滿도 망명했다(BC.196). 무리 1천여 명을 모아 상투를 틀고 오랑캐 차림으로 동쪽으로 달아나 요새를 벗어났다. ②패수를 건너 진나라의 옛 빈 땅인 하장下鄣에 터를 잡았다. 점차 진번과 조선의 이민족(만이蠻夷)들을 복

---

1   원래 고조선 근방에 있던 독립 국가였던 것으로 보인다. 중국의 역사서에 고조
     선과 함께 등장의 구요 패가노 사수 등장한다.

속시키고, 옛 연燕과 제齊의 유민들을 모아[2] 왕이 되고 왕험王險에 도
읍했다.[3]

효혜제孝惠帝(재위 BC.195~BC.188)와 고후高后(재위 BC.188~BC.180)
의 시대가 되자 천하가 비로소 안정되었다. 요동 태수는 위만을 외신
으로 삼아 요새 밖의 만이들을 보호하여 변방을 노략질하지 않도록
하고, 여러 만이의 군장들이 천자를 조회하려고 하면 방해하지 않을
것을 약조하고 이를 보고했다. 천자는 이를 허락했다. 이런 이유로 위
만은 군사력과 재물로 주변의 작은 고을들을 항복시키니 진번과 임
둔臨屯[4]이 모두 와서 복속하여 그 땅이 사방 수천 리에 이르렀다. 수
도를 중심으로 사방 수천 리.

아들 우거右渠에게 왕위를 물려주었다. 꾀어 온 한나라 망명객들이
점점 많아졌는데 조회하지 않았다. 진번 주변의 여러 나라들이 글을
올려 천자를 뵙고자 했는데 중간에서 막아 통하지 못하게 했다.[5] 원봉
元封 2년(BC.109) 한나라 사신 섭하涉何가 우거에게 좋게 말했지만 우
거는 조칙을 받들려 하지 않았다.[6] 섭하가 떠나 국경 ③패수에 이르

---

2   "준왕準王 때 진말秦末의 난을 피하여 연燕과 제齊와 조趙의 난민들이 속속 몰
      려들어, 이들을 서방에 거주하게 했다."(『삼국지』「동이전東夷傳, 한전韓傳」)
3   일연은 『위지』魏志를 인용하여, 위만이 조선을 치자, 기자의 후손인 조선 왕 준
      準은 궁인과 측근들을 거느리고 바다를 건너 남쪽으로 가 한韓 땅에 이르렀고
      거기서 나라를 열어 마한이라 했다고 했다. 하지만 일연이 인용한 『위지』의 정
      체가 분명치 않다.
4   원래 고조선 근방에 있던 독립 국가였던 것으로 추정된다.
5   조선의 위치는 한나라와 진번의 사이. 700년 뒤 고구려가 당唐과 신라·백제 사
      이에서 비슷한 역할을 했다.
6   복속 요구와 거부. 당唐은 고구려에, 요遼와 금金과 원元은 고려에, 청淸은 조
      선에 유사한 요구를 했고, 요구가 거부되었을 때는 언제나 전쟁이 일어났다.
      645년 당나라의 고구려 침공. 거란의 1차(993, 서희), 2차(1010), 3차(1018)

러서는 사람을 시켜 자신을 전송하러 온 조선 비왕裨王 장長을 찔러 죽이게 하고는 물을 건너 달아나 요새로 들어갔다. 사신 살해와 전쟁의 발발. 돌아와서 천자에게 조선의 장수를 죽였다고 보고하자, 천자는 그 이름을 아름답게 여겨 문책하지 않았다. 섭하를 요동동부도위로 삼았다. 도발. 조선에서는 섭하를 원망한 끝에 기습하여 그를 죽였다. 응징, 역도발.

천자는 죄인을 모아 조선을 쳤다. 그해 가을 누선장군樓船將軍 양복楊僕을 보내 제齊 땅에서 발해渤海를 건너게 했는데 군사가 5만이었다.[7] 좌장군 순체荀彘는 요동으로 출병하여 우거를 쳤다.[8] 우거는 군사를 일으키고 험지에 기대 막았다. 산과 물이 자연 방어 지형을 이루는 곳. 좌장군이 요동의 군사들을 거느리고 먼저 쳤다가 패하여 흩어져 달아난 자가 많았다. 군법으로 참수했다. 누선장군은 제齊 땅의 군사 7천 명으로 먼저 왕험에 이르렀다. 우거는 성을 지키면서 누선장군의 군사가 적은 것을 알고는 성문을 나와 공격했다. 누선의 군대도 패하여 흩어져 달아났다. 누선장군은 군사를 잃고 산속에서 10여 일을 숨어 있다가 조금씩 흩어진 군사들을 거두어 다시 모았다. 좌장군은 ④패수 서쪽의 조선 군대를 공격했으나 깨뜨리지 못했다. 패수는

고려 침공. 몽골의 1차(1231), 2차(1232), 3차(1235), 4차(1247) 고구려 침공. 1627년과 1636년 청의 두 차례 조선 침공.

7   중국의 전통 지리관에서 발해는 북해에 해당한다. 산동반도와 요동반도를 선으로 연결할 때 그 북쪽 바다를 일컫는다. 산동반도에서 발해로 배를 띄웠다면 당시 조선의 위치는 요동반도이거나 그 서북쪽이었을 수밖에 없다.

8   645년 당나라가 고구려를 공격할 때도 이처럼 두 방면으로 군사를 이동시켰다. 당시 고구려와 당唐의 국경은 요하遼河였고, 고구려의 주력 부대는 지금의 요양遼陽과 개주蓋州 일대에 있었다. 조선과 한나라의 지리 관계는 여러 모로 고구려와 당의 그것과 비슷하다.

한나라와 조선을 동서로 가르는 강이었다.

천자는 두 장수로는 어렵다고 판단하여 위산衛山을 보내 군사의 위력을 보여 우거를 달래도록 했다. 우거는 사신에게 머리를 조아려 사죄했다. "항복하고자 했으나 두 장수가 거짓으로 신을 죽일까 두려웠는데, 이제 천자의 부절을 보니 항복하려고 합니다." 태자를 들여보내 사은하게 하는 한편 말 5천 필을 바치고 군량을 보냈다. 그 무리가 1만 명이 넘었는데 무기를 지녔다. 막 ⑤패수를 건너려 할 즈음, 사신과 좌장군은 변란을 우려하여, 이미 항복했으니 무기를 지니지 않는 게 마땅하다고 태자에게 말했다. 태자 또한 사신과 좌장군이 속이고 죽일까 두려워 끝내 ⑥패수를 건너지 않고 군사를 이끌고 돌아왔다.[9] 태자의 선택. 위산이 돌아와 천자에게 보고하자 천자는 그의 목을 베었다. 처형. 외교상의 실수 또는 군사적인 손해 등이 기록에서 누락되었을 가능성.

좌장군이 ⑦패수 가의 군사를 깨고 전진하여 성 아래 이르러 그 서북쪽을 에워쌌다. 왕험성의 위치는 패수 지나, 발해를 남쪽에 둔 곳. 누선장군도 합류하여 성 남쪽에 진을 쳤다. 왕험성의 위치는 발해의 북쪽. 우거가 굳게 지키는 바람에 몇 달이 지나도록 함락하지 못했다. 좌장군은 평소 시중으로 황제의 총애를 받았다. 연燕과 대代 지역의 군사를 거느렸는데 사나운데다가 승기를 타자 더욱 교만해졌다. 누선은 제齊의 군사를 거느리고 바다에 들어갔는데 전사한 자들이 많았다. 그에 앞서 우거와 싸울 때에 곤란을 겪으며 군사들을 잃었다. 군

---

9   연나라 태자 단은 자객 형가를 보내 진시황 시해를 기도하면서까지 완강하게 저항했고, 신라의 마의태자도 결사 항전을 주장하다가 금강산으로 떠났다.

졸들은 모두 두려워했고 장수들도 부끄러워하여, 우거를 포위하고 있으면서도 늘 화절和節[10]을 지니고 있었다. 이에 반해 좌장군은 몰아쳐 공격했다.

조선의 대신이 몰래 사람을 보내 누선에게 항복하기로 약속했다. 오가며 논의가 이루어졌는데 타결되지 않았다. 좌장군은 여러 차례 누선과 합공할 것을 기약했지만, 누선은 강화하고자 하여 약속을 지키지 않았다. 좌장군 또한 사람을 보내 조선을 항복시키려 했지만 조선이 미온적이었으니 마음이 누선으로 기울었기 때문이다. 이런 까닭에 두 장군의 사이가 좋지 않았다. 좌장군 생각에 누선은 이미 군사를 잃은 죄를 지었는데, 이제 조선과 몰래 가까이 지내면서 항복시키지 못하고 있으니 모반의 뜻이 있지 않은가 의심했지만 감히 발설하지는 못했다.

천자가 말했다.

"장수들이 (일을) 이루지 못하므로 위산을 시켜 우거를 달래 항복하도록 하여 우거가 태자까지 보냈다. 그런데도 위산이 이를 마음대로 결정하지 못하고 좌장군과 계교가 서로 달라 마침내 약속이 깨어지고 말았다. 지금도 두 장군이 성을 포위하고도 마음이 맞지 않아 오래도록 해결치 못하고 있다."

제남 태수 공손수公孫遂를 보내 일의 사정을 보아 마땅히 처리하도록 했다. 공손수가 도착했다. 좌장군이 말했다. "조선을 진작 이길 수 있었는데 그러지 못한 이유가 있습니다." 누선이 몇 차례나 약속대로 군사를 내지 않은 사실과 평소 생각한 것을 털어놓았다. "지금 체

---

10   강화를 이루기 위한 형세의 무실.

포하지 않으면 큰 해가 될 것입니다. 누선 혼자가 아니라 조선과 힘을 모아 우리 군대를 없앨 것입니다." 공손수도 그렇다고 여겨 천자의 부절로 누선장군을 좌장군의 군영으로 부르게 한 뒤, 좌장군 휘하로 하여금 누선장군을 포박하고 그의 군사들을 거둔 뒤 천자에게 보고했다. 천자는 공손수를 처형했다. 처형. 군사상의 심각한 실패가 기록에서 누락되었을 가능성.

조선의 재상 노인路人과 한음韓陰, 니계尼溪[11]의 재상 삼參과 장군 왕겹王唊이 서로 모의하며 말했다.[12] "처음에 누선에게 항복하려고 했는데 누선은 잡혀 있고, 좌장군이 두 군대를 함께 거느리고 있으니 전세는 더욱 급박해져 맞서 싸우기가 어려운 상황인데 왕은 항복할 뜻이 없습니다." 왕험성의 내분. 음陰과 겹唊과 노인路人은 모두 달아나 한나라에 항복했다. 노인은 도중에 죽었다.

원봉 3년(BC.108) 여름, 니계의 재상 삼이 사람을 시켜 조선왕 우거를 죽이고 항복해 왔다. 그래도 왕험성은 함락되지 않았다. 우거의 옛 대신 성기成己가 또 맞섰다. 좌장군이 우거의 아들 장항長降과 노인의 아들 최最를 시켜 백성들을 타이르고 성기를 죽이게 했다. 이리하여 조선을 평정하고 네 군郡을 두었다. 삼은 홰청후澅清侯(제나라 땅)로, 한음은 적저후荻苴侯(발해 땅)로, 왕겹은 평주후平州侯(태산 근처

---

11 어디인지는 분명치 않으나 산동성의 어느 지역이었던 것으로 보인다. 제나라 경공景公이 공자에게 니계 일대의 땅을 주고자 한 적이 있다. 항복한 다음에 봉토로 니계 일대를 받은 것으로 보인다.

12 『사기』와 『한서』의 「조선 열전」에 대한 여러 주석은 이들 인물에 대한 별다른 정보를 제시하지 않았다. 다만 색은索隱에서 응소應昭는 노인路人을 '어양현인'漁陽縣人이라고 밝혔다. 어양漁陽은 연행로상에 있는 계주薊州(하북성 천진시)의 옛 이름이다.

양부(梁父)로, 장항은 기후幾侯(하동河東 땅, 산서山西 일대)로 삼았다. 최最는 아버지가 죽음으로써 세운 공이 있기 때문에 온양후溫陽侯(제나라 땅)로 삼았다. 좌장군은 조정으로 불러와 공을 다투어 서로 시샘하느라 계책을 어지럽힌 죄로 저자에서 목을 베었다. 처형. 누선장군 또한 군대가 열수洌水의 어귀에 이르렀으면 마땅히 좌장군을 기다렸어야 함에도 멋대로 먼저 움직여 군사를 대거 잃은 죄는 목 베어야 마땅하나 속전을 받고 서인庶人으로 신분을 내렸다. 전쟁 수행 장수들은 거의 모두 처형되었다. 매우 어려운 전쟁이었음을 반증한다.

태사공은 말한다. "우거는 험고한 지형을 믿다가 끝내 종사를 끊었다. 섭하는 공을 꾸미다가 전쟁의 빌미를 만들었다. 누선은 장수로서의 그릇이 작았으니 위급한 상황에서 죄에 걸렸다. 번우성番禺城 공략 실패를 만회하려다 도리어 모반의 의혹을 받았다. 순체는 공을 다투다 공손수와 함께 처형당했다. 두 장군의 군대는 함께 욕을 당했고 참전했던 장수로서 제후가 된 사람이 없었다.

갈석, 패수, 낙랑의 삼각함수

이 글은 고대 조선의 강역과 관련하여 몇 가지 중요한 정보를 담고 있다. 첫째, 패수는 최소한 전국시대 때부터 중원 국가와 동북 세력 사이의 자연 국계였으며, 당시 조선과 한나라의 자연 국경선이었다. 이 패수는 조선과 한을 동서로 가르는 물줄기였다. 오랜 세월 패수로 간주되어 온 대동강, 청천강, 압록강, 혼하渾河, 요하遼河 등은 모두 동(북)쪽에서 서(남)쪽으로 흐르는 강이다. 당시의 패수는 최소한 요하 서쪽에서 찾아야 한다. 둘째, 조선의 수도 왕험성은 당연히 패수 동쪽에 있었으며, 둘 사이에는 상당한 거리가 있었을 것이다. 그런데 왕험성을 목적지로 삼은 누선의 군대는 산동반도에서 발해에 배를 띄워 북쪽으로 향했다. 이는 왕험성이 지금의 발해만 연안의 어느 지점에 있었음을 의미한다. 지금의 북경(또는 조양朝陽)에서 출발한 좌장군의 군대가 왕험성의 서북쪽을 에워싸고, 산동반도에서 해로로 이동한 누선 장군의 군대가 왕험성의 남쪽에 진을 쳤다는 기술은 그러한 추정을 보강한다. 왕험성의 위치는 패수 동쪽과 발해 북쪽의 한 지점이었다. 하지만 이것만으로는 패수를 비정하기 힘들다. 셋째, 진한秦漢 시기 동북쪽 인공 국경선은 장성長城이었다. 장성의 동단東端 기점은 여러 문헌에서 낙랑樂浪 수성현遂城縣 갈석산碣石山이라고 밝혔다. 윤내현 교수의 문헌 고증과 최근 중국 학계에서 보고된 논문에 따르면,[13] 이 산은 발해만 창려현昌黎縣 북쪽에 있는 갈석산이다. 그런데 한중일 고대사학계에서 이러한 논거는, 고대 낙랑의 위치를 논하는 자리에서는 으레 무시되거나 외면당하기 일쑤이다. 위 세 가지 논거를 종합해 보면, 패수는 갈석산에서 멀지 않고 발해만의 서쪽에 위치하며, 지역을 동서로 나누며 북남으로 흐르는 제법 규모가 있는 물줄기이다.

---

13   최근 중국 학계에서도 고대 문헌 속의 갈석산이 창려현 북쪽의 갈석산이 분명하다는 주장을 담은 논문이 보고되었다. 任乃宏, 「"碣石" 新考」, 『文物春秋』, 2014. 2.; 宋蒼松, 「曹操東"臨碣"石到底在哪」, 『中華讀書報』, 2015. 4.

협객의 탄생,
독서인의 동경과 딜레마

유협 열전游俠列傳

유游는 유遊와 통한다. 원래의 뜻은 '헤엄치
다', '다니다'인데, 여기서 '노닐다'로 뜻이 넓어졌고, 뒤에는 '거침이
없다' 즉 '자유롭다'의 뜻까지 지니게 되었다. 장자의 '소요유'逍遙遊
에서 '유'遊는 '어디에도 얽매이지 않는 커다란 정신세계'를 의미한
다. '유협'游俠에서 '유'游의 의미는 근본적으로 이와 같다. '협'俠은
'인'亻과 '협'夾이 만나 이루어진 글자다. '협'夾은 '겨드랑이에 끼다'라
는 뜻을 지녔으니, '협'俠의 의미는 '어려움에 처한 사람의 겨드랑이
를 끼고 부축하는 사람', 즉 '약자를 도와주는 사람'이 된다. 두 글자
의 의미를 조합하면, 유협游俠은 '거침없는 행동으로 약자를 도와주
는 사람'이다. 이들은 권세를 두려워하지 않고, 공공의 법질서에 얽
매이지 않으며, 때로는 독자적인 윤리를 내세워 옳다고 생각하는 것
을 행동으로 실천한다. 사마천은 서사를 통해 '유협'이라는 사회적
인물 형상을 처음으로 빚어냈다. 유협은 이후 시대와 사회에 따라 다
양하게 변주되었으며, 임협任俠·협객俠客·호협豪俠·여협女俠 의협義

俠 등의 명칭으로 달리 쓰이기도 했다. 주체의 전문 능력에 따라 의협醫俠·유협儒俠·검협劍俠 등으로 응용되기도 했다. 무협武俠 또한 유협의 후손이다.

흉중사호胸中寫虎
가슴속에 맹호를 그리다

이웃 친지의 도움이 없어 궁형의 치욕을 겪은 사마천은, 자기 목숨을 돌보지 않고 행동으로 어려움에 처한 남을 도와주는 인물형을 상상해 냈다.

곤경에 빠진 사람을 구해 주고 궁핍한 사람을 도와주는 일을 인자仁者가 할 수 있는가! 신의를 잃지 않고 말을 어기지 않음은 의사義士도 배울 것이 있다. 인의仁義는 유가의 제일 덕목이다. 이 글은 입만 열면 인의를 외치지만 실천하지 않는, 하여 언행이 어긋나는 유자들에 대한 우회적 비판이자 충고이다. 예순네 번째로 「유협 열전」을 지었다.

한비자는 "유자는 문文으로 법을 어지럽히고, 유협은 무武로 금기를 어긴다"고 했다. 이는 모두 조롱하는 말이지만, 학사들은 세상에서 일컬어짐이 많다. 문자의 힘. 학술로 재상과 경대부의 자리를 얻어 군주를 보좌하여 공명이 역사에 드러난 사람에 대해서야 굳이 말할 것이 없다. 계차季次[1]나 원헌原憲[2] 등은 여항 사람인데, 글을 읽어 독

---

1   공자의 제자 공석애孔晳哀. 청빈함으로 공자의 칭찬을 받았다.

행군자獨行君子의 덕을 품어 의리상 구차하게 세상에 영합하지 않았고 세상 또한 그를 비웃었다. 그러므로 계차와 원헌은 죽을 때까지 궁핍하게 살았지만, 죽은 지 400여 년이 지나도록 제자들은 그 뜻을 이어받기를 게을리 아니 한다. 기록의 힘. 똑같이 세상을 어지럽히지만, 유협과 달리 학사들은 명예롭게 기려지곤 한다. 유자들은 문자를 다루고 기록을 담당하는데, 협俠에 대해서는 무관심하거나 그들을 죄악시하기 때문이다.

오늘의 유협은 그 행동이 올바른 법도를 따르지는 않는다. 하지만 그 말은 반드시 지키고, 그 행동은 반드시 끝장을 보고, 수락했으면 반드시 최선을 다하는데 자기 몸을 아끼지 않고, 선비의 곤경에 나아감에는 자신의 존망과 사생을 돌보지 않는다. 그러면서도 자기 능력을 자랑하지 않고 자기 덕을 내세우는 것을 부끄러워하니 유협의 미덕. 또한 칭찬할 만한 것이 있다. 또 갑작스런 어려움은 사람들에게 때때로 생기는 것이다. 체험.

태사공은 말한다. 두 번의 논평, 격정의 분출.

"옛날 순舜임금은 우물 파고 곳집 바르는 일을 했고, 이윤伊尹은 짐승을 잡는 일에 종사했다. 부열傳說은 부험傳險 땅에 몸을 숨겼고, 여상呂尙은 극진棘津에서 가난하게 살았다. 관중管仲은 차꼬에 매인 적이 있고, 백리해百里奚는 남의 종이 되어 소를 키웠으며, 공자는 여행 도중 두려움에 질린 적이 있다. 이들은 학사들이 이르는 바 도道를 지닌 어진 사람임에도 이런 재앙을 만났거늘, 하물며 보통 재주로 난세를 살아가는 요즘 사람들이랴! 위해를 만나는 것을 이루 다 말할 수

2   공자의 제자 자사子思. 공자의 손자로 『중용』을 지었다.

있을까?" 체험. 겪지 않으면 남의 고통은 관념에 지나지 않는다.

속인들은 말한다. "무어 인의仁義를 따지랴! 이익을 차지한 자가 덕德도 지니게 되는 것을." 그러므로 백이는 주나라를 부끄럽게 여겨 수양산에서 굶어 죽었지만, 문왕과 무왕이 그 일로 왕위를 잃지 않았다. 도척盜跖과 장교莊蹻는 흉포했지만 따르는 무리들이 그들의 의를 칭송함이 그치질 않는다. 이것으로 보건대, "옥고리를 훔친 자는 처형되고 나라를 훔친 자는 제후가 되니, 제후의 집안에 인의仁義가 있다"는 말은 허언이 아니다. 윤리와 도덕은 권력의 집에 사는 식객이다. 나라를 훔친 자는 법의 칼자루를 쥐고 윤리를 제정한다. 옥고리를 훔친 자는 그 법과 윤리의 칼날 위에 선다. "서민들은 죽을 때까지 자기를 위해 만들어진 법의 문 안으로 들어가지 못한다."(카프카, 「법의 서문」)

오늘날 꽉 막힌 학자가 변변찮은 의리를 품고 오래도록 세상에 고립되어 있는 것이, 논조를 낮춰 습속과 어울리면서 세상과 더불어 부침하면서 영화와 이름을 얻는 것만 하겠는가! 그런데 포의布衣의 무리로 은의에는 반드시 보답하고 승낙한 일은 반드시 이행하여 천리 밖에서도 그 의리를 칭송하고 죽어도 세속을 돌아보지 않는다면 여기에도 훌륭한 점이 있어 조금도 구차하지 않다. 그러므로 선비가 곤경에 빠져 자기 목숨을 맡길 수 있다면, 이 어찌 사람들이 말하는 현자賢者와 호걸豪傑 사이의 인물이 아니랴! 사마천이 절박할 때 누구도 그를 위해 목숨 걸고 나서 주지 않았다. 여기서 겪은 좌절과 깨달음은 열전 69편에 다양하게 변주되어 나타난다.

시골의 협객을 계차, 원헌과 그 권력을 비교한다면 당세에 드러난 공은 같은 저울 위에 올릴 수 없을 정도이다. 요컨대 공을 드러내고 말을 실천하는 것만 따진다면 협객의 의리를 어찌 과소평가할 수 있겠는가! 궁형의 위기에서 원헌과 계차 같은 인물들은 어떤 힘도 되어주지 못했다. 오히려 그런 위험을 초래한 원인은 원헌과 계차를 공부한 데 있다.

옛날의 포의 협객에 대해서는 듣지를 못했을 뿐이다. 유자가 기록하지 않았다. 근세의 연릉군延陵君, 맹상군孟嘗君, 춘신군春申君, 평원군平原君, 신릉군信陵君의 무리는 모두 왕의 친척으로 영지를 지닌 경상의 부유함에 기대 천하의 현자를 불러 제후에게 이름이 났으니 현자가 아니라고는 할 수 없다. 이는 바람결에 부르면 소리를 더 지르지 않고도 그 형세가 격렬함과 같은 이치이다. 여항의 협객이 행실과 이름을 닦아 천하에 알려져 누구나 현자라고 칭찬하게 되는 것은 참으로 어려운 일이다. 하지만 유가와 묵가에서는 모두 그들을 배척하여 기록에 싣지 않았다. 진秦나라 이전 무명 협객의 사연들은 모두 사라져 보이지 않음을 나는 몹시 안타깝게 생각한다. 연기처럼 소멸한 주변부 인물들에 대한 안타까움. 사마천이 보통의 역사가와 다른 점이고, 뒷시대의 소설가와 통하는 부분이다.

내 듣기로 한나라가 일어날 무렵 주가朱家, 전중田仲, 왕공王公, 극맹劇孟, 곽해郭解의 무리가 있었다. 때로 당시의 법을 건드리기는 했지만, 그 사사로운 의리와 깨끗한 행실과 자기를 내세우지 않는 태도는 칭찬하기에 충분하다. 이름은 실상 없이 서지 않고 선비가 이유 없이 따르는 것이 아니다. 기록되지 못한 주변부 인물들의 남다른 미덕과 실질. 붕당이나 강성한 종족이 세를 이루어 재물을 가지고 가난한 사람을 부리거나, 약한 사람들을 모질게 모욕하고 괴롭히며 멋대로 행동하는 것을 유협은 더럽게 여긴다. 세속이 그 속뜻을 살피지 못하고 외람되게도 주가와 곽해 등을 세도가의 무리와 뒤섞어 비웃는 세태가 나는 슬프다! 입전 이유. 문장가의 뜨거운 가슴.

노나라의 주가朱家는 고조와 동시대 사람이다. 노나라 사람들은 모두 유교를 숭상했지만 주가는 협행俠行으로 이름났다. 행동하지 않으면 협俠이 아니기에 협행俠行이라 한 것이다. 거두고 먹이는 호걸들만 백 명이나 되었으며 그 나머지 보통 사람들은 이루 다 말할 수 없다. 하지만 끝내 자기 능력을 자랑하지 않았고, 보답을 바라지 않았으며, 자기가 베푼 일이 밝혀지는 것을 꺼려했다. 가난하고 천한 사람부터 구제했다. 집안에는 남은 재산이 없고 옷에는 색깔이 갖춰지지 않았다. 먹음에는 맛을 따지지 않았고 작은 소가 끄는 수레를 탔다. 자기 일보다 남의 위급함에 달려갔다. 남몰래 계포季布 장군을 구해 주고도, 계포가 존귀하게 되어서는 죽을 때까지 그를 만나지 않았다. 함곡관 동쪽으로 목을 늘여 그와 교제하기를 원치 않는 사람이 없었다.

전중田仲이 죽고 낙양에 극맹劇孟이 있었다. 주나라 사람들은 장사를 업으로 삼았지만, 극맹은 임협任俠으로서 제후들에게 알려졌다. 오鳴와 초楚 땅에서 반란이 일어났을 때 조후儵侯는 태위로 있었는데 역마가 끄는 수레를 타고 하남 땅에 이르러 극맹을 얻고는 기뻐하며 말했다. "오와 초에서 대사를 일으키면서 극맹을 구하지 않았으니 그들의 무능함을 알겠다." 천하가 소란스러울 때 재상이 그를 얻는 것을 적국을 얻은 것과 같다고 여겼다. 극맹은 주가와 크게 비슷했지만 도박을 좋아했으며 소년처럼 장난기가 많았다. 하지만 극맹의 어머니가 돌아가자 먼 곳으로부터 보내온 조문 수레가 천승이나 되었다. 그가 죽었을 때 집에는 10금의 재물도 남지 않았다.

두 개의 전진前陣—주가와 극맹—을 배치하여, 뒤따를 본진本陣—

곽해—의 성세를 예고했다. 『열하일기』의 「옥갑야화」는 이를 잘 배워 흔적을 남기지 않은 글이다.

곽해郭解는 지軹(하남성 제원시濟源市 남쪽 지성진軹城鎭) 땅 사람이다. 자는 옹백翁伯으로, 관상을 잘 보았던 허부許負의 외손이다. 곽해의 아버지도 임협으로 효문제 때 처형되었다. 낭만적인 1인 협객이 아니었다. 곽해는 체구가 작으면서도 날래고 사나웠는데 술을 마시지 않았다. 젊어서부터 음험하고 잔인하여 불같은 성질로 마음에 들지 않으면 직접 죽인 사람이 매우 많았다. 남 대신 원수를 갚아 주기, 죄인을 숨겨 주기, 사기와 강도, 화폐 위조와 도굴 등의 짓을 이루 다 열거할 수 없다. 법질서에 대한 도전. 마침 천행으로 위급한 상황에서 벗어나곤 했다. 공권력과의 유착.

곽해는 나이가 들면서 지난날의 태도를 꺾어 검박한 생활을 했다. 덕으로 원한을 갚았으며, 두터이 베풀되 별로 보답을 바라지 않았다. 나름의 윤리. 하지만 의협을 행하는 것은 더욱 심해졌다. 남의 목숨을 구해 주고는 그 공을 자랑하지 않았다. 음험하고 잔인한 마음이 일어나면 그것이 부라리는 눈에 나타나기는 예전과 같았다고 한다. 소년들이 그의 행동을 사모하여 번번이 그를 위해 원수를 갚고도 그가 알아차리지 못하게 했다. 은폐된 강요, 강요된 자발.

누이의 아들이 외삼촌의 세력을 믿고 남과 술을 마시다가 잔을 비우게 했다. 그의 주량이 넘쳤는데도 억지로 마시게 한 것이다. 그 사람이 분노하여 칼을 빼어 죽이고 달아났다. 곽해의 누이가 성내며 말했다. "옹백의 의리를 가지고도, 남이 내 아들을 죽였는데 원수를 갚지 못하는구나!" 아들의 시신을 길에 버리고, 장사지내지 않았으니 곽해를 욕보이려 함이었다. 곽해가 사람을 시켜 은밀하게 달아나 숨은 곳을 추적했다. 조직망과 정보력. 궁지에 몰린 그는 스스로 돌아와 실제 있었던 일을 곽해에게 말했다. 곽해가 말했다. "당신이 죽인 게 마땅하오. 내 아이의 잘못이오." 그를 보내며 조카의 잘못을 인정하고는 시신을 거두어 장사지냈다. 사람들이 듣고는 곽해의 의리를 아름답게 여겨 더욱 따랐다.

곽해가 드나들면 사람들이 모두 피했는데, 황제의 권위, 조직과 재물의 힘. 한 사람만이 다리를 쭉 펴고 앉아 똑바로 쳐다보았다. 곽해가 사람을 보내 그의 성명을 물었다. 문객 중의 하나가 그를 죽이려고 하자 곽해가 말했다. "이 고을에 살면서 공경 받지 못함은 내가 덕을 닦지 못했기 때문이다. 저 사람에게 무슨 죄가 있는가!" 몰래 위사尉史[3]에게 부탁했다. "이는 내가 챙겨야 할 사람이니 군역 차례가 되면 빼 주시오." 법질서에 대한 도전. 군역 차례가 될 때마다 면제되었는데도 관리는 어떤 요구도 하지 않았다. 이상하게 여겨 까닭을 물으니 곽해가 빼내 준 것이었다. 그는 웃옷을 벗고 사죄했다. 강요된 자발. 소년들이 듣고는 더욱 곽해의 행동을 흠모했다. 은폐된 강요.

낙양 사람 중에 서로 원수로 여기는 이들이 있었다. 고을의 유지들이 여러 차례 중재했지만 듣지를 않았다. 누군가 곽해를 찾아갔다. 곽해가 밤에 원수진 이들을 만나자, 그들은 뜻을 굽혀 곽해의 말을 따랐다. 법외지법法外之法. 이에 곽해가 그들에게 말했다. "낙양의 여러 유지가 중재해도 듣지 않은 적이 여러 번이라고 들었소. 이제 그대들

---

3   한나라 시기의 관직 이름이다. 변방에서 군무를 담당하는 위尉를 보좌하는 역할을 했다.

이 다행히 내 뜻을 따라 주었지만, 내 어찌 다른 고을에 와서 이곳 어진 대부의 권한을 빼앗을 수 있겠소!" 밤에 떠나면서 사람들에게 알리지 못하도록 이렇게 말했다. "잠시 내 말을 못 들은 길로 하고, 내가 떠난 뒤 낙양의 유지들로 하여금 중재하게 하여 듣도록 하시오."

곽해는 공경하는 태도를 지켜 감히 수레를 타고 현청 마당에 들어가지 않았다. 이웃 고을에 가서 남을 위해 처리하는 일은 나설 만한 일이면 반드시 나서고, 할 수 없는 일이면 각각 자기 뜻에 만족하게 한 뒤에야 감히 술과 음식을 맛보았다. 여러 사람들이 이런 까닭에 중하게 여겨 다투어 썼다. 법외지법法外之法. 고을 소년 및 이웃 지방의 현자와 호걸들로 한밤중에 그 집을 찾는 이들이 늘 10여 수레였으며, 곽해의 문객을 얻어 기르고자 했다. 법외지법.

한무제가 지방의 부호들을 무릉茂陵으로 옮기게 했는데, 곽해의 집은 가난하여 거기에 들지 않았지만 아전들은 겁에 질려 옮기게 하지 않을 수 없었다. 장군 위청衛靑이 곽해를 위해 말했다. "곽해는 집이 가난하니 옮기지 않는 게 맞습니다." 무제가 말했다. "포의의 권세가 장군으로 하여금 변호하게 하니 그 집이 가난한 것이 아니다." 간파. 곽해의 집도 드디어 옮겼다. 여러 귀족들이 전송하며 천여만 전을 내었다. 투자. 지輒 땅 사람 양계주楊季主의 아들이 현의 아전이 되어 곽해를 이사시켰는데, 곽해 형의 아들이 그의 머리를 잘랐다. 공권력에 대한 도전. 이로부터 양씨와 곽씨는 원수가 되었다. 곽해가 함곡관 안으로 들어가자 관중의 현자와 호걸들로 그를 알거나 모르거나 그 명성을 듣고 다투어 사귀었다.

곽해는 체구가 작고 술을 마시지 않았으며 외출할 때는 말을 타지 않았다. 얼마 뒤 양계주를 죽였다. 양계주의 집에서 상서히는데, 누고

가 또 대궐 아래서 그를 죽였다. 공권력에 대한 도전. 황제가 듣고 관리를 시켜 곽해를 체포하게 했다. 곽해는 달아나며 자기 어머니와 가족은 하양夏陽(섬서성 한성시韓城市 남쪽)에 두고 본인은 임진臨晉(섬서성 서안시 대려현大荔縣)으로 갔다. 임진의 적소공籍少公은 평소 곽해를 몰랐는데, 곽해는 무릅쓰고 그에게 부탁하여 관문을 나가게 해달라고 했다. 적소공이 곽해를 탈출시키자 곽해는 방향을 바꿔 태원太原으로 갔다. 지나는 곳마다 주인집에 알렸다. 그에게 해가 미치지 않게 하려는 배려. 관리가 추격하여 자취가 적소공에게 이르자 그는 스스로 목숨을 끊어 입을 닫았다. 오랜 뒤에 곽해를 잡았다. 그의 범죄를 낱낱이 추궁했는데, 곽해의 살인은 모두 황제의 사면이 있기 전 일이었다. 정치력의 발휘.

지軹 땅의 유생으로 황제의 사신을 모시고 앉은 이가 있었다. 곽해의 문객이 곽해를 칭찬하자 유생이 말했다. "곽해는 오로지 간사하게 공법을 어겼거늘 무엇이 어질단 말입니까!" 유자의 견해. 문객이 듣고는 이 유생을 죽이고 그 혀를 잘랐다. 공권력에 대한 도전. 관리는 이 사건을 가지고 곽해에게 죄를 물었으나, 곽해는 사실 죽인 사람이 누군지를 알지 못했고, 살인자 또한 자취가 끊어져 끝내 밝혀지지 않았다. 조직. 관리는 곽해의 무죄를 아뢰었다. 유착. 어사대부 공손홍孔孫弘은 이치를 따져 말했다. "곽해는 포의로서 임협任俠으로 권력을 행사하고 눈을 부라리며 사람을 죽였습니다. 곽해는 모르는 일이라지만 이 죄는 본인이 죽인 것보다 더 심합니다. 대역무도한 죄에 해당됩니다." 통찰. 드디어 곽해를 멸족시켰다.

태사공은 말한다. 나는 곽해를 보았는데 외모는 보통 사람에도 미

유협 열전

치지 못하고 언변도 특별한 것이 없었다. 그러나 천하에 어진 사람과 어리석은 사람, 그를 아는 자와 모르는 자를 막론하고 모두 그의 명성을 흠모했으며, 유협을 말하는 자 모두 그의 이름을 이끌어 썼다. 속담에 "영예로운 이름으로 사람의 얼굴을 삼는다면 어찌 쇠망함이 있겠는가!" 했으나, 아아 안타깝도다!

결핍과 환상

사마천은 독서인이다. 독서인은 생각을 거듭한다. 독서인은 생각하느라 행동이 더디고, 셈을 하느라 망설인다. 그들은 원시적인 힘과 즉각적인 행동을 동경하고, 자신의 결핍을 상상으로 충족시킨다. 곰 같은 장사 임꺽정의 형상은 5척 단구의 대머리 지식인 홍명희의 상상 속에서 빚어졌고, '자유의 화신'임을 자부하는 조르바는 늘 책을 주머니에 넣고 다니는 '나'의 결핍을 보충하는 환상이다. 사마천은 예기치 못한 위난 속에서 문사와 유자의 유약함과 무력함을 통감했다. 누군가 어려움에 처했을 때, 어떤 사정도 헤아리지 않고 즉각 나서서 행동으로 도와주는 인물에 대한 환상이 생겼다. 이는 특별한 사가史家 의식과 문장가 기질 속에서 발효되었고 거기서 유협이라는 인물 형상이 빚어졌다.

　유협의 범주에 드는 인물들은 때로 한 시대를 풍미하지만 그 삶이 후세에 기억되기 힘들다. 그들 자체가 꾸밈이나 기록에 능하지 못할 뿐 아니라, 유가나 묵가가 그 삶을 대수롭게 여기지 않으며, 많은 경우는 법과 윤리의 이름으로 단죄되고 낙인찍히기 때문이다. 그리고 역사 기술은 원래 국가의 몫인지라, 국가의 경영과 통치에 직접 관련되지 않는 인물에 대해서는 관심을 갖지 않는다. 하지만, 사마천은 달랐다. 그는 곽해와 같은 유협의 삶이 인멸되는 것이 안타까웠고, 그들의 관점에서 그 삶의 정당성을 조명했다. 관료 사가의 상투성에 갇히지 않았던 것이다. 이는 사마천이 다른 역사가와 다른 점이고, 그의 글이 시공을 초월해 사료가 아니라 작품으로 애독되는 이유다.

엄밀하게 살피면, 곽해는 상당한 재력과 조직을 가지고 공권력과 유착하면서 공권력을 유린한 지하 권력의 수장이다. 최근의 연구에 따르면 유협은 검객이나 살수가 아니라, 빈객賓客을 양성하고 사검私劍을 받아들이며 망명자를 숨겨 주는, 상당한 권력을 지닌 일종의 호족이었다.[4] 이는 사마천이 '유협'과 '자객'을 별도로 입전한 이유이기도 하다. 사마천도 그러한 사실을 알고 있었으되 굳이 지적하거나 비판하지 않았음은, 그들의 관점에서 그 실상과 미덕을 보여주고 싶었기 때문이다. 유협 서사는 이후 역사 기술의 전통보다는 서사문학사에서 장강대하를 이루었다. 오늘날 한국의 드라마에서 검협檢俠(검사 협객), 경협警俠(경찰 협객), 의협醫俠(의사 협객), 기협記俠(기자 협객), 변협辯俠(변호사 협객)들의 활약을 자주 볼 수 있다. 모두 유협의 후예이자 변주이다.

---

4   陳廣宏, 「중국 초기 역사상의 유협 신분에 대한 재검토」(關于中國早期歷史上游俠身份的重新檢討), 『중국어문학지』, 2004.

신의의 침 하나와
용장의 마디쇠

골계 열전滑稽列傳

‘滑’(골, 활)의 원래 음가는 ‘활’이며, 처음의
뜻은 ‘서로 잘 통하게 하다’, ‘서로 어울리게 하다’였다. 여기서 ‘미끄
럽다’, ‘미끄러지다’라는 의미가 파생되었다. ‘稽’(계)의 초기 뜻은 ‘머
무르다’, ‘머무르게 하다’이다. 뒤에는 ‘머물러 생각하다’로 의미가 확
장되어 ‘계고’稽考란 말이 나왔다. 한자의 음가대로 하면 ‘滑稽’는 활
계로 읽어야 한다.[1] 고대에 ‘滑’은 ‘汩’(골, gǔ)자와 자주 통용되었는
데, 이런 이유로 전래 과정에서 ‘활계’로 읽어야 할 ‘滑稽’가 ‘골계’로
읽히게 된 것으로 보인다. ‘滑稽’는 굴원의 『초사』楚辭 「복거」卜居에
처음 보이는데, 여기서는 ‘유연하다’, ‘원만하다’ 정도의 의미를 지녔
다. 이 말은 후대에 ‘그 말이 다른 걸 지시하는 듯하지만, 끝내는 우
회하여 사리에 맞거나 정곡을 찌르며, 결과적으로 웃음을 유발시키
는 유려한 말솜씨’라는 뜻으로 사용되었다.

---

1   참고로 ‘滑稽’의 현재 중국어 음가는 huájī 이다.

그런데 「골계 열전」을 보면, 골계는 그저 웃음이나 유발시키는 시정의 재담才談을 의미하는 것 같지 않다. 사마천이 소개한 네 사람은 모두 관료였다. 그들이 말솜씨를 발휘한 상대는 모두 제왕, 그것도 위압적인 권위로 신료들의 입을 막았던 제왕이었다. 제왕들이 독선적 권위에 사로잡혀 정황 판단을 잘못하거나 정치적 위기를 초래할 때, 신료들은 후환이 두려워 감히 직언을 고하지 못했지만, 순우곤淳于髡과 우맹優孟과 우전優旃은 그 오류를 지적하며 시정할 것을 권고했다. 그 말이 위태로워 보는 사람들의 간담을 서늘하게 했지만, 의외로 제왕은 거기서 깨달음을 얻어 결정을 거두거나 행동을 고쳤다. 이는 용기가 없으면 불가능한 일이다. 그렇다면 여기 골계에는 '말솜씨'에 '직간의 용기'라는 의미가 첨가된다. 이 편의 제목은 아래 이언진李彦瑱(1740~1766)의 연작시 「호동거실」 제99수에서 가져온 것이다.

신의는 침 하나로 사람 살리고　　　神醫活人一鍼
용장은 마디쇠로 사람 죽이네　　　勇將殺人寸鐵

개산일문開山一門
하나의 문파를 열어 개산조가 되다

「골계 열전」에 이르면 사마천은 본심을 한번 시원하게 드러낸다. 골계를 제7예藝로 설정할 수 있다는 말은, 사자의 발톱처럼 숨겨진, 자신을 공자에게 비견하는 가슴속 야망의 표현이다.

세속에 휩쓸리지 않고 권세와 이익을 다투지 않는다. 위아래로 막히

거나 걸리는 바가 없게 하는데, 사람들도 거기에 거부감을 갖지 않으며, 도의 원활한 작용이라고 생각한다. 예순여섯 번째로 「골계 열전」을 지었다.

공자는 말했다. "다스림에 유용하기는 육예六藝가 똑같다. 예禮로는 몸가짐을 절제하고, 음악(樂)으로는 조화를 이끌고, 문서(書)로는 옛 사적을 풀이하고, 시詩로는 마음속 뜻을 표달하고, 역易으로는 조화를 신통하게 하며, 춘추春秋로는 의리를 밝힌다." 태사공은 말한다. "하늘의 도는 넓고 넓으니 어찌 광대하지 않으랴! 말을 하여 은미하게 맞으면 얽힌 것을 풀어낼 수 있다." 사마천은 육예에 담언談言을 더해 칠예七藝를 만들었다. 담언의 공능은 복잡한 문제의 해결(解紛)이다.

순우곤淳于髡은 제나라 사람의 데릴사위였다. 빈한한 성장 환경. 키는 일곱 자가 못 되지만, 말솜씨가 유려하여 여러 차례 제후에게 사신으로 가서 주군을 굴욕스럽게 하지 않았다. 사신의 역량.

제나라 위왕威王(재위 BC.356~BC.320)은 수수께끼를 좋아했고 밤새도록 술 마시며 놀기를 즐겼다. 향락에 도취해 국정을 돌보지 않고 나랏일을 경대부에게 맡겼다. 그러자 관리들의 기강도 흐트러지고 제후들이 한꺼번에 침입하니 나라의 존망이 아침저녁을 기약 못할 정도로 간당간당했다. 측신들은 아무도 간언하지 못했다. 순우곤이 수수께끼로 아뢰었다. "나라 안에 큰 새가 있어 대왕의 뜰에 머물고 있는데 3년이나 날지도 울지도 않습니다. 대왕께선 이 새를 아시는지요?" 왕이 말했다. "이 새야 날지 않으면 그만이지만 한번 날갯

짓하면 하늘 높이 치솟고, 울지 않으면 그뿐이지만 한번 울면 사람들을 놀래킨다오." 이에 여러 고을의 관리 72명을 불러들여 한 사람은 상을 주고 한 사람은 목을 베고는 군사를 떨쳐 나갔다. 제후들이 깜짝 놀라 빼앗은 땅을 돌려주었다. 그의 위엄이 36년 동안 행해졌는데, 그 사연은 「전완 세가」田完世家 속에 들어 있다.

위왕 8년(BC.349), 초나라 대군이 제나라를 침공했다. 왕은 순우곤을 조나라에 보내 원병을 청하게 하면서, 황금 100근과 말 네 마리가 끄는 수레 열 대를 마련해 주었다. 순우곤이 하늘을 보며 폭소를 터뜨리자 갓끈이 끊어졌다. 왕이 말했다. "예물이 적어 그러오?" 순우곤이 말했다. "어찌 감히!" 왕이 말했다. "웃은 까닭이 있겠지요." 순우곤이 말했다. "오늘 제가 동쪽에서 오다가 길가 밭에서 기도하는 사람을 보았습지요. 그는 돼지 다리 하나에 술 한 잔을 놓고 이렇게 축원하더군요. '비나이다, 비나이다, 밀과 조는 자루 그득, 무와 배추는 수레 가득, 오곡은 모두 익어 집을 꽉 채우기를!' 고작 그걸 바치면서 바라는 건 어찌 그리 큰지, 그 장면이 생각나 웃음이 나왔습니다." 창의력의 본질은 비유. 위왕은 이 말을 듣더니 황금 1천 일과 백옥 열 쌍, 그리고 수레 100대를 더 마련해 주었다. 순우곤은 인사를 하고 길을 떠나 조나라에 이르렀다. 조왕은 10만의 정병과 혁거革車 천 대를 보내 주었다. 초나라에서는 이 소식을 듣고 밤에 군사를 이끌고 돌아갔다.

위왕은 매우 기뻐하며 후궁에 주연을 베풀고 순우곤을 불러 술을 내리며 물었다. "선생은 얼마를 마시면 취하오?" 순우곤이 대답했다. "신은 한 말에도 취하고, 한 섬에도 취합니다." 위왕이 말했다. "아니 한 말에 취하면 어떻게 한 섬을 마실 수 있지요? 들어볼 수 있을까요?" 순우곤이 말했다. "대왕 앞에서 술을 받으면 주법 집행 관리가 옆에 있고 어사가 뒤에 있어 저는 두려움을 품고 엎드려 마시기 때문에 한 말도 마시기 전에 곧 취해 버립니다. 부모님의 귀한 손님을 모실 때는 옷매무새를 바로 하고 무릎을 꿇어 술자리를 모시는데, 때로 남은 술을 내려 주시면 술잔을 받들어 축수를 하며 자주 몸을 일으키면 두 말도 마시기 전에 취하고 맙니다. 오래 보지 못한 옛 친구를 갑자기 만나 즐겁게 옛일을 말하면서 속정을 풀어내면 대여섯 말까지 마셔야 취합니다. 향리의 모임에 남녀가 뒤섞여 앉아 권커니 잣거니 술을 마시면서 마작과 투호를 하는데, 서로 이끌어 무리를 짓고 서로 손을 잡거나 눈을 부라려도 아무런 벌칙이나 제재가 없어 앞뒤로 떨어진 귀고리와 비녀가 뒹구는 분위기를 좋아하는지라 여덟 말 정도를 마시면 두세 번 취기가 돌곤 합니다. 날은 저물고 술도 떨어져 남은 술을 한 잔에 모으고 여기 저기 떨어진 사람들도 한 곳에 모여 남녀가 동석하면 신발은 뒤섞이고 술상은 어지러운데 마루 위의 촛불이 꺼지고 주인은 저만 남겨 두고 손님을 배웅합니다. 얇은 속옷이 풀려 나가면 여인의 향기가 그윽하여 그 기분은 이루 말할 수가 없습니다. 이런 때는 능히 한 섬도 마십니다. 그러므로 '술자리가 끝까지 가면 어지러워지고 즐거움이 극에 달하면 슬픔이 생긴다'고 합니다. 세상만사가 모두 그러합니다." 무슨 일이든 극단으로 치우치면 안 되며, 극단에 이르면 쇠미해짐을 말하여 풍간한 것이다. 위왕이 말했다. "훌륭한 말씀입니다!" 바로 밤새 술 마시는 놀이를 그만두고 순우곤을 외교상의 빈객을 접대하는 주객主客으로 삼았다. 왕실에 술자리가 벌어지면 순우곤이 왕의 곁을 지켰다.

그 뒤로 100여 년이 지나 초나라에 우맹優孟이 살았다. 우맹은 초나라의 음악 담당 관리였다. 키가 8척에, 변설을 잘했는데 늘 담소하면서 풍간했다. 장왕莊王에게 아끼는 말이 있어 비단 옷을 입히고 화려한 집에 두었으며, 침대 위에 재우고 말린 대추를 먹였다. 말이 비만으로 병들어 죽자 신하들에게 조상하게 하고, 관을 갖춰 대부의 예로 장사지내려 했다. 동서고금을 막론하고 부잣집 짐승은 가난한 사람보다 귀한 대접을 받는다. 주위에서 다투어 옳지 않은 일임을 진언했다. 그러자 왕은, 말의 장례 문제로 왈가왈부하는 자는 죽음을 면치 못할 것이라고 엄포를 놓았다. 우맹이 듣고는 궁전 안으로 들어가 하늘을 보며 목 놓아 울었다. 왕이 놀라 그 까닭을 묻자 우맹이 대답했다. "죽은 말은 대왕께서 끔찍이 아끼시던 것입니다. 그런데 우리 당당한 대국 초나라가 무엇을 원한들 하지 못하겠습니까. 대부의 예로 장사지내는 것도 부족하니, 군주의 예로 장사지내셔야 합니다." 왕이 그 방법을 묻자 대답했다. "옥에 무늬를 새겨 속널을 만들고 가래나무에 무늬를 새겨 겉널을 짜며, 그 위와 주위에는 단풍나무와 예장나무 목각을 쌓으십시오. 군사를 징발하여 널방을 파게 하고, 노약자들은 흙을 져 날라 봉분을 만들게 하십시오. 제나라와 조나라 사신은 장례식의 전위에 세우고, 한나라와 위나라 사신은 뒤를 옹위하게 하십시오. 사당을 세워 선왕을 대하는 예로 제물을 마련하고, 1만 호 고을의 조세권을 주십시오. 제후들이 그 소문을 들으면 대왕께서 사람은 하찮게 여기고 말을 귀애하신다는 사실을 알게 될 것입니다." 풍자, 위태로운 줄타기. 왕이 말했다. "과인의 허물이 이토록 크단 말인가? 그럼 어떻게 해야 하는가?" 우맹이 말했다. "가축의 예로 장사지내시면 됩니다. 부뚜막으로 곽을, 가마솥으로 관을 삼으십시오. 생강과 대추를 넣고 향료를 올리고는, 밥을 차려 제사를 지내고 장작불을 입혀 사람들 창자 속에 장사지내십시오."

　초나라 재상 손숙오孫叔敖는 그가 현인임을 알고 잘 대우했다. 병들어 죽음이 임박하자 아들에게 당부했다. "내가 죽으면 너는 가난해질 게다. 그때 우맹을 찾아가서 손숙오의 아들이라고 말하거라." 몇 년이 지나자 그 아들이 과연 곤궁해져 장작을 지고 다니는 신세가 되었다. 우맹을 만나 말했다. "저는 손숙오의 아들입니다. 아버님께서 돌아가시며 살림이 궁핍해지면 선생님을 찾아가라 말씀하셨습니다." 우맹이 말했다. "자네는 어디 멀리 가지 말게." 우맹은 손숙오의 의관을 차리고 두 손을 비비면서 그 목소리로 말을 했다. 그렇게 한 해 남짓 지나자 손숙오와 거의 비슷해져 초왕이나 좌우 사람들도 제대로 분간하지 못했다. 장왕이 술자리를 베풀자 우맹이 앞으로 나와 축수했다. 장왕이 크게 놀라 손숙오가 다시 태어났는가 착각하고 그를 재상으로 삼고자 했다. 우맹이 말했다. "아내와 상의할 시간을 주십시오. 사흘 뒤에는 분부를 받들겠나이다." 장왕이 허락했다. 사흘 뒤 우맹이 다시 왔다. 왕이 물었다. "부인께서 뭐라 하시오?" 우맹이 말했다. "아내 말이 초나라 재상은 할 만한 가치가 없으니 신중하게 생각하여 하지 말라더군요. 그러면서 손숙오의 예를 들었습니다. 손숙오는 재상으로서 충심을 다해 청렴하게 정사를 돌봐 초왕은 그 힘으로 천하의 패자가 되었지만, 지금 그가 죽고 나니 그의 아들은 송곳 꽂을 땅도 없어 나무를 해다 팔아 입에 풀칠하고 있으니, 손숙오처럼 되느니 차라리 스스로 목숨을 끊는 게 낫다더군요." 이어 노래를 불렀다.

산에 살며 괴로이 밭을 갈아도	山居耕田苦
밥 먹고 살기가 어려운지라	難以得食
떨쳐 일어나 관리가 되었답니다.	起而爲吏
탐욕 많고 비루한 자 재물 넘치니	身貪鄙者餘財
부끄러움 마음에 두지 않으면	不顧恥辱
죽은 뒤 집안이야 넉넉하지요.	身死家室富
뇌물 받다 큰 죄를 입어	又恐受賕枉法爲奸觸大罪
나도 죽고 집 망할까 두려운 맘에	身死而家滅
탐관오리 될 생각은 못한답니다.	貪吏安可爲也
그렇다면 청렴한 관리가 되어	念爲廉吏
법 지키고 직무를 수행하면서	奉法守職
죽도록 바른 생활 꿈꿔 보지만	竟死不敢爲非
청렴한 관리가 가능한 건가.	廉吏安可爲也
초상 손숙오는 죽도록 청렴했지만	楚相孫叔敖持廉至死
처자들은 굶주리며 장작을 파니	方今妻子窮困負薪而食
그 짓을 어떻게 한단 말인가.	不足爲也

이에 장왕은 우맹에게 사과하고는, 손숙오의 아들을 불러 400호 침구寢丘[2]를 봉토로 주어 조상의 제사를 받들게 했다. 그 뒤로 10대에

2　침구寢丘는 춘추시대의 지명으로, 지금의 하남성 주구시周口市 침구현沈丘縣 일대이다. 관련 이야기가 『여씨춘추』「이보」異寶에 자세히 보인다. 손숙오는 죽기 전 아들에게 왕이 봉토를 하사하면 침구 땅을 요구하라고 유언을 남겼다. 침구는 토질이 안 좋고, 무덤이 많은 곳이기 때문에 세상 누구도 욕심내지 않는 땅이라는 게 그 이유였다. 손숙오의 예상대로 그의 집안은 이곳에서 오래도록 번창했다고 한다.

걸쳐 향화가 끊이지 않았다. 이로 보아 우맹이 때 맞춰 말할 줄 아는 사람이었음을 알 수 있다.

이로부터 200여 년 뒤 진秦나라에서는 우전優旃이 활약했다. 우전은 진나라의 배우로 난쟁이였다. 우스갯소리를 잘했지만 그 내용은 대도大道에 들어맞았다. 진시황 때의 일이다. 황제가 술자리를 베풀었는데 마침 비가 내렸다. 궁전 아래 경호 병사들은 모두 비에 젖어 떨고 있었다. 우전이 보고 딱하게 여겨 그들에게 말했다. "자네들 쉬고 싶지 않은가?" 병사들이 모두 쉬고 싶다고 하자, 우전이 또 말했다. "내가 자네들을 부르면, 바로 대답해야 하네." 잠시 뒤 궁전 위에서 잔을 올리며 만세를 외쳐 축수했다. 그때 우전은 난간에 다가가 큰 소리로 말했다. "경호 병사!" 병사들이 즉각 대답하자 우전이 말했다. "자네들은 키가 큰들 무슨 소용인가, 비를 맞고 있으니. 나는 이렇게 작아도 편안히 쉬고 있다네." 이 말을 들은 시황은 경호 병사들을 반으로 나눠 교대로 근무하게 했다.

시황이 원림의 크기를 동쪽으로는 함곡관, 서쪽으로는 옹雍(섬서성 보계시寶鷄市 부풍현扶風縣)과 진창陳倉(섬서성 보계시 진창구)까지 확장하고 싶어 논의에 부쳤다. 우전이 말했다. "좋은 생각이십니다. 그 안에 많은 금수를 풀어놓으십시오. 도적이 동쪽에서 몰려오면 사슴 떼를 동원해 막으면 충분합니다." 시황은 계획을 중단했다.

2세가 즉위하여 성벽에 옻칠을 하고 싶어 했다. 우전이 말했다. "훌륭한 계획이십니다. 주상께서 말씀하시지 않더라도 신이 청하려 했었지요. 성을 옻으로 칠하면 백성들에게야 그 비용 때문에 걱정이 되겠지만 얼마나 아름답겠습니까! 옻칠한 성벽이 미끄러거리면 도적이 몰려와도 오르지 못할 것입니다. 그런데 성에 옻칠하는 거야 쉬운 일이지만, 햇볕을 쏘이지 않고 이를 말릴 음실陰室을 마련하기가 어렵겠습니다." 그러자 2세가 웃으면서 그 논의를 그쳤다. 얼마 안 있어 2세가 피살되자, 우전은 한나라로 귀순하여 몇 년 살다가 죽었다.

태사공은 말한다. 순우곤이 하늘을 보며 크게 웃자 제나라 위왕이 한 시대를 호령하기 시작했고, 우맹이 머리를 흔들며 노래를 부르자 나무꾼이 봉토를 얻었으며, 우전이 난간에서 때맞춰 부르자 호위 병사들의 반이 교대하여 쉴 수 있었다. 또한 위대하지 아니한가!

엄숙의 허위와 골계의 비장

사마천의 이야기에서, 골계란 권력에 맞서 그 허위와 부조리를 까발리는 언어 행위이다. 그것은 목숨을 건 비장감과 생민과 사직의 안위를 생각하는 숙연함 속에서 배태된다. 하지만 일단 발휘된 다음에는 경쾌한 유희와 예리한 역설의 모습만을 보여준다. 짙은 슬픔을 간직한 웃음, 절망의 토양에서 피어난 희망, 무서운 깊이의 힘으로 반짝이는 호수의 표면처럼. 사마천은 이러한 말하기 능력이야말로, 공자가 정한 육예六藝에 버금가는 공능이라고 생각했다. 한 번의 말(담언談言)로 제왕의 실수를 바로잡는 것은, 그로 인해 일어날 수 있는 백성의 파탄과 천하의 혼란을 막는 매우 심중한 정치적 행위이기 때문이다.

로렌스 스턴(1713~1768)의 『트리스트럼 샌디』에는 요릭이라는 목사가 등장한다. 그 이름은 『햄릿』에서 햄릿 아버지를 모셨던 광대―

시황 측근의 우전처럼—에서 가져온 것이다. 요릭은 엄숙을 이렇게 정의한다. "그 본질은 음모이고, 그 결과는 속임수이다. 엄숙함은 이성의 결점을 감추려는 불가사의한 태도이다." 절대 권력이 경제를 내세워 국토를 파괴하고, 안보라는 이름으로 불안을 조성하고, 통합이라는 미명으로 역사를 통제하며, 화해의 탈을 쓰고 수많은 위안부들의 눈물을 돈 몇 푼에 팔려고 할 때, 근엄한 표정으로 동조하는 자들은 우리의 미래를 담보로 자기 이익을 챙기려는 교활한 사기꾼에 지나지 않는다.

어떤 이가 조정에서 이항복李恒福(1556~1618)에게 말했다. "동서의 싸움으로 끝내 왜구를 불렀으니 매우 통탄스럽습니다." 이항복이 말했다. "동서 당의 사람들은 서로 싸움에 익숙한데, 조정에서는 왜 이들로 적을 막지 않나요?"(『풍암집화』楓巖輯話) 송천 심재가 쓴 『송천필담』松泉筆譚에는 이런 이야기도 전한다. 구성임具聖任이 경험이 풍부한 장수로서 변란 시 서울을 방비할 방책을 상소했다. 영조는 다섯 군영의 여러 장수를 불러 변란 시, 남한산성, 북한산성, 강화도를 주요 방어처로 삼았는데 경성에 비하면 어떤가 하고 물었다. 박문수가 말했다. "신의 생각에 강화도보다는 한양이 낫습니다. 우리나라의 군사력이야 결국은 나가 항복할 수밖에 없는데, 강화도 연미정 갯벌에서 무릎을 꿇느니보단 모화관 모래밭이 한결 좋습니다." 왕이 크게 웃었다. 이런 이야기에는 골계의 정신이 생동한다.

재물이 넉넉해야
덕을 베풀 수 있다

화식 열전貨殖列傳

사마천을 공부한 박지원은 젊은 시절 열전을
모의하여 「양반전」, 「마장전」 등 아홉 편의 전을 짓고,[1] 이를 묶어 『방
경각외전』放璚閣外傳이라 했다. 외전外傳이라 함은, 국가 기관의 사관
이 지은 것이 아닌, 재야 문인의 비공식 글이란 뜻이다. 그는 서문에
서 이렇게 말했다.

우도友道가 오륜伍倫의 끝에 놓여 있지만 절대 가치가 낮아서
가 아니다. 흙(土)이 오행伍行에 있어 사계절 중 가장 성대한
시기에 놓이는 것과 같다. 부자유친과 군신유의와 부부유별
과 장유유서의 윤리가 믿음(信) 아니면 성립될 수 있겠는가?
불변의 도리가 행해지지 않으면 벗이 이를 바로잡는다. 이것

---

1   「마장전」, 「예덕선생전」, 「민옹전」, 「양반전」, 「김신선전」, 「광문전」, 「우상전」,
     「역학대도전」, 「봉산학자전」을 말한다.

이 우도가 맨 뒤에 있으면서 나머지를 통제하게 한 까닭이다.

아홉 편 전의 주제가 모두 우도友道에 관한 것인데, 오륜에서 우도의 요소인 '믿음'(朋友有信)이 맨 뒤에 있음을 상기시키며, 맨 뒤에 놓인 의미를 논한 것이다. 그에 따르면 모든 윤리의 기본이자 본질은 '신의'信義이기에, 이를 맨 뒤에 두어 나머지 4륜倫을 통제하게 한 것이라는 말이다. 그리고 그것은 오행 중에서 흙이 맨 뒤에 놓인 것과 같은 이치라고 설명한다. 이러한 논리는 주희朱熹와 이이李珥 등에 의해서도 이미 펼쳐진 바 있다.

「화식 열전」은 『사기』 130편 중에서 마지막의 「태사공자서」를 제외한 129번째이고, 열전 중에서는 실질적으로는 마지막인 69번째에 배치되어 있다. 그 주제는 재화財貨 또는 물력物力에 관한 것이다. 부유한 삶에 대한 추구는 인간의 본능인지라 부정하거나 막을 수 없는 것이며, 재화의 운용은 정치와 긴밀하게 연결되어 있다는 것이 이 글의 논지이다. 글의 배치만으로, 재화는 모든 것의 바탕이 되고 맨 뒤에서 모든 것을 통어한다는 사실을 웅변한다.

입론인사立論引事
논리를 세우고 사례를 가져오다

「화식 열전」은 정교한 경제 이론이다. 이끌어 온 여러 부자들은 그 이론을 뒷받침하는 사례 또는 주석에 지나지 않는다.

벼슬하지 않는 평범한 사람으로서 정치와 백성을 해치지 않으면서 거래를 때에 맞게 하여 재물을 늘리니, 슬기로운 사람이라도 배울 것이 있다. 예순아홉 번째로 「화식 열전」을 지었다.

노자는 말하기를, "지극한 다스림은 이웃 나라가 바라보이며 닭과 개 소리가 서로 들리는데, 백성들은 자기 지역에서 나오는 음식과 의복에 만족하고, 원래의 풍속에 안주하며 주어진 직업을 즐기면서, 늙어 죽을 때까지 다른 나라를 오가지 않는 것"(『도덕경』 80장)이라고 했다. 이러한 세상을 구현하기 위해 근세의 풍속을 (그러한 시절로) 되돌리고 백성들의 이목을 가리려 한다면 거의 아무 것도 행해지지 않을 것이다. 확신.

태사공은 말한다. 두 번째 단락의 논평. 「백이 열전」과 같다. 신농씨神農氏 이전의 일은 나는 알지 못한다. 완곡한 부정. 『시경』과 『서경』에서 서술한 바 우하虞夏 시대 이래로는, 눈과 귀는 성색聲色의 좋음을 다하려 하고, 입은 고기 맛을 보려 하며, 몸은 편안하고 즐거운 것을 추구하며, 마음은 권세와 능력의 영화로움을 자랑하고 싶어 한다. 본능. 백성들이 이런 풍속에 점점 물든 지 오랜지라, 비록 (저 노자의 말을 가지고) 집집마다 찾아다니며 교묘한 논법으로 설득해도 끝내는 변화시킬 수가 없다. 그러므로 뛰어난 자는 그것을 따르고, 그 다음은 이익으로 이끌고, 그다음은 도덕으로 가르치고, 유가儒家. 그 다음은 (억지로) 가지런히 한다. 가장 하급은 백성들과 그것을 다투는 자이다. 백성들이 본능적으로 추구하는 것이 '이'利이며, 가장 좋은 정치는 그러한 욕망을 충족시키는 것이다. 이 글은 이론利論이다.

산서山西(태항산 서쪽) 땅에는 재목, 대나무, 곡물, 모시, 털소, 옥석이 풍부하다. 산동山東(태항산 동쪽) 지역에는 물고기, 소금, 옻, 명주실, 미녀가 많다. 강남江南(장강 남쪽)에서는 매화나무, 가래나무, 생강, 계수나무, 금, 주석, 납, 단사丹砂, 물소뿔, 대모, 진주, 가죽이 산출된다. 용문산龍門山(섬서성 한성시韓城市, 사마천의 고향)과 갈석산碣石山(하북성 창려昌黎) 북쪽 지방에서는 말, 양, 소, 가죽, 뿔 등이 흔하다. 동과 쇠는 천 리에 걸쳐 곳곳의 산에서 생산된다. 이것이 그 대략으로 모두 중국 인민들이 기뻐하고 좋아하는 바로, 일상에서의 옷과 음식이며 산 자를 봉양하고 죽은 자를 보내는 도구이다.

그러므로 농사를 기다려 곡식을 먹는다. 우인虞人[2]은 목재를 생산하고, 장인은 물품을 만들고, 상인은 이를 유통시킨다. 이런 일들이 어찌 정치가 강제로 사람들을 징발하거나 일일이 지정하여 행해지는 것이겠는가? 사람들은 각자 자기 능력대로 힘을 다하여 원하는 것을 얻는다. 그러므로 물건 값이 싸면 비싼 데 팔고, 가격이 높으면 싼 곳에서 사들이며, 자기 직업에 부지런하여 그 일을 즐겁게 함은 물이 아래로 흐르는 것과 같다. 밤낮으로 그치는 때가 없고 부르지 않아도

---

2 상고시대 산림과 호수와 거기서 나오는 산물을 담당했던 관직 이름.

알아서 가져오며, 시키지 않아도 백성들이 산출한다. 이 어찌 도의 증거이자 자연의 효험이 아니겠는가! 교역과 유통, 즉 상업은 자연 현상이자 도의 부절이다.

『주서』周書에 이른다. "농부가 생산하지 않으면 음식이 부족하고, 장인이 만들지 않으면 일이 돌아가지 않으며, 상인이 활동하지 않으면 양식과 일용품은 물론 재화의 흐름이 끊어지며, 우인虞人이 생산하지 못하면 재정이 적어지고, 재정이 부족하면 산택山澤이 열리지 않는다." 이 네 가지는 백성들 의식의 근원이다. 근원이 크면 넉넉하고 근원이 적으면 모자라게 된다. 위로는 나라를 넉넉하게 하고 아래로는 집안을 넉넉하게 한다. 빈부의 도란 빼앗거나 줄 수 있는 것이 아니니, 지혜로운 자는 넉넉하고 서툰 자는 부족하게 된다. 빈부의 차이를 결정하는 것은 운명이 아니라 노력과 지혜.

옛날 태공망太公望은 영구營丘(제나라 수도인 산동성 임치, 지금의 치박시淄博市)에 봉해졌는데, 토질은 습하고 염분이 있었으며 백성은 적었다. 이에 태공망은 길쌈을 권장하여 기술을 높이고 생선과 소금을 유통시키니 사람과 물자가 모여, 사람들이 줄지어 찾아오고 수레 먼지가 자욱했다. 상업. 제나라가 천하의 중심이 되어 다른 나라들을 이롭게 했으니, 동해와 태산 사이의 작은 나라 군주들이 공손하게 나아가 조회했다. 재화와 정치. 그 뒤에 제나라가 쇠퇴했는데 관자管子가 산업을 일으켰다. 물가와 생산을 조절하는 아홉 부서를 설치하니 환공이 그 힘으로 패자가 되어 아홉 번 제후를 모이게 하여 한번 천하를 바로잡았다. 관중 또한 식읍食邑을 지닌 배신陪臣이었지만 열국의 군주보다 더 부유했다. 이로써 제나라의 부강함은 위왕威王과 선왕宣王 대까지 이르렀다. 물력과 패권.

그러므로 말한다. "곳집이 차야 예절을 알고, 의식이 넉넉해야 영욕을 안다." 예禮는 재화가 있는 곳에서 나오고 없는 데서 없어진다. 그러므로 군자는 부유하면 덕을 행하기를 좋아하고, 소인이 부유하면 그 힘을 적절하게 행사한다. 연못이 깊으면 물고기가 생기고, 산이 깊으면 짐승이 찾아가며, 사람이 부유하면 인의仁義가 붙는다. 부자가 세력을 얻으면 더욱 드러나고, 세력을 잃으면 나그네들은 갈 데가 없어져 즐거워하지 않는다. 오랑캐는 더 심하다. 속담에 "천금 부자의 자식은 저자에서 죽지 않는다"고 하는데 빈말이 아니다. 그러므로 천하가 떠들썩함은 모두 이익을 위해 오는 것이요, 천하가 요란스러움은 모두 이익을 위해 가는 것이다. 천 승의 왕이나 만 가의 제후, 100실의 군주도 가난을 근심하거늘 하물며 평범한 백성임에랴! 목욕재계하고 향을 사른 뒤 무릎 꿇고 앉아 두 손으로 모신 뒤, 부처님의 금강석 끌을 사용하여 왼쪽 가슴 아래 새겨야 하는 쾌론快論, 쾌설快說.

옛날 월나라 왕 구천이 회계산 위에서 치욕을 겪고는 범려范蠡와 계연計然을 등용했다. 계연이 말했다.

"싸움을 안다 함은 미리 닦아 준비하는 것이고, 때에 맞게 사용하려면 사물의 속성을 알아야 합니다. 때(時)와 쓰임(用) 두 가지가 드러나면 온갖 재화의 속성을 볼 수 있습니다. ……가뭄이 들면 배를 준비하고, 큰물이 지면 수레를 마련하는 것이 세상의 이치입니다. ……곡식 값이 2이면 농부가 힘들고 9면 상인이 견디기 어렵습니다. 상인이 병들면 재화가 나오지 않고, 농부가 병들면 초지가 개척되지 않습니다. 가격이 8을 넘지 않고 3 아래로 내려가지 않으면 농부와 상인이 모두 이익입니다. 수요와 공급을 원활하게 하여 곡식 값을 일정하게 하고 관문의 교역 시장을 부족하지 않게 하는 것이 치국의 도입니다.

물가의 안정과 상업의 장려. 재물을 축적하는 이치는 흠결 없는 상품을 만듦에 힘쓰고 물화를 머무르지 않게 하는 것입니다. 물화를 서로 바꾸되, 부패하거나 부식되는 물품을 보관하여 비싼 가격을 기대하지 마십시오. 남는 것과 부족한 것을 따지면 가치의 귀천을 알 수 있습니다. 값이 지나치게 높아지면 다시 내려가고, 바닥까지 내려가면 다시 비싸집니다. 귀할 때는 (아까워 말고) 거름처럼 내고, 흔해지면 (소중한 물건을 다루듯) 주옥처럼 거두십시오. 재화에는 흐르는 물처럼 움직여 다니려는 속성이 있습니다."

나라를 다스린 지 10년 만에 나라가 부유해졌다. 전쟁에 나가는 군사들을 두텁게 보상하자, 화살과 돌에 나아가가기를 마치 목마른 자가 물을 찾듯이 했다. 보급과 보상이 부실한데 용맹한 군대는 세상에 없다. 드디어 강대국 오나라에게 복수하고, 중국에서 군사의 위엄을 자랑하며 '오패'伍霸로 일컬어졌다.

범려가 회계산의 치욕을 씻고는 탄식하며 말했다.

"계연의 계책이 일곱 가지였는데, 월나라는 그중 다섯을 써서 뜻을 이루었다. 나라에 써서 성공했으니, 나는 이를 집안에 적용해 보겠다."

강호에 조각배를 띄워 떠나갔다. 성명을 바꿔 제나라에 가서는 치이자피鴟夷子皮[3]라 부르고, 도陶 땅에 가서는 주공朱公이라 했다. 주공은 도陶(산동성 하택시荷澤市 정도현定陶縣) 땅을 제후국들이 사방으로 통하며 물화가 교역되는 천하의 중심으로 본 것이다. 재산을 크게 일

---

3   술부대 가죽. 신축성이 높아 술을 담으면 크게 부풀고 술을 빼면 접어 품속에 넣을 수도 있다.

구어 물자를 축적했는데, 시세를 좇아 이익을 얻되 남에게 피해를 끼치지 않았다. 그러므로 치생治生을 잘하는 사람은 능히 사람을 가리고 때의 흐름을 탈 줄 안다. 19년 사이에 세 번 천금을 모았고, 두 번 가난한 벗과 먼 형제들에게 나눠 주었다. 이것이 이른바 부유하여 덕을 행하기 좋아하는 자인 셈이다. 구법構法. 앞에서 명제로 설명했으니 뒤에서 사례로 보여준 것이다. 늙어서는 자손에게 맡겼고, 자손은 가업을 닦아 재물을 늘려 수만금의 부자가 되었다. 그러므로 부자를 말하는 자들은 모두 도주공을 일컫게 되었다. 세상 사람들의 꿈.

자공子貢은 중니에게서 배웠고, 물러나서는 위衛나라에서 벼슬했다. 자공은 「화식 열전」의 배객陪客이다. 「백이 열전」의 배객은 안회다. 조曹나라와 노魯나라 사이에서 장사했다. 70명 제자의 무리 중에서 그가 가장 부유했다. 상업과 부의 축적. 원헌原憲은 술지게미를 먹고 뒷골목에 사는 것을 싫어하지 않았다. 자공은 사륜마차를 타고 여러 수행 기마를 거느린 채 비단 예물로 제후들을 예방했으니, 이르는 곳마다 군주들이 동등한 예로 맞이하지 않는 경우가 없었다. 재물의 위력. 무릇 공자의 이름이 천하에 널리 드날리게 된 것은 자공이 앞뒤에서 힘을 썼기 때문이다. 이것이 이른바 세력을 얻어 더욱 드러나게 된 자가 아니겠는가! 뒤에서 보여준다. 「백이 열전」의 배객 안회는 공자라는 천리마의 꼬리에 붙어 이름이 난 사람임에 반해, 이 편의 배객 자공은 공자를 더욱 드러나게 한 인물이다. 사마천은 말하지 않고도 다 말했다.

백규白圭는 주나라 사람이다. 위나라 문후 때에 이극李克[4]은 땅의

---

4   『한서』漢書에는 이회李悝로 되어 있다.

재물이 넉넉해야 덕을 베풀 수 있다

생산력을 다하는 데 힘을 썼지만 백규는 시변時變을 즐겨 관찰했다. 그러므로 남들이 버리면 자기는 취하고, 남들이 거두면 그는 내었다. 곡식이 익으면 곡식을 거두고 명주실과 옻을 내었다. 누에가 나오면 명주실을 매입하고 곡식을 풀었다. ······수입을 늘리기 위해 곡식의 값을 떨어뜨렸고, 생산량 증대를 위해 품질이 좋은 씨를 구했다. 밥상을 소박하게 하고 마음이 끌리는 것을 참았으며 의복을 절약했다. 부리는 사람들과 고락을 함께하면서도 때에 나아감은 맹수나 매가 뛰쳐나가듯 했다. 그러므로 그는 말했다.

"나의 경영은 이윤伊尹과 여상呂尙의 지모, 손자와 오자의 용병술, 상앙商鞅의 법치술과 같다. 이런 까닭에 상황에 맞게 변화할 줄 아는 지혜, 결단하는 용기, 챙기고 주는 것에 인색하지 않은 어진 마음, 힘써 지키는 굳센 기질이 없다면 내 방법을 배우려고 한들 끝까지 말해 주지 않을 것이다." 재물을 모으기 위해서는 현상賢相의 지모, 장수의 병법, 법가의 법술, 유협의 결단, 유가의 인仁이 모두 필요하다. 세상에서 가장 많은 능력을 요하는 일이다.

천하에서는 치생治生의 원조는 백규라고 하니, 백규는 시험한 바가 있었던 것이다. 자기 장점을 충분히 시험한 것이니 조금도 구차하지 않았다. 상인의 자부.

오라烏倮[5]는 가축을 길렀는데, 수가 많아지면 내다 팔아 기이한 비단을 구해서는 몰래 융족戎族의 왕에게 바쳤다. 융족의 왕은 그 가격

---

5   오씨烏氏는 전국시대 지금의 감숙성甘肅省 평량현平凉縣 일대에 살았던 유목 부족.

의 열 배가 되는 가축으로 보상했다. 골짜기를 단위로 헤아릴 만큼 소와 말의 수가 늘어났다. 진시황은 나倮를 봉작 받은 군주에 견주게 하여 때로 여러 신하들과 함께 조회하게 했다.

파촉 땅에 과부 청淸이 있었다. 그의 선조가 단사丹砂 광산을 발견하여 여러 세대 동안 그 이익을 독점하여 재산을 헤아릴 수 없는 부자가 되었다. 청은 과부였지만 능히 그 가업을 지켰으며, 재력을 유지하면서 축내거나 빼앗기지 않았다. 진시황은 그녀를 정부貞婦로 대우했으며 그녀를 위해 여회청대女懷淸臺를 쌓았다. 오라는 변방의 목장 주인이었고 청은 시골의 과부였지만, 그에 대한 예가 천자와 대등했고 이름이 천하에 드러났으니, 이 어찌 부유함으로써 가능했던 것이 아니겠는가! 재물의 힘.

한나라가 일어나 해내海內가 통일되면서 관문과 교량을 열고 산과 연못에 대한 금지를 풀었다. 이런 까닭에 부상대고富商大賈는 천하를 두루 다니면서 교역 물품을 유통시키면서 원하는 것을 얻었으며, (조정에서는) 호걸과 제후와 거족을 수도로 이주시켰다.

이로 보건대, 현인이 조정에서 사려 깊은 계책을 내고 사업을 논의하는 것과, 신의를 지키고 절의에 목숨을 거는 암혈의 은사가 명성을 높이는 것이 결국 무엇을 위해서인가? 부자가 되어 넉넉하게 살기 위해서다. 현묘한 통찰. 이런 까닭에 청렴한 관리는 시간이 지날수록 부유해지고, 깨끗한 상인도 결국 부자가 된다. 부유함이란 사람의 성정이 배우지 아니 해도 원하는 것이다. 현묘한 통찰. 그러므로 젊은 군사가 군대에서 성을 공격할 때 먼저 오르고, 적진을 무너뜨리고 물리치며, 적장을 베서 깃발을 빼앗고, 앞에서 화살과 돌을 무릅쓰고, 끓는 물을 피하지 않는 것은 모두 큰 상賞이 그렇게 시키는 것이다. 현묘한 통찰. 마을의 소년들이 때리고 빼앗으며, 사람을 위협하고 속임수를 쓰고, 무덤을 파고 위폐를 만들고, 몸을 빌려주어 남의 원수를 갚아 주며 법금을 피하지 않고 죽을 곳으로 달려가는 것은 모두 재물을 위해서일 뿐이다. 현묘한 통찰.

이제 저 조나라와 정나라의 아가씨들이 예쁘게 꾸미고 비파를 타며, 옷깃을 날리며 코가 좁은 신발을 신는 것, 눈으로 입으로 홀리며 천리도 머다 않고 늙은이와 젊은이를 가리지 않는 것은 부후富厚로 달려감이다. 현묘한 통찰. 유한 공자들이 갓과 칼을 꾸미고 수레와 말을 잇대어 세워 놓는 것은 부귀富貴를 꾸밈이다. 현묘한 통찰. 사냥을 하고 물고기를 잡는 데 새벽과 밤을 가리지 않고 눈서리를 무릅쓴 채 골짜기를 치달리며 맹수의 해를 피하지 않는 것은 맛있는 음식을 얻기 위함이다. 현묘한 통찰. 장기, 경마, 투계 등을 하며 낯빛을 붉히고 심줄을 일으키며 승패를 겨루는 것은 승부를 중시하기 때문이다. 현묘한 통찰. 의원 등 잡기를 지닌 사람들이 온갖 정성을 다해 능력을 발휘하는 것은 많은 식량을 얻기 위함이다. 현묘한 통찰. 아전들이 글과 법을 놀리며 도장을 파고 문서를 위조하며 처벌을 피하지 않는 것은 뇌물에 빠졌기 때문이다. 현묘한 통찰. 농민과 공장과 상인과 목인牧人은 재물을 늘려 더 부유해지기를 원하는데, 여기에는 머리를 한껏 굴려 가능한 한 많이 끌어모으려 함이 있을 뿐이니, 끝끝내 힘을 남기거나 재물을 양보하는 법이란 없다. 문장의 축세築勢. 물은 쌓이면 절로 흘러간다.

속담에 이르기를, "100리 밖에 가서 장작을 팔지 않고, 천 리 먼 곳에는 곡식을 팔지 않는다. 1년을 살면 곡식의 씨를 뿌리고, 10년을 헤아리면 나무를 심어야 하며, 100년을 멀리 본다면 덕으로써 불러야 한다"고 했다. 여기서 덕이란 인재를 이름이다.

관직에 의한 봉록이나 식읍의 수입이 없어도 그런 이들과 기꺼이 견줄 만한 경우가 있으니 이를 일러 '소봉'素封이라 한다. 봉封이란 세금으로 먹고 사는 것이다. 한 해에 한 호에서 거두는 세금이 200이면, 1천 호의 식읍을 거느린 군주는 20만을 거두게 되니, 천자에게 조회하고 이웃 나라를 방문하는 비용이 거기서 나온다. 서민인 농민·공장·상인의 경우는 1만에서 생기는 이자 증식이 2천이니, 100만의 재산을 가진 사람은 20만의 수입이 생기는데, 각종 부역의 비용과 세금이 여기서 지출된다. 또 먹고 입는 것을 좋은 것으로 댈 수 있다.

그러므로 육지에서의 말 50마리, 소 167마리, 양 250마리, 못가의 돼지 250마리, 강의 물고기 보 1천 석, 산의 1천 그루 재목, 안읍安邑의 대추나무 1천 그루, 연나라와 진나라 땅의 밤나무 1천 그루, 촉한蜀漢과 강릉江陵의 귤나무 1천 그루, 회수淮水 북쪽과 상산常山 남쪽, 황하와 제수濟水 사이의 가래나무 1천 그루, 진陳과 하夏 땅의 1천 무 밭의 옻나무, 제나라와 노나라 사이 1천 무 밭의 뽕나무와 삼나무, 위천渭川 지역의 1천 무 밭 대나무, 이름난 나라 1만 가호의 성에 있어서는 성곽 둘레 1천 무의 기름진 밭, 1천 무의 염료용 치자나무와 꼭두서니, 1천 이랑의 생강과 부추를 기른다면 그 사람은 1천 호의 식읍을 거느린 제후와 같다. 이는 넉넉한 공급의 밑천이다. 저자를 기웃거리지 않고, 다른 고을을 나다니지 않으면서 앉아서 수입을 기다리고, 몸은 처사의 의리를 간직하며 살림을 넉넉하게 꾸려 갈 수 있다.

만약 집은 가난하며 어버이는 늙고 처자는 연약한데, 명절에 제사에 올릴 술이 없고, 음식과 의복을 스스로 마련하지 못하는데도 부끄러워할 줄 모른다면 그런 사람은 견줄 곳이 없다. 이런 까닭에 재물이 없으면 몸을 쓰고, 조금 있으면 지혜를 겨루며, 이미 넉넉하면 시간을 다투는 법이다. 요즘 현명한 사람들은 몸을 위태롭게 하지 않으면서 재물을 얻기 위해 노력한다. 이런 까닭에 농업으로 축적한 부유함이 가장 높고, 상업으로 일군 부유함은 다음이며, 속임수로 이룬 부유함이 가장 낮다. 바위굴에 사는 기이한 선비의 행실이 없는데 오래도록 빈천하면서 인의仁義를 말하기 좋아하는 것은 부끄러운 일이다. 아, 가난한 선비의 탄식!

보통 백성들의 경우, 부유함이 자기보다 열 배 많으면 자기를 낮추고, 백 배 많으면 두려워 꺼리고, 천 배 많으면 부려지고, 만 배가 많으면 종이 되는 것이 세상의 이치다. 지금 우리의 현실. 무릇 가난하면서 부를 구함에는 농업이 공업만 못하고, 공업은 상업만 못하며, 만들기만 하고 유통시키지 않으면 물건 값이 높아지지 않는다. 이는 상업이야말로 가난한 사람의 일거리임을 말한 것이다.

여기서 예로 든 사람들은 갖가지 방법으로 재물을 모으는 데 성공한 사람들 가운데서도 더욱 뛰어난 자들이다. 모두 식읍과 봉록을 받거나, 법체계를 농간하며 부자가 된 것이 아니다. 이치로 미루어 거취를 결정하고 시세의 흐름에 맞춰 행동하여 이익을 얻었다. 상업으로 재물을 모아 농업의 방식으로 지켰으며, 정직과 근면. 무武의 방식으로 용기와 결단. 일어나서는 문文의 정신으로 합리와 제도. 유지했다. 변화에 절도가 있으니 법식으로 삼기에 충분하다. 힘껏 농사와 목축과 공장과 산림업에 힘써 이익을 얻어 부유함을 얻어, 크게는 한 군郡이나 현縣을, 작게는 향리를 좌지우지한 자들은 이루 다 헤아릴 수 없다.

무릇 검소하고 근면함은 치생治生의 바른 도리이지만, 부를 이룬 자는 반드시 기이한 방법을 사용했다. 밭에서 농사짓는 것은 졸렬한 직업이지만 진양秦揚은 이로써 한 주州를 뒤덮었다. 도굴은 간악한 일이지만 전숙田叔은 이로써 일어났다. 노름은 나쁜 직업이지만 환발桓發은 그것으로 부자가 되었다. 행상은 장부가 천하게 여기는 일이지만 옹낙성雍樂成은 그로써 넉넉해졌다. 기름 장사는 욕된 처사이지만 옹백雍伯은 천금을, 간장 판매는 하찮은 직업이지만 장씨張氏는 천만금을 모았다. 칼을 가는 일은 자잘한 기술이지만 질씨郅氏는 호화로운 생활을 했고, 양고기 포를 뜨는 일은 별 것 아니지만 탁씨濁氏의 행차에는 여러 말들이 뒤따랐으며, 말의 병을 치료하는 일은 낮은 직업이지만 장리張里는 종을 쳐서 하인을 불렀다. 이는 모두 정성을 다해 마음을 하나로 모았기 때문에 이룰 수 있었던 것이다.

　이로써 보건대 부자가 되는 데에는 일정한 직업이 있지 않으며, 재물에는 정해진 주인이 없는 법이다. 사마천은 운명의 피해자였고, 그 앞에서 탄식하고 비분했지만, 운명론자는 아니었다. 원문의 "富無經業, 則貨無常主"는 「진섭 세가」에서 했던 "왕후장상에 어찌 씨가 따로 있겠는가!"(王侯將相. 寧有種乎)의 변주이다. 능력이 있는 자는 모아거둘 것이고, 어리석은 자에게서는 기와 조각처럼 흩어질 것이다. 천금의 부자는 한 나라의 군주에 견줄 수 있고, 수만금의 부자는 왕과 같은 즐거움을 누린다. 이들이 어찌 이른바 소봉素封이 아니겠는가?

개합開闔과 조응照應

전체적인 부법部法의 차원에서는 열전의 첫 편인 「백이 열전」과의 열고 닫는 장치, 수미개합首尾開合을 살펴보아야 한다. 입전 동기에 있어 「백이 열전」이 의義로 대표되는 윤리에서 출발한다면 「화식 열전」은 재부財富로 표현된 이利에 주목한다. 둘째, 「백이 열전」의 배객陪客이 안회라면 「화식 열전」에는 자공이 등장한다. 구문에 있어 「백이 열전」은 경전의 말을 인용하고 의문문을 자주 구사했다면, 「화식 열전」은 재부를 이룬 사람들의 행적을 제시하고 속담을 많이 인용했으며 확신과 단언의 직서법을 애용했다. 사마천의 문제의식은 의義와 이利의 사이에서 형성되었고, 열전의 세계는 윤리와 경제의 극단 사이를 오가고 있는데, 경제에 대한 확신에 반해 윤리에 대해서는 유보의 태도를 취했다. 윤리에 대한 의심으로 출발했지만 윤리가 아니면 권력이든 재물이든 얻을 수 없다는 사실을 통찰했고, 경제의 공능을 확신했지만 권력이나 재물을 뛰어넘는 빛나는 정신을 발견하기도 했다. 사마천은 교조적 이론가나 법 집행자가 아니라, 사실을 다루는 사가史家이자 감동을 창출하는 문장가였기 때문이다. 열전은 백이와 화식 사이에서 펼쳐지며, 역사 인물들의 삶은 의義와 이利 사이에서 다채롭게 전개된다.

사마천의 두 아버지,
사마담과 공자

태사공 자서太史公自序

사마천에게는 아버지가 둘이었다. 하나는 아
버지 사마담, 또 하나는 공자. 처음부터 사마씨의 가문 내력을 장황
하게 기술했고, 끝까지 가문은 문맥을 떠나지 않는다. 아버지의 말
을 세 차례 인용했는데, 모두 『사기』의 저술과 직결된 것들이다. '태
사공'太史公은 모두 열다섯 번이나 사용되었다. 선조들의 자랑스러운
전통과 아버지의 유지, 그리고 태사공에 대한 자부심은 『사기』 탄생
의 첫 번째 동력이다. '공자'는 모두 아홉 번 언급되었고, 『춘추』는 19
차례 사용되었다. 이는 사마천이 『사기』를 저술하면서 얼마나 공자
를 의식했는가를 보여주는 작은 지표다. 사마천은 『사기』를 지으며
공자로부터 500년 뒤의 또 다른 『춘추』를 표방했던 것이다. 사마천
에게는 혈육의 아버지와 정신의 아버지가 있었으며, 『사기』는 이 두
아버지 사이에서 태어났다.

프란츠 카프카(1883~1924)는 써 놓고 보내지 못한, 아버지께 드리
는 편지에서 이렇게 밀했다. "제 글쓰기의 주제는 아버지십니다. 아

버지의 가슴에 안겨 푸념하지 못하는 것들만 글에서 털어놓았을 뿐입니다. 글쓰기는 아버지로부터의 작별을 의도적으로 지연시키기 위한 방책이었습니다. 이 작별은 아버지에 의해 강요된 것이지만, 제가 정한 방침에 따라 진행되었던 것입니다."[1] 카프카에게 아버지의 권위는 견딜 수 없는 억압이자 수치였으니, 이 편지를 읽으면 그의 여러 소설에 등장하는 K라는 인물을 이해하는 데 도움이 된다. 반대로 사마천에게 아버지의 권위는 영광이자 방향이었으니, 이는 『사기』 전편에 걸쳐 국가, 제왕, 권력, 도덕, 성공에 대한 지향으로 나타난다. 그럼에도 이들의 글 전편에 거인 아버지의 그림자가 짙게 드리워져 있다는 점은 똑같다.

총결와필總結臥筆
긴 여정을 마친 붓의 엄숙한 와신

오랜 여행을 끝내는 날, 향기로운 술 몇 잔에 지친 몸을 객사에 누인 나그네처럼, 사마천은 닳아진 붓을 벼루 위에 누이고는 안도의 긴 한숨을 내쉬었다.

옛날 전욱顓頊은 남정南正 중重에게 천문을 담당하게 했고, 북정北正 여黎에게는 지리를 관리하게 했다. 요임금에서 우임금에 이르는 시대에는 이를 이어 중과 여의 후예에게 다시 천문과 지리를 맡겼으니,

---

1   프란츠 카프카 지음, 정초일 옮김, 『아버지께 드리는 편지』(Brief an dem Vater), 은행나무, 2015.

태사공 자서

그 전통이 하나라와 상나라 시대에 이르렀다. 중씨와 여씨는 대대로 천문과 지리를 관장해 온 것이다. 주周나라 때 정국程國²에 봉해진 휴보休甫는 그 후예다. 주나라 선왕宣王 시절에 그 직임을 잃고 사마씨司馬氏가 되었다. 사마씨는 대대로 주나라의 문서를 책임져 왔다. 혜왕惠王과 양왕襄王 사이에 사마씨는 주나라를 떠나 진晉나라로 갔다. 진晉나라의 중군中軍 수회隨會가 진秦나라로 달아나자 사마씨는 소량少梁(황하 서쪽, 섬서성 한성시 남쪽)으로 들어갔다(BC.621).

사마씨의 일족은 주나라를 떠나 진晉나라로 간 뒤에 위衛와 조趙와 진秦나라로 흩어졌다. 위衛나라로 간 이는 중산국中山國의 재상이 되었고, 조趙나라에 간 분은 검론劍論으로 성공했으니 괴외蒯聵가 그의 후손이다. 진秦나라에 자리 잡은 사마착司馬錯은 장의張儀와 의견을 다투다가, 혜왕惠王의 명을 받아 촉蜀을 정벌하고는 그곳을 다스렸다. 사마착의 손자 근靳은 무안군武安君 백기白起를 모셨다. 그 무렵 소량少梁의 이름이 하양夏陽으로 바뀌었다. 기원전 330년 진秦나라에 귀속되고, 327년 이름이 바뀌었다. 근靳은 무안군과 함께 조나라 장평長平의 군대를 땅에 묻었는데(BC.260), 돌아와서는 무안군과 함께 두우杜郵(섬서 함양시 동쪽)에서 사사되어 고향 화지華池(한성시 지천진芝川鎭 화지촌華芝村)에 묻혔다(BC.257). 근靳의 손자 창昌은 진나라의 주철관主鐵官이 되었으니 시황 때의 일이다.

한편 괴외의 현손 앙卬은 무신군武信君 무신武臣의 장수가 되어 조가朝歌(하남성 학벽시鶴壁市 기현淇縣)를 점령했다. 진나라 말 제후들이 다투어 왕이 될 무렵, 앙卬은 항우에 의해 은殷(하남성 안양시安養市 일

---

2   섬서성 함양시 동쪽이라는 설과 낙양시 동쪽이라는 설이 있다.

대)의 왕으로 봉해졌는데, 한漢나라가 초楚나라를 치자 한나라로 귀의하니 하내군河內郡(하남성 초작시焦作市)을 영지로 주었다.

창창昌은 무택無澤을 낳았는데, 무택은 한나라의 시장市長이 되었다. 무택은 희喜를 낳았는데, 희는 오대부伍大夫가 되었다. 죽은 뒤에는 모두 고문高門(화지촌에서 직선거리로 1.5km 떨어진 고문촌)에 묻혔다. 희는 담淡을 낳았는데, 담은 태사공이 되었다.

태사공은 당도唐都에게서 천문을 배웠고, 양하楊何에게서 역학을 전수했으며, 황자黃子로부터는 도가의 학문을 익혔다. 건원建元(BC.140~BC.135)과 원봉元封(BC.110~BC.105) 연간에 벼슬했다. 배우는 자들이 그 뜻을 제대로 알지 못하여 학문의 계통이 어그러진 것을 안타까이 여겨 여섯 분야 학문―음양가, 유가, 묵가, 명가, 법가, 도가―의 요지를 논술했다. ……태사공은 천문을 맡은 뒤로는 직접 백성들을 다스리지는 않았다. 아들이 있으니 그의 이름이 천遷이다. 기원과 내력에 대한 관심, 계보에 대한 질문, 역사의식의 출발. 부계에 대해서는 최대한 자세하게 기술했지만, 어머니와 그 집안에 대해서는 단 한 글자의 언급이 없다.

천遷은 용문龍門³에서 태어나, 황하의 북쪽과 용문산의 남쪽 사이에서 농사와 목축에 종사했다. 생산 현장의 체험과 실물경제의 이해. 열 살에 옛글을 외웠다. 독서와 지식의 습득. 스무 살이 되어 남쪽으로는 강수江水와 회수淮水⁴에서 놀았고, 회계산會稽山⁵에 올라 우禹임

---

3   산서성 한성시韓城市의 옛 이름이다. 이곳 지천진芝川鎭의 황하 서쪽 언덕과
     양산梁山 동쪽 기슭에 사마천의 무덤과 사당이 남아 있다.

4   장강과 회수. 넓게는 강남. 좁게는 두 강 사이 일대. 강소성과 안휘성 중부 지역
     을 말한다.

금의 무덤을 찾아보았고, 구의산九疑山[6]을 구경했으며, 원수沅水와 상수湘水[7]에 배를 띄웠다. 북쪽으로는 산동성의 문수汶水와 사수泗水를 건너 제齊나라와 노魯나라의 옛 서울인 임치와 곡부曲阜에서 학업을 닦으며 공자의 유풍遺風을 살폈다. 맹자의 고향인 추鄒 고을의 역산嶧山에서 향사례鄕射禮를 익혔고, 파鄱(강서성 상요시上饒市 파양진鄱陽鎭)와 설薛(산동성 등현滕縣 남쪽)과 팽성彭城(서주시徐州市)에서 어려움을 겪은 뒤, 양梁 땅과 초楚 땅을 거쳐 고향으로 돌아왔다. 여행, 견문의 확대와 지리 감각의 체득. 이어 벼슬에 나아가 낭중이 되었다. 칙명을 받들어 서쪽으로 파촉巴蜀 이남 지역을, 남쪽으로 공邛(사천성 서창西昌 일대)·착筰(사천성 한원漢源 일대)·곤명昆明 땅을 평정하고 돌아와 보고했다. 행정 경험과 권력의 체감. 한 단락의 글로 자기 일생과 능력을 담았다.

　　이 해(BC.110, 사마천의 나이 35세 무렵)에 천자가 한나라를 세운 봉선封禪을 시행했다. 태사공(아버지 담)은 낙양에 머무르느라 참여하지 못했다. 그러므로 분을 이기지 못해 돌아가기에 이르렀다. 그때 내가 마침 지방의 일을 마치고 돌아와 황하와 낙수洛水[8]의 사이에서 아버지를 뵈었다. 태사공은 아들의 손을 잡고 눈물을 흘리며 말했다.[9]

5　　절강성 소흥紹興 동남쪽의 산. 우임금이 아내를 맞이하고 봉선封禪하여 하夏 왕조를 열었던 곳이다.

6　　창오산蒼梧山이라고도 한다. 호남성 남쪽 영주시永州市 영원현寧遠縣에 있다.

7　　중국의 서남부에서 발원하여 동정호로 유입되는 물줄기. 굴원屈原이 쫓겨나 「이소」離騷를 지었던 곳이다.

8　　낙양洛陽을 가로질러 동쪽으로 흐르다가 공의시鞏義市에서 황하에 합류한다.

9　　봉선은 고대에 천자가 특별한 때에 태산 위에 올라 하늘과 땅에 제사를 지낸 전례이다. 봉封은 태산 위에 올라 작은 단을 쌓고 지내는 제천 의례이고, 선禪은 태산 아래서 흙을 떠내며 지냈던 제지 의례이다. 한무제가 봉선을 지낸 해는 기

"우리 조상은 주나라 왕실의 태사太史였단다. 순임금과 우임금 시절부터 천문을 맡았는데, 후세에 쇠미하여 나에게서 끊어지게 되었구나. 네가 다시 태사가 된다면 조상의 사업을 이어라. 지금의 천자께서 천년의 대통을 이어 태산에서 봉선하는데, 나는 참여하지 못했으니 이것도 운명인가 보구나! 내가 죽거든 너는 반드시 태사가 되고, 태사가 되면 내가 저술하고자 했던 것을 잊지 말아다오. 무릇 효는 어버이를 섬기는 데서 시작하여, 임금을 섬기는 일을 거쳐, 세상에 한 몸을 세우는 데서 그치는 것이다. 후세에 이름을 날려 부모를 드러나게 하는 것이 가장 큰 효란다(『효경』孝經「개종명의」開宗明義). 천하 사람들은 주공周公을 칭송하면서, 그가 문왕과 무왕의 덕을 잘 기리고 주남周南과 소남召南의 노래를 널리 전했으며, 태왕太王과 왕계王季의 생각을 깊이 깨우쳐, 결국에는 공유公劉[10]의 공적을 이루어 후직后稷을 드높이게 된 것을 말하지 않더냐. 하지만 유왕幽王과 여왕厲王 이후로는 왕도가 어그러지고 예악이 시들해지자, 공자께서 옛 도를 닦고 버려진 윤리를 일으켜 『시경』과 『서경』과 『춘추』를 지었으니 학자들이 오늘날까지 본받고 있다. '기린이 잡혔다'(獲麟)[11]는 기록 이래

원전 110년이다. 당시 한무제는 봉선의 절차와 형식 등에 대해 유자들에게 검토하여 초안을 만들라 했지만, 정작 그들을 대동하지는 않았다.

10   주 문왕의 선조로 알려진, 고대 한 부족의 전설적인 지도자로. 성은 희姬이고, 유劉는 이름이며, 공公은 존칭이다. 『시경』 '대아'에 「공유公劉」를 제목으로 그를 칭송한 노래가 있다.

11   "기린이 잡혔다"는 뜻의 획린獲麟은 공자가 지은 『춘추』의 마지막 구절이다. 노나라 애공 14년(BC.481), 사냥에서 기이한 짐승이 잡혔다. 사람들은 이 짐승을 죽이고는 돌아와 공자에게 물었다. 공자가 보니 기린이었다. 기린은 성군의 태평성대를 상징하는 동물이다. 기린이 잡혀 죽었으니 이제 세상에는 별 희망이 없다고 생각한 공자는 크게 상심했다. 이어 칩거하며 저술에 몰두했다. 그래서 나온 책이 노나라 은공隱公 원년(BC.722)으로부터 시작하여 기린이 잡히기까

400여 년 동안 제후들은 서로 침탈하고 역사 기록은 버려져 끊어졌다. 이제 한나라가 일어나 세계가 하나로 통일되었는데, 나는 태사의 몸으로 밝은 군주와 어진 신하와 의리의 선비들을 논평하여 기록하지 않아 천하의 사문史文을 없어지게 했으니 매우 두렵구나. 너는 마음에 담아 두거라." 사가史家 의식.

나는 머리를 숙이고 눈물을 흘리며 말했다.

"소자 비록 불민하오나 정리해 놓으신 옛 사적들을 모두 저술하여 빠뜨리지 않겠습니다."

아버지가 돌아간 지 세 해 만에 나는 태사령이 되어, 역사 기록 및 중요한 국가 문서들을 열람하게 되었다. 5년 뒤인 태초太初 원년(BC.104) 11월 초하루 동짓날에 천력天曆이 개정되어 명당에 바쳐지고 제후들에게 반포되었다. 태사공이 된 지 5년 만에, 사마천이 해낸 첫 업적은 일력을 개정한 것이다. 사마천의 역사 서술은 정교한 천문 이론과 해박한 지리 정보가 뒷받침되는데, 이는 자신이 첫 단락에서 말한바, 남정南正 중重과 북정北正 여黎의 전통을 이어받은 것이다.

태사공은 말한다. 선친은 이렇게 말한 적이 있다. "주공이 죽고 500년 뒤에 공자가 나왔는데, 공자가 죽은 뒤로 또 500년이 지났으니, 이제 밝은 세상을 소개하고 역易의 뜻을 바로잡고 끊어진 춘추의 전통을 계승하고 나아가 시서예악의 근본을 세울 때가 아니겠느냐!" 선친의 뜻이 여기에 있었던 것이로구나, 선친의 뜻이 예 있었던 것이야! 그 뜻을 소자가 어찌 저버릴 것인가! 『사기』는 처음부터 『춘추』의 계승을 표방했으며, 아버지의 유업을 잇는 효의 차원으로 기획되었다. 공

지 242년간의 역사를 기록한 『춘추』이다.

자와 아버지는 사마천의 삶을 떠받치는 두 기둥 또는 그의 길을 안내하는 두 개의 별이었다. 하지만『춘추』를 표방하는 건 자신을 공자에 견주는 것이니, 시비가 걱정이었다. 하여 스스로 검열 끝에 호수壺遂와 동중서董仲舒를 불러와 변명의 단락을 만들었다.

상대부 호수가 말했다. "옛날에 공자는 무엇 때문에『춘추』를 지었습니까?" 태사공은 말했다. "동중서(BC.179~BC.104)는 이렇게 말했습니다."

주나라의 도가 쇠퇴하여 없어지고 공자는 노나라의 사구司寇[12]가 되었는데, 제후와 대부들이 방해했습니다. 공자는 옳은 말이 쓰이지 않고 도가 행해지지 않음을 알고는 242년 사이 일들의 시비를 가려 천하의 본보기로 삼았지요.『춘추』저술의 배경과 동기. 천자를 깎아내리고, 제후는 물리치고, 대부는 성토하여 왕도에 이르고자 했을 뿐입니다. 하여 공자께선, 빈말을 싣기보단 분명하게 드러난 사건과 행적을 보여주는 것이 낫다고 했던 것입니다.『춘추』는 위로는 3왕의 도를 드러내고 아래로는 인사의 벼리를 세운 것입니다. 의문은 풀고 시비는 밝혀 판단이 어려운 것을 정해 주었습니다. 선행은 기리고 악업은 미워했으며, 현자는 높이고 우둔한 자는 천시

---

12   춘추시대 열국의 관직 이름. 육경六卿과 대등한 지위로 형벌과 감찰을 담당했으니 오늘날의 법무부 장관이나 검찰총장쯤 된다. 같은 반열에 사마司馬(군사 담당), 사공司空(건설 담당), 사사司士(인사 담당), 사도司徒(토지 담당)가 있었다.

했습니다. 망한 나라는 존속시키고, 끊어진 대를 이어 주며, 해지고 무너진 것을 기워 일으켰으니 왕도의 큰 것입니다.

『역』은 천지와 음양, 4철과 5행의 원리를 드러내니 변화를 이해하는 데 유리합니다. 『예』는 인륜의 체계를 세웠으니 행동의 방법을 아는 데 도움이 됩니다. 『서』는 선왕의 행적을 기록했으니 그것으로 정치의 득실을 알 수 있습니다. 『시』는 산천과 계곡, 금수와 초목, 음양과 남녀 등에 대해 기록했으니 풍물 파악에 장점이 있습니다. 『악』은 사람들로 하여금 자기 처지를 즐기게 하니 마음을 조화롭게 하는 힘이 있습니다. 『춘추』는 시비를 분변하는 까닭에 사람을 다스리는 일에 장점이 있습니다. 이런 까닭에 『예』로 사람들의 행동을 절도 있게 하고, 『악』으로 사람들의 마음을 조화롭게 하고, 『서』로 과거의 행적을 말하고, 『시』로 자기 뜻을 표현해 전달하게 하고, 『역』으로 변화를 이해하며, 『춘추』로 의리를 분변합니다. 어지러운 세상을 다스려 바로잡는 데는 『춘추』만 한 것이 없지요.

『춘추』의 글자는 수만 자인데 그 뜻은 수천 가지나 되니, 세상 만물의 모이고 흩어짐이 모두 이 책에 있습니다. 『춘추』에는 시해된 왕이 36명이고, 멸망한 나라가 52개국이며, 달아나 사직을 지키지 못한 제후의 수는 이루 다 헤아릴 수가 없습니다. 그 까닭을 살피면 근본을 잃었기 때문일 뿐입니다. 그러므로 『역』에서 "터럭의 실수가 천리로 벌어진다"고 했던 것입니다. 또 "신하가 임금을, 아들이 아비를 죽이는 일은 하루아침에 벌어진 사건이 아니라 오래도록 쌓여서 그렇게 된 것"이라고 말하는 것입니다. 그러므로 나라를 다스리는 자는 『춘추』를 알지 못하면 안 되니, 그렇지 않으면 눈앞의 아첨을 보지 못하고 등 뒤의 역적도 알지 못합니다. 신하가 된 자도 『춘추』를 알아야 하니, 그렇지 않으면 원칙을 지키면서도 무엇이 마땅한 것인 줄 알지 못하고, 변화의 앞에서는 어떻게 대처해야 할지 모릅니다. 『춘추』의 의리에 통달하지 못하면, 왕과 아비는 원흉이라는 악명을 뒤집어 쓸 것이고, 신하와 자식은 찬역의 죄목과 처형을 면치 못할 것입니다. 그들은 모두 스스로 선하다고 생각하지만, 의를 알지 못하고 일을 저질렀기 때문에, 수악首惡과 찬시簒弑의 오명을 얻어도 발뺌하지를 못하는 것이지요.

예禮와 의義의 뜻에 통달하지 못하면 임금은 임금답지 못하고, 신하는 신하답지 못하며, 아비는 아비답지 못하고 자식은 자식답지 못하게 됩니다. 임금이 임금답지 못하면 침범을 당하고, 신하가 신하답지 못하면 처형을 당하게 되며, 아비가 아비답지 못하면 길을 잃게 되고, 자식이 자식답지 못하면 불효를 저지릅니다. 이 네 가지 행실은 천하의 큰 허물입니다. 이 천하의 큰 허물을 뒤집어써도 그들은 어떤 대꾸도 할 수 없습니다. 『춘추』라는 것은 예의의 큰 근간입니다. 무릇 예禮란 나타나기 전에 금하는 것이고, 법法은 이미 일어난 뒤에 베푸는 것입니다. 법의 쓰임새는 쉽게 보이지만 예의 금기 작용은 알기 어렵습니다.

호수가 말했다. "공자의 시대에는 위로 밝은 군주가 없어 아래로 인재를 제대로 쓰지 못했습니다. 그랬기에 『춘추』를 지어 문장을 후대에 드리워 예의를 단정하여 한 시대 제왕의 법도가 되게 했던 것입니다. 하지만 지금 위에는 밝은 천자가 계시어 아래로 인재들이 각자의 직책을 맡고 있습니다. 만사가 갖추어져 모든 분야에서 각자가 마땅한 도리를 풀어내고 있는데, 선생은 따로 글을 지어 밝힐 것이 있습니까?"

태사공이 말했다. "아, 예, 아닙니다. 예전에 선친에게서, '복희는 지극히 순후하여 역의 8괘를 만들었고, 요와 순의 성세는 『상서』에 실려 있고, 그 시절에 예악도 만들어졌고, 탕왕과 무왕 시기의 융성함을 시인들은 노래했으니, 『춘추』는 선행을 가려 악행을 비판하고 3대의 성덕을 미루어 주나라 왕실을 높였으니, 풍자하고 비난만 한 것이 아니'라고 들었습니다. 한나라가 일어나 지금의 영명하신 천자에 이르기까지, 상서로운 징조를 얻고 봉선 의례를 행하고 정삭正朔을 고쳤으며, 관복을 새로 제정했습니다. 천명을 받아 그 은택의 흐름이 끝이 없어, 풍속이 다르고 심지어는 이중 통역을 거쳐야 하는 먼 곳의 수많은 나라들까지도 와서 알현하기를 청하고 있지요. 신하와 관리들이 모두 천자의 성덕을 칭송하지만, 그 뜻을 모두 펼치지 못하고 있습니다. 현명하고 능력 있는 선비가 쓰이지 못함은 제왕의 수치지만, 주상이 밝고 거룩한데도 그 덕이 세상에 널리 알려지지 못함은 관리의 허물입니다. 하물며 저는 사필史筆을 맡고 있으니, 밝고 거룩한 군주의 덕을 기록하지 않아 없어지게 하거나, 공신功臣과 세가世家와 현대부賢大夫의 업적을 기술하지 않아 사라지게 한다면, 선친의 유언을 저버린 것으로 그 죄가 막대합니다. 제가 말씀드리는 '옛 사적을 전한다'(述故事) 함은 대대로 전해 오는 것들을 정리하는 수준이지, 이른바 '짓는 것'(作), 즉 창작이 아닙니다. 그대가 이를 『춘추』에 견줌은 옳지 않습니다." 자부를 은폐한 겸사다.

이리하여 차례를 만들어 그 글들을 짓기 시작한 뒤 7년 만에 이릉 李陵의 화를 만나 감옥에 갇혔다(BC.99). 이에 한숨 쉬며 말했다. "이 것이 나의 죄인가, 나의 죄란 말인가! 몸이 훼손되어 쓸모없게 되었 구나." 물러나서 깊이 생각해 보았다. "무릇 『시경』과 『서경』의 표현 이 은미하고 간략한 것은 마음속의 생각을 제대로 전달하려 했기 때 문이다. 옛날 주 문왕은 죄인으로 유리羑里에서 갇혀 『주역』의 뜻을 풀이했다. 공자는 진陳과 채蔡의 사이에서 곤란을 겪으며 『춘추』를, 굴원은 쫓겨나서 「이소」離騷를 지었다. 좌구명左丘明의 눈이 먼 뒤에 『국어』國語가 나왔고, 손빈孫臏은 다리를 잃은 뒤 병법을 논했으며, 여불위가 촉蜀 땅에 유배되어 『여람』呂覽이 세상에 전해졌다. 진나라 감옥에서 한비자의 「세난」說難과 「고분」孤憤이 태어났다. 시 300편은 성인과 현자들이 뜨거운 마음을 일으켜 지은 것이다. 이들은 모두 뜻 에 맺힌 바 있어 도를 펴지 못했다. 그러므로 옛일을 풀어내어 앞으로 의 일을 생각한 것이다." 이에 요순시대부터 기술하기 시작하여 '인 지'麟止에 이르렀다.[13]

우리 한나라는 5제의 전통을 이었고 3대 제왕의 업적을 받았다. 주 나라의 도가 무너지자 진秦나라가 옛 문헌들을 없애고 시서詩書를 태 워 버렸다. 그러므로 명당明堂과 석실石室과 금궤金匱에 보관되어 있 던 문헌과 서적들이 어지러이 흩어져 버렸다. 이 즈음에 한나라가 일

---

13   『춘추』를 흉내 내어, 기원전 122년 10월 무제가 옹雍 지역에 행행行幸했다가
      백린白麟을 얻은 데까지 기술했음을 의미한다.

어났다. 소하蕭何는 율령을 편찬했고, 한신韓信은 군법을 밝혔다. 장창張蒼은 법규를 정비했고, 숙손통叔孫通은 예의를 정했다. 그러자 문학이 빛나게 발전하고, 시와 서가 세상에 나타나기 시작했다. 조참曹參이 개공蓋公을 천거하자 황로의 학설이 말해졌고, 가의賈誼와 조착晁錯은 법가의 뜻을 밝혔으며, 공손홍公孫弘은 유학으로 세상에 드러났다. 100년 사이에 천하의 사라진 글과 옛 사적들이 빠짐없이 태사공에게로 모여들었다. 우리 부자는 잇달아 태사공의 직책을 맡게 되었다. 아, 우리 선조들은 일찍이 이 일을 맡아 3대에 이름이 드러났으며, 주나라에 이르러 다시 그 일을 맡았다. 대대로 천문을 주관해 온 사마씨의 전통이 내게까지 이르렀으니, 삼가 그 귀한 뜻을 되새겨 본다!

천하에서 흩어져 잃어버린 옛 사연들을 망라했다. 제왕의 행적은 처음과 끝을 보아 흥성했다가 쇠망하는 과정을 실제 사건을 중심으로 고찰했다. 먼 3대는 대략 추찰하고 진한 시대는 기록을 모아서, 헌원軒轅의 시대부터 지금 당대에 이르기까지 12본기本紀를 지었으며, 항목을 분류하여 차례를 만들었다. 같은 시대에 일어난 일인지 다른 세상에서 벌어진 사건인지 연도가 분명치 않은 경우가 많아 10표表(연표)를 지었다. 시대에 따라 예악은 없어지기도 하고 새로 생기기도 했으며, 악률樂律과 역법曆法은 왕조가 바뀌면서 개변을 거듭했다. 병권과 산천, 귀신과 천인의 사안들은 앞 시대의 폐단에서 말미암아 새로운 방향으로 변혁한 경우가 많았다. 8서書를 지었다. 28수宿는 북극성을 중심으로 돌고, 30개의 바퀴살은 바퀴축으로 모여 운행이 무궁하다. 팔과 다리처럼 천자를 보필하는 신하들을 이에 견줄 만하니, 이들은 충심과 신의로 도를 행하며 주상을 받든다. 30세가世家를 지었나. 큰 기상으로 의를 떠받치며 때를 잃지 않고 천하에 공명을 세우

사람들이 있다. 70열전을 지었다.

무릇 130편에 52만 6,500자로 '태사공서'太史公書가 된다. 서문은 빠진 글을 메워 하나의 체제를 만들었다. 6경에 대한 다른 학설들을 갖추고 백가의 잡다한 말들을 정돈했다. 정본은 명산에 감추고 부본은 서울에 두어 뒷시대의 성인군자를 기다린다.

태사공은 말한다. "나는 황제로부터 태초太初(한 무제의 연호)에까지 서술하여 끝내니 모두 130편이다." 붓의 엄숙한 와신, 선정禪定에 든 와불.

긴 숨을 내쉬고 붓을 눕히다

『사기』 130편, 「열전」 70편 중 마지막을 장식하는 글이다. 주나라 시대 관제에 태사太史, 소사小史, 내사內史, 외사外史는 모두 사관史官(국가의 문서를 담당하는 관리)이었는데, 그 모든 책임을 맡은 사람이 태사였다. 옛사람들은 이 글을 사마천이 지은 사마천의 열전, 즉 자전自傳이라고 일컬었다. 사마천은 129편의 방대한 저술을 끝낸 뒤, 이 글을 지은 자신의 계보와 삶, 저술 의도 등을 밝혔다. 이는 자기 시대까지 천 년 세월의 복잡다단한 흐름에 질서와 체계를 부여하여 사가史家로서의 책임을 완수한 안도감의 표현이고, 이 역사란 결국 자신의 통찰과 표현이며 상상과 구성이라는 문장가로서의 자의식을 드러낸 것이다. 우여곡절 끝에 온전히 끝날 것 같지 않았던 글의 마지막 글자를 적었다. 자기가 해낸 기적 앞에서 사마천은 긴 숨을 몰아 내쉬고 들고 있던 붓을 뉘었다. 그 자신도 와불처럼 누웠다.

태사공 자서

내가 죽지 않고
구차하게 살아가는 까닭

소경 임안에게 보낸 편지(報任少卿書)

사마천은 형벌을 받은 뒤 중서령中書令이 되었다. 잔인하게도 무제는 그에게 다시 사필史筆의 직책을 맡긴 것이다. 그는 공손하게 그 사필을 받고, 정성을 다해 무제를 칭송하지 않을 수 없었다. 기원전 91년, 무고巫蠱의 화禍[1]가 발생했다. 임안任安(소경少卿은 그의 자字)은 여기 연루되어 무제의 의심을 받고 감옥에 갇혀 사형을 기다리는 신세가 되었다. 임안은 사마천에게 편지를 보내 도움을 요청했다. 사마천은 고민에 빠졌다. 자신도 똑같은 경험을 하지 않았던가! 누군가 자신을 위해 변론해 주거나 속전을 내주었다면 궁형宮刑의 화는 면했을지 모른다. 하지만 권력의 서슬 아래 아무도 나서 주지 않았고, 누구도 자기 재물을 내놓지 않았다. 결국 궁형을

---

1   '무고'는 원망하는 사람 형상의 오동나무 인형을 땅에 묻어 저주하는 무속의 방술로, 한무제 시기에 유행했다. 이 무고가 정치적으로 악용되면서 수만 명이 목숨을 잃었다. 임안은 무제와 태자 사이를 무고로 이간하는 사건에 연루되어, 두 마음을 품은 죄목으로 체포되어 처형되었나.

받은 사마천은 이후 급난急難에 기꺼이 도와주는 사람에 대한 생각에 집착한다. '알아줌'(知)이 『사기열전』 전편을 관류하는 주제가 된 이유이다. "아무개는 누구의 '알아줌'(知)을 입어 뜻을 펼쳤고, 아무개는 누구를 '알아주어'(知) 더 크게 성공했는가?" 이런 문제의식은 「백이 열전」에서부터 짙게 드러난다. 이러한 주제가 가장 간명하게 드러난 글은 「관안 열전」이고 가장 과격하게 구현된 글은 「유협 열전」이다. 하지만 그 문제가 자기에게 닥치자, 사마천은 번민에 빠진다. 망설이고 머뭇거렸으며 두려움에 사로잡혔다. 여러 날을 고민한 끝에 이 편지를 작성했다. 이 편지는 반고班固(32~92)가 지은 『한서』「사마천전」司馬遷傳에 실려 있다. 이 편지가 임안의 손에 들어갔는지, 어떤 경로로 후세에 전해졌는지는 알려지지 않았다. 다만 분명한 것은, 카프카와 그의 문학을 알기 위해서는 『아버지께 드리는 편지』를 읽어야 하듯, 이 편지 또한 사마천과 『사기열전』의 세계를 안내하는 가장 확실한 안내문이라는 사실이다.

보보응념步步凝念
걸음 하나에 생각 하나

걸음걸음마다 또는 바느질 한 땀마다 깊은 생각이 응어리져 있는 것처럼, 글자 하나하나도 허투루 보아 넘길 수 없다.

저 태사공 사마천은 소경少卿 족하足下에게 재배하며 아룁니다. 지난번 편지를 보내 주시어 처신을 삼가고 현사를 추천하는 데 힘쓰라고 일러 주셨습니다. 자기를 구해 줄 사람을 천거해 달라는 뜻. 그 뜻이 간절하여 마치 제가 이를 따르지 않고 세상의 속된 말이나 하는 것을 원망하시는 듯도 했습니다만, 저는 감히 그렇지 않습니다. 제가 비록 우둔하기는 하나 또한 일찍이 어르신께서 남기신 풍격을 들은 적이 있습니다.

저는 몸은 망가지고 처지는 하찮게 되어 움직이기만 하면 비난을 받고 있으니 잘해 보려고 하면 할수록 손해가 됩니다. 사정이 이러하여 혼자 울적하기만 한데 누구와 무슨 말을 하겠습니까? "누구를 위해 일할 것이며, 누구에게 말할 것인가?" 하는 속담 그대로입니다. 고독감, 고립감. 세상에 이처럼 끔찍한 것도 없고, 이처럼 위대한 힘을 만들어 내는 것도 없다. 종자기鍾子期가 죽으매 백아伯牙는 죽을 때까지 거문고를 타지 않았지요. 선비는 자기를 알아주는 사람을 위해 몸을 바치고 여인은 자기를 기쁘게 해 주는 사람을 위해 꾸미는 까닭입니다. 열전 69편을 관류하는 주제. 저는 몸이 크게 훼손되었습니다. 비록 대단한 재주를 품고 있다고 해도 허유許由와 백이伯夷처럼 숨어 지내니, 끝내 영화는 얻을 수 없을뿐더러 비웃음을 당하여 스스로 욕되게만 할 뿐입니다.

보내 주신 편지에 진작 답신을 했어야 했지만, 마침 천자를 모시고 동방에 다녀왔고, 또 자잘한 일들이 있어 만나 뵙지 못했으니, 마침내 잠깐이라도 숨김없이 마음을 털어놓을 겨를이 없었습니다. 짧은 이메일을 받고도 답장을 쓰기 위해 며칠을 고민하는 경우가 있다. 소경少卿은 생사를 기약 못할 죄안罪案에 걸렸으니, 세월이 지나 (판결 받을) 겨울이 닥치고 있습니다. 저는 요사이 천자를 모시고 옹雍 지방에 갔는데, 문득 숨길 일이 아니라는 생각을 했습니다. 제가 마음속 비분과 고통을 털어놓지 않는다면, 떠나시는 이의 혼백이 남몰래 무궁한 한을 품을 것입니다. 문학의 자궁, 간절하게 닿으려는 마음. 이 글은 궁형을 받은 사람과 옥중의 사형수 사이의 사신이다. 그런데 묘한 게, 사적으로 살짝 주고받은 편지나 혼자 신음하듯 읊조린 것이 천년이 지나도록 수많은 사람들의 귀에 들리고 그들의 마음을 울린다는 것이다. 이에 제 생각을 말씀드리고자 합니다. 그동안 답신하지 못한 것을 허물하지 않으셨으면 합니다.

제가 듣건대 수신修身은 지智의 부절符節이고, 사랑하여 베푸는 것은 인仁의 단서이고, 주고받음이 구차하지 않은 데서 의義가 드러나고, 치욕을 받아들이는 태도에서 용勇이 결정되며, 이름을 세우는 것은 행行의 극치라고 합니다. 선비라면 이 다섯 가지가 있은 뒤에야 세상에 삶을 맡겨 군자의 반열에 오를 수 있습니다. 그러므로 재앙은 이익을 탐하는 것보다 비참한 것이 없고, 비애는 마음을 다친 것처럼 아픈 것이 없고, 행실은 조상을 욕되게 한 것처럼 추악한 것이 없으며, 망신으로는 궁형보다 큰 것이 없습니다.

형벌을 받은 사람은 그 수를 헤아릴 수 없고 이 시대에만 있는 것이 아니니 그 유래가 멉니다. 옛날 위령공衛靈公이 옹거雍渠와 함께 수레를 타고 공자를 뒷 수레에 태우자 공자는 진陳나라로 가 버렸고, 『공자가어』孔子家語 상앙商鞅이 경감景監을 통해 진秦의 효공을 만나자 조량趙良은 이를 한심하게 여겼으며, 「상군 열전」商君列傳 문제文帝가 환관을 태우자 원사袁絲는 정색하며 그 불가함을 간했으니, 『한서』「원앙전」爰盎傳 예로부터 부끄러이 여겼던 것입니다. 평범한 사람도 일이 환관과 관련되면 비위를 상하지 않음이 없었으니 하물며 강개한 선비들이야 말해 무얼 하겠습니까? 수모감. 지금 조정에 인재가 없다고 하나 어찌 궁형을 받은 몸으로 천하의 인재를 추천할 수 있겠습니까?

저는 선인의 공적에 힘입어 황제를 모신 지 20여 년이나 되었습니다. 스스로 생각건대, 위로는 충성을 다하고 신임을 얻어 특별한 계책이 있다는 소리를 듣지도 못하면서 밝으신 군주와 인연을 맺었고, 다음으로는 정사政事의 결함을 메우고 현명하고 유능한 인재를 나아가게 하여 숨은 선비를 드러내지 못했고, 밖으로는 군대에 종사하여 적장을 베고 적기를 뽑는 등의 전공을 세우지도 못했으며, 아래로는 열심히 일하여 높은 관직과 많은 녹을 받아 집안이나 친구들의 자랑도 되지 못했습니다. 네 가지 중에 하나도 이룬 것이 없으면서 구차하게 얼굴을 세워 살아왔으니, 아무 것도 해 놓은 것이 없음을 이로써 알 수 있습니다. 예전에 제가 대부 반열의 구석을 차지하여 작은 정사를 논할 때에도 중요한 주장을 내거나 최선을 다해 참신한 기획안을 내지 못했습니다. 형벌을 받지 않았다면 사마천은 큰 출세야 어려웠겠지만 역사 편수관編修官으로 안온하고 보람 있게 살았을 것이고, 『사기』의 모양새도 매우 달랐을 것이다. 나는 사마천의 불행을 안타까워해야 하는가, 다행스럽게 생각해야 하는가? 이제 몸은 망가져 아주 비천한 처지에 있으면서 머리를 들고 눈썹을 펴며 시비를 따진다면, 이는 조정을 경시하고 조정의 인재들을 욕보이는 것이 아니겠습니까? 아, 아, 제가 이제 무엇을 말하겠습니까? 이런 처지에 무엇을 말할 수 있겠습니까? 공포. 많은 날 고민 끝에 나온, 고운 마음결을 지닌 문사의 변명.

또 일의 본말은 쉽게 밝힐 수가 없습니다. 사람들은 명쾌한 대답을 원하고, 여기 부응하여 어떤 이들은 쾌도난마로 정답을 제시한다.

하지만 세상일에 명약관화하며 영원불변한 인과관계는 없다. 저는 어려서 대단한 재주를 지녔다고 자부했지만 자라서는 한 마을에서도 알아주는 명예가 없었습니다. 주상께서 다행히 선친의 얼굴을 보아 보잘것없는 재주를 펼칠 수 있도록 곁에 머물게 하셨습니다. 저는 "물동이를 이고 어떻게 하늘을 보랴" 하는 속담을 옳게 여겨, 사람들과의 교유를 끊고 가정사를 돌보지 않으며 밤낮으로 힘을 다하여 부족한 재주나마 한마음으로 직분에 충실하여 주상을 기쁘게 해 드리려고 했지만, 사정은 크게 어긋나고 말았습니다. 변명. 명분이나 신념으로는 벗을 위해 나서야 했지만 두려웠다. 그는 유협이 아닌 유자였다.

저와 이릉李陵은 같은 부서에 근무했지만 평소 가까운 사이는 아니었습니다. 취향이 같지 않았으니 술잔을 기울이며 은근히 사귄 적도 없습니다. 하지만 제가 그의 사람됨을 보건대 자기의 뜻을 굳게 지키는 기사奇士였습니다. 어버이를 섬김에는 효성스러웠고, 선비와 사귐에는 신의가 있었고, 재물을 앞에 두고는 청렴했으며, 가지고 버리는 것이 의에 맞았습니다. 시비를 밝게 분별했으며 남에게 양보하는 예가 있었고, 검소하게 생활하면서 남들에게는 겸손했습니다. 늘 분발하여 나라의 급난에 목숨을 바치리라 생각했으니, 그의 평소 모습을 보고 저는 국사國士의 풍모가 있다고 여겼습니다. 신하가 되어 만 번을 죽어도 일신을 돌보지 않고 나라의 위난에 몸을 바쳤으니 이는 기특한 일입니다. 이제 일 하나가 약간 어긋났다고 하여 목숨이나 보전하고 처자의 안위나 걱정하는 신하로 몰아붙여 없는 죄를 만들어 내니, 저는 참으로 몰래 이를 마음 아파합니다. 서사의 잉태. 세상은 이처럼 모순으로 가득 차 있고 부조리하고 불공정하다. 그것을 용납

소경 임안에게 보낸 편지

하거나 거기에 용납되지 못하면 우리는 세계와 대립하고 갈등하게
된다.

　또 이릉은 5천 명도 안 되는 보병을 이끌고 적지에 깊이 들어가 흉
노의 궁정을 밟았습니다(BC.99). 이는 범의 아가리에 먹이를 드리운
것처럼 위태로운 일이었지만 주저하지 않고 강맹한 오랑캐들에게 싸
움을 걸어 수많은 적진에 다가가 선우禪于와 10여 일이나 전투를 벌
였습니다. 아군의 손실보다 훨씬 많은 적병을 살상했으니 오랑캐들
은 사상자들을 수습하지도 못했습니다. 그러자 흉노의 우두머리들은
공포에 질려 모두 좌우의 현왕賢王들을 부르고 궁수를 징발하여 일국
이 공격하며 에워쌌습니다. 천리를 오가며 싸웠지만 화살은 떨어지
고 퇴로는 막혔는데 구원병은 이르지 않으니 사상한 사졸들이 산처
럼 쌓였습니다. 하지만 이릉은 큰소리로 독전했으니 일어서서 눈물
을 흘리지 않은 군사들이 없었습니다. 얼굴에 피를 묻히고 눈물을 삼
키며 빈 활을 쏘고 칼 한 자에 의지한 채 죽기를 각오하며 적진에 돌
진했습니다.

　이릉이 아직 패전하지 않았을 때 사신이 와서 소식을 전하자 한나
라의 공경과 왕후들은 모두 잔을 들고 황제에게 축하했습니다. 며칠
뒤 이릉의 패전 소식이 들리자 주상께서는 밥맛을 잃고 정사에도 의
욕을 잃으셨습니다. 대신들 또한 시름과 두려움에 잠겨 어찌할 바를
몰랐습니다. 저는 저의 비천한 처지도 헤아리지 않은 채 슬픔에 젖은
주상을 보고는 저의 미련한 충정을 말씀드리고자 했습니다. 판단 착
오! 숙손통을 높이 평가한 이유. 제 생각에 이릉은 평소 병사들과 동
고동락한 까닭에 (병사들이) 목숨 걸고 전투에 임함이 옛날의 명장
도 그보다 낮지는 않았을 것입니다. 전투에서는 졌지만 그의 뜻을 살

피면 적당한 때를 얻어 한나라에 보답하려고 했을 텐데 일이 어쩔 수 없게 되었으니, 싸움에 지기는 했지만 공로는 천하에 드러내기에 충분했습니다. 저는 이러한 뜻을 말씀드리고자 했지만 방법이 없었지요. 그러던 차에 마침 불러 물으시기에 이러한 뜻으로 이릉의 공로를 말씀드려 주상의 뜻을 넓히고 비난의 말들을 막고자 했는데 환히 다 말하지를 못했습니다. 말이 끊기다. 군주가 듣고 싶어 하는 바를 헤아리지 못했기 때문이다. 한비를 입전하며 「세난」說難을 길게 인용한 이유이다. 명주께서는 이를 깨닫지 못하시고 제가 이광리 장군을 모해하고 이릉을 위해 유세한다고 생각하시어 형부刑部에 넘겨 버리고 말았습니다. 저의 간절한 충정은 제대로 펼쳐 보지도 못한 채 주상을 기만한다는 죄목으로 중벌을 받게 되었습니다.

집이 가난하여 재물은 죄를 속하기에 부족했고, "오래도록 빈천하면서 인의를 말하기 좋아하는 것은 부끄러운 일이다."(長貧賤, 好語仁義, 可恥矣.—「화식 열전」貨殖列傳) 사귀던 벗들도 구해 주지 않았으며, "한 사람은 살고 한 사람은 죽었을 때, 한 사람은 존귀하고 한 사람은 비천할 때, 한 사람은 부유하고 한 사람은 빈곤할 때, 사귀는 정을 알 수 있다."(一生一死, 一貴一賤, 一富一貧, 可見交情.—「급정 열전」汲鄭列傳) 가까운 친지들도 한마디 말을 해 주지 않았습니다. 몸이 목석이 아닌 이상, 옥리들에게 둘러싸여 깊은 감옥에 갇혔을 때 누가 나를 위해 하소연할 수 있겠습니까? 이러한 처지는 지금 소경께서 몸소 겪고 계신 것이니, 저라고 해서 어찌 그렇지 않았겠습니까? 이릉은 살아서 항복했고 가문의 명예까지 무너뜨렸는데, 저는 또 저대로 궁형을 행하는 잠실에 갇히게 되었으니 거듭 천하의 웃음거리가 되고 말았습니다. 아 슬픕니다, 슬픕니다! 이러한 사정은 일일이 쉽게 속인들에게 말할 수도 없습니다. 공감 불가 영역.

저의 선친이 무슨 대단한 공을 세운 것도 아닙니다. 또 역사를 기록하고 천문을 살피는 지책이라야 점치고 기도하는 일에 가까워 주상이 희롱하는 대상으로 광대처럼 길러져 속세에서도 우습게 봅니다. 자조. 사관은 때로 권력의 광대가 된다.

제가 벌을 받은 일 정도야 소 아홉 마리에서 털 하나를 잃어버린 것과 같으니 땅강아지와 무엇이 다르겠습니까? 세속에서도 절의에 죽은 사람으로 인정해 주지 않고 그저 잔꾀를 부리다가 중벌을 면치 못하고 죽게 된 사람 정도로 볼 뿐입니다. 이 모두 평소의 제 삶이 그렇게 생각하도록 만든 것이지요. 자조.

사람은 한 번은 죽게 마련인데, 어떤 것은 태산보다도 무겁고 어떤 것은 기러기 털보다도 가벼우니, 이는 죽음을 쓰는 방향이 다르기 때문입니다. 생물학적으로는 다 같은 죽음이지만, 그 가치를 따지면 태산과 기러기 깃털 사이의 무게 차이가 있다. 최상은 조상을 욕되게 하지 않는 것이고, 그다음은 자기 몸을 욕되게 하지 않는 것이고, 그다음은 예모禮貌(체면)를 욕되게 하지 않는 것이고, 그다음은 왕명을 욕되게 하지 않는 것입니다. 그다음은 허리를 굽혀 모욕을 받는 것이고, 그다음은 죄수복을 입어 모욕을 받는 것이고, 그다음은 칼을 쓴 채 매를 맞으며 모욕을 받는 것이고, 그다음은 머리를 깎인 채 금철(쇠사슬)을 둘러 모욕을 받는 것이고, 그다음은 피부를 훼손당하고 몸의 일부가 절단되어 모욕을 받는 일이고, 가장 아래가 궁형을 받는 일입니다. 수모. 옛글에 이르기를 "대부에게는 형벌을 가하지 않는다"고 했으니, 이는 선비의 절개를 힘써 장려하지 않으면 안 됨을 말한 것입니다.

맹호가 깊은 산에 있으면 온갖 짐승들이 두려움에 떨지만, 함정에 빠지고 나면 꼬리를 흔들며 먹이를 달라고 하니, 위세가 쌓여 점점 그렇게 만드는 것입니다. 권세의 발견. 그러므로 선비는 땅에 금을 그어 감옥을 만들어도 그 안에 들지 않고, 나무를 깎아 관리를 삼아도 상대하여 따지려 하지 않으니 미리 앞서 득실을 계산하기 때문입니다. 이제 손발이 묶인 채 칼을 차고 맨몸에 매를 맞으며 감옥에 갇혀 있을 때, 옥리를 보면 땅에 머리를 조아리고 간수만 보아도 숨을 죽이게 마련입니다. 권력의 체감. 왜 그런가요? 위세가 쌓이면 그렇게 되는 것이 형세입니다. 이런 지경에서도 "욕되지 않다"라고 말하는 자는 이른바 '철면피'(强顔)이니 그가 무엇이 귀하겠습니까? 숲속의 맹호도 우리에 갇히면 먹이를 구걸하듯, 영웅호걸도 권력의 울타리 안에서는 비굴해진다. 하물며 보통 사람들임에랴! 권력이 땅에 □를 그어 감옥이라고 해도 사람들은 거기에 들어가려고 하지 않는다. 막대기를 세워 놓고 관리라고 해도 그걸 잘못이라고 지적하지 못한다. 처벌이 두렵기 때문이다. 자신이 그런 처지에 있음을 말한 것이다.

서백西伯은 제후의 패자였지만 유리에서 갇힌 적이 있고, 이사李斯는 재상이었지만 한 몸에 다섯 가지 형벌을 받았으며, 한신韓信은 왕이었지만 진陳나라에서 사로잡힌 적이 있고, 팽월彭越과 장오張敖는 신하들을 향해 스스로 왕이라 일컬었지만 감옥에 갇혀 죄목에 연루되었고, 강후絳侯는 여러 여씨呂氏를 죽여 그 권력이 춘추시대 오패伍覇를 능가했지만 청죄실請罪室에 수감되었고, 위기魏其는 대장이었지만 죄수복을 입은 채 형벌을 받았고, 협객 계포季布는 주씨네 집에서 노비 노릇을 했으며, 관부灌夫는 궁실에서 모욕을 받았습니다. 이들이 모두 왕후장상의 지위에 올라 명성이 이웃 나라에까지 들렸지만 죄목에 연루되어 형벌을 받을 때까지 용감하게 자살하지 못하고 구차하게 목숨을 부지하는 것은 예나 지금이나 마찬가지이니, 욕되지 않은 삶이 어디에 있습니까? 고수는 고수를 알아보고, 죽음은 죽음을 포착한다. 우리는 불행에 빠지면 비슷한 경우를 찾아 위로를 받으려 한다. 역사가 사마천은 과거의 인물들에서 동류를 발견했다. 그들의 처지에 깊이 공명했고, 때로 그들로부터 위로를 받았다.

이것으로 말씀드리자면, 용감한 것과 비겁한 것, 그리고 강한 것과 약한 것은 형세에 따라 결정되는 것이니, 이러한 이치를 살피면 괴이할 것이 무엇이겠습니까? 사람들은 형벌이 가해지기 전에 미리 자결하지 못하고 혹시나 하는 마음으로 늦추다가 형벌을 받게 돼서야 자결하려 하니 이는 너무 늦은 것이 아닙니까? 삶에 대한 애착과 희망. 옛사람이 대부에게 무거운 형벌을 가하지 않은 것은 아마도 이러한 이유 때문일 것입니다. 예우. 무릇 사람의 정은 삶을 탐하고 죽음을 싫어하지 않음이 없으니 부모를 생각하고 처자를 생각하는 것입니다. 의리에 격분한 사람은 그렇지 않은데 여기에는 부득이한 사정이 있는 것입니다.

저는 불행히도 일찍이 부모님을 여의고 형제도 없는 홀몸이니, 소경은 제가 처자 때문에 살아남은 것이라고 보십니까? 또 용감한 자라 해서 꼭 절의에 죽는 것은 아니고, 겁쟁이도 의를 사모하는 법이니 어디선들 힘쓰지 않을 수 있겠습니까? 저는 겁쟁이로 구차하게 살려고는 하지만 또한 죽을 때와 살 때가 어떻게 나뉘는지는 알지요. 어찌 스스로 욕되이 살려고 하는 것이겠습니까? 또 노비들도 자결할 줄 아는데, 하물며 어쩔 수 없는 제 사정임에랴! 은인하여 구차하게 살며 놓+넝이 속에서 뒹구는 깃도 미디히지 않는 것은 마음에 다 풀리지 못한 바를 한할까 해서이니, 제가 죽은 뒤에 문장이 후세에 드러나지 않을까 염려하는 것이 그 이유입니다. 변명. 문장가의 욕심.

예로부터 부귀하게 살았지만 이름이 사라진 사람들은 이루 다 셀 수가 없습니다. 오직 뜻이 커서 예사롭지 않은 사람만이 일컬어졌지요. 문왕은 갇힌 채 『주역』을 풀었고, 중니는 횡액을 만나 『춘추』를 지었고, 굴원은 쫓겨나서 「이소」를 지었고, 좌구명이 실명하자 『국어』가 새겨졌고, 손자는 다리가 잘린 뒤 병법을 정리했고, 여불위는 서쪽에 유배 가서 세상에 『여람』을 전했으며, 한비자는 진秦나라 감옥에 갇혀 「세난」과 「고분」을 지었습니다. 『시경』의 300편 시는 성현들이 발분하여 지은 것입니다. 저는 모든 생각이 꽉 막혀 밖으로 통할 길이 없는 까닭에 지나간 일을 서술하여 미래를 생각하는 것입니다. 좌구명은 시력을 잃고 손자는 다리가 잘리고 끝내 세상에 쓰이지 않았지만, 물러나 글을 논하여 비분을 풀어냈으니, 문장을 후세에 드리워 자신을 나타내고자 한 것입니다. 문장, 문장 때문이다! 사마천으로 하여금 구차한 목숨을 부지하게 한, 100년을 못 사는 사람으로 하여금 천년을 꿈꾸게 하는, 연기처럼 사라지는 인생의 실존 근거, 그것은 문장이었다. 오늘도 사람들은 여전히 문장에 자신의 삶을 아로새기려 하고, 누군가 읽어 줄 문장을 구상한다. 사마천을 한마디로 규정한다면, 그는 '문장가'이다.

저는 불손하게도 요사이 서툰 글에 삶을 맡기고 있습니다. 천하에 사라져 버린 옛 소문들을 망라해 그 행사를 고찰하고 처음과 끝을 종합하고, 성패와 흥망의 시대를 헤아려, 위로는 헌원軒轅으로부터 아래로는 오늘에 이르렀으니, 10표表·12본기本紀·8서書·30세가世家·70열전列傳, 해서 130편입니다. 하늘과 사람을 끝까지 궁구하고, 고금의 변

소경 임안에게 보낸 편지

화를 통달하여 일가의 말을 이루고자 했습니다. 그런데 초고가 이루어지기도 전에 이릉의 화를 만났으니, 이를 이루지 못할까 안타까워한 까닭에 극형에 나아가면서도 노여운 빛을 보이지 않았던 것입니다. 몸속의 피를 짜내 몇 줄 글을 써 본 사람은 안다. 신통치도 않은 그 글이 통째로 날아가는 것이 얼마나 끔찍한 일인지. 저는 이 책을 저술하여 명산에 숨겨 놓고 그 사람(其人)에게 전하렵니다. 책이 세상에 널리 통용된다면 저는 앞서 받은 모욕을 보상받을 수 있고 만 번을 죽더라도 후회가 없을 것입니다. 그러나 이는 지자에게만 말할 수 있지 속인들에게 말해 주기는 어렵습니다.

또 비천한 사람들과는 함께 살기가 쉽지 않고 하류들은 비방하는 말을 많이 합니다. 제가 입을 잘못 놀려 이러한 화를 만났고, 거듭 향리의 웃음거리가 되어 아버지를 욕되게 했으니, 무슨 면목으로 다시 부모님의 무덤을 찾아뵐 수 있겠습니까? 수백 대가 지나도 부끄러움은 더 심해지겠지요. 이런 까닭에 하루에도 창자가 아홉 번이나 꼬이고, 집에 있으면 꼭 뭔가를 잊은 듯했고, 집을 나서면 갈 곳을 몰랐습니다. 갈 데가 없는 것이고, 마음을 부칠 사람이 없는 것이다. 이 부끄러움을 생각할 때마다 나도 모르게 등에서 땀이 솟아 옷을 적셨습니다. 환관의 몸이 되었으니 어떻게 암혈에 깊이 숨어 맑은 이름을 남길 수 있을까요? 그러므로 세속과 어울리고 시대와 함께하면서 저의 광혹狂惑을 풀고자 합니다. 소경이 현사를 추천하라 한 것은 제 속마음과는 어그러지는군요. 도와주지 못해 미안하다. 임안任安은 편지를 받고 고개를 떨구었다. 이제 어지러운 말들을 조탁하여 꾸며 보지만, 세상에 도움이 안 되고, 믿음을 주지 못한 채 욕만 당할 뿐입니다. 간추리면 죽은 뒤에야 시비가 가려지겠지요.

글로는 뜻을 다 표현하지 못해 대략 비루한 뜻을 말씀드렸습니다. 삼가 두 번 절합니다.

2천 년 전에 보낸 편지를 받다

세상에서 가장 강한 것은 시간이다. 모든 존재는 시간 앞에 부복한다. 흔적 없이 사라져 버린 사라져 버리는 사라져 버릴 것들을 생각하면 마음이 아련하고 비감해진다. 사라져 가는 저녁노을이 안타까워 사진에 담고 화폭에 그리며 시를 짓는다. 누군가의 흥미로운 삶이 증발되는 것을 참을 수 없어 이야기를 짓고 소설을 구상한다. 소박하게 말하면 문장이란 소멸되고 망각되는 것을 잡아 두려는 몸짓에 지나지 않는다. 그것은 시간에 대한 인간의 위대한 도전이기도 하다. 이야기를 짓는 것은 잃어버린 시간을 찾아 나서는 여행, 태어난 곳을 향해 물결을 거슬러 가는 연어의 처절한 유영이다. 프루스트는 평생 잃어버린 자기 시간을 찾아, 사마천은 잃어버린 천 년의 역사를 찾아 여행을 했던 것이다. 이야기꾼에게 있어 시간은 언제나 과거로 흐른다. "저는 이 책을 저술하여 명산에 숨겨 놓고 그 사람(其人)에게 전하렵니다." '그 사람'은 누구인가? 자기 글을 읽어 줄, 나아가 자기 마음을 알아줄 사람이다. 당대에는 그럴 만한 사람이 없었던 것이다. 모든 존재는 누군가의 알아줌을 만나 완성된다. 나는 사마천이 말한 '그 사람'(其人)이 되고 싶다. 먼 우주에서 보낸 메시지를 웜홀을 통해 접수하듯, 2천여 년 전에 뒷사람에게 보낸 편지를 지금 내가 받는다.